普通高等教育经管类系列教材

品牌学
——知识体系与管理实务

第2版

主　编　周　云
副主编　王　忠　杨一翁　赵　晖
参　编　马亚东　李妍红　牛天勇
　　　　崔大巍　涂剑波　李永平
　　　　于永娟　廉世彬　李晓婉

机械工业出版社

本书共五篇二十章，内容包括品牌学入门、品牌管理知识基础、品牌学领域的主要理论、品牌创建、品牌管理，涵盖了品牌管理实务的全部内容。本书对品牌学发展的现状进行了全面的梳理，从学科的角度全面讲述了品牌学的知识体系，介绍了品牌创建活动的全貌，并通过简洁的语言、详细的讲解和大量的实例，将品牌学的理论知识与实践很好地结合起来，内容全面且实用。

本书既可以作为高等院校工商管理、市场营销及其他相关专业的教材，也可以作为管理实务实践的指导用书。

图书在版编目（CIP）数据

品牌学：知识体系与管理实务/周云主编. —2版. —北京：机械工业出版社，2020.4（2025.2重印）
普通高等教育经管类系列教材
ISBN 978-7-111-64783-6

Ⅰ. ①品… Ⅱ. ①周… Ⅲ. ①品牌-企业管理-高等学校-教材
Ⅳ. ①F273.2

中国版本图书馆 CIP 数据核字（2020）第 028029 号

机械工业出版社（北京市百万庄大街 22 号 邮政编码 100037）
策划编辑：曹俊玲 责任编辑：曹俊玲 何 洋 商红云
责任校对：李亚娟 陈 越 封面设计：赵 晖 王梓航
责任印制：单爱军
北京虎彩文化传播有限公司印刷
2025 年 2 月第 2 版第 4 次印刷
184mm×260mm·19.25 印张·476 千字
标准书号：ISBN 978-7-111-64783-6
定价：49.00 元

电话服务 网络服务
客服电话：010-88361066 机 工 官 网：www.cmpbook.com
010-88379833 机 工 官 博：weibo.com/cmp1952
010-68326294 金 书 网：www.golden-book.com
封底无防伪标均为盗版 机工教育服务网：www.cmpedu.com

前　言

本书第 1 版于 2014 年 6 月出版发行,距今已近 6 年。这期间出现了很多新的知识点,品牌界也涌现出一批新的理论和优秀案例。因此,本书编者对第 1 版进行了大幅修订,修订了近一半的内容。

本书的编写基于多位高校教师长期的研究成果和教学实践,分为五篇,共二十章。第一篇是"品牌学入门",包括第一章和第二章,主要介绍了科学品牌观的树立,涉及品牌经营的法律术语与管理概念等内容,使读者能够对品牌学有一个基本的认识;第二篇是"品牌管理知识基础",包括第三章和第四章,介绍了品牌研究发展简史和品牌学的术语体系等内容,使读者能够较快地了解品牌学发展的现状和全貌,掌握本专业的术语体系;第三篇是"品牌学领域的主要理论",包括第五~八章,分别讲述了品牌定量分析理论、品牌关系理论、品牌传播理论和品牌心理学等内容,从学科的视角全面讲解了品牌学的知识体系;第四篇是"品牌创建",包括第九~十五章,按照品牌创建的基本步骤,分别讲述了品牌定位、品牌名称与徽标设计、品牌个性塑造与品牌内涵赋予、品牌推广、广告传播、公共关系、网络新媒体等内容,全面介绍了品牌创建活动的要义,使读者对品牌创建实务有充分的了解;第五篇是"品牌管理",包括第十六~二十章,分别介绍了品牌哲学与品牌文化管理、品牌战略管理、品牌危机管理、品牌延伸管理、品牌资产管理与品牌评价等品牌管理实务方面的内容。

本书可以作为高等院校工商管理、市场营销及其他相关专业本科生和研究生的教材,也可以作为管理实务实践的指导用书。需要指出的是,第四章和第五章的内容对于其他专业的初学者来说可能不太容易理解,但读者只要多加学习,就能理解并掌握。

在本书编写过程中我们得到了许多帮助,特别感谢对外经济贸易大学的朱明侠教授和首都经济贸易大学的祝合良教授给予的悉心指导。此外,书中参考了很多国内外学者的研究成果和资料,在此表示衷心的感谢。

因编者水平有限,本书可能存在缺点甚至错误,恳请广大读者批评指正。为了便于教学,本书编者制作了教学课件,凡使用本书作为教材的教师,可登录机械工业出版社教育服务网(www.cmpedu.com)注册后下载。我们也非常高兴能够与广大教师同行共同探讨、学习,欢迎联系编者(uibezhouyun@163.com)。

周　云

目　　录

第五篇　品 牌 管 理

第一篇 品牌学入门

第一章

树立科学品牌观

第一节 学习品牌管理的几个重要问题

一、品牌对企业经营而言，除了作为营销工具之外，还有什么作用？

作为消费者，最初认识的品牌就是商场或超市中的商标（logo），是企业销售产品用的工具。这是一种把品牌当作营销工具的典型认识。这样的认识对消费者来说没有问题，但对于专门学习品牌的人来说是远远不够的。从经营的角度认识品牌，是一个全面认识品牌作用的问题。

毋庸置疑，品牌是经营工具的一种，应该说，所有的经营工具和经营职能都是为或远或近的销售服务的。企业内部的职能或经营工具最终都是为销售服务的，只是或远或近而已。营销是为销售服务的，品牌当然也是为销售服务的，但它和营销之间的关系有重叠的部分，也有不相关的部分，应该说品牌确实是一种常用的销售工具，但不仅仅是营销工具，品牌在企业内除了营销之外还对很多职能起作用。

某跨国公司的一项调研结果显示，有品牌的企业相对于没有品牌的同类企业，其员工的忠诚度更高，能够接受更低的工资水平。这是一个典型的人力资源问题，是品牌在人力资源管理职能上的作用。有品牌的企业更容易招到员工，这是品牌在非营销部门起作用的表现。

很明显，品牌不仅仅对营销起促进作用，还会在人力资源、生产运作、新产品开发、甚至财务管理等职能部门起到明显的作用。

二、为什么不能用销售额来评价品牌？

在现行的品牌评估方法中，一般都离不开对企业的销售额进行统计和预测。概括地说，主流的品牌评估思想就是权益思想。步骤也很简单，首先依据企业近年来已有的销售额建立一个预测模型，将企业未来的销售额预测出来，然后通过年金折现为现值，再规定一个合理的年限，加总起来就是品牌的价值。看起来通过未来销售额是可以得出品牌收益的，为此，在品牌管理中，很多企业也是通过计算销售额的变化来评估一项品牌活动的效果。可这个看起来似乎清晰的思路里却包含着几项无法解决的逻辑问题，这些问题的出现源自对品牌和销售额之间关系的认识有些谬误。

上述是典型的以销售额作为主要参数的品牌价值评估思路。这一思路有三个基本问题难以解决：①以销售额为评估参数会忽略潜在消费者的存在；②未来销售额如何科学确定；③销售额当中哪些是与品牌有关的，哪些又是与品牌无关的，难以区分。

首先，使用销售额对品牌进行评估最直接的问题是会忽视潜在消费者的存在。因为品牌的作用是长期的，尤其是新品牌带着新产品面市期间，很少企业能够做到立竿见影。新品牌在短时间内可能不会起到促进销售的作用，但这并不意味着品牌没有发生作用；或者说该品牌对消费者的影响虽然暂时没有达到促进销售的发生，但并不是说该品牌对消费者没有影响。未发生购买行为却接受了品牌影响的消费者是典型的潜在消费者，市场营销学对市场的定义就是"消费者与潜在消费者的总和"。潜在消费者是企业未来发展的空间，也是品牌价值持续增加的动力之一，因此在品牌度量中是不容忽视的。所以，使用销售额来度量品牌价值的结果往往会存在极大偏差，其原因就是忽略了对未发生消费行为的潜在消费者的度量。例如，一个几乎没有什么品牌价值的企业，因渠道垄断而利润丰厚，最后会把这一结果记在品牌价值上；或是一个有着良好的品牌表现，但在短期内遇到资金链危机的企业，这时如果单纯从销售额的角度看品牌价值，结论与事实必然是不符的。

其次，未来的销售额如何科学确定的问题。这也是以现在主流的权益法度量思想的最大问题。未来的销售额是高度不确定的，在经营中通过一些复杂的统计预测方法可以预测企业的短期收益，但长期销售额由于受到其他不可预见因素的影响，无法准确预测，因此，对未来的销售额也无法精确度量。如果使用了销售的预测值或预测的未来收益，则品牌价值的结果必然也是预测的，而不是科学测量的。

最后，在企业的销售额当中，哪些销售额是与品牌有关的，哪些又是与品牌无关的，难以区分。销售是企业竞争力的综合反应，往往受到市场和企业的综合影响，销售额是包括了几乎所有经营行为的结果，因为所有经营行为都是为或近或远的销售服务的。因此，根本不可能将品牌有关的部分从总的销售额中完全剥离出来。

一个销售行为的发生可能是偶然的，也可能是长期积累的结果。企业的销售额与品牌有关，但关系既不确定也不清晰，每个行业的品牌、每个时期的品牌甚至每个品牌自身不同的发展阶段，品牌与销售额之间的关系都是不同的，且不稳定，也是不确定的。使用销售额作为品牌度量的主要参数很难得出科学可信的结果，因而只从销售的角度去理解和度量品牌是徒劳的。通过企业销售额确定的值充其量是企业的价值，而不是品牌的价值。

品牌管理科学有一套属于自己的独立学科体系，在评估品牌影响力和价值时应该选择专门用于品牌管理的术语体系。只有"跳出营销看品牌"，才能够深刻地认识到品牌的本质和作用，才能科学地确定品牌的量和价，精确地度量品牌的价值。这样，品牌管理才是有益且有效的。

三、品牌是必需的吗？

这是一个涉及品牌科学观的问题，它从宏观和微观两个角度看品牌必要性的问题。

这个问题从微观的角度看，从企业和消费者两个方面去认识比较全面。一方面，对企业而言，品牌是一个非常重要的经营工具，是可以用来作为总体战略使用的工具，而且可以直接形成核心竞争力的手段。但即使它是这样重要的工具，也不是所有企业都适合去创建品牌的。企业在面对市场的时候可以有多条发展道路供选择，可以选择成本领先，也可以选择技术进步，还可以选择渠道垄断，抑或是依靠资源禀赋。品牌只是差异化战略中的一种，而且对企业发展阶段、资源条件的要求都比较高，甚至其所在行业的竞争程度都影响着企业是否可以去创建品牌。另一方面，对消费者而言，一个消费者一生可以记忆的无意义的符号平均有 8000 个左右，因此，人们熟悉认知的品牌商标数目是非常有限的。这使得无论注册的商标量有多大，也仅仅只有极少数能够成为真正意义上的品牌。而企业的数目却是以千万计的，并不是所有的企业都应该有品牌。

从全社会的宏观角度看，假如一个市场只有一个企业，那么这个企业是不需要做品牌的；假如只有两个企业，这两个企业做成一样品牌效果的结果和它们都不做品牌的结果是一样的。从宏观经济社会作用看，品牌真正的作用只是改变了利润的分配，是第二次分配的工具。人类的经济社会依据投入产出比率相同进行了第一次基础分配，假如一个行业的盈利率10%，市场会根据投入自然地把利润均分给每一个投入者，理论上投入 100 万元就应该盈利10 万元，但事实上并不一定，有的人投入 100 万元能挣回 10 万元，有的能挣 100 万元，还有的人会赔个精光。真正决定最后盈利多少的是第二次分配，第二次分配有很多工具。比如，广告可能会改变分配。一家企业做了一些广告之后，赢得了本该属于另一家企业的利润，结果造成了两个企业最终利润的不同。品牌的作用就是一个改变利润的工具。从微观看，它可以改变利润划分，把本该属于其他企业的利润剥离给了自己，这对于以自利性经营为基础的市场而言，是极其重要的。而一个行业总的利润不会因为增加了一个或几个品牌而发生改变，其总利润是固定的，不同的分配模式对于参与分配的企业来说却大不一样。因此，品牌对于企业意义重大，能够促进企业提高经营水平。但对于一个封闭的行业来说，有没有品牌是一样的。品牌对于宏观社会而言是一种社会成本，假如一个国家或地区是封闭的，没有竞争对手，那这个国家或地区是没有必要推动全国或全地区进行品牌化经营的。正因为竞争对手的存在，才有了重视行业内第二次分配格局的必要，品牌才能成为自利性经营下的一个重要工具。由此可见，国家大力推动企业进行品牌经营的最根本意图是应对国外同行企业竞争的需要，而不是作为内部消费升级的抓手。

应该怎样认识品牌的必要性呢？首先，从企业的角度看，品牌是一个重要的因素，但不是必要的经营要素。企业应根据自己所在行业的特点以及自身发展的阶段来判断是否需要，绝不可以勉强为之，确实有很多企业在特定的行业或发展阶段是不需要品牌的，创建品牌是具有极高风险的决策。其次，从行业的角度看，品牌代表着消费者，代表着行业利润分配的份额格局，尤其是遇有国外整个行业竞争的时候，品牌又是一个必需的工具，应该大力推广品牌化经营，以期提升全行业自身竞争力，应对外部压力。最后，从国家的角度看，品牌是一国经济软实力的象征，是不可或缺的。没有它，产业无法升级，无法完成高质高价应有的附加值循环，更不可能实现可持续发展。没有品牌，企业迟早会走到不得不面对性价比的竞争，甚至价格战的竞争而无法自拔。面对国外产业集群和行业品牌航母似的竞争，大力推进品牌发展毋庸置疑是正确的。

但也需清醒地认识到，品牌需要一个长期培养的过程，也不是所有企业都适合品牌化发展，不能做全面品牌化，一哄而上的结果一定是一哄而散。全面认清品牌的必要性有利于政府科学地优化品牌经营的环境，让企业家自行选择最适合自己企业的道路。优秀的企业会脱颖而出，自然地走上品牌道路。

四、品牌管理是一个独立部门的职能吗？

这是一个关于品牌管理职能在组织设计中位置的问题。品牌管理职能在组织设计中如何安排是进行有效品牌管理的关键问题，职能位置安排不当，不可避免地会遇到部门边界的灰色地带问题。部门边界的灰色地带问题是组织设计中的难题，是指在部门之间存在一些职能的重叠或缺失，这些职能难以清晰地划分，会导致管理中出现"多人负责而无人负责"的现象。

品牌是一个集多重管理职能的工具，其职能构成非常复杂，直接或间接地涉及营销、生产、人力资源等部门。若不能合理地安排品牌管理在组织设计中的位置，必将导致管理的低效，出现灰色地带问题。

最常见的品牌管理职能是放置在营销部门，作为营销工具来使用并管理。这种安排源自对品牌的认识不够深刻，认为品牌是营销工具，但品牌除了营销之外，还有其他作用需要考虑。而且，对营销的考核是以短期销售额为重要指标的，应该说所有的工具都是为或远或近的销售服务的，营销显得非常重要是因为它进行的是以短期销售为中心的活动，关系到企业的生死存亡。而品牌是一项长期积累的资产，当短期利益考核与长期利益发生冲突时，营销负责人首先考虑的都是生死攸关的销售问题，品牌职能暂时搁置。能否建立或维护好品牌取决于营销负责人的眼光和任期长短，这样放置是最不理想的结果之一。

简化处理该问题的方案是在组织体系中单独设置一个品牌管理部门，这样安排虽然将所有的品牌管理职能集中在一起，解决了政出多门的问题，但各部门都有自己的利益，为了维护本部门的利益，不可避免地会在部门之间制造矛盾。在品牌管理部门与其他部门平级的情况下，仅仅依靠政策合理或其他部门自觉不易做到有效。

分散品牌管理职能在各部门的安排与设置一个品牌管理部门是两个极端，即使通过长期培养品牌意识，各部门具备了各自承担各自品牌职能的能力，在本部门主要职能与品牌职能发生冲突时，一般也会搁置品牌职能，因为它的本职是考虑它最优先的问题。这样的安排会导致以轻重缓急为借口而长期忽视品牌管理工作。

品牌因其特殊的复杂职能，在组织结构中的位置也非常特殊，对它的安排既要考虑它的战略属性，又必须注意其职能涉及部门之间的关系。品牌管理涉及部门众多，因此其地位应该高于一般部门；又因其具有战略意义，应该能够接近战略决策部门。在直线职能制组织结构中，最宜承担该职能的部门是承担战略规划的部门。只需要对该部门赋予执行规划的职能，就可以将品牌战略规划的管理职能予以安排。若是事业部制度的企业，品牌管理应分级管理，总部的总经理可以承担品牌综合规划管理职能，并赋予其企业总商号的管理职能。在事业部或子公司建立对应的产品品牌的管理职能。此时的品牌管理可以缩小其管理属性，既可以放置在与营销制衡的质量管理部门或企业文化部门，也可以单独成立一个部门。

这里需要注意的是，应处理好品牌与营销的关系。企业内部部门在进行职能设计时，对有些重要的部门之间需要相互制衡，如生产与质量部门的关系，既需要保证量的产出，也需要确保质的管理，目的是获得具备一定质量前提的生产量。若无质量管理，生产部门就失去了制衡，其结果不堪设想。品牌与营销部门的关系与此类似，要保证销售的质量，不能无节制地进行短期促销，而需要品牌管理部门与其制衡。

企业应根据自己组织系统的特点对品牌管理职能进行科学设计、妥善安排。只有在保证品牌资产增加或品牌不损失的前提下，创新地进行营销活动，对企业的可持续发展才是有利的。

五、未来的电商还需要品牌吗？

"互联网＋"正在引发深层次的市场变革，这是一个不争的事实。一波又一波的电商传奇，冲击着传统营销企业早已脆弱的神经，加之一些企业家的个人成功与国家号召创业相结合的形势共同作用，使得如火如荼的互联网经济越发膨胀。在传统经营圈中已形成"无网不行"的气候，传统的实体企业通过O2O等线上线下的方式正在加速向线上靠拢。

电商需要品牌吗？回头看看传统实体经济的发展过程，对比网络虚拟经济发展的阶段和趋势，可能更能清醒地看到电商的未来。

传统实体经济从易货交易开始，自有了中间等价物货币之后，才算进入商品经济，当供大于求后，各种营销手段才应运而生，一步步将实体经济推至高级阶段。品牌的形成是以实体企业为主体的现代经营达到最高级阶段的产物，在此之前经历过大规模的成本价格战、性价比之战、差异化之战等竞争阶段，最终逐渐形成以品牌为据的市场份额之争。网络经济是新事物，发展的历史不长，但仅仅几年间，电商就经历了若干淘洗阶段。电商开辟出一块新天地，它对人类进步的贡献不亚于任何一项重大发明，但2003年第一次虚拟经济破灭对网络经济的打击至今令人记忆犹新。电商从无到有、从少到多，仅仅几年间就完成了实体经济成百上千年的发展过程。电商也在逐渐成为一个严重供过于求的领域，而网络怎样营销还是一个新课题，它发展得太快了，频繁出现的概念不断刷新着人们接受新事物的极限，可能在学术界还没有透彻理解一个概念的时候，另一个新概念已经全面接替它继续领跑。至今人们对电商仍然没有全面且深刻的认识，没有系统的理论研究，也没有确定的结论。

在之前供过于求的阶段里，无论是实体经济还是电商都是比较容易经营的，以至于有的电商感觉仅仅是这个渠道的发展就能够创造出无限需求。但当供需关系变化以后，首先出现血拼成本的价格竞争，这点在实体经济中发生过，电商也不例外。电商相比实体经济的优势迅速从便捷性转移到价格优势，但电商之间的价格战，人们一点都不陌生，甚至觉得理所应当。相比实体经济经历的发展阶段，现在的电商也就是刚刚越过供不应求中期，拉开价格大战的序幕而已。

其实，品牌的作用就是令企业从众多厂商中脱颖而出，是厂商的商誉，也是消费者的消费经验汇集而成的信息。消费者接触到的信息越多，品牌的作用就越大，传统经济中的实体无论有多么众多仍是有限多个，而网络经济中电商的数目理论上可以有无限多个，这是一个海量厂商信息汇集的领域。在海量的销售信息中，怎样让消费者识别我们，怎样让消费者找到我们，甚至偏好我们，都是传统品牌还都没有完全解决的问题。在网络经济的初期就轻言放弃品牌，与当年在供不应求的阶段中某些掌握了产品的"暴发户"认为只要生产出来产品就一定能赚钱一样短视。

参照实体经济的发展过程，可以预见不远的未来，电商必然会逐个经历性价比之争、差异化之争等阶段，最终留下的应该是品牌电商，是一批因率先掌握在网络环境中创建与经营品牌的电商。企业最应该去思考和实践的是如何在网络中做品牌，而不是放弃品牌去做网络。只要掌握了网络传播的规律，电商的品牌很快就是传统品牌在网络环境下的新发展，无论网络世界怎样变，万变不离其宗。

第二节　品牌观概述

一、品牌观的内涵

品牌观是指经营者对品牌作用的基本看法和观点。它对于每一个从事品牌管理工作的人都是至关重要的，因为品牌观如同每个人的价值观，是对美丑善恶及一切是非进行判断的基本依据。品牌观的毫厘差池往往会给经营者带来决策上的重大失误。因此，树立科学的品牌观是顺利创建品牌、管理品牌、发展品牌的前提。

二、对两种极端品牌观的批判

归纳和总结人们对品牌作用的认识和看法，有四种截然不同的观点，即品牌无用论、传统品牌观、科学品牌观和品牌万能论。其中，品牌无用论和品牌万能论是两个极端的品牌观，都是科学品牌观的反面，极其危险。

（一）品牌无用论

品牌无用论是指"品牌对经营没有明显的作用，是得不偿失的投入"。在品牌被广泛应用于营销的初期，持有这种观点的人较多，其危害很大。因为我国实行市场经济相对较晚，对品牌的认识有限，很多企业都曾持有此观点，以至于一些优秀的企业错过了品牌塑造的良机，直至之后的发展受阻，方才领悟仅仅依靠科技进步的硬实力是不够的，经营中离不开品牌等一系列的软实力，即使是在中间市场经营的企业也是如此。

品牌不仅仅应用于营销，它对于企业树立良好公众形象、改善经营环境也有着不可或缺的作用。

（二）品牌万能论

另一个极端就是品牌万能论。品牌万能论意指"品牌是最强大的竞争优势，拥有了品牌就等于拥有了一切"。这一观念更危险，即把品牌当作万能的，认为只要有品牌就一切万事大吉，因而为了品牌不惜动用重金，甚至不惜撕破面皮、强取豪夺。

持有这一观点的企业对品牌的理解还停留在一个符号的阶段，认为品牌的作用就是营销工具或战略工具，认为无论通过何种手段，只要合法取得品牌，就弥补了没有品牌的劣势。殊不知，品牌关系是不可能通过购买商标使用权而获得的。

创建品牌是一个复杂的系统工程，需要长期一贯坚持的主张并不断地赋予，最终形成强势品牌关系，并产生品牌资产从而影响消费者。这一过程不能一蹴而就，更不可能购得。

补充阅读材料

品牌为什么买不来

在经历了一次又一次疯狂的品牌并购案后，商界终于如梦方醒，原来品牌的嫁接是如此困难，再强势的品牌一旦易手更迭，都会出现各种问题。很多企业企图通过直接收购这样的捷径来弥补品牌的缺失，但很少如愿以偿，多见的是油水不容，甚至如鲠在喉。

品牌不是一个简单的营销工具，而是一个复杂的经营系统，根植于孕育它的企业当中。在培育和维护它的过程中，它与企业命运相依，难以分割。因此，将品牌与企业分割开、纳为己有的尝试一般都是徒劳的。

对于出资购买品牌的企业而言，购来的品牌只是营销工具，不会完全接受这一品牌带来的文化和对内影响；这一品牌也不可能与这一不同的经营系统完全相融，因而彼此之间的冲突在所难免。平日里见到的那些有关品牌的买卖多数是围绕商标使用权展开的，其实更确切地说，买卖的是商誉（Goodwill）。商誉所描述的只是品牌的一个部分，是品牌对外影响力的集中表现。对一个品牌商誉构成影响的因素实在太多了，如原产地、国别、行业甚至科研基地等都与商誉有关，任何一项都有可能影响品牌商誉。于是可以看到很多品牌的转手是伴随着大规模的企业并购同时进行的，其目的就是千方百计地保有原品牌的全部影响因素，使其在消费者眼里没有发生任何变化，以便顺利地易手。实际上，即使将与商誉有关的因素悉数购得，也不可能获得品牌的全部，因为它还有很多没有表现在对外影响的商誉上的作用和功能。有实证研究表明，品牌对企业员工的忠诚度有促进作用，有品牌的企业相比没有品牌的企业，其员工对最低工资的容忍度存在显著的差异。这是典型的品牌非营销工具的作用之一。而在品牌并购实务中，最难以改变的就是深受品牌影响的员工对品牌情感依存的转移。企业内的员工在品牌所有权发生变化时会受到很严重影响，这使得他们的归属感遭到致命的伤害。只要被员工和外界知晓了所有者的变动，这种影响就不可能不存在，除非永远保守这个秘密，但这在现代几近透明的商业社会中简直就是天方夜谭。

直接购买品牌只是有可能买到品牌作为营销工具的部分功能，或多或少地对销售有些好处。因而在强势企业收购弱势品牌的案例中，可以见到弱微品牌被简单地修剪后当作营销工具，而永远不会进入其品牌线内，有的甚至被束之高阁。但相反，在弱势企业收购强势品牌的案例中，却见到强势品牌被奉若上宾、寄予厚望，但无论怎样尽心尽力，都不可能将其完全融合或连根拔起。

品牌的原意是烙印，是区别所有者的标志，也是企业自己成长的印记，刻满了企业的艰辛和积淀。可见，企业的品牌依靠自己的创造，通过收购获得品牌只是一厢情愿的奢望，品牌是买不来的。

三、传统品牌观评述

还有很多不同角度对品牌的理解和认识，许多学者也站在各自不同的角度对这些理解做了或褒或贬的评价。归结起来看，对品牌的传统理解的主要缺陷在于它们都片面地强调了品牌的可识别性，而忽视了它的动态特征，以及混淆了品牌发生作用的主体、客体和载体三者的关系。一味地强调差异化的直接结果就是品牌成名论、广告中心论等，这些不科学的品牌观所衍生出的操作理论若运用于指导实践是非常危险的。所以，在开始学习品牌理论之前，很有必要明确科学的品牌观。

我国学者对传统的品牌观有很多批判，其中年小山的批判极具代表性。在他所著的《品牌学：理论部分》一书中，认为传统理解有四个共同的缺点，并在理论部分对传统的品牌理解进行了比较充分的批判。①传统品牌观只承认品牌的精神文化属性，即非物质性。他认为品牌作为一个概念，不仅是对该类事物的抽象化概括。它具有浓厚的精神文化特征，同时也是具体的、物质的、动态的。没有脱离物质独立存在的品牌，也没有脱离其精神文化属性而可以称为品牌的物质。应该说品牌具有双重属性，即精神属性与物质属性，它是精神文化与一定物质载体的融合物。②品牌只是某种标记或者符号，具有静态性。这种观点只看到品牌的静态性，是对品牌的片面理解造成的，即只看到了品牌的名称、标志、颜色等外在视觉要素构成的某种标准和识别，而没有看到品牌构成来源的复杂性、丰富性、整体性与整合性。静态的符号只是品牌构成中的一小部分，而能够使某一事物达到品牌这种境界或程度的关键是对品牌的整体性规划和缔造。③品牌具有的识别性是用来区别主客体的。这一观点忽视了载体在这个品牌关系中的重要性。④对品牌结构的理解，即它是由名称、标志、颜色构成的，其识别要素也不是仅仅限于视觉系统。标志是视觉系统的核心，表达一定的思想和理念，但它不是品牌本身，更决定不了经营者的命运。传统的品牌解释没有把品牌当作一种经济模式来观察，而是作为一种"样式"抹杀了它作为经济模式与经营模式的本质特点，这就失去了研究它的理论基础，从而使品牌成为一种不可知的东西。

而对于绝大多数从事品牌操作实践的人来说，树立何种品牌观似乎并不重要，他们对如何创建塑造以及维护一个品牌的实践经验更感兴趣，对品牌本质的认识也仅仅限于品牌现象的描述。因此，大多品牌实践者都未能形成科学的品牌观。一项针对企业高管的调查表明，绝大多数企业经营者认为品牌资产是不能确切计量的，而且在提到品牌时往往和名牌相混淆。有相当一部分人认为现代企业经营就是品牌经营，品牌管理就是经营的最高阶段。

传统品牌观至少包括三项重要的品牌观点：①品牌不是万能的，品牌管理也不是企业经营的最高境界；②品牌资产的价值不是不可知的；③品牌绝不等同于名牌，仅仅依靠广告或许可以创造名牌，但却创造不了品牌。

唯利是图的商人是很难创建品牌的，因为他们的一切决策来自唯一的判别标准：是否获利。当一个企业的经营完全依据是否盈利原则的时候，那需要耐心等待才能建立的品牌就没有什么吸引力了。一些优秀的企业家会将品牌的商誉与自己的信誉紧紧地结合在一起，对有关品牌的任何细节都不会放过，点滴积累、悉心浇灌、耐心等待，他们是有可能创建出品牌的。这就是为什么即使是持有传统品牌观，也有企业能够成功创建品牌。

第三节 科学品牌观

一、科学品牌观的重要性

树立科学的品牌观，是科学运作品牌的重要保障。品牌对于经营活动而言，既非必不可少，也不是百无一用，而是锦上添花的催化剂。它既非万能，因为它有适用的局限性；也非无用，毕竟有许多企业依靠它登上巅峰，也有许多企业依靠它渡过难关。

二、科学品牌观的内容

现代品牌功能的发展已经远远超出了促进销售这种在早期品牌现象时期的品牌本质认

识，品牌已经演变得超乎人们的想象，所具有的意义也越来越深刻，以至于国家或地区之间的经济竞争都需要通过品牌的竞争来完成。

因此，树立科学的品牌观对于品牌研究者和实践者都有着极其重要的意义。从经营的角度认识科学品牌观，归纳为如下五点：

（1）品牌作为现代经营的工具，广泛适用于一切与经营活动有关的主体，包括城市或地区、企业与组织、产品和个人等。

（2）对于商业领域里的品牌，其一切活动都与或远或近的销售有关，但它不限于营销活动。

（3）因它复杂的内涵而难以清晰地被人们完全解释，因而至今仍难以完全掌握它的运动规律。品牌是系统科学、实践经验和管理艺术的综合，是一门含有不确定性的科学。

（4）品牌是企业经营系统的高级阶段，但不是最高级阶段。

企业经营可以被视为复杂的系统，其形式也是随着经营重心的变化而变化的，从最初的以产品经营为中心的企业产品经营系统到以销售为中心的企业营销经营系统，一直演进到今天以品牌资产管理为中心的企业品牌经营系统。品牌管理贯穿企业经营的全部过程，以品牌定位为企业管理、市场营销等一系列企业经营活动的基础理念，以品牌资产是否增值为判断经营决策是否正确的依据。这一阶段的品牌概念已经脱离了识别性主轴，其内容和含义更为丰富。

这里必须指出的是，品牌经营系统不是企业经营系统的最高阶段，也不是品牌发展的最终认识，随着理论和实践的进一步深入，企业经营系统还会有更高级的形式出现，品牌的内涵也会继续扩展。

品牌作为一个经济概念，有其发生发展的规律。它随着商品经济的商品竞争而产生，也会随着商品经济竞争的继续发展而被其他的经营形式所取代。

（5）品牌对于企业而言，是一个经营中非常重要的工具；它的出现是必然的，但不是必要要素。

品牌本身不是必要的经营要素，它在经营中所起的作用是由经营信息发生替代完成的。一个没有品牌的企业完全可以通过其他手段获得竞争优势，如行业垄断经营权、产业集群等，并非没有品牌就无法生存。然而，它作为市场经济较高级的竞争形式出现又是必然的。当人类社会逐步进入商品社会，形成的现代市场经济竞争越来越激烈，质次价高和价廉物美的产品都很少见，市场经济中更多的是质高价高、质次价低产品的竞争。为了获得相对竞争优势，品牌被企业作为实现差异化战略的工具，已经发展成为具有相对独立性的经营对象，并成为现代市场营销的主要工具之一。品牌又是经营主体间争夺超额利润的工具，这使得它的出现成为一种历史必然。

此外，品牌还有其他方面的作用和影响。如对于品牌所处的整个经营市场和社会环境而言，品牌在其传播的过程中不断引导消费者的消费习惯，并影响着他们深层次的价值观，这将直接影响整个社会的文化，同时，还不断地更新着整个市场的竞争形式。总而言之，品牌对于消费者、经营者乃至整个社会进步都有着重大的意义。

品牌观是随着品牌应用的深化而不断变化的，把握住品牌的本质变化是树立科学品牌观的关键。

本 章 小 结

本章主要介绍了品牌观的定义，从品牌无用论和品牌万能论两个反面观点引出科学品牌观的重要性和适用性，最后集中概述了科学品牌观的主要内容。

学 习 重 点

1. 科学品牌观的重要性和适用性。
2. 科学品牌观的内容。

思 考 题

简述树立科学的品牌观的重要意义。

第二章

涉及品牌经营的法律术语与管理概念

第一节　涉及品牌经营的常用法律术语

一、关于商标与驰名商标

商标制度是品牌取得合法排他性的源泉。在我国，商标制度是在改革开放的大背景下建立和发展起来的，服务于经济社会的法治化。我国在改革开放中确立了市场经济和依法治国两项重要原则，这两项原则指导和规范着我国商标制度的发展变革。

驰名商标的概念源于发达国家的国内法律制度与实践，经由《保护工业产权巴黎公约》简称《巴黎公约》和世界贸易组织（WTO）的《与贸易有关的知识产权协议》（简称TRIPs）在国际层面得到延伸和推广，我国也在加入《巴黎公约》后引入了该概念，并将条约中的规定纳入了国内法。设立驰名商标制度的唯一目的是对具有很高知名度的商标予以更高水平的保护：对未注册驰名商标予以普通注册商标相当的保护（《巴黎公约》）；对注册的驰名商标予以超越普通注册商标的保护（尤其指反淡化及反不正当竞争的保护）（TRIPs）。由此，驰名商标的认定是且仅是驰名商标保护规则的适用条件的认定，也即商标审查机关或法院需要先认定涉案商标是否是“在我国为相关公众所熟知的商标”，才能决定是否对其予以更高水平的法律保护，仅此而已。但是，由于各种复杂的原因，这一在法律上很清晰的法律制度和法律概念在我国的商标实践中被“异化”为某些商家进行市场宣传的工具。因此，将“驰名商标”理解为政府对商品质量和企业信誉的肯定是一种误读，改变了“驰名商标”概念的内涵。

二、地理标志

地理标志产品是指产自特定地域，所具有的质量、声誉或其他特性本质上取决于该产地的自然因素和人文因素，经审核批准以地理名称进行命名的产品。如魏县鸭梨、容城绿芦笋、黄骅冬枣、金华火腿等，都是一个有确切边界的地名加上一个商品名称，成为一个耳熟能详的地理标志。大约95%的地理标志都是农产品名称，正是这个原因，普遍认为地理标志是农产品品牌中最重要的组成部分，甚至有人直接认为农产品品牌就是地理标志。

地理标志兴起于欧洲，是欧洲农产品等特色商品的点金石，一旦带有地理标志，该产品立刻身价不菲，尤其是在跨国经营中，这一优势非常明显。

然而，在我国农产品品牌的发展过程中，大量的地理标志几近消亡。学术界对其有过深刻的分析，大致认为是地理标志在实践中难以克服其所具有的准公共产品性质，以至于"搭便车"现象严重，最后导致经济学中的"公地悲剧"发生。一旦某个地理标志发生危机，处理不当，可能对该地区的该产业造成严重影响，甚至一蹶不振，致使该地理标志名存实亡。

在我国，对于地理标志管理部门而言，建立健全地理标志管理规则显得十分重要，既不能放任自流，也不能束缚过紧，而且还需要尽快将地理标志产品、中国地理标志、农产品地理标志三个部门各自的管理现状纳入一个统一的平台上。对于涉及地理标志使用的企业和个体生产者而言，在品牌发展的初期，一个历史悠久的地理标志是可以利用的，但发展到一定的程度时，一定要在此基础上延伸出去，发展成为有完全排他性和竞争性的商标，否则地理标志反而可能变成品牌发展的绊脚石。

地理标志是一把双刃剑，用得好它就是农产品的点金石，而用不好它就是绊脚石。可见万事万物都有利有弊，地理标志也不例外。

三、中华老字号

"老字号"是人们对具有一定历史的古老商号的称呼。早在北宋时期，字号就被用来称呼商号。北宋魏泰的《东轩笔录》记载："京师置杂物务，买内所须之物。而内东门复有字号，径下诸行市物，以供禁中。"过去，开设商铺店面也叫作开设"字号"。有人认为老字号就是老商铺、老商店，其实老字号不仅仅是指经营时间长，它是商家在长期的经营历史中形成的被广泛认可的优秀品牌。比如说起中药商号，人们会自然而然地想起同仁堂；说起餐饮商号，人们就会想到全聚德、狗不理等。老字号是数百年商业和手工业竞争中留下的精品，是前人留下的品牌瑰宝。它们都各自经历了艰苦创业而最终统领一行，在所在地区的行业内具有很高的威望，是人们公认的高品质的同义词。

现代商业经济的快速发展，使很多老字号显得有些失落，但它们仍以自己的特色独树一帜。在这些闻名遐迩的老字号当中，有始于清朝康熙年间提供中医秘方秘药的同仁堂，有创建于清咸丰三年（公元 1853 年）的"中国布鞋第一家"内联升，有 1862 年（清同治元年）应京城达官贵人穿戴讲究的需要而发展起来的瑞蚨祥绸布店，有明朝中期开业以制作美味酱菜而闻名的六必居……这些老字号是中华商业历史的一部分。

2006 年 4 月，我国商务部制定出台了《中华老字号认定规范》。文件界定了中华老字号的概念，规定了申报规范，表示在 3 年内由国家商务部在全国范围认定 1000 家"中华老字号"，并以中华人民共和国商务部名义授予牌匾和证书。

"中华老字号"是指在长期的生产经营活动中，沿袭和继承了中华民族优秀的文化传统，具有鲜明的地域文化特征和历史痕迹、有独特的工艺和经营特色，取得了社会广泛认同和良好商业信誉的企业名称和产品品牌。中华老字号的范围广泛，涉及百货、中药、餐饮、服装、调味品、酒、茶叶、烘焙食品、肉制品、民间工艺品和其他商业、服务行业等。2006年，龙抄手、赖汤圆、东来顺、荣宝斋等 434 家字号被商务部初步确认为"中华老字号"。此次获牌的中华老字号企业涉及食品及加工、餐饮、住宿、医药、服务业、工艺美术、纺织、印刷等行业，覆盖了全国 27 个省、自治区和直辖市。在这 434 家中华老字号企业中，北京 67 家，上海 52 家，天津 30 家，哈尔滨 8 家，武汉 4 家等。2010 年，商务部又对第二批中华老字号的名录进行公示，覆盖了全国 28 省，共 345 家。其中北京 12 家，天津 15 家，上海 47 家，辽宁 15 家等。

在激烈的市场竞争中，一些老字号经受住了考验，正在向现代品牌转换。例如，北京的同仁堂、全聚德、王致和、东来顺、六必居、月盛斋、张一元、吴裕泰，上海的恒源祥、上海老饭店，杭州的张小泉、楼外楼、胡庆余堂，天津的狗不理、桂发祥十八街，青岛的青啤，贵州的茅台，山西的杏花村，四川的五粮液等。但是，老字号的整体情况不容乐观：目前仅存的 1000 多家老字号当中，高达 70% 处于亏损经营的状态，勉强维持，20% 长期严重亏损，面临破产，只有 10% 左右经济效益较好，有一定的品牌效应和规模效应。

四、马德里协定

《商标国际注册马德里协定》（*Madrid Agreement Concerning the International Registration of Marks*）签订于 1891 年，是用于规定、规范国际商标注册的国际条约。马德里体系中的成员国和组织目前已超过 100 个。

马德里商标国际注册，即根据《商标国际注册马德里协定》（简称"马德里协定"）或《商标国际注册马德里协定有关议定书》（以下简称"马德里议定书"）的规定，在马德里联盟成员间所进行的商标注册。通常所说的商标国际注册，指的就是马德里商标国际注册。"马德里联盟"是指由"马德里协定"和"马德里议定书"所适用的国家或政府间组织所组成的商标国际注册特别联盟。

第二节　与品牌有关的经营概念

一、品牌与质量

对品牌的认识源于对质量的重视。20 世纪 80 年代，国内的市场经济发展不久即遭受了假冒伪劣商品的严重冲击，为保护优质商品，有了"质量万里行"等一系列旨在控制其泛滥趋势的活动和措施。很多企业出于自身的需要，纷纷选择商标的形式对其商誉进行保护，品牌作为企业商誉和产品商标的集中体现开始进入人们的视野。

正因为人们对品牌的认识是它能够将产品质量的信息有效地体现出来，在过去人们一直将品牌视同为质量的标志，认为"品牌就是质量的承诺"。这一认识在市场发展的初期确实起到了一定的作用，但随着市场的发展，出现了越来越多的品牌远远超乎质量承诺作用的现象。例如奢侈品的超高定价。如果仅仅从质量的角度理解，就很难解释为什么一个普通的商品被冠以奢侈品品牌后，价格就几十甚至百倍于同等质量的商品，甚至一些质量并不是最优的商品，因其知名的品牌而身价倍增。而一味坚持对质量追求的企业却难有作为。为此，人们逐渐更改了一个传统观念："好酒也怕巷子深"。

人们的选择总是从一个极端走向另一个极端。很多人面对这等现状时，却做出了相反的决定：放弃了对质量的控制，甚至委托他人代工，而集中全力于品牌。其结果在不远的几年后显现：品牌困局使得一批又一批的企业在无奈的困境中挣扎。这让人们不由得开始思索，品牌与质量之间到底是何关系。

品牌与质量之间的内在联系自不必细说。有一个恰当的比喻经常被用于体现健康对人的重要性：将健康比喻成"1"，而地位、财富、家庭等都是后面的"0"。它揭示了健康对人来说何等重要——没有健康，一切归零。但只有健康也是不够的，人生还需要很多有意义的东西来丰富，这就是不断地在后面加"0"的过程。质量对于品牌而言就犹如那个"1"一样，没有质量的品牌是空中楼阁，甚至无从谈起；但仅有"1"也是远远不够的，产品之间微小的差异并不能决定竞争的结果和企业的命运，只是着重于质量的企业收效甚微的原因在于即使付出百倍努力，也只可能将"1"变成"2"或是"3"……不如在后面加个"0"。事倍功半是由于放大了质量的意义，即使是重大的技术进步，如不能让消费者感到它对人们生活的改变，其价值也会大打折扣。

很少有人敢忽视质量的重要性，但质量的意义却并不能无止境地增加，当年铱星品牌的陨落就是不计成本地对质量无尽追求的结果。对于消费和销售而言，只有最合算或最合适的质量。品牌是消费和销售发展到相当程度的结果，自然必须符合它自身的要求和规律。一个基于市场的品牌对质量的要求就是市场对质量要求的底线。虽然消费者对质量的要求当然可以是无尽的，可一旦加上价格和收入的约束后，决定其是否购买的质量底线就会改变。性价比、让渡价值等这些真正的决定因素是对消费者质量追求有条件、有约束的现实。

品牌对质量要求的底线是随着品牌地位的变化而变化的。随着品牌的发展，产品的质量和企业的管理也要随之发展。当消费者对品牌给予更高期望的时候，要求企业具有更加科学的管理，能够生产更符合消费者要求的产品，能够通过技术进步等措施实现成本的降低等。品牌所要求的质量是具有普遍意义的广义质量。

品牌与质量之间的关系确切地说应该是相协关系，二者之间有密切的联系，既相互依赖，又相互制约。一个长足发展必然对另一个提出更高要求，一个故步自封则另一个也定是举步维艰。基于此认识，一个企业对产品质量的要求应当是有节制的，但必须达到消费者的基本要求，才能发展产品品牌。一方面，随着企业发展和产品质量的提高，品牌可以不断丰富其内涵；另一方面，品牌的提升会对产品质量和企业发展提出更高的要求，使其不断进步。这就是品牌与质量之间典型的相协关系。

二、品牌与核心竞争力

从企业开始参与市场竞争直至形成核心竞争力的过程是复杂的，企业将面对很多战略方向的选择，每次选择都会体现在主要的竞争工具上。按照战略管理和市场营销分析的基本框架，在图 2-1 中分析企业参与市场竞争直至形成核心竞争力的战略性决策过程。

企业面对的市场依据其满足需求的产品是否具备可细分的可能，划分为同质化市场和差异化市场。应对策略也由此生成两种决然相反的做法：一是应对同质化市场的同质化竞争策略，二是应对差异化市场的差异化竞争策略。按照如图 2-1 所示，分别对同质化竞争和差异化竞争进行分析。

（一）在同质化市场中获取竞争优势或核心竞争力的过程分析

同质化竞争策略对于满足同类需求的产品之间没有显著差异的企业都是适用的，一般通过技术领先、资源禀赋和渠道稳定三个途径的竞争获取成本领先。从中可见，资源禀

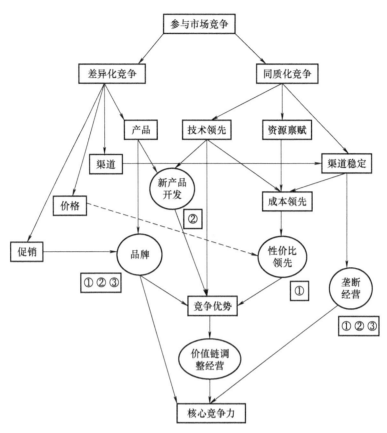

图 2-1　企业参与市场竞争形成核心竞争力的路线图

①主要利润来源　②不易模仿性　③长期稳定性

赋是最简单的途径，许多企业在初入市场的时候都会选择从自身资源丰富的环节入手就是这个道理。同质化程度很高的产品竞争会导致企业向渠道控制的方向努力，以期达到实现上下游完整的一体化管理，甚至有企业能够实现对渠道的垄断经营，直接将渠道控制演变成其核心竞争力。比如我国的盐市场，几乎完全同质化，中国盐业集团有限公司对盐类商品独家垄断经营，对市场的垄断即为该公司的核心竞争力。即使不能完全达到垄断，一定程度上的渠道优势也可以称其为核心竞争力。但绝大多数商品在市场经济背景下是没有垄断资源的，这使得企业即使获得了一定程度的渠道稳定，也不能称其为竞争优势。对行业没有特别影响的渠道相对稳定只是一个间接的过程，它需要通过与其他经营活动相结合，实现成本领先战略。

技术进步是企业发展的原动力，通过技术领先可以实现多重目标。仅就同质化竞争而言，技术进步的意义非同一般，它是成本领先的高级阶段。从劳动密集型经历了资源密集型、资金密集型，一步步发展到技术密集型，其目标在同质化市场中依然没有根本改变，仍是追求成本领先，实现同质低价或同价高质，赢得性价比优势。有些技术领先是可以直接获得竞争优势的，如一些关键技术、装备，能够制造的商品如无此技术就无法生产，此类技术一般称为核心技术，短期内无法被超越，具有不可模仿和主要来源的性质，成为企业的竞争优势。但技术进步速度很快，它很有可能被超越。如果企业长期保持技术创新能力，其技术进步遥遥领先于同类企业，此时即获得了长期稳定性质，技术领先可成为该企业的核心竞争力。

（二）在差异化市场中获取竞争优势或核心竞争力的过程分析

相较同质化竞争，差异化的竞争要显得复杂，差异化竞争是围绕着营销能力展开的，以最基本的4P营销分析框架展开，差异化无非是在产品（Product）、渠道（Place）、价格（Price）和销售促进（Promotion）这四个方面实施。

其中，发展产品差异化有两个方向：一是开发新产品策略达到差异化的目的。如有技术实力可以采用结合技术进步开发新产品的策略，没有技术实力可以选择产品定位的改变来实现差异化。二是利用品牌个性的不同实现产品的差异化。依靠产品进行的差异化策略是营销差异化的基本形式，没有差异化的产品就回到同质化竞争，但满足同类需要的产品间的差异是微不足道的，主要还是依靠品牌对其起到稳定及不易模仿的支撑作用，将该差异转化成为竞争优势或核心竞争力。

渠道的差异化是伴随着营销的目标人群定位产生的，即依据对消费者的细分，确定目标人群，其中特别强调目标人群在媒体偏好方面的一致性，以期选择渠道和广告组合时的集中，然后方能获得稳定的渠道并成为成本领先的组成部分。

价格差异化是相对于同类产品定价而言的，掌握定价权的企业基本上也不会按照成本加成定价，一般都是按照市场有效需求和收益最大原则而定；不掌握定价权的企业定价更不能按照自己的成本定价，而需要根据自己的渠道和特定人群的需要以及参考已有同类产品的价格进行定价，这本身就意味着价格的差异。能定出较低价格的企业会回到性价比领先的策略上，从而进一步形成竞争优势，直至核心竞争力。但价格差异化不是越低就好，有的企业反其道而行之，脱离技术进步的影响，回到手工定制概念，定出远高于使用价值的价格，也成就了许多知名的奢侈品品牌。

差异化发生最多的应该是在销售促进方面，广告、公共关系、人员推销等都是可以制造差异化的营销手段。但所有与促销有关的活动几乎都与品牌有关，或多或少地对品牌资产都有影响，且这些活动除了直接增加销售之外，通过品牌战略对企业经营也有深远影响，可令企业形成竞争优势或增加核心竞争力。

（三）企业战略选择关键点分析

围绕着竞争优势和核心竞争力的目标，只能通过四个关键的战略性节点，即品牌战略、新产品开发战略、性价比领先和垄断经营权。其中，品牌战略和垄断经营权是可以直接获得核心竞争力的，新产品开发和性价比领先一般只能形成竞争优势。

1. 品牌战略

根据品牌具有的影响力不同，部分已形成相当延伸能力和忠诚度的品牌是可以直接形成核心竞争力的。这些品牌是企业长期利润的主要来源，一般都具有很强的延伸能力，而且稳定性好，不会轻易在危机中被损毁，也不能被轻易模仿，具有很好的排他性功能。但仅仅是具有少许知名度的品牌所能发挥的作用就相当有限了，既不能发挥延伸作用，也不能在危机中起到决定性作用，只能对营销起到辅助作用。品牌战略在核心竞争力形成过程中的作用是很复杂的。

2. 新产品开发策略

新产品开发策略是很多企业在获取技术领先后的首选策略。新产品开发一方面可以使技术进步的优势得以体现，另一方面也是企业营销思路和经营风格的反映，是企业应对市场变化的能力。保持适销对路的新产品开发能力能够很快形成一定的竞争优势，但这一优势并不稳定，依靠新产品领先于同类企业的优势能够保持多久，在每个行业中是不同的。例如，计算机的新产品优势基本3个月就不复存在了，而且对新产品如不能很好地予以保护，长期来看，极易受到模仿的冲击。由此看来，新产品开发是一项不可或缺的能力，但它只是获取竞争优势的过程，而不是终点。

3. 性价比领先

性价比领先是经营大宗中间商品采取的惯用策略，性价比通过"性"和"价"两个方面来反映。"性"是综合的概念，不仅仅是性能，还包含产品质量、技术含量、商品效用等概念。综合来看，无非是产品或服务满足消费者特定需求的能力。依靠技术进步、资源禀赋等都能够直接提高产品的"性"。但"性"的增加往往伴随着"价"的增加，这需要企业做出权衡，高质高价还是低质低价。消费者比较的并不单纯是"价"的高低，也很少有不计价格一味求高质量的做法，往往是性价二者的综合比较。单纯的价格低廉在同质化条件下所形成的优势是成本领先，但成本领先会付出高昂的代价，甚至影响其他能力的积累，不利于长远发展。一个企业发展到一定阶段，就不能再依靠成本领先来继续发展了。依靠技术进步等途径带来的成本领先优势并不是单纯地创造了价格低廉的产品，也会推动产品的质量提升或技术含量，对此"性"一面的意义要远远胜于"价"的一面，只有最终获取性价比领先，才能够形成明显的企业竞争优势。

4. 垄断经营

垄断经营应该是一种最可靠的优势了。企业无论依靠何种方法或途径，获得多大程度的垄断优势，其稳定性不言而喻，而且是长期利益的主要来源，也具有极强的排他性，令同类企业止步，俨然是企业的核心竞争力。企业之间通过联合对行业达到一定程度的控制，也可以获得一定程度的垄断。但垄断对于整个行业的发展是弊大于利的，不能任由企业在竞争中自主形成，它能够为企业提供的机会是很有限的，因此也不是所有企业可以追求的目标。

补充阅读材料

政府营造品牌生长环境的关键

"劣币驱逐良币"（Bad money drives out good）是经济学中一个古老的原理，原意是指"当一个国家同时流通两种实际价值不同而法定比价不变的货币时，实际价值高的货币（良币）必然要被熔化、收藏或输出而退出流通领域，而实际价值低的货币（劣币）反而充斥市场"。这一原理描述了市场机制下失去监管时的一个普遍现象。它也被其他领域广泛应用，如某些单位没有绩效考核的能力，一味追求平均，无论员工水平高低、努力与否、业绩如何，所获得的待遇和奖励没什么差别。于是，能力强、水平高的"良币"就都另谋高就去了，剩下的则是平庸的"劣币"。这也是"劣币驱逐良币"现象。

市场机制自我调整除了供需关系对价格的调整之外，还有真实价格相等原理对厂商的价格差异的调整。为了修正通货膨胀影响，经济学家区分了名义价格（以货币计值的价格）和实际价格（以对商品和劳务的购买力计值的价格）。实际价格（Real Prices）经通货膨胀修正后的价格。也可以理解为在质量不等的情况下，市场均衡形成的统一价格。只是在名义价格相等的条件下，由厂商提供的产品质量差异形成的真实价格不等是客观事实，但市场机制进行自我调整的能力是有限的，因此在市场机制失灵的情况下，除了出现供需失衡之外，也会出现"劣币驱逐良币"的现象。

从质量的差异看"劣币驱逐良币"现象，往往特指市场中的产品在存在质量差异的情况下，一旦形成名义上的均衡价格，往往会导致质优价高的产品被质劣价低的产品取代的现象。如招标投标中，价低者中标原则可能导致劣质品挤占市场，甚至击垮质优者。这个现象形成的机理并不算复杂。例如，瓶装水市场的名义价格为1元/瓶，平均质量水平为90%，意味着100元购买90瓶水是合格的。其真实的价格应该是1.11元/瓶，而某品牌质量较好，达到99%，意味着100元购买的水中有99瓶是合格的，真实价格是1.01元/瓶。尽管平均价格是相等的，但真实价格因质量差异而不等，质优者的真实价格低于劣质品的平均真实价格。所有行业都存在质高者与质低者相比，其真实价格往往偏低的现象。而质量较高水平的厂商在劣质品冲击下仅有两个方向的选择：其一，需要较高的名义价格予以补偿。为此，其名义价格需要提高到1.10元/瓶，才能够获得真实的1.11元/瓶的真实价格，与其他厂商均衡。这多出来的0.1元就是因质量差异而形成的附加值。若市场择优以低价胜出为原则，则它的0.1元附加值是无论如何也加不上去的。其二，将质量水平调低到平均水平或平均水平之下，这是普遍现象。厂商几经如此博弈之后，瓶装水市场的质量会越来越低，高质量的产品会被挤出。

劣质品长期存在会形成事实上的严重供大于求，这种供大于求对市场起到的作用不是良性循环，遇有需求萎缩时，会对优质品造成竞争性驱逐，严重削弱企业创新的原动力。品牌是长期持续创新与积累的结果，但在面临短期销售与生存问题时，企业是无暇顾及的，甚至会牺牲长期利益，如品牌、质量等企业竞争的核心问题就会被搁置。

劣币良币问题是由质量差异开始的。政府对市场中品牌发展起到决定性促进作用的举措是，为质量执行严格的标准分级监管及标志差异知识的推广，对低于质量要求的应严格取缔销售。这是对市场公平和秩序进行充分维护的重要环节，以保护市场，避免被劣币挤占，给予企业公平竞争环境，促使其健康循环发展。

品牌是企业在保证充分利润的前提下长期形成的资产积累，没有附加值的企业是难以形成品牌结果的。从宏观角度看，政府的市场"守夜人"角色不仅仅是维系市场供需关系的基本均衡和稳定，扶持品牌发展不仅需要维系供给，平衡更为重要，要营造良好的经营环境。杜绝"劣币驱逐良币"现象的发生是政府干预市场水平的标志性能力，也是营造品牌生长环境的关键。

本 章 小 结

本章详细阐述了与品牌相关的一些法律概念和经营概念，以及它们与品牌的关系。

学 习 重 点

1. 熟悉涉及品牌经营的常用法律术语。
2. 辨析品牌与质量、核心竞争力的关系。

思 考 题

简述品牌与质量、销售、渠道、产品等经营职能的关系。

第二篇

品牌管理知识基础

品牌研究发展简史

第一节 品牌认识的发展过程

一、品牌的定义与内涵

（1）认识品牌的第一步：品牌存在的必然。品牌是一个必然出现但不是必要因素的经营工具。不是必要因素在科学品牌观的相关内容中已做解释。本章第一节关于品牌的定义，首先解释的是为什么品牌是一个必然出现的事物。这源于它存在的必要性。品牌现象发生和存在的基础是市场机制下的一对基本矛盾，即剩余价值的有限性与自利性经营对超额利润追求的无限性。

剩余价值是"劳动者创造的被资产阶级无偿占有的劳动"，劳动者是有限多个的，所以他们创造的劳动价值也是有限的，无论劳动者的数目多么巨大。也可以理解为每个行业或地区的产值或利润是有限多的。而市场机制的基础是企业的自利性经营，企业经营的原始动机是自利性的，这种自利性使得趋利行为无限追求利润最大化。剩余价值的有限性与自利性经营对超额利润追求的无限性是市场机制中最为基础的矛盾，为达到在这一矛盾中的有利优势，企业自发地摒弃了按照行业利润率对市场进行投入产出的原则，竞相使用第二次分配工具来实现自己的利润最大化。垄断、广告、各类营销手段均是第二次分配工具，品牌也是第二次分配工具，在本质作用上与垄断、广告的作用都是一样的，就是为组织获取竞争优势地位的手段，是对超额利润再分配的工具，这些工具都是人类商业社会发展到一定阶段必然出现的，只是在不同的历史阶段出现。应该说，只要市场存在，这对矛盾就依然存在，品牌这样的再分配工具就不会消亡。直至市场概念消亡不再需要再分配工具的时候，品牌才会失去它在市场中的实质作用。

（2）认识品牌的第二步：理解品牌作为"符号"的概念，是从"这是我的东西"（所有权）到"这东西和我有关系"的过程。品牌在英文中用"brand"表示，源自古斯堪的那维亚语"brandr"。该词最初的含义就是在牲畜身上烙上标志，用以区分其所有者，起到识别和证明的作用。可见，最初的品牌就具有了识别的功能，具有了成为差异化工具的可能，这是品牌被引入营销的决定性条件。早期的品牌概念与营销无关，只是通过对符号的区别，承担着所有权最为直观的识别功能。在品牌进入营销领域之前，它的作用就是所有权标志物，其作用是区别所有者的，而这与现代品牌的含义相去甚远。直到品牌概念被引用到商业社会中时，品牌不再是所有权的标志，而渐渐成为一个模糊的、与所有权有关的概念，标志着某物与生产者或经销者有关，而不再确切地表达某物确定的所有权归属。这种"有关"是广义的，"这个产品是我生产的，但现在卖给其他人了"，表示的即是这种"没有所有权但有关"的概念。此时品牌概念有一个巨大的跳跃，即从"某物是我的"到"某物与我有关"的转变。"品牌是质量的承诺"就是最典型的认识。这一认识相当于将品牌视为一个标记性符号，它并不是所有权的标志，而是某物由某人生产或经销，该物与特定的人有关，而这个标记性符号标志着这个人对该物的质量或其他属性进行了承诺。这一变化可以作为将对品牌的内涵认识划分为早期认识和传统认识的分界，是品牌概念向现代品牌变迁的重要跨越。

（3）认识品牌的第三步：理解品牌是差异化工具的定义。以上所述的品牌概念都是着眼于品牌的识别功能，这一点可以从西方学者对品牌的认识中得到佐证。早期的品牌含义与商标的概念是极相似的。世界知识产权组织在其商标《示范法》中曾做出如下定义："商标是将一个企业的产品或服务与另一企业的产品或服务区别开的标记。"由此可以看出，作为现代词汇 brand 的初意，与商标的概念基本相同。美国学者菲利普·科特勒（Philip Kotler）博士在《营销管理》一书中丰富了品牌的定义："品牌是一种名称、术语、标记、符号或图案，或是它们的相互组合，用以识别某个消费者或某群消费者的产品或服务，使之与竞争对手的产品或服务相区别。"美国市场营销协会也将品牌定义为"用以识别一个或一群产品或劳务的名称、术语、象征、记号或设计及其组合，用以和其他竞争者的产品或劳务相区别"。我国学者的普遍认识与之异曲同工，比较有代表性的看法认为："所谓品牌，也就是产品的牌子，它是销售者给自己的产品规定的商业名称，通常由文字、标记、符号、图案和颜色等要素组成或是这些要素的组合构成，用作一个销售者或是销售集团的标识，以便于同竞争者的产品相区别。品牌是一个集合概念，包括名称、标志、商标。所有商标都是品牌或品牌的一部分。"这些定义之间没有本质区别，只是在表述上略有不同。但这些定义暗含着一个有关品牌内涵的重大变化：从"有关"变成了"差异化"。差异化工具是很多学者认同的品牌内涵和本质，至今仍是品牌学界的主流认识之一。

随着人类经济形式的发展，品牌也在不断地丰富着新的内涵，先后出现了以品牌认同理论和品牌形象理论为代表的两类定义，它们都是对品牌符号定义的补充与完善。如广告大师大卫·奥格威（David Ogilvy）对品牌的定义："品牌是一种错综复杂的象征，它是品牌的属性、名称、包装、价格、历史、声誉、广告风格的无形组合。"我国学者王海涛的定义或许更为严谨："广泛意义上的品牌包括了三个层次，首先是商标，这是从法律意义上说的；其次是一种牌子，是金字招牌，这是从经济或市场意义上说的；再次，品牌是一种口碑、一种品位、一种格调，这是从文化或心理意义上说的。"能够从这些定义的内容中看出来，此时的品牌内涵俨然是营销概念了，它的差异化属性已被营销利用，品牌是营销中实施差异化发展的最重要的工具之一。

（4）认识品牌的第四步：认识品牌个性理论。符号毕竟只是品牌的外在识别，因为缺乏内在识别机理的支撑，即使有法律的保护也很难防止竞争者的模仿竞争。于是，一种塑造品牌内在形象，力图从深层次区别竞争品牌的理论应运而生，它集中反映在广告大师大卫·奥格威的自传《一个广告人的自白》里。他认为："最终决定品牌市场地位的是品牌总体上的性格，而不是产品间微不足道的差异。"这一观点很快得到广告业界的首肯，在该理论的指导下产生了一大批优秀的广告作品，如万宝路、西部牛仔等。大卫·奥格威认为，品牌是一种错综复杂的象征，是品牌属性、包装、名称、价格、历史、声誉、广告风格的无形组合；品牌同时也是因消费者对其使用的印象及自身的经验而有所界定；品牌是一种象征，是消费者的感受和感觉。与此相继，美国精信广告公司在20世纪50年代提出了品牌个性论。其主要理论观点是主张品牌的人格化，极力主张从性格走向个性，认为奥格威的理论太过宽泛。正因为如此，品牌个性论者着重强调个性可以造成崇拜，而不仅仅是认同。

毫无疑问，品牌个性论是对品牌认识的极大发展。在这一阶段，品牌的内涵发生了质变，超出了品牌的功能利益，突出心理上的利益，但从根本上依然处于营销的需要，对品牌本质的理解依然是模糊的。

（5）认识品牌的第五步：理解品牌关系的概念。现在品牌学界普遍认同的定义是基于品牌关系理论的定义。美国学者戴维·阿克（David A. Aaker）从品牌资产管理的角度提出了基于品牌关系的品牌定义："品牌就是产品、符号、人、企业与消费者之间的联结和沟通，品牌是一个全方位的架构，牵涉消费者与品牌沟通的方方面面。"这一定义从消费者和品牌之间的沟通来强调消费者在其中的决定性作用，没有消费者的认可就没有品牌可言，品牌资产的价值就体现在品牌关系当中。从理论上说，这一定义并没有离开营销，但确实是向前迈进了一大步，"品牌管理的核心是品牌关系的管理""品牌的核心就是品牌关系"，这一点改变了很多人对品牌的偏执的认识，如"品牌就是logo，品牌就是文化"等。因此，这一定义逐渐被品牌理论界广泛认可，至今仍是品牌学界最重要的理论之一。

品牌是各种关系的总和，可以勾勒出品牌关系的基本框架。这一阶段，品牌被视为一种消费者能亲身参与的更深层次的关系、一种与消费者进行理性和感性互动的总和，强调品牌的最终实现是由消费者来决定的，是在产品与消费者的互动过程中形成的。还有学者认为："品牌是人们对组织、产品或服务提供的一切利益关系、情感关系和社会关系等综合信息及独特印象，表达为具有权属关系之符号的形象机制，并由此形成的能为特定所有者持续带来超值收益的非实体资产。"

品牌关系理论的应用是相当广泛的，是现代品牌运作以及广告制作实践的主要理论依据。品牌关系是对品牌本质探索的重要一步，由此揭开了人们对品牌本质认识的探索。

（6）认识品牌的第六步：理解品牌资产的概念。与品牌发展同步，对品牌的认识也渐渐脱离了识别性主轴，逐步由对品牌关系的认识过渡到对品牌资产管理的认识上来。

20世纪末，著名品牌专家戴维·阿克从管理的角度提出了品牌资产论。品牌资产论认为品牌是一项重要的资产，包含正反两个方面的价值，形成四个方面的价值：知名度、品质、忠诚度和关联性。凯文·莱恩·凯勒（Kevin Lane Keller）也提出了品牌资产的概念："基于顾客的品牌资产就是指由于顾客对品牌的认识而引起的对该品牌营销的不同反应。"代表人物有美国品牌学家贝尔（Alexander L. Biel），他曾撰文指出："品牌资产是一种超越生产、商品及所有有形资产以外的价值。品牌带来的好处是可以预期未来的收入远超过推出具有竞争力的其他品牌所需的扩充成本。"我国学者祝合良（2007）对品牌资产的定义加以总结，认为："品牌资产就是品牌所产生的市场效应。"这类认识以品牌是一类特殊的无形资产为假定条件，突出品牌给企业带来的利润、给产品带来的溢价等，认为品牌是可以独立存在的资产，可以交易转让，具有获利能力。

品牌在管理实务中是一项重要的经营资源，因其具有盈利能力而有了权益，所以可以称为一项无形资产。但这仅仅是对品牌本质认识的初级阶段。

（7）认识品牌的第七步：了解品牌的经济学解释。对于现代品牌的认识并非一蹴而就，它断断续续地经历了上百年历史，直到最近几年，学界对品牌的探索才真正意义上进入了对品牌本质的探索阶段，对品牌的解释又有了长足的进步，尤其是品牌经济学的发展。孙曰瑶（2007）将品牌的作用归结为通过品牌信用降低消费者的选择成本、提高选择效率，并定义："所谓品牌，是与目标顾客达成长期利益均衡，从而降低其选择成本的排他性品类符号。通俗地讲，品牌就是使目标顾客不假思索且持久购买的理由。"

品牌定义和对品牌本质认识的发展过程是相辅相成的，品牌定义的发展来自对品牌本质认识的深化。在品牌关系理论之后，还有学者分别从其他不同的角度对品牌加以定义，但因其依据不够严谨及影响范围较小，未能得到足够的重视，这里不再赘述。

品牌可以从符号学、信息学、经济学等多个角度来解释，根据以上总结，本书给出品牌的定义：品牌的本质是信息，是组织获取竞争优势地位的手段，是对超额利润再分配的工具。（注：超额利润的第一次分配是依据要素投入进行的分配；再分配是指超额利润在要素之间的重新分配过程。）

二、理解与掌握品牌的本质

（一）从理论的角度看品牌的本质：

品牌的本质是信息，是组织获取竞争优势地位的手段，是对超额利润再分配的工具，这涉及对品牌信息本论的理解。将品牌理解为信息，是指品牌在交易中所起的作用实质上是信息的作用。信息是降低不确定性的东西，同理品牌是降低交易中不确定性的东西，能够对交易双方起到降低交易风险和成本的作用。

品牌在交易中的作用也是一系列信息运动过程，品牌传播的实质就是信息的复制。

（二）从实务的角度看品牌发展的全过程

品牌是从知名度到忠诚度发展的全过程。当很多人被问及品牌是什么的时候，他们会想当然地认为平时可以看到的商标就是人们耳熟能详的"品牌"。其实这是一个误区，品牌与商标之间有一定的联系，但无论如何是不能画上等号的。

合法注册一个商标只是完成了一个品牌应具备的排他性功能，只是形成了它作为一个差异化工具的必要条件，也可以理解为是创建品牌的起点，但绝大多数的商标还不能称为品牌。品牌的发展要经历知名度、认知度、延伸度、美誉度、忠诚度，这五项指标的逻辑也基本构成了一个品牌的关键发展路径。

这条路径可以这样解释：合法地取得商标所有权，即获得具有排他性和竞争性的品牌，这仅仅只是创建品牌的开始。这一商标若是无人知晓，可以说没有任何价值，因此，知名度即是商标走向品牌的首要目标。一个合法注册的商标经过努力获得一定的知名度而成为名牌，这一过程主要依靠的是商业手段的传播，如广告促销等，手段也没有限制。如将名牌和品牌等同起来，其可能导致的后果之一就是不惜一切地出名，标新立异甚至通过另类、恶俗的手段获得关注。依靠这样的手段获取知名度对于短期关注是有一定作用的，但要想获得之后的美誉度就非常困难了。只有通过正当的手段和努力，先使消费者对该商标有了一定的了解，即获得所谓的认知度；等消费者对该品牌已经达到比较熟悉的程度，甚至可以被认为具有一定程度的认可，此时有一定认知度的品牌就具有了品牌延伸的可能，延伸能力的形成使得品牌的价值增加百倍，从而使品牌变得更有意义。该商标在目标人群中继续通过大量的公关手段获得来自消费者的良好口碑及赞许，即获得品牌塑造的关键指标——美誉度。此时的品牌即使是在无任何商业广告或公共关系等传播手段支持的情况下，其品牌信息仍能够不断传播和发展，消费者当中已经具有了自传播现象。正自传播就是通常所说的口碑。一般认为，获得美誉度，即发生品牌自我传播的口碑，才是品牌形成的标志。如若该品牌继续发展，使得消费者的消费行为因某品牌连续一致，形成了明显的偏好或习惯，即该品牌获得了品牌忠诚度。一旦形成了忠诚度，品牌就不再是一个普通的商业符号，而会深刻地影响消费者的消费习惯。

三、互联网时代品牌内涵的变化

当今身处媒体革命时代的经营者都敏锐地感到了品牌对于他们的变化。与传统媒体时代相比，互联网时代中品牌内涵正在发生着深刻的变化。有关这方面的资料和看法很多，但大多是危言耸听。

谈到品牌内涵，就不能不谈品牌与消费者的关系，以及二者之间的媒体。特别是媒体，可以说品牌内涵的变化与媒体的发展相辅相成。媒体的发展是一个台阶式的发展过程：一项基础性的重大发明将整个媒体业引入一个相对稳定的阶段，然后慢慢积累、发展、量变，直至又一次基础性的重大发明将这一稳定突破、创新、质变，再进入下一个稳定的发展阶段，如此循环往复。在人类的历史上，媒体史就是人类科技史的浓缩版。造纸是一场媒体的革命，为人类知识和信息的传播提供了物质基础，此后，人类借助纸媒努力地传播各种各样的信息，并创造了书籍、绘画等载体，用尽其力。之后的印刷、广播、电视等媒体的变革发展，都是在一项又一项重大发明的支撑下，使得人类的媒体越来越有效率，信息越来越丰富。直至今天我们面对的网络信息海洋，信息量几乎达到人类能够接受的极限。只不过媒体借助现代科技，其发展速度快到让人眼花缭乱、应接不暇，但本质上网络媒体技术与造纸术的出现性质是一样的，都是变革，其必然改变人类获取信息的手段和渠道，其性质没变，只是速度越来越快了。

相较现代媒体的速度和效率，传统媒体时代是不可比拟的。那时的品牌内涵中，"名"往往由"誉"而起，消费者和信息的关系还很简单，能够获得名的牌子基本同时获得了誉。用品牌学的语言来说，就是知名度和美誉度是同时获得的，也可以说是名誉同步。由于当时媒体的效率，传播的速度和范围都非常有限，消费者对交易中的信息需要付出相当部分的搜寻成本，以起到对交易中由于信息不对称带来的风险予以补偿的作用。因为慢，所以要积年累月的沉淀，一个品牌的出现伴随着几代人甚至几十代人的不懈努力加之时代机遇、运气等。祖先留给我们的品牌有两样瑰宝：老字号和地理标志，每一个都是经年累月地刻画在中华文化上的标志性符号。随着现代四大媒体（电视、广播、报纸、杂志）渐成主流，经营者运用它们的手段也逐渐成熟，传统意义上创建品牌所依赖的工具可以归纳成广告和公共关系。在四大媒体主导传播的时代，当人们面对无处不在的信息时，品牌知名度的获得变得相对容易，而品牌美誉度的获得难度已经远远超过"名"的获得难度，成为品牌创建成功的关键。由于消费者可选择范围的扩大，知名变成一个必要的技术指标。这也就是为什么很多人认为品牌是必需的，但即使有了名，用处也不像以前那么显著的原因。其实，在这个时代中，知名是必需的，而能否起作用取决于是否有美誉。

现代网络技术再次打破这一平衡，媒体在重大技术革命面前再度出现转折，以传统媒体传播为主要手段的品牌内涵也因互联网的普及而发生变化。现代网络技术，尤其是手机的实时在线功能普及后，信息在传播速度和范围上达到了无与伦比的程度。现代媒体造就了一个又一个"速红"的案例，借助信息无限复制的威力，歌手因为一首歌或演员因一部电影而迅速走红。人们发现，获得知名度的过程比以往任何时期都容易和迅速。当"名"的信息逐渐饱和时，"名"和"誉"的界限也就越来越清晰，"誉"的获得难度也就越来越大。知名度的作用越来越小，美誉度不再简单地依靠知名度获得，只有充分的认知才是获取美誉度的前提。与此同时，品牌美誉度的决定性作用也在逐步下降，品牌忠诚度将成为品牌成熟的标志。只有能够维系和引导消费者偏好的品牌，才是互联时代的主角。

即使是在互联网时代，网络也不是唯一媒体。不同媒体各有优势，彼此也会长期共存下去。因此，互联网时代的品牌内涵不会发生根本改变，但有深刻的变化，主要表现在以下三个方面：

（1）品牌创建起点的上移。品牌创建不再由知名度的获取开始，知名度已成为一项必须具备的经营指标，认知度的获取渐渐成为品牌创建的起点。

（2）品牌美誉度的重要程度有所下降，不再是品牌成熟的标志。

（3）品牌忠诚度将成为品牌成熟的标志。

在传统媒体向现代媒体过渡的时期，品牌管理的中心由通过广告获取知名度转向由公关活动获取美誉度，而由现代媒体向互联网时代的品牌管理中心将由公关活动转向小众人群的忠诚度获得。消费者的个性化消费趋势越来越明显，聚焦越来越小的簇群局面已然形成，把握品牌内涵的变化是选择品牌经营方向的重要参考，也只有这样，才能在互联网时代背景下游刃有余地持续发展。

四、品牌内涵发展的趋势

市场瞬息万变，互联网带来的变革还在持续发酵，新的趋势已在不知不觉中悄然形成。新趋势必将对消费者的消费方式产生影响，分化将是必然的产物。消费者偏好的变化趋势正在相反方向的作用下进行着深刻的改变，对于完全依赖消费者偏好的品牌经营来说，研判这一趋势就显得至关重要。

企业颇为关注品牌趋势问题，但近两年随着国内电商崛起，企业依靠传统手段创建一个品牌越来越困难，过去赖以成功的途径、方法甚至窍门都在变得无能为力。有先见之明的企业家已经深刻地认识到，传统优势正悄然变成一种负担。

在惊骇之余，及时清醒过来的企业对未来消费者消费模式及品牌的发展形态进行了预测，并在实践中对未来的品牌将出现严重的两极分化做出了不同的应对。下面结合消费者消费模式的变迁及品牌发展的大致趋势做一简要阐述：

一方面，消费者偏好的多元化趋势将更为明显，会产生越来越细的新需求。消费者会按照某一种偏好高度聚集，形成以某一品类为向心力的一簇小众人群，可以理解为一小簇集中偏好消费者的聚集。这种消费集中使得消费模式发生深刻变化，专家型消费者会大量出现，信息不对称的交易惯例会逐渐向消费者方向倾斜。依靠传统渠道和利用信息不对称获取利润的方式将不再适应这一趋势。随之崛起的是一批专业化程度很高的中小品牌，依靠对某一品类的技术领先或口碑，获得一批为数不多但程度很深的品牌忠诚者。可以说这将是品牌经营的主流。这一趋势促使品牌将呈现出一种不断面向小众化的趋势——专业化的小品牌不断出现、更新和发展。

另一方面，信息产业的高速发展使得消费者具有了极快自传播的可能。一旦某个品牌成为信息的焦点，借助现代媒体高度融通的传播方式，瞬间即可完成原来需要几年、几十年甚至上百年才能完成的传播过程。这使得品牌有可能出现一夜成名超高发展速度的现象。大众化的超级品牌不再需要慢慢积累，重要的是能够寻找到一个令媒体自觉传播的方式。

这两股趋势同时作用在一起，会形成令人眼花缭乱的局面，让人无所适从。推敲这一局面的原因，根源还是互联网对人类世界产生巨大影响的余波，是不可逆的趋势。企业家尽快革新经营思想是必要的，也只有认清消费者和品牌发展的趋势，才能结合自己的优势，为企业选择正确的发展方向，从而做好应对这一趋势的准备。只有适应这一趋势，才能驾驭这个时代的变化，紧跟时代的潮流。

补充阅读材料

品牌赢世界

在绝大多数消费者的眼里，品牌就是那些在商场中看到的商标和logo，或是耳熟能详的企业名称。作为一个普通消费者的认识，这无可厚非，但这样的认识与企业进行的科学品牌管理相去甚远。

所谓品牌，从实务的角度看是一种关系，是企业、产品、消费者之间组成一组复杂的经营关系，以信用背书为纽带，相互作用，相互连接。从学术的角度看，品牌的本质是信息，是组织获取竞争优势的手段，是二次分配的工具。它以降低交易的不确定性为机理，在交易中，品牌与经营信息要素之间发生着复杂的转换和替代。

我国是一个历史悠久的文明古国，曾经领先世界的商业文明早在商代之前就开始孕育，有关品牌的实物可以追溯到北宋时期"济南刘家功夫针铺"的白兔捣药青铜印章。几千年来，高度发达的商业为我们留下了老字号和地理标志两块深藏于中华文化当中瑰宝，但由于种种原因，它们未能在现代市场中发挥出应有的作用，至今仍然面临着重重困境甚至濒临消亡。

我国消费者真正开始接触现代商业品牌是从名牌这个概念开始的。早在20世纪80年代，为了治理假货横行的市场环境，国家开展了一次声势浩大的质量万里行活动，取得了显著的效果，之后为了巩固这一来之不易的成果，又进行了名牌万里行等一系列活动。当时所提的名牌其实还远未达到品牌的标准，但在一片空白的市场中却如入无人之境一般，便有了"广告一登，产量上升"的说法。随着国外品牌的接踵而至，真正意义上的品牌渐渐成了主流，人们常说的名牌逐渐成为干扰企业进行品牌经营的观念，很多人都认为名牌是更好的品牌或是有名的牌子，这相当于将品牌视同为"商标＋广告"。很多人在"带着名牌闯世界"碰壁之后，便开始质疑品牌的作用，由此产生了"品牌无用论"的论调，使得很多企业错失了创建品牌的良机。其实，在我国刚刚实行市场经济时，一些稍有名气的商标对企业的作用就非常明显，但随着竞争的加剧，仅仅有一点名气不够用了，误把名牌当品牌的人就将此归咎于品牌无用。现代市场的品牌内涵丰富，名牌的概念早已成为我国市场经济发展的历史符号，留在人们的记忆中了。

名牌之后是一轮又一轮国外品牌的入侵狂潮，刚刚萌生的一些自主民族品牌无法抵挡这些经营成熟的品牌有序的战略性入侵，有很多自主品牌被收购。这导致我国很长时间内没有形成具有代表性的自主品牌，直到现在，能够真正算得上品牌走向世界的寥寥无几。在我国取得巨大经济成就的同时，跨国公司的品牌航母一路开疆扩土，收购了我国大量的民族品牌，作为对我国实施本土化战略的工具。

最为严重的是近几年兴起的奢侈品品牌问题。奢侈品并非大众所理解的高价非必需的商品，只要某商品预期带给消费者的体验价值远远超出其使用价值的，就可以称之为奢侈品。奢侈品品牌的兴起不是偶然的，它的到来和兴起有其必然。但当我国成为世界第二大奢侈品市场时，我们依然没有一个自己的奢侈品品牌。奢侈品企业每年从我国赚取数百亿元，却留下了未富先奢的社会风气，让我们唏嘘，也让我们警醒。

总之，我国正处在一个危险的品牌困局当中，只有尽快解开这一困局，才能使我国的经济有质的提高和改变。

现代市场的一般商业竞争就是企业间的竞争，竞争的形式也无非两种：一种是众多企业依靠技术进步所形成的技术优势或资源禀赋所形成的低成本优势，而表现出来的产业集群竞争；另一种是由跨国公司主导、中小企业参与创新的商业模式竞争，突出表现为品牌间的竞争。早期我国依靠低廉的人力成本和不懈的技术模仿与创新在低成本制造方面取得了一定的产业优势，形成了大大小小数以万计的集群，让世界遍布价廉物美的中国制造产品。但当全世界都在分享中国制造的福利时，我们的产品却遭到了严重的质疑和排斥，一直纠结在信誉和规则面前，令我国品牌举步维艰，至今都没有多少令人尊敬的国际性品牌。"中国制造"几乎成了廉价的代名词，高额国际贸易的背后是巨大的产量，通过第一种方式的努力，我们冲到了低端和中端市场的边缘，但没有品牌的支撑，我国企业将无力向前。

自1978年改革开放以来，我国拉开了经济崛起的大幕，如今的较量更是复杂深刻，我国企业要在强手如林的国际市场上立足，没有品牌是不行的，只有好的产品也是远远不够的。若要在国际品牌方面有所作为，我们至少需要具备两个必要的条件：其一是需要高度的民族自信，用灿烂的中华文明赢得国外消费者的高度认同，这需要国家综合国力和影响力及人民素质整体的提高；其二是培养一大批优秀的企业家和合格的品牌管理人才，这需要尽快发展品牌管理专业的教育事业。

通过品牌不仅仅是赢得市场，更重要的是传播品牌背后的文化。具有国际化和民族化特征的品牌将引领中华文化走向世界，越是民族的就越是世界的，在品牌方面的建树必将使我国企业在跨国经营中更为自信、强大。

我国品牌的发展定会助力企业赢得市场，助力中华文化融入世界，助力中华民族复兴。赢得了品牌，就是赢得了世界，也就是说，品牌赢世界。

第二节 品牌管理理论丛林

当下品牌管理科学的研究处于类似管理理论丛林的时期，众说纷纭、百家争鸣，看起来复杂纷乱，实则系统有致。人们对"品牌是什么"有着不同的理解，是由于对品牌现象的理解不全，也不够深刻，往往按照自己原来知识结构中对品牌的朦胧认识，将其误作为品牌本质，例如，营销专家认为品牌就是营销工具，战略专家认为品牌就是战略差异化工具，甚至美术设计从业人员直接认为品牌就是logo。其实"品牌是什么"和"品牌的本质是什么"是两个完全不同的问题。"品牌是什么"是形而下的问题，人们可以从自己的角度给出自己的理解，这个问题可以有很多种不同的答案；而"品牌本质是什么"却是形而上的问题，只能有一个答案。

诚然，这样如同盲人摸象般的局面对品牌的发展曾经是有推动作用的，它使得对品牌的研究进入了蓬勃发展的时期，但无法达成统一研究范式的问题却一直阻碍着品牌管理科学的进一步发展。品牌管理科学的发展要求对品牌尽快有一个统一的认识，也就是要求品牌管理科学尽快完成对品牌本体论的研究，即对品牌这一现象的本质要有一个系统、科学而且是统一的认识。品牌本体论对于品牌而言是一个不可回避的问题，而涉及本体论的问题一般都是最复杂也是最深刻的问题，若不能解决好这一问题，人们对品牌的认识就不可能再深入。依据业界对品牌本体论的不同认识，可将品牌研究的理论分成观点迥异的学派。

上节所述品牌研究史中所提的各种品牌认识论或多或少地存在着，至今整个品牌学术界与20世纪的管理理论丛林类似，也呈现出学派林立的状况。这是品牌科学发展的一个必要阶段。品牌科学的发展必将经过这一阶段百家争鸣式的发展，之后才能在不断论证中产生主导思想，继而形成主流认识，直至统一认识的权威出现，丛林式的发展阶段才能完成。这一过程相当漫长，管理理论丛林经历了20年多的发展，品牌学理论在20世纪90年代初戴维·阿克提出品牌关系理论之后一直发展缓慢，很多理论都是对它的修修补补。也是在最近几年间，国内外品牌理论研究进入一个高潮时期，新的思想和管理方法不断涌现。在品牌管理史的部分，很有必要将品牌管理丛林的端倪予以介绍。现在对品牌管理学科发展仍有巨大影响的有六个学派，分别是品牌符号学派、品牌营销学派、品牌战略学派、品牌资产学派、品牌关系学派和品牌信息学派。

一、品牌符号学派

最先走进现代管理学范畴的品牌管理理论研究者应当是品牌符号学派，他们秉持品牌符号本论，简明扼要地认为："品牌就是商品的牌子，是商品的商标。"

这一学派的历史作用很大，它将品牌的本质认识从最初有意义的标志过渡到商标，这是品牌认识论的第一次飞跃，是从"所有者所有权的符号"演变为"与该产品有关的符号"，即从"该商品是我的"到"该商品的生产销售或是其他与我有关"。这一点是区别传统品牌与现代品牌概念的关键。在早期有关品牌本质的论著中，基本都持有这一认识。它对之后的研究有很大影响，至今仍有很多人认为品牌就是符号，就是商标。持有这样观点的理论都可以划在品牌符号本论学派当中。

二、品牌营销学派

品牌具有排他性功能和竞争性功能，正好适合商品经济的发展需要，使它作为营销工具在早期的商业活动中就被广泛地应用。尽管那时还没有现代品牌的概念，但原始广告现象、商誉等都是人们对品牌发自内心的认识和理解。进入现代管理时代后，人们对品牌的认识有了很大的进步，出现了品牌个性论、品牌定位理论等。但人们还没有找到品牌在营销之外的功能和作用，因而品牌也被普遍认为是营销的一个分支、一个部分或一个侧面，认为品牌就是为或远或近的销售服务的。秉持这一观点的理论人都可以被划分为品牌营销学派。几乎所有从事营销工作的人都认同这一观点，甚至在我国高校教育当中，"品牌管理"课程就被设置在市场营销专业当中，可见这一认识最为普遍。其中，大卫·奥格威在 1963 年提出的品牌形象论的观点和菲利普·科特勒的《营销管理》（1967）一书中对品牌的理解最具有代表性。

其实，品牌的作用体现在整个管理体系的方方面面，远不止于营销。如在人力资源管理中有研究表明，在拥有品牌的企业内工作的员工要比没有品牌的企业的员工对企业的忠诚度明显高很多，而且能够容忍更低的工资水平。

品牌对于营销而言应该是一个更大、更广泛的概念，尽管品牌的作用很多是体现在营销上，但也不能狭隘的认为品牌的本质就是营销工具。

三、品牌战略学派

受到品牌在营销实践中众多成功案例的影响，品牌的作用开始被放大，品牌战略应运而生。自迈克尔·波特（Michael E. Poter）将差异化作为基本战略形式推出后，品牌成了最主要的战略差异化工具。

品牌学界中有为数不少的学者持有这样的观点：品牌本身就是战略，甚至可以替代总体战略。而作为本论的品牌战略意指品牌具有战略规划的职责和能力，就是制定以品牌为中心的企业识别系统，然后以识别系统整合企业的一切经营活动。秉持这一观点的人很容易产生一种放大品牌作用的极端认识，导致"品牌万能论"的品牌观产生，其对品牌管理的实践是有害的。

这一学派的特点是跳出了品牌唯营销论的认识，并自觉结合了系统理论的先进思想，对品牌的认识前进了一大步。凯文·莱恩·凯勒的《战略品牌管理》是这一学派的主要代表作之一。

四、品牌资产学派

随着对品牌认识的不断深化，到 20 世纪 90 年代，人们对品牌的认识也不再是一个营销或差异化的工具那么简单了。它具有的增值能力使其逐步成为企业经营中一项越来越重要的资产。

这一时期，戴维·阿克先后出版了《管理品牌资产》（1991）、《创建强势品牌》（1995）和《品牌领导》（1998）三本著作，被称为"品牌三部曲"，是品牌理论的承上启下之作。《管理品牌资产》继承了品牌战略学派对品牌的认识，将其视为战略性资产，并具体说明如何通过依次创建、培育和利用品牌资产，从战略上管理品牌。

而到了《创建强势品牌》，戴维·阿克又开创性地将品牌定义为"与名称和标志联系在一起的一套资产（或负债），它们可以给产品或服务提供增值，也可能导致减少"。这一时期涌现出众多的品牌资产著作和论述，最终形成了品牌研究的主流认识，即品牌资产学派。其中的代表人物如斯科特·戴维斯（Scott M. Davis），其著作《品牌资产管理：赢得客户忠诚度与利润的有效途径》（2006）中提出，"将品牌注入资产管理的概念，改变了管理品牌的途径"。需要强调的是，国外学者在运用品牌资产概念的时候，从未将其理解为财务资产的概念，后期品牌资产价值评估所使用的权益法是将品牌作为财务资产进行理解，这与品牌资产的原意区别很大。

就在品牌资产学派的研究业已形成主流共识的时候，戴维·阿克又在其著作《品牌领导》中推出了全新的观点，通过对品牌识别、品牌构架、如何打造成功高效品牌、全球化背景下组织所面临的品牌管理挑战四大主题的探讨，将品牌管理提升到领导力层面，清晰地阐述了品牌资产的关系结构，为之后的品牌关系学派的发展奠定了理论基础。之后的品牌理论出现了重大的转折。

五、品牌关系学派

马克斯·布莱克森（Max Blackston）于 1992 最早正式提出了"品牌关系"的概念，他把品牌关系看作是消费者对品牌的态度和品牌对消费者的态度之间的互动。1998 年是品牌关系理论学派形成的重要年份。苏珊·弗尼尔（Susan Fournier, 1998）提出了品牌关系质量的概念，以衡量品牌关系的强度、持续性和稳定性。汤姆·邓肯（Tom Duncan）在《品牌至尊》（1998）中提出，塑造、维护和强化品牌关系已经成为过程论营销的核心问题，并继承了品牌资产思想，提出了有不同品牌关系集合形成的品牌资产。

品牌关系的提出可以说是划时代的，在品牌关系理论学派思想确立之后，很大一批学者都追随这一思想，有关品牌的很多研究也处处体现着这一思想，如品牌危机管理就将其基本理论定格在品牌关系的断裂理论上。还有学者应用社会学研究方法，将品牌看作是产品、符号、人、企业与消费者之间的联结和沟通，是各种经营关系的总和。这些思想都深受品牌关系理论的影响。

当今品牌学界对品牌的研究主流是品牌关系学派和品牌资产学派，以及它们产生的其他分支，如品牌联想、品牌传播、品牌认知等。但无论哪一学派的思想，都没能完全做到对品牌本体论的阐释，学派间的辩论一直在持续。

六、品牌信息学派

在提出品牌关系理论之后的 20 年里，整个品牌学理论的发展一直是对此理论的修补，而没有大的突破。国内学者是在 2006 年之后才开始对此问题有所见解，最接近品牌本体论的研究当属品牌信息本论，这一理论正逐步发展成为品牌信息学派。

品牌信息本论最早出现在中国法学学者郑成思先生在 20 世纪 80 年代所著的《知识产权论》一书中提出"商标品牌、专利技术其本质都是信息"的论断，只是没有引起品牌学界的重视。西方学者在 20 世纪八九十年代出现对品牌信息的研究，但只限于信息传播的研究，并没有提到本论的高度。

我国学者在这段时间里并没有关注过品牌本质问题，直至《品牌经济学》（2006）中重提品牌信息在交易中的作用，品牌本质问题才出现在我国品牌界，其代表为《品牌学——原理与实务》（2008）一书，其核心思想是品牌的本质是信息，并简要论述了在经营过程当中发挥作用的机理。该理论的提出标志着品牌信息学派的形成。该理论认为，品牌符合信息的一切属性，关于品牌在经营中的作用机理都可以在品牌信息本论中得以解释，其主要作用和交易信息一致，就是减少交易中的不确定性，从而降低交易风险带来的交易成本。在经营中，品牌可以直接替代交易信息。因此，描述品牌本质最重要的一步，即品牌的单位是什么的问题也得以回答：它和信息的单位一样，是比特。每个品牌因其包含的信息量不同而差距迥然，也因为在各自市场上不同的总信息量而有相对差异。品牌信息本论的确立使得对品牌真正意义上的度量成为可能，也正因为有了对量的精确度量才，使得品牌价值的评估具有充分的科学依据。吕海平于 2009 年出版了《品牌信息论》一书，继续丰富西方学者在品牌传播中的信息分析理论。2014 年，周云将品牌本质问题系统论述，发表《品牌信息本论》，推导出品牌指标向信息量转换的公式。直至目前，品牌信息本论是对品牌本质探索的最高阶段，也是最为深刻的解释。可以预见，未来品牌管理科学的统一范式很有可能在此基础上建立起来。

本 章 小 结

本章从品牌认识的发展过程和品牌管理理论丛林两个方面对品牌学研究进行了简单描述，对品牌实践过程做了总结。

学 习 重 点

1. 品牌认识的发展过程。
2. 品牌管理理论丛林。

思 考 题

新媒体的发展对品牌内涵有什么样的影响？品牌内涵在新时代会有怎样的变化？

第四章

品牌学的术语体系

品牌学的术语体系分为定性术语体系和定量术语体系两个部分。其中，定性术语体系的内容比较复杂，学术界观点不一致，至今尚无一个统一的标准体系。本书按照品牌创建和管理的内容，简要介绍一些常用术语，这些术语之间没有严谨的逻辑关系。而定量术语体系的依据是对品牌经营数据的分析过程，体系很严谨，但计算方法和部分概念在品牌学界没有形成具有权威性的统一认识。

第一节　品牌学的定性术语体系

品牌学的定性术语体系包括品牌学原理的定义术语、品牌创建术语和品牌管理术语三个部分，这里只介绍一些常用术语。

一、品牌学原理的定义术语

1. 品牌辨识与品牌回忆（回想）（Brand Recall）

品牌辨识是指当消费者看到某品牌时，心中对该品牌先前印象的辨识能力。具有品牌辨识能力的消费者，在获得某种提示后，便能正确地指出先前是否曾经看过或听过该品牌。品牌回忆是指当消费者想到某种产品时，便有能力回想起某特定品牌。具有品牌回忆的消费者，不经任何提示便能回想起该品牌。

2. 品牌感知质量（Brand Perceived Quality）

感知质量是指消费者根据预定的目的和相关选择对产品或服务的全面质量或优越性的一种感知。品牌感知质量是指消费者对品牌所传达的信息与同类产品相比的优势综合体验，决定着品牌的效应价值比。

3. 品牌转换（Brand Switching）

品牌转换是指消费者停止购买正在使用的品牌转而购买使用其他品牌。与之相关的概念很多，常见的有品牌转换矩阵、品牌转换行为、品牌转换成本、品牌转换模型等。

4. 品牌主导（Brand Dominance）

品牌主导是指消费者在想到品牌时，能够回想起的唯一一个品牌，即该品牌完全主导了消费者的购买决策和行为。

5. 品牌首选（Top of Mind）

品牌首选是指消费者在未被提供帮助时能够想到的第一个品牌。

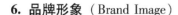

6. 品牌形象（Brand Image）

形象是主体与客体相互作用，主体在一定的知觉情境下，采用一定的知觉方式对客体的感知，是各种规则和结构组成的错综复杂的粗略概括或标志。品牌形象是指消费者记忆品牌的节点，即消费者对品牌的感觉，反映了消费者记忆内关于该品牌的联想。

7. 品牌关系（Brand Relationship）

品牌关系是描述企业、产品、消费者与品牌之间的各种经营关系的术语，是指品牌与接触点的关系。根据品牌接触点的不同，品牌关系可分为品牌内部关系、品牌与渠道关系、品牌与供应商关系、品牌与消费者关系、品牌与媒体关系、品牌与政府机构关系、品牌与口碑关系、品牌与特定事件的关系、品牌与品牌关系等。

二、品牌创建术语

1. 品牌定位（Brand Positioning）

品牌定位是指在综合分析目标市场与竞争情况的前提下，建立一个符合原始产品的独特品牌形象，并对品牌的整体形象进行设计、传播，从而在目标消费者心中占据一个独具价值地位的过程或行动。它是品牌识别与价值主张的重要组成部分，旨在积极地同目标受众进行沟通，并展示本品牌相对于竞争品牌的优势所在。

2. 品牌传播（Brand Communication）

品牌传播是指告知消费者品牌信息、维持品牌记忆的各种直接及间接的方法与途径，包括利用各种传播工具为创建品牌而开展的营销传播活动。

3. 品牌性格（Brand Personalities）

品牌性格是指一个特定的品牌所拥有的一系列人性特质。

4. 雇主品牌（Employer Brand）

雇主品牌是指雇主和雇员之间被广泛传播到其他的利益相关人、更大范围的社会群体以及潜在雇员的一种情感关系，通过各种方式表明企业是最值得期望和尊重的雇主。

5. 品牌整合营销传播（Brand Integrated Marketing Communication）

品牌整合营销传播是指把品牌等与企业的所有接触点作为信息传达渠道，以直接影响消费者的购买行为为目标，是从消费者出发，运用所有手段进行有力传播的过程。

6. 品牌识别（Brand Identity）

品牌识别是指从产品、企业、人、符号等层面定义出能打动消费者并区别于竞争者的品牌联想，与品牌核心价值共同构成丰满的品牌联想。品牌识别也可以称为品牌主期待着留在消费者心智中的联想，一个强势品牌必然有丰满、鲜明的品牌识别。科学完整地规划品牌识别体系后，品牌核心价值就能有效落地，并与日常的营销传播活动（价值活动）有效对接，企业的营销传播活动就有了标准与方向。

7. 品牌标识（Brand Logo）

品牌标识是一种构成品牌的视觉要素，是指品牌中可以被认出、易于记忆但不能用言语称谓的部分，包括符号、图案或明显的色彩或字体，又称"品标"或"徽标"。品牌标识与品牌名称都是构成完整品牌概念的要素。

三、品牌管理术语

1. 品牌战略（Brand Strategy）

品牌战略是品牌理论演变而来的将品牌提升到企业发展战略层面的理念，是企业对品牌发展的战略规划。它是针对外部竞争环境的具体情况及其未来发展趋势，有效配置自身资源，对品牌塑造做出整体规划和长远安排。

2. 品牌危机（Brand Crisis）

品牌危机是指由于企业外部环境的变化或企业品牌运营管理过程中的失误而导致，使品牌形象损害和品牌价值降低，甚至危及企业生存的窘困状态。

3. 品牌资产（Brand Equity）

品牌资产也称品牌权益，是指只有品牌才能产生的市场效益。它使得品牌能够获得比没有品牌时更大的规模或更大边际的利润，以及优于竞争者的一种强有力的支持、持久及差异化。

4. 品牌文化（Brand Culture）

品牌文化是指某一品牌的拥有者、购买者、使用者或向往者之间共同拥有的、与此品牌相关的独特信念、价值观、仪式、规范和传统的综合。

5. 品牌延伸（Brand Extensions）

品牌延伸是指将一个知名品牌或某一具有市场影响力的成功品牌使用到与成名品牌或原产品完全不同的其他产品上。品牌延伸能够让企业以较低的成本推出新产品，因而成为企业推出新产品的主要手段。

第二节　品牌学的定量术语体系

品牌管理科学有一套属于自己的独立学科体系，有专门用于品牌定量分析使用的术语体系支撑。它们是一组可以被精确度量的指标，包括知名度、认知度、延伸度、美誉度、忠诚度等。本节专门介绍品牌经营数据的相关定量术语体系。

一、知名度

1. 品牌知名度的概念

品牌知名度是指受众⊖对某品牌知晓程度的度量指标，即受众当中有多少人知晓该品牌。例如，某品牌在北京消费者中具有的知名度，则意指北京所有的消费者对该品牌的知晓程度；若换成该品牌的全国知名度，则意指全国消费者对该品牌的知晓程度。既可以是"某地区的知名度"，也可以是"20～30岁男性消费者的知名度"，可见知名度一定有一个区域或某类细分受众的前提。

品牌知名度的原意是品牌知晓程度。由于品牌早期翻译的原因，将品牌资产五星模型中的Brand Awareness译成品牌知名度，其概念为"潜在消费者认知或回想起某品牌是某类产

⊖　受众是指接触特定品牌的人群，包括消费者、潜在消费者、内部员工等，下文同。

品的能力"，反映品牌呈现在消费者头脑中的强度。它包括从品牌认知到品牌主导四个不同层次，这四个不同层次构成了品牌知名度金字塔，由下至上为品牌认知、品牌回想、品牌首选和品牌主导。具体如图4-1所示。

与中文对知名度的理解有很大不同，"Brand Awareness"所包含的内涵更接近于品牌熟悉度或意识度，描述一个消费者对特定品牌的熟悉度或意识程度，如直译品牌知名度应为"Brand Popularity"。如品牌知名度金字塔的四个层次描述的是一个消费者

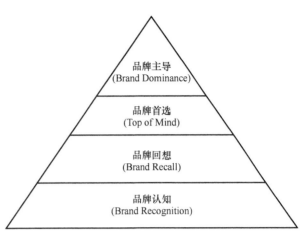

图4-1　品牌知名度金字塔

在"Brand Awareness"概念下的程度问题，这与从品牌视角看消费者总体的概念有很大不同。在其他理论中修改了知名度的内涵，将品牌知名度视为第一提及知名度，即品牌作为消费者自发提及的第一个品牌的比率。这与"品牌首选"的概念一致，只是将一个消费者的视角修改为消费者总体视角后的概念，将品牌知名度的概念换成了"品牌在受众心目中份额或头脑中份额的度量"。

尽管视角变换了，但与知晓问题仍存在很大的差异。这个差异是由于部分学者持有第一提及观点，可能是将一般意义上的"知名"和"认知"进行了结合，认为第一提及知名度是质量最高的知名度，受产品、广告、促销、渠道等的综合影响；也可能是受众已经拥有的品牌认识，或已经有意识购买的品牌，或长期接受广告灌输的结果。这样做可以简化对品牌的度量，但却容易将知名度与认知度、美誉度部分重叠。

为了清晰的界定五度指标之间的关系和发展过程，本书所提及的品牌知名度是指受众对某品牌知晓程度的度量指标，即受众当中知晓特定品牌的人数与受众总人数的比率。它是一个总体概念指标，无单位的比率（百分比）表达。

2. 品牌知名度的测算方法

第 i 层样本的品牌知名度为

$$Z_i = \frac{j_i}{q_i} \times 100\% \tag{4-1}$$

合并分层，该品牌的品牌美誉度的计算公式为

$$Z = \sum_{i=1}^{n} \frac{q_i}{Q} \times \frac{j_i}{q_i} \times 100\% = \frac{1}{Q} \sum_{i=1}^{n} j_i \times 100\% \tag{4-2}$$

式中　z——品牌知名度；

z_i——第 i 层样本的品牌知名度；

j_i——第 i 层样本中的知晓品牌的消费者人数；

Q——消费者总人数；

q_i——第 i 层样本的消费者人数。

在求解 Z 值之前，还需要确定目标人群的总数，以及目标人群的结构。按照目标人群

的结构进行分层取样，并按照其结构的比例安排调研的样本。

Z 值是整个品牌定量分析理论的起点，求法也很简单可靠。只是要求在调研时一定要确保足够的样本量以及样本的真实有效，否则将影响整个度量的有效性。

二、认知度

1. 品牌认知度的概念

认知度来自五星模型中品牌知名度的最低层次——品牌认知层次和质量感知概念的结合。借鉴前人对品牌发展这一阶段的大致理解，将该指标的内涵重新设计为："品牌认知度是受众对品牌的知识、内涵以及其他信息的深度认识程度。"

在知晓的基础上，对已知晓某特定品牌名称的受众进行认知度调查，主要考察受众对品牌的深入认知，其考察次序为该品牌的原产地、主要产品、行销行业、logo 辨识和品牌个性、品牌价值观等（后续将做详细说明），以判断消费者对该品牌的认知程度。

五星模型中，品牌认知是品牌知名度的最低层次，是指消费者曾经接触过某品牌，它反映消费者从过去对品牌的接触中产生一种熟悉感。消费者认知某品牌，并不一定记得曾在某地接触过该品牌，也不一定能够说出该品牌与其他品牌有何不同、它是何种产品类别的品牌，而只表明过去曾经接触过该品牌。感知质量则是消费者根据预定的目的和相关选择对产品或服务的全面质量或优越性的一种感知，类似于品牌体验的概念。它是消费者对品牌质量的一种概括性的、总体性的感知。

五星模型中的品牌认知层次和感知质量所描述的现象是一样的，只是程度有所不同，是可以归结在一个品牌认知度的概念。

品牌认知度的概念在品牌传播实践中可以这样理解：受众仅知道某品牌的名称是远远不够的。如两个消费者都知道某特定品牌的名称，但知道程度也可能不一样：一个只是听说过该品牌的名称而已；另一个不仅知道品名，而且记得住该品牌的广告，甚至能够辨识品牌的logo，知道品牌的个性和价值观。虽然在知名度的范围内这两人是一样的，但认知程度的不同决定了他们对该品牌的认知差异很大。

2. 认知度和知名度之间的关系

在传统的品牌指标体系确定认知度的操作实务中，品牌知名度和认知度经常是放在一起进行调研和统计的，普遍认为两者没有本质区别，认知度更像是有质量的知名度。如果只是用于一个品牌的管理需要，这个说法并没有错，只是合并之后的认知度中会受到无效知名者的影响，难以获得可靠的信息。最重要的受众应当是目标消费者，目标消费者当中包括直接使用者和购买者。对知名度和认知度不加区分的计算会使得大量无效知名者进入认知度的计算，导致品牌认知度虚高而误导企业决策。如某女式内衣品牌，目标消费者是女性，而很多男性因广告也知晓该品牌。计算知名度时包括了这些不可能成为消费者的男性知名者，而这些男性对该品牌的认知也仅仅停留在知名，并不会使用该品牌的产品。女性知名者中会有继续使用该品牌产品的消费者，她们对该品牌的产品质量、风格都有很深的认知。如将不可能成为消费者的男性知名者一并计算，会错解品牌认知度。因而，品牌认知度与知名度是必须严格区分的概念，但认知必须建立在知名的基础上。

即使有的品牌没有目标消费者的概念，是对大众传播的品牌，也是需要将知名和认知分开的。因为合并概念的误差非常明显，只有将认知和知名分成两步，成为独立的两个步骤，结论才有效。

举个例子说明这个问题：在对某品牌喜欢程度的调研中随机选择 100 个消费者作为样本，调研设计为两种方式，一种为一个步骤完成，另一种则分为两个步骤，调研统计的结果是一样的。例如，在这 100 个消费者当中，有 10 个知道该品牌，其中 9 个仅知道该品牌的名称而已，其余什么也不知道，剩下一个非常喜欢该品牌，是这个品牌的忠诚者。将指标定量化：知道该品牌得 1 分，比较喜欢得 5 分，非常喜欢得 10 分，等分这一喜欢程度。用一个步骤得出结论：该品牌知名度是 10%，喜欢程度是 1.9%；用两个步骤得：该品牌知名度是 10%，喜欢程度是 19%。算法如下：在第一种一个步骤的算法中，9 个仅知道品名的人得分是 9 分，剩下一人得 10 分，100 人的满分是 100×10 分 $= 1000$ 分，于是得出喜欢程度为 $19 \div 1000 = 1.9\%$ 的结论；而第二种两个步骤的算法中，10 个人中 9 人得 9 分，剩下一人得 10 分，而总分是 10×10 分 $= 100$ 分，于是得出喜欢程度为 $19 \div 100 = 19\%$ 的结论。两者差异很大，原因在于两者合并时很容易掩盖重要的信息。

为了避免认知度中的无效信息将真实情况掩盖起来，需要在算法中剔除基数中没有关系的部分，即将不知名的消费者排除在认知度之外。认为认知问题就是知名度的深度问题，是以知名为前提的，因此不知名的部分不考虑。

一般品牌创建的起点是获取一定的知名度，但简单的知名是远远不够的，为了下一步能够获得赞誉和口碑，还需要消费者对品牌有更多的了解。认知是品牌美誉的前提，是品牌传播效果的度量。

知名度和认知度描述的品牌信息的角度是不同的，知名度是从总体的角度度量一个目标受众群体对品牌信息的知晓情况，而认知度是对一个受众对品牌信息知晓程度的描述。两者有联系，但不是一回事，两者共同对品牌信息的数量和有效性进行了全面度量。从知名度度量到认知度度量是一个连续过程，但不能合并成为一个指标。

3. 品牌平均认知度的概念

在具有一定知名度的情况下，每个知晓品牌名称的样本其信息量为 1 时，消费者对该品牌的认知程度有差异。R_{max} 是满信息的情况，即一个消费者对该品牌的所有信息都掌握，满信息对该消费者来说就是 100% 有效到达。R_{max} 到 1 就是认知深度，将 R_{max} 到 1 等分用来表示其中任一消费者达到的有效认知程度，称为某消费者达到任意一个程度，表示为 $r = X_{ir}\%$，并由此可以得到一个平均认知度 $\overline{R}$ 的值。

4. 品牌平均认知度的度量方法及公式

如将问卷设计为 10 个由低至高的问题，可将问题 N 等分为若干等距层次，由低至高是消费者对该品牌认知度逐次加深的过程。其中，某消费者达到任意一个认知度表示为 $X_{ir}\%$，即某消费者对一个品牌信息的认知度（$X_{ir}\%$）；对 n_i 个消费者所组成的目标市场进行抽样调查可以估算整个目标市场的平均认知度，用 $\overline{R}$ 表示，品牌平均认知度即为品牌认知度。

第 i 层样本的品牌平均认知度为

$$\bar{r}_i = \frac{1}{j_i} \sum_{i=1}^{j} X_{ir}\% \qquad (4\text{-}3)$$

合并分层，该品牌的品牌平均认知度的计算公式为

$$\overline{R} = \sum_{i=1}^{n} \frac{q_i}{Q} \times \bar{r}_i \qquad (4\text{-}4)$$

式中　$\bar{r}_i$——第 i 层样本的品牌平均认知度；

　　　j_i——第 i 层样本中的知晓品牌的消费者人数；

　　$X_{ir}\%$——第 i 层样本中某消费者达到任意一个认知度；

　　　$\bar{R}$——该品牌的平均认知度；

　　　Q——消费者总人数；

　　　q_i——第 i 层样本的消费者人数。

三、延伸度

1. 品牌延伸与品牌延伸度

品牌延伸系统研究很早就已出现，但至今还没有统一的定义。在营销学领域，一般认为品牌延伸是指将某一知名品牌或某一具有市场影响力的成功品牌使用在与成名品牌或原产品完全不同的产品上。还有比较直接的表达为：品牌延伸是指在已经确立品牌地位的基础上，将核心品牌运用到新的产品或服务中，期望以此减少新产品进入市场的风险，以更低的营销成本获得更大的市场回报。或者表达为：品牌延伸是指在已有相当知名度与市场影响力品牌的基础上，将原品牌运用到新产品或服务上，以期望减少新产品进入市场风险的一种营销策略。总之，品牌延伸是品牌走出单一品牌的关键步骤，是品牌价值的放大器。具有延伸能力的品牌与不能进行延伸的品牌有天壤之别。

品牌延伸度是介于品牌认知度和美誉度之间的一个关键概念，用来描述一个品牌具有的延伸能力。西方学者对此研究非常丰富，关于品牌延伸度的定量计算一般是通过对受众的样本进行调研获得的。受众对品牌有一定的认知度之后，即可以形成普遍意义上的延伸能力，但具有延伸能力的品牌并不意味着一定会产生美誉度。由此可知，在认知度与美誉度之间的关键指标应该是品牌延伸度。

2. 品牌延伸度与品牌联想

在西方品牌学主流研究中，品牌联想是品牌资产的重要组成部分。品牌联想是指"与品牌记忆相联系的任何事情，是消费者做出购买决策和形成品牌忠诚度的基础"。影响品牌联想的主要因素是品牌定位和品牌名称。准确的品牌定位可以产生强有力的品牌联想；品牌名称的根本价值就在于它的系列联想，向人们展示品牌的内涵。品牌联想是品牌指标中最为复杂的一个，对其研究的相关文献非常丰富。但它又是一个难以确切地量的指标，祝合良（2010）将其概括为产品属性或特性、无形性、顾客利益、相对价格等 11 类联想，难以计算出确切的值。

品牌联想本质上仍是认知程度的问题，覆盖了延伸传播和自传播之间的区别和界限。在本书中，仅借鉴了联想度的主旨思想，对其内涵进行缩小。这样虽然会缺失一些必要的内涵，但对于度量用的关键指标，指标之间不重叠更为重要，哪怕指标之间的间隔比较大，也是非常必要的。由于品牌联想决定品牌延伸能力，故缩减品牌联想的概念，集中表现为品牌延伸，品牌联想的测量问题就简化为描述品牌延伸能力的参数问题，而品牌延伸能力的参数统称为"品牌延伸度"。

也就是说，品牌延伸度的计算结果不是一个值，而是一组参数，专门用于解决在品牌延伸条件下，品牌进行合并的问题。它是用于计算延伸类型品牌时的重要变量，只有在具有双重品牌、多重品牌等复杂的品牌结构时进行合并计算使用。

四、美誉度

1. 品牌美誉度的概念

品牌美誉度（Brand Favorite）是指品牌获得来自消费者的赞许、推荐。但是，美誉度不是指某个消费者对品牌的赞许程度，一个消费者对某品牌的偏爱程度并不是品牌美誉度的含义，其核心内涵是消费者的消费行为当中，有多少是来自消费者之间的互相影响。

品牌美誉度的概念强调消费者在使用了某品牌的产品或服务后所形成的体验，更多的是与产品自身质量和品牌形象相关，质量好、形象好的产品通常能够得到较多赞许。此外，还有品牌内涵对消费者的影响。总的来看，一个品牌能否形成美誉度主要取决于是否获得了消费者认可。因此，可以认为认知度是美誉度形成的基础，但即使有充分的认知度也并不一定能够获得相应的美誉度。

美誉度的内涵一般由自我传播的概念来代替。自我传播简称自传播，俗称口碑，是指在没有任何商业费用支持的情况下，品牌依然在消费者和媒体中广泛传播。美誉度的测算其实是对品牌自传播能力的测算。在实务中，需要精确地了解消费者的购买动机中，消费者之间影响所占的比例。一般使用排他问卷的形式，将受到广告、促销、渠道等与直接营销目的有关购买动机影响的消费者剔除，剩余的消费者可以约等于受到消费者之间影响的口碑消费者，其所占比例即为美誉度。

品牌美誉度是品牌创建的关键，能否被称为品牌就是看该商标是否获得了相当程度的美誉度。美誉度与品牌认知度之间存在较强的相关关系，一般说来，美誉度的形成是需要有认知度基础的。企业经过努力使品牌形成较高的知名度和认知度是有可能的，但能否形成美誉度并不完全取决于企业的努力。品牌自身、消费者的成熟程度、市场机遇等都是美誉度形成的必要条件。美誉度一旦形成，该品牌创建即告成功，该商标即成为一般意义上的品牌。此时的品牌不再需要像在创建阶段时为提高知名度而负担的高昂传播成本，即使不再大量投放广告，品牌也会在消费者之间广泛传播。对于达到一定美誉度的品牌，继续使用广告的效益会很低，企业只需要少量投入即可。

2. 品牌美誉度的测算方法

第 i 层样本的品牌美誉度为

$$\alpha_i = \frac{x_i}{s_i} \times 100\% \tag{4-5}$$

合并分层，该品牌的品牌美誉度的计算公式为

$$\alpha = \sum_{i=1}^{n} \frac{q_i}{Q} \times \frac{x_i}{s_i} \times 100\%$$

$$= \frac{1}{Q} \sum_{i=1}^{n} \frac{q_i x_i}{s_i} \times 100\% \tag{4-6}$$

式中　α——美誉度；

　　　a_i——第 i 层样本的美誉度；

　　　x_i——第 i 层样本中的自传播者数（接受过推荐并有过向其他消费者推荐行为的消费者）；

　　　s_i——第 i 层样本中接受过推荐的消费者人数；

　　　Q——消费者总人数；

q_i——第 i 层样本的消费者人数。

五、忠诚度

1. 品牌忠诚度的概念

品牌忠诚（Brand Loyalty）是指消费者在购买决策中表现出来对某个品牌有偏向性的（而非随意的）行为反应。它是一种行为过程，也是一种心理（决策和评估）过程。简单地说，品牌忠诚是指消费者的消费偏好或消费习惯因某品牌而保持长期一致和持续，即该消费者对该品牌具有了品牌忠诚的行为。在消费者行为学中，品牌忠诚被理解为重复购买率。

品牌忠诚不同于人与人之间感情的忠诚，它不特指品牌与消费者之间有了情感上的相互依赖，而仅是描述消费者的习惯和偏好。因此，在品牌忠诚指标中，不考虑对某品牌在情感上的依赖，而只考虑行为上的结果。品牌忠诚度对一个品牌的生存与发展极其重要，一定的忠诚度能够体现出该品牌对销售的支撑作用，能够使品牌具有较高的抗风险能力，使品牌保持长久的生命力，它是一个品牌能够发挥时效性作用的体现。

在实务中，品牌忠诚者是指连续购买次数超过这个行业的平均重复购买率的消费者。品牌忠诚度是在特定样本下，品牌忠诚者人数占消费者总人数的比例。

2. 品牌忠诚度的测算方法

第 i 层样本 E_i 个消费者购买过该品牌的产品，有 F_i 个消费者符合品牌忠诚者的条件，则该品牌在该样本中的忠诚度即为

$$L_i = \frac{F_i}{E_i} \times 100\% \tag{4-7}$$

合并分层，该品牌的品牌忠诚度的计算公式为

$$L = \sum_{i=1}^{n} \frac{q_i}{Q} \times \frac{F_i}{E_i} \times 100\%$$

$$= \frac{1}{Q} \sum_{i=1}^{n} \frac{q_i F_i}{E_i} \times 100\% \tag{4-8}$$

式中　L——品牌忠诚度；

　　　L_i——第 i 层样本的品牌忠诚度；

　　　E_i——第 i 层消费者中购买过该品牌产品的消费者人数；

　　　F_i——E_i 样本中，符合品牌忠诚者条件的消费者人数；

　　　Q——消费者总人数；

　　　q_i——第 i 层样本的消费者人数。

第三节　品牌经营数据

企业的经营数据包括财务数据、销售数据、生产数据等，是按照企业管理职能清晰划分的部门在经营中产生的各类数据。这些数据中有些会成为有用的信息，用于支持企业决策和管理部门制定策略。各部门的经营数据是相对独立的，汇总后，有些数据之间可兼容，并存在一定程度的联系或换算。但品牌管理职能的责权构成复杂，涉及部门众多，很难确定部门的职能独立性。因此，品牌经营数据的获取一直是一个难题，很难获得具有独立性的数据，

往往需要使用其他管理部门的数据来代替品牌经营数据。

一、品牌经营数据的概念

品牌对消费者和潜在消费者发生作用是一个渐次的过程，即逐次获得知名度、认知度、美誉度、延伸度和忠诚度的过程。这五项度量指标由低到高表示了一个品牌对外部关联环境的影响力（或称品牌市场力）的大小，也称品牌五维度框架。品牌五维度框架的逻辑也基本构成了一个品牌发展几乎都要遵循的路径：知名度—认知度—延伸度—美誉度—忠诚度。这五个维度全面覆盖了一个品牌对市场（消费者与潜在消费者的总和）的影响全过程。

从品牌五度理论的框架看，品牌的影响力是一个由弱到强、由简到繁、由具象到抽象的过程，其中既有量的变化，也有质的变化，较为复杂。

通过对每个指标的问卷设计，会形成一张标准的调研问卷，对消费者进行分层后，进行问卷调研；而后再通过每个指标的计算方法，求得每个品牌的知名度、认知度、美誉度和忠诚度。

二、其他经营数据与品牌经营数据的关系

1. 销售数据与品牌经营数据的关系

销售数据中包括销售额和市场占有率两项指标。它只是与品牌有关的数据之一，但不是品牌经营数据。品牌对销售确实存在极强的促进作用，销售额和市场占有率与品牌之间存在一定关系，但其并不能用来反映品牌的优劣销售数据不能成为品牌经营数据的理由具体如下：

首先，销售额中不包括潜在消费者。因为品牌的作用是长期的，尤其是新品牌带着新产品面市期间，很少有企业能够做到立竿见影，新品牌在短时间内可能不会起到促进销售的作用，但这并不意味着品牌没有发生作用，或者说该品牌对消费者的影响虽然暂时没有达到促进销售的发生，但并不是说该品牌对消费者没有影响。未发生购买行为但受到品牌影响的消费者是典型的潜在消费者。市场营销学对市场的定义就是"消费者与潜在消费者的总和"，因此，潜在消费者是企业未来发展的空间，也是品牌价值持续增加的动力之一，在品牌管理中是不能被忽视的。使用销售数据作为品牌经营数据结果往往是存在极大的偏差，其原因就是忽略了未发生消费行为的潜在消费者。例如，一个几乎没有什么品牌价值的企业，因渠道垄断而利润丰厚，最后把这一结果作为其品牌价值是不合理的；或是一个有着非常好的品牌表现但在短期内遇到资金链危机的企业，这时如果单纯从销售额的角度衡量品牌的价值，结论与事实也是不符的。

其次，在企业的销售额中，难以区分哪些销售额与品牌有关、哪些与品牌无关。销售是企业竞争力的综合反映，往往受到市场和企业的综合影响，销售额是包括了几乎所有经营行为的结果，因为所有经营行为都是为销售服务的。因此，根本不可能将与品牌有关的部分从总的销售额中完全剥离出来。一个销售行为的发生可能是偶发的，也可能是长期积累的结果；企业的销售额与品牌有关，但关系不确定也不清晰，每个行业的品牌、每个时期的品牌甚至每个品牌自身不同的发展阶段，品牌经营数据与销售额之间的关系都是不同的、不稳定的、不确定的。使用销售额作为品牌度量的主要参数不能得出科学可信的结果，只从销售的角度去理解和度量品牌是徒劳的。通过企业销售额权益确定的值，充其量是企业的价值，而

不是品牌的价值。

最后，市场占有率或称市场份额，反映了一个行业内各个品牌之间的竞争关系，在一定程度上是品牌强弱的反映，但决定市场占有率的因素很多，包括产量、价格、渠道等因素，品牌只是其中的一个。市场占有率反映了一个企业某品牌的产品在市场中的竞争能力，是企业、产品、品牌的综合考虑，不能因某品牌低价占有大量低端市场获得高份额，就笼统地认为它比高质量地占有小众市场的品牌要好。用份额的指标作为品牌经营指标会让企业的经营出现"轻品牌品质、重营销盈利"的倾向。

2. 财务数据与品牌经营数据的关系

财务数据包括资产负债表、损益表和现金流量表三大报表。资产负债表包括有形资产和无形资产两大类，而有形资产与品牌无直接关系。因为企业的经营方向是企业根据自身的情况自行确定的，有的企业通过低成本领先，有的通过渠道垄断，也有的通过资源禀赋获得竞争优势。选择发展品牌作为核心竞争力的企业是众多企业当中的少数。在没有品牌的企业中，一样可以通过拥有的资产获得利润和发展；而拥有品牌的企业，其资产也是其获得利润和发展的必要条件。因此，有形资产与品牌之间并无绝对的相关关系。无形资产中的商标和品牌一般不能被反映在财务报表中，商誉是通过企业转卖时的差价确定的，这都说明品牌与资产负债表的数据无关。

损益表与销售的关系不再赘述，其中可以单独列出部分与品牌有关的营销费用，但充其量也只能说明为管理品牌所花费的成本，而与其发挥的效果无关，因此也不能作为品牌经营指标使用。

现金流量表反映的是企业经营的财务状况问题。品牌创建需要一个安全、宽松的财务环境，但这一环境并不能反映品牌本身的优劣。

总的来说，财务指标是企业经营的重要指标之一，但不能作为品牌经营指标来使用。

三、品牌经营数据的来源

品牌经营数据来自对企业外部市场的样本调研，调研消费者对某品牌的知晓、认知、自传播及偏好情况，按照前面提供的计算公式逐一进行计算。

获取品牌经营数据的步骤分别是问卷设计、调研实施、问卷的初步整理和计算，最终形成一个品牌经营数据表。（本书重点对问卷设计和调研安排，对初步整理和计算过程不做详细介绍。）

（一）问卷设计

对消费者的样本调研，首先是问卷的设计，设计内容包括了对一个品牌知晓与否、认知程度、是否具有自传播以及重复购买等问题。该问卷属用于定量分析的问卷设计，其问题应是封闭问题，故选择"是否"选择类型、"阶梯"选择类型和"单项"选择类型三类问题。

1. 问题的设计

（1）知名度问题设计。知名度反映的就是消费者对品牌的知晓程度。只需要设计第一个问题"是否知道某品牌"，就能非常容易地获得品牌知名度的确切值。

例如：您是否知道某品牌？

A. 是　　　　B. 否

（2）认知度的问题设计。品牌认知度的问题设计选用瑟斯顿量表法。首先，通过对消费者访谈和文献分析，尽可能多地收集人们对具体品牌的各种认知信息，将这些信息逐条用陈述语句表达，如"这个品牌主要销售的产品是香皂""这个品牌的所在地是广州"等。消费者对一个品牌了解的信息可以多达上百条。其次，将上述陈述句按照消费者提到的频次分成若干组，提到次数越多的，越容易了解，或者可以认为认知难度不大。再次，将陈述句变成疑问句，备选包括正确选项的答案。最后，从易到难等分赋值，组内陈述句可以继续细分赋值。最后，呈现出来的是"阶梯式"量表，问题按照难度由易至难自上而下排列，对应的程度可以选择等分或不等分。

问题设计的具体数目由组织根据调研精度要求自行决定。表4-1仅以要求相对较低的几个问题设计作为示例。

表4-1 问题设计示例

序号	问题	从上至下依次选择（不确定可不选）		对应认知程度
1	除对品牌名称有所知晓，其余品牌信息一无所知			0
2	某品牌主要销售的产品是什么	A##	B##	20%
		C##	D##	
3	某品牌的所在地是哪里	A##	B##	40%
		C##	D##	
4	某品牌的广告语是什么	A##	B##	60%
		C##	D##	
5	某品牌的经营风格是什么	A##	B##	80%
		C##	D##	
6	某品牌的价值观是什么	A##	B##	100%
		C##	D##	

（3）美誉度的问题设计。品牌美誉度的问题是一个有条件的选择问题，分为两个步骤。首先，确定消费者对品牌的认知有多少不是来自组织的主动传播，剩下的部分都可以视为消费者主动获取或者消费者之间的传播，这是一个条件问题。满足该条件后再继续下一个步骤，即消费者是否向他人推荐，以确定该消费者是否为自传播者。其次，计算这类消费者所占的比例，即可求得品牌自传播率。

问题1：您对该品牌的了解来自如下哪个（些）原因？（可多选）

A. 从购买中获得的体验中了解到该品牌的知识。

B. 从厂商的宣传物、视频等广告（包括植入广告）中了解到该品牌的知识。

C. 从他人（非推销员）的介绍和推荐中了解到该品牌的知识。

D. 从推销员或促销人员的介绍中了解到该品牌的知识。

E. 从其他渠道了解。

问题2：您向他人提及或推荐过该品牌吗？

A. 从未提过。

B. 提过但不是推荐给他人。

C. 曾经推荐过，但次数不多。

D. 经常推荐给他人。

（4）忠诚度的问题设计。品牌忠诚度的测算主要是计算品牌忠诚者所占的比例。品牌忠诚者的行为表现为因品牌而形成重复购买，这类消费者被视为连续型消费者。品牌忠诚者必须是购买过产品的消费者，所以，忠诚度问题由排他性问题和选择问题组成。

问题1：您是否购买过该品牌的产品？

A. 是　　　　　B. 否

问题2：您购买该品牌产品的频率是（　　　　）。

A. 就买过一次，之后就再也没买过。

B. 买过两次，只是偶然购买。

C. 连续买过三次，也购买其他品牌的同类产品，但购买该品牌的产品比较多。

D. 连续买过四次，也购买其他品牌的产品。

E. 连续购买该品牌的产品五次及以上，基本不购买其他品牌的同类产品。

品牌忠诚度只计算连续消费行为，但行业之间的差异很大，有的行业一次消费数额小，但消费频次很高，如餐饮、食品等；而有的行业一次消费数额很大，但频次很低，如婚庆类产品、汽车等。计算忠诚度的选项需要根据品牌所在行业的特征确定，对一般快速消费品的品牌选为：第一个问题选A、第二个问题选E的消费者比例即为重复购买率。随着消费频次降低，选项范围不断扩大，如对汽车行业的品牌选项为：第一个问题选A，第二个问题选B、C、D、E选项的消费者比例，即认为只要第二次购买汽车仍选择该品牌的消费者就是该品牌的忠诚者。其他类型依据其所在行业的平均重复购买率来确定品牌忠诚者的频次。

2. 问卷组织

（1）次序。问卷组织需要尽可能地为录入及统计提供方便，为此，问卷问题的次序强调被访者在回答问题时的逻辑要由简至繁、由浅入深。对表4-1中6个问题的询问逻辑是逐次渐进地深入，可以按照顺序逐一排列。

（2）其他信息。此外，品牌调研需要对所在地指标的情况和目标消费者的情况分别进行计算。所以，在问卷中需要设置性别、年龄、所在地区以及收入状况的录入内容。

（3）编码。为方便录入和统计，需要对问卷的基本信息设置编码，需对性别、年龄、所在地区，收入状况分别进行编码设计。

（编码细节略）

3. 生成问卷

根据如上问题，可以按照问题的顺序生成一张对某品牌的调研问卷，若横列则可生成对若干品牌的一次性调研问卷（见表4-2）。

以下关于问卷统计与数据的初算，依据表4-2进行。

（二）调研实施

1. 样本点选择

若进行的是全国范围的品牌调研，调研样本选取地按照城市人口数目的级别类型进行分层取样。

例如，选择的调研地区为北京、成都、深圳、西安、济南、南昌、太原、阳泉、嘉祥，共九个地区，覆盖全国所有人口级别类型的地区（见表4-3）。

表4-2　对若干品牌的调研问卷样表

性别_____　年龄_____　所在地区_____

收入状况：A. 年薪30万元以上　B. 年薪15万~30万元　C. 年薪6万~15万元　D. 年薪2万~6万元　E. 年薪2万元以下

品牌	你是否知道某品牌？ A. 是 B. 否	这个品牌主要销售的产品是什么？	这个品牌原产地是什么地方？	这个品牌的广告语是什么？	这个品牌的经营风格是什么？	这个品牌的价值观是什么？	您对该品牌的了解来自如下哪个原因？（可多选） A. 购买该品牌产品后从中获得的体验中 B. 从厂商的宣传物、视频等广告（包括植入广告）中了解 C. 从他人（非推销员）的介绍和推荐中了解 D. 从推销员或促销人员的介绍中了解 E. 从其他渠道了解	您向他人提及或推荐过该品牌吗？ A. 从未提过 B. 提过但不是推荐给别人 C. 曾经有推荐过，但次数不多 D. 经常推荐给别人	您是否购买过该品牌的产品？ A. 是 B. 否	您购买品牌的原因是什么？ A. 购买便利 B. 受广告影响 C. 他人推荐 D. 促销 E. 一直在用 F. 价格低	您购买过品牌产品的频率是怎样的？ A. 未买过 B. 偶然购买 C. 相比其他品牌的同类产品，该品牌产品买的比较多 D. 偶有间断或不同品牌的连续购买的产品以及同一品牌的产品五次以及以上

相邻级别城市的问卷可以合并计算，如表4-3中，西安和济南可以直接以其样本总量代表600万~1000万人口级别水平的所有城市人口。

表4-3　样本点选择城市样表（2013年）

城市	城市总人口（万人）	代表的城市类型
北京	1961.2400	1500万以上人口的地区
成都	1404.7600	1200万~1500万
深圳	1035.7900	1000万~1200万
西安 济南	两个城市合并调研，城市 人口之和为1528.1800	800万~1000万 600万~800万
南昌	504.2600	500万~600万
太原	420.1600	300万~500万
阳泉	136.8500	100万~300万
嘉祥	87.2300	100万以下人口的地区

遵循样本尽可能随机的原则，将调研地点设置于综合性大型商场，有益于随机获取消费者的配合。

（1）调研地的现场操作流程（现场调查）

1）首先与调研的目标商场负责人取得联系，得到商场的允许，确定桌椅摆放区域。

2）摆放桌椅、易拉宝等宣传工具。

3）按照标准购买发放给填写问卷消费者的礼品。

4）开始采取自愿的方式进行调研。

5）现场指导消费者正确填写，保证有效问卷的回收率。

（2）调研数据质量保证的技术措施

1）问卷设计有针对性。调研问卷根据基于品牌信息本论的品牌质量评估体系中的内容进行设计，结合各连锁品牌的发展情况和特点，有针对性和代表性地选择问题，以确保获得准确的数据；并按照由易到难的原则排列，以保证所得信息的实效性。

2）调研对象选择具有代表性。调研过程中，要确保随机性，项目组成员按比例要求选择各年龄段、各层收入群体、不同工作性质的男性和女性进行问卷的填写，保证调研对象的多样性，防止调研信息不全和缺失。

3）问卷填写信息具有真实性和完整性。对每一位问卷填写者都要仔细说明填写内容、要求、方法等，对消费者不理解的内容及时做出解释；问卷收回时检查确认填写信息的情况，确保信息的完整性和有效性；大部分问卷于现场填写，可对消费者在填写过程中出现的问题及时指出并完善；少部分带走填写后交回的问卷，检查无问题后收回，未符合要求者需要对问卷进行补充填写后再收回。

4）规范整理。按样本要求设计好录入表格，完成后的问卷及时交回，在对问卷进行归类后，由录入人员按要求对数据进行录入后，得出最终计算所需数据信息。

2. 样本量的确定

以全国品牌为例，按照每个调研城市所代表的城市级别，加总该级别城市的所有总人口数，换算成占全国人口的比例，该比例即为索取样本量的权重。例如，北京所代表的城市级别的人口总数是 7147 万人，对应的权重数为 $\dfrac{7147\ 人}{132344.72\ 人}=5.4\%$，因此在一次全国范围内总数为 3000 份样本量的调研规模中，北京地区的样本量应该达到 162 份以上。

四、经营数据形成

某品牌的知名度、认知度、美誉度和忠诚度在计算完毕之后就可以列入品牌经营数据表中。表 4-4 是对某品牌在全国九个城市进行调研后，按照上述过程计算出的结果。

表 4-4　某品牌经营基础数据表（2013 年）

城市	人口数（万人）		知名度	认知度	美誉度	忠诚度
北京	城市总人口	1961.2400	29.27%	15.24%	33.85%	5.28%
	目标消费者	279.1252	29.41%	15.97%	25.56%	3.92%
成都	城市总人口	1404.7600	61.26%	30.18%	11.43%	15.92%
	目标消费者	199.9266	77.59%	37.07%	10.42%	20.46%
深圳	城市总人口	1035.7900	62.58%	31.35%	35.29%	15.22%
	目标消费者	147.4145	69.96%	35.62%	35.625%	18.35%
西安济南	城市总人口	1528.1800	13.13%	5.05%	10%	0.13%
	目标消费者	217.5364	13.43%	5.22%	0%	0%
南昌	城市总人口	504.3000	60.53%	30.26%	25%	8.23%
	目标消费者	71.7736	81.81%	40.91%	50%	18.18%
太原	城市总人口	420.1600	13.76%	5.96%	17.5%	2.08%
	目标消费者	59.7975	26.67%	12.22%	6.67%	2.81%
阳泉	城市总人口	136.8500	35.10%	15.89%	21.33%	3.05%
	目标消费者	19.4766	40.20%	19.12%	17.50%	3.27%
嘉祥	城市总人口	87.2300	45.45%	22.73%	0%	0%
	目标消费者	12.4146	100%	50%	0%	0%
全国	总人口	132344.7200	30.05%	14.12%	19.03%	4.04%
	目标消费者	18836.3560	39.44%	18.93%	16.26%	5.94%

品牌定量术语比定性术语体系具有更直观、准确的优点，但获得数据需要有效的调研，定性与定量互为补充、相辅相成。

本 章 小 结

本章分别介绍了品牌定性术语体系和品牌定量术语体系，并详细阐述了品牌经营数据的来源。

学 习 重 点

1. 品牌定性术语的内涵。
2. 品牌定量术语的计算方法。

思 考 题

品牌定量术语与品牌定性术语之间有什么样的关系？

第三篇

品牌学领域的主要理论

第五章

品牌定量分析理论

第一节 品牌经营数据的初步分析

品牌定量分析理论的内容非常丰富，本节仅进行初步分析，依据前述的品牌经营数据来源，对各个经营指标的有效范围、关键阈值的相关关系等进行介绍。

一、经营指标的有效范围

品牌经营指标的阈值性质以关键点为界，表现出的作用和性质有明显差异。具体测定时，每个品牌又会因行业特点、产品类型、所处阶段等因素不同会有所差别。但它们的基本规律一致。阈限反映的是消费者感知规律，普遍适用于产品或服务直接面对消费者的品牌。

（一）知名度的阈值范围与性质

一个商标在获取极高知名度的过程中要经历五个关键点、六个性质迥异的阶段，品牌在每个阶段的作用也都是不同的。关键点之间称为品牌阈值范围，代表了在某个知名度阈值范围内，不同的品牌具有相同的作用和性质，表现相近。

1. 知名度≤4.69%

知名度长期处于4.69%之下的商标，应该是企业没有为获得企业知名度做过专门的努力。之所以有少许知名度，是因为营销过程中消费者对产品有体验而自然获取的知悉，这一知名度几乎没有影响力，对消费者产生的影响微乎其微，甚至不能成为营销使用的工具。企业可能仍处于追求销售数量的阶段，营销依然依靠渠道、产品、价格等非品牌的营销工具。此阶段的知名度性质和作用极其微弱。

因为知名度是有相对范围的，在确定知名度性质的时候一定要前缀具体范围。例如，一个很小区域内的品牌在该区域内的知名度很高，但放置于较大区域的时候知名度就很低，对全国而言可能就微乎其微了。

大部分的老字号具有很强的地域性，在所在地区的知名度很高；但使用和购买该品牌产品的往往集中在其所在地区，其他地区的消费者对该品牌知之甚少，放置于全国知名度就很低。例如，"便宜坊"在北京的知名度达到38.13%，在当地很有名；但除北京外的其他地区消费者对其很陌生，全国知名度仅为1.30%。因此，可以说该品牌在北京获得了较高知名度，但于全国范围而言，该品牌知名度很低，影响力微乎其微，是一个典型的区域品牌。

2. 4.69% <知名度≤16.13%

知名度的第一个关键点是4.69%。当知名度突破了4.69%之后，商标的性质开始发生变化，知名度处在4.69%~16.13%的商标，一般都是企业专门进行过获取知名度努力的结果，因为这一阶段的知名度很难自然获得，俨然商标进入了成为名牌的过程。但仅靠知名度使商标成为品牌是远远不够的，商标成为品牌的关键是获得一定的美誉度，获取知名度只是获取美誉度之前的一个过程。

知名度在这一阶段的性质已经有效，对营销起到明显的促进作用，超过半数的消费者有进一步认知的意愿，也表现出对同类产品的购买偏好。但这一偏好表现得还比较微弱，仅限于在同质同价、近似包装的选择中出现较为明显偏好，对异质异价甚至风格不同的同类产品的影响都不明显。应该说此阶段的知名度对营销的作用仍是有限的。

商标获得了4.69%以上的知名度时，即可称为"名牌"，意为有一定知名度的牌子，这个牌子指的就是商标。具有一定知名度的"名牌"开始对营销构成了一定的作用，商标成为一项营销工具。

3. 16.13% <知名度≤37.5%

知名度的第二个关键点是16.13%。这个关键点意味着当知名度达到16.13%时，半数消费者对其已有较深认知，表现出对异质异价甚至风格不同的同类产品都有明显的购买意愿，形成了品牌偏好。

当知名度突破了16.13%之后，商标开始具有大范围的消费者认知；对产品和企业以及品牌内涵等信息，开始有相当部分的消费者具有了较深的理解和认知。可以说此时的商标具有了相当良好的消费者知晓基础，开始出现深度认知。这一阶段知名度的增加是伴随着认知度、美誉度增长的，品牌对营销的促进作用较为明显。

4. 37.5% <知名度≤61.8%

知名度的第三个关键点是37.5%。这一关键点表现为半数以上的消费者对其表示非常熟悉，不仅认知程度深，而且能够辨识logo，能够大致描述广告内容、品牌内涵或产品风格，产生了明显的消费者区隔。若有了相应的认知度，该商标一般会具有一定程度的联想度，使品牌延伸成为可能。

此时的商标具有了对消费者选择偏好的影响力，其性质为有用的竞争工具，在竞争中的作用明显。

5. 61.8% <知名度≤84.45%

知名度的第四个关键点是61.8%。达到61.8%以上的商标可以称为高知名度商标，具有充分的消费者认知和联想的基础。若有了充分的认知度基础，则商标极有可能产生自我传播现象。半数以上的消费者表现出明显的选择偏好，在无提示情境下同类产品的购买选择中，会把这一阶段知名度的品牌作为主要选项。

此时品牌具有的知名度已经足够饱和，以提示型传播方式为主，以维持知名度为目的，品牌管理的重心可以放在公共关系活动等促进美誉度形成和发展的内容上，广告类活动的密度可以逐步减小，无须过多投入精力。

6. 84.45% <知名度

知名度的第五个关键点是84.45%。达到84.45%以上的商标获得了极高的知名度，成为大众耳熟能详的商标。此时该商标在行业内颇具影响力，超过半数的消费者对其广告或品牌内涵非常熟悉。

具有此阶段知名度的品牌若有充分的美誉度支撑，一般都有较高品牌忠诚度，意味着该品牌具有很强的抗风险能力和较高的重复购买率；品牌不易衰减，即使不再做广告，品牌依然会在消费者心目中长期存在。

（二）认知度的阈值范围与性质

认知度的阈限范围不独立存在，单纯地研究认知度绝对值没有意义，即不存在脱离知名度而存在的认知度，认知度的阈值是相对于知名度的情况而确定的。因此，认知度的阈值是与知名度的比值，结果可以简单地分为有效和效果不足和无效。

实际操作中，一般把认知度的阈值范围分成三个定性部分：认知度和知名度比值低于1/3为品牌传播效果不足，高于1/2为品牌传播效果充分，介于两者之间则为传播效果一般。计算公式为

$$\alpha = \frac{r}{z} \tag{5-1}$$

式中　r——认知度；

　　　z——知名度。

若 $\alpha \geqslant 0.5$，则认知度有效，传播效果充分。

若 $0.33 < \alpha < 0.5$，则认知度一般，传播效果一般。

若 $\alpha \leqslant 0.33$，则认知度不足，传播效果不足。

例如，某品牌获得5%的知名度，认知度的有效范围是知名度的40%，即2%以上的认知度才是有效的，2%以下的认知度是无效的；某品牌获得40%的知名度，认知度应在16%以上，低于16%的认知度是效果不足但有效的。认知度的性质取决于它与知名度的比值，而与其绝对值的大小关系不大，其他情况以此类推。

（三）美誉度的阈值范围与性质

1. 美誉度≤1.62%

美誉度处于 0~1.62%，属于效应极低的范围。这一阶段出现了部分消费者的推荐性口碑，是正自我传播现象，有少数消费者或媒体在自行进行消费者或媒体间的传播和推荐活动，数量很少，不具有明显的影响力，但非常重要。

美誉度为0则意味着消费者当中没有自传播者，消费者对它无偏好。即使商标获得了相当程度的知名度，当美誉度为0的时候，也不能称为品牌，充其量称为名牌。

2. 1.62% < 美誉度≤27.91%

1.62%是美誉度的第一个关键点。突破这个关键点后，消费者的口碑作用开始凸显，消费者偏好开始越来越明显，消费者之间的传播也越来越多。这个阶段属于有效自传播效应发生时期，在这一时期内的品牌极容易发生品牌自传播骤增现象，但每个品牌的骤增点并不确定。

3. 27.91% < 美誉度≤100%

美誉度27.91%是自传播效应发生的上限。美誉度超过27.91%以上的品牌，一般都会自然出现强烈的品牌自传播现象，促使目标消费者产生重复购买的集体偏好。品牌甚至会成为某种生活方式的标志符号，品牌口碑溢出效应明显。

（四）忠诚度的有效范围

品牌忠诚度可能不存在有效无效问题，可以说只要有忠诚度，无论高低都是有效的。忠诚度可以为0，意味着没有消费者重复购买，消费没有连续性；也可以高至100%，意味着消费者绝对忠诚，即消费者对其他的品牌严格排斥，重复购买一个品牌的商品，且极容易延伸购买该品牌的其他商品，无论产品门类的差别有多大。

因此，忠诚度只要非0就是有效的，是在一定程度上减弱品牌信息衰退的重要参数。

二、经营指标关键阈值的相关关系

品牌经营指标间具有非常明确的组合关系，它们之间的关系可以用比值来表达，也可以用绝对值比较来表达。经营指标关键阈值的相关关系如图5-1所示。

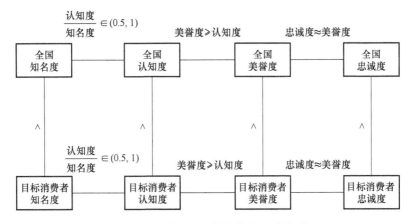

图5-1　经营指标关键阈值的相关关系

图5-1中标明了全国范围内的知名度、认知度、美誉度和忠诚度，以及全国范围内目标消费者的知名度、认知度、美誉度和忠诚度之间的相关关系，如下是对图中各个指标之间关系的解释。

（一）知名度与认知度的关系

认知度和知名度之间的关系应该是在二者的比值处于0.5~1时最好，即认知度最好能够是知名度的一半以上，这样的品牌在传播上具有有效传播的途径或容易被消费者认知的内容，能够获得高于半数知名度的认知度说明其传播是有效的。即使该指标略低也可以，但不能低得太多。若认知度与知名度的比值过低，反映出厂商的品牌传播只是一种硬广告，一味地获取知名度或加深印象，但消费者对其品牌内涵并不认知，尤其对于已经获得较高知名度的品牌，只是能够做到令消费者耳熟能详。过低的认知度不会成为美誉度的基础，而认知度与知名度的比值过低使得传播效率与成本不成比例，这也使得传播的效果大打折扣。

（二）认知度与美誉度的关系

美誉度应该接近认知度水平，也就是说二者的比值应该是越接近1越好过高或过低都不是正常的情况，美誉度能略高于认知度一点最好。美誉度离不开认知度的支撑，受认知度支撑的美誉度往往是依靠品牌的产品质量或服务获得的，是来自消费者的深度体验获得，是稳定可复制的信息类型，是有益于企业品牌自传播发展的。而且，二者越接近，意味着认知度支撑美誉度的效果越好，美誉度来自消费者深度认知的比率越高。而与此相反的两个方向多多少少都存在问题。认知度远高于美誉度的情况比较常见，通常是消费者对品牌内涵的认知比较充分，但因偏好或其他原因，并没有对该品牌形成赞许或口碑。另一类情况是美誉度远高于认知度，有的品牌会因为特殊的原因，在品牌认知度极低的情况下获得极高的美誉度。但这类品牌往往是针对小众市场的，因目标消费者数量较少，直接消费者有限，即使形成了较高的美誉度，面对大众消费者的低认知度，也很难充分形成自传播效应。这种美誉度可复制但不稳定，消费者自传播的现象不能持久。

（三）美誉度和忠诚度的关系

美誉度与忠诚度之间的关系最为微妙，如下分别对"相近""大于""小于"三种关系进行论述。

1. 美誉度与忠诚度相近的关系

美誉度和忠诚度之间最好的关系是约等于关系。二者的绝对值应该基本相等，差距不大为好，说明自传播能力有溢出，相当部分的自传播或称口碑者有重复购买行为，这使得前三项指标形成的品牌指标结构能够在营销中发挥作用，使得厂商在企业经营中能够充分运用品牌作为营销工具为销售服务。因为忠诚度里包含着重复购买率等重要指标，都与销售有关。忠诚度不能实现与美誉度合理匹配的同增同减，是品牌在营销环节难以发挥作用的主要表现。

◆ **案例 5-1**

八马品牌美誉度约等于忠诚度的现象分析

八马茶业旗下有安溪八马茶业有限公司、深圳八马茶业连锁有限公司、厦门八马茶业有限公司。该品牌最大特点是美誉度和忠诚度同增同减，且二者基本相近。八马品牌2014 年和 2015 年的基础数据汇总如表 5-1 所示。

表 5-1　八马品牌 2014 年、2015 年在全国的基础数据汇总

指标	知名度	认知度	美誉度	忠诚度
2014 年	12.93%	4.34%	11.93%	12.26%
2015 年	7.60%	2.84%	12.19%	13.66%

案例分析： 八马品牌的基础指标偏低，但美誉度和忠诚度之间比例适宜，且实现了同增同减。这意味着该品牌的口碑很大限度地实现了向销售能力的转移，消费者偏好和消费者习惯形成，品牌自传播能力对企业营销的支持作用明显。

2. 美誉度大于忠诚度的关系

美誉度远大于忠诚度时，该品牌会出现品牌自传播能力无法向重复购买率转移的问题，虽然厂商为品牌的口碑付出极大努力和投入，但却无法在营销中获得相应的收益。有时尽管前三项指标形成了不错的指标结构，但最终该结构的作用发挥不出来，其原因可能都与品牌忠诚度过低有关。

下面以伊丝艾拉的品牌指标结构为例，阐述这一关系在实务中的表现。

案例 5-2

伊丝艾拉品牌的美誉度远高于忠诚度的现象分析

深圳伊丝艾拉服饰有限公司是一家专门从事高中档内衣产品的品牌规划、设计开发及营销策划的设计服务公司，是目前国内首家专门提供内衣设计研发的咨询公司。伊丝艾拉品牌的总信息量为 1.348 亿 bit，且全国各个城市的指标差异较大，属于小规模的区域性品牌。伊丝艾拉品牌的基础数据汇总如表 5-2 所示。

表 5-2　伊丝艾拉品牌 2015 年在深圳市的基础数据汇总

指标	知名度	认知度	美誉度	忠诚度
2015 年	20.15%	8.06%	42.28%	4.50%

该品牌的突出优点是在其所在地深圳市有着较高的知名度和很高的美誉度，前三指标的结构基本合理，且赢得了消费者的口碑，但忠诚度明显偏低。

案例分析：该品牌确实得到了相当数量的消费者喜爱和认可，也形成了相应的自传播能力，但可能是发展方向或发展方式存在问题，因此这一可贵的口碑并没有转换成有效的消费习惯。厂商为品牌美誉度付出了极高成本和投入，但因未能形成充足的重复购买率而无法将这一优势转化为销售收益，最终导致了忠诚度严重不足，使得经营中的收益与维系品牌高质量水平成本之间不成比例，致使品牌在经营体系中对销售的支撑作用非常有限。该品牌的抗风险的能力较弱，容易出现企业危机。

3. 美誉度小于忠诚度的关系

当美誉度远小于忠诚度时，该品牌未能获得足够的自传播能力或口碑，却获得了较高的重复购买率，一般在营销环节很顺利。但低美誉度下的高忠诚度表明这一销售成果可能不是因为品牌的原因形成的，而是另有其他原因，诸如价格、渠道、促销等其他途径或工具，相对较低的价格也可以带来较高的重复购买率，使得忠诚度提高，但这并不是品牌指标结构的作用。

下面以茜施尔的品牌指标结构为例，阐述这一关系在实务中的表现。

◆ **案例 5-3**

茜施尔品牌的美誉度远低于忠诚度的现象分析

深圳市茜施尔服装有限公司成立于 1999 年，目前是一家专门从事女性功能性内衣研制、开发、生产及营销的现代化企业。茜施尔品牌的总信息量是 1.57 亿 bit，各个城市的指标差异较大，属于小规模品牌，虽面向全国市场但区域特征明显。茜施尔品牌的基础数据汇总如表 5-3 所示。

表5-3　茜施尔品牌在全国的基础数据汇总

全国人口数（万人）	知名度	认知度	美誉度	忠诚度
132344.72	10.15%	4.61%	4.07%	20.83%

该品牌的特点是前三个指标的结构基本合理，但美誉度低，没有获得足够的消费者口碑，却获得了较高的忠诚度。

案例分析： 这个品牌的基础指标关系基本处于正常范围内，突出优点是具有较高的忠诚度，这表明消费者的重复购买率较高。在较高重复购买率的情况下出现较低的美誉度，可能是该品牌经营主要依靠价格、渠道等其他途径，而非品牌。

目标人群的各项指标关系与大众指标关系的解释是一样的，而且目标人群的各项指标均应该高于全国大众消费者的平均水平。因为除需要助消费者进行销售的品牌之外，其他类型品牌的目标人群中包括了绝大多数的直接消费者，直接消费者是直接涉及销售问题的关键环节，目标消费者指标与大众指标对比的结果里包含很多信息，有如下三种情况：

（1）目标消费者指标远大于大众指标。目标消费者指标远大于大众指标是品牌传播高度专业化的结果，在专业性很强的品牌结构中经常看到。这类品牌涉及的产品一般不为大众所知，只针对同行业或产业链上下游企业用户所知。

（2）目标消费者指标接近大众指标。目标消费者指标接近大众指标是品牌传播泛大众化的结果，厂商采取通过大众传播告知方式的品牌容易出现这一结果。该结果会导致目标消费者与大众消费者信息均值比趋近于1，意味着该品牌传播的有效性被稀释，传播费用高，且有效传播率不够等诸多问题。

（3）目标消费者指标低于大众指标。目标消费者指标低于大众指标是一种异常现象。当出现目标消费者知名度和认知度指标低于大众知名度和认知度时，往往是品牌的目标人群定位选择有误，该品牌产品的真正消费者密集区被划在计算范围之外的缘故。若知名度和认知度正常，但出现目标消费者的美誉度和忠诚度低于大众美誉度和忠诚度指标，则是一种衰退的信号，表明直接消费者的口碑或重复购买行为减少。

下面以庄吉的品牌指标结构为例，阐述这一现象在实务中的表现。

◆ 案例 5-4

庄吉品牌分析

庄吉集团组建于1996年，现有成员企业12家，员工2000多人，在全国大中城市建成有400余家成员加盟的特许经营、连锁专卖网络。主导产品"JUDGER 庄吉"牌西服及高级成衣定位于中高档消费群体，荣膺中国驰名商标、中国名牌产品和国家免检产品等荣誉；同时生产经营女装、休闲装、衬衫、领带、皮鞋等系列服饰产品。庄吉品牌的基础数据汇总如表5-4所示。

表 5-4　庄吉品牌的基础数据汇总

指标	人口数（万人）	知名度	认知度	美誉度	忠诚度
全国大众指标	132344.72	7.01%	2.41%	2.55%	16.24%
目标消费者指标	43449.15	5.03%	2.44%	0.23%	1.52%

　　案例分析：该品牌的主要问题是目标消费者的知名度、美誉度和忠诚度都严重低于全国大众指标。最严重的问题是目标人群的美誉度几乎完全丧失，意味着直接消费者没有口碑，还不如大众对其认识的好感程度。这是一个非常危险的信号，意味着该产品的质量或服务存在严重问题，导致直接消费者对该品牌不满，也严重影响到重复购买率。这一问题会影响品牌在营销环节发挥作用，最终影响整个经营系统，严重的话会导致经营危机的发生，必须引起企业经营者的高度重视。

三、连续数据的动态比较分析

　　连续收集两年以上的数据，即可形成连续数据的动态比较研究，这项研究可以用于分析该品牌在一段时期内的传播效果、经营趋势等。相比指标间静态比较分析，动态比较分析的优势在于对发展趋势的判断。经营指标中的知名度和认知度都存在自然衰减的过程，只要传播高于衰减的品牌，其指标都应有所增加。出现下降的原因一般都是传播力度不足，不足以抵消衰减造成的结果。美誉度和忠诚度的自然衰减率很低，除非遇到极端事件，一个品牌的美誉度和忠诚度应该会保持在一个相对稳定的区间波动。

　　下面以潮宏基的品牌指标结构为例，阐述这一现象在实务中的表现。

◆ 案例 5-5

潮宏基品牌的连续数据比较分析

　　广东潮宏基实业股份有限公司创立于 1996 年，是一家集珠宝首饰设计、生产、销售为一体的大型股份企业，其珠宝产品主打品牌为"潮宏基"。潮宏基珠宝始终致力于专业化品牌经营，注重打造良好的品牌形象，并将品牌内涵与珠宝首饰产品结合，使品牌附加值最大化。潮宏基品牌的基础数据汇总如表 5-5 所示。

　　品牌定位：以"传承经典，引领风尚"作为自己的品牌定位，致力于在传承经典中求变化，以现代美学演绎传统经典；并能快速捕捉时尚潮流，以丰富创意引领风尚。

　　品牌理念：弘扬东方文化精髓，推动我国原创设计。

表 5-5　潮宏基品牌 2014 年、2015 年在全国的基础数据汇总

指标	知名度	认知度	美誉度	忠诚度	品牌信息量估值/万 bit
2014 年	9.72%	4.5%	7.7%	0.71%	17615.17273
2015 年	14.10%	6.05%	5.00%	19.79%	23691.94431

案例分析：该品牌各个城市的指标均接近均值，区域特征不明显，是一个全国性品牌。该品牌的基础指标基本处于正常范围内，认知度和忠诚度关系较为合理，表明消费者的认知通过消费体验转化成口碑的比例比较高，构成了较为有效的品牌指标结构基础。但该品牌的忠诚度大幅上升，意味着该品牌的重复购买率得到快速提升。品牌在营销中的作用日益明显，与2014年数据相比较，2015年知名度、认知度和忠诚度均有增加。在这一年里，该品牌信息总量实际增加34.5%，发展很快，品牌结构趋好。

第二节　指标结构化及图像分析

指标结构是指经营指标间的相关关系所形成的系统结构。经营中不可能只通过一两个较好的指标获得品牌的优良表现，只有通过各个指标的协调发展，才能使品牌的经营体系达到最优状态。因此，对品牌指标结构的研究就是对品牌各项指标协同发展的研究。本章主要通过结构图像分析阐述指标结构中隐含的重要经营信息。

一、指标结构化及指标结构的图像构成

指标结构化是将品牌评价的基础指标按照无量纲数值的关系统一成为一组可以比较分析的一个结构。这一基础工作在设计品牌知名度、认知度、美誉度和忠诚度指标时就已经有所考虑，并将其都归结在（0，100%），因此这四个基础指标的关系就可以图示化，呈现出更为清晰的结构图像，易于分析与判断。

（一）基础指标的结构化

品牌基础指标的结构意指品牌的知名度、认知度、美誉度和忠诚度这四项描述品牌状况的基础指标的绝对值所构成的比率关系，所形成的一种可以图示化、有固定评价标准的模式结构。

以某品牌的全国大众指标与目标消费者指标为例，解释品牌指标结构化、图示化的过程。某品牌的样本调研显示，其全国大众指标为知名度35.32%、认知度15.94%、美誉度15.19%、忠诚度5.24%；目标消费者指标为知名度43.63%、认知度20.81%、美誉度20.47%、忠诚度8.86%。结果如表5-6所示。

表5-6　某品牌的全国大众指标与目标消费者指标对比

指标	知名度	认知度	美誉度	忠诚度
全国大众指标	35.32%	15.94%	15.19%	5.24%
目标消费者指标	43.63%	20.81%	20.47%	8.86%

对该品牌的基础指标按照上一章各个指标的关系进行计算，可以清楚地判断各个指标之间的关系是否协调，这样就构成了一个结构问题。如表5-6所列数据的绝对值及它们之间的比值关系构成了该品牌的指标结构：认知度和知名度的比值为0.4513，略低于（0.5，1）的要求下限，美誉度略小于认知度，忠诚度和美誉度的差距较大。这三个关系及各个指标的绝对值所形成的各项指标间的关系即被称为品牌基础指标的结构。

一个厂商通过某种经营方式或策略可以做到一个指标或若干指标在短期内的升高或降低，但很难做到将其品牌结构调整至最优状态。品牌结构是一个品牌管理质量的具体反映，它能够综合地反映出一个厂商对品牌经营管理的能力。

（二）结构化指标的图示化

纵轴为指标的百分比，横轴为四个基本指标的依次排列，用深色的柱形表示全国大众指标的数值，浅色柱形表示目标消费者指标的数值，分别用两条曲线将全国大众指标的柱顶和目标消费者指标的柱顶连起来，就形成了如图5-2所示的品牌结构图示。

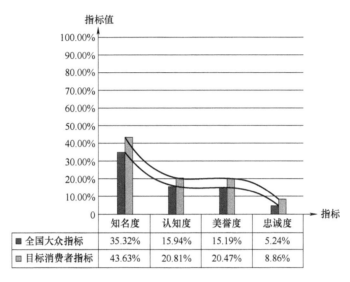

	知名度	认知度	美誉度	忠诚度
■ 全国大众指标	35.32%	15.94%	15.19%	5.24%
▨ 目标消费者指标	43.63%	20.81%	20.47%	8.86%

图5-2 品牌结构图示（一）

深色和浅色的柱形之间所反映的比值及其大小关系就是表5-6中某品牌的全国大众指标与目标消费者指标对比。两条曲线位置的距离、交叉等关系就构成了结构化指标的图像。

如果用不同的曲线表示，它们之间的关系更加清晰，如图5-3所示。

图5-3中，粗曲线代表全国大众指标的指标柱顶连线，细曲线代表目标消费者指标的指标柱顶连线。

此外，由品牌所在地的基础指标或某个城市的基础指标也可以设计成为柱顶连线，并放置在图中进行对比分析。在对图像的研究中，主要是对这些曲线的形态及关系进行分析。

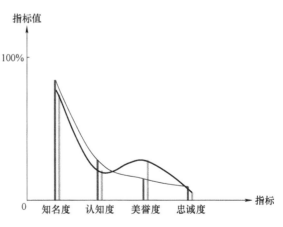

图5-3 品牌结构图示（二）

二、指标结构的图像类型及其解读

2014年和2015年连续两年依托中国品牌发展公益基金和深圳连锁经营协会的两大平

台，对我国连锁业态的 250 个品牌进行了全面调研，对这些品牌的基础数据和指标图像进行整理，并做了归类处理。理论上通过组合应该有 64 种结构，目前出现了 33 种结构，仍有 31 种结构在实践中没有出现，有待继续积累数据，观察研究。本书对其中最典型的 9 种指标结构的图像进行分析。

（一）最优结构

最优结构具有以下特征：①目标消费者的所有指标均高于全国大众指标的水平，意味着品牌传播是针对目标消费者的；②知名度的绝对值应该在 16.5% 以上；③认知度是知名度的一半以上最佳，略低也可以，但不能太低，至少不能少于 1/3；④认知度和美誉度接近，美誉度略大于认知度最佳；⑤忠诚度开始超过美誉度，意味着消费者的消费习惯形成。示例如图 5-4 和图 5-5 所示。

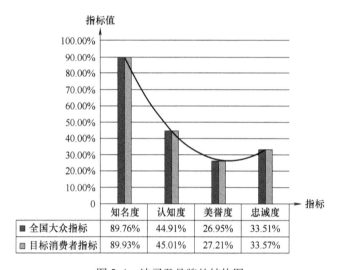

	知名度	认知度	美誉度	忠诚度
■ 全国大众指标	89.76%	44.91%	26.95%	33.51%
▨ 目标消费者指标	89.93%	45.01%	27.21%	33.57%

图 5-4　波司登品牌的结构图

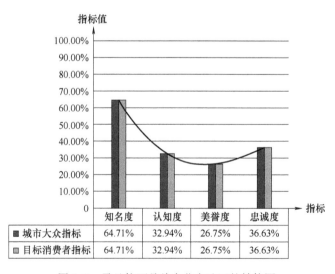

	知名度	认知度	美誉度	忠诚度
■ 城市大众指标	64.71%	32.94%	26.75%	36.63%
▨ 目标消费者指标	64.71%	32.94%	26.75%	36.63%

图 5-5　马兰拉面品牌在北京地区的结构图

当一个品牌的指标结构达到最优结构时，图像呈现两条凹形抛物线，尾端微微向上，且不相交。此时的品牌指标结构最优，具有极佳的稳定性，抗风险能力强，消费者接受品牌传播的内容和途径效率最高，品牌发展质量优良。

（二）次优结构

次优结构具有以下特征：①目标消费者的所有指标均高于全国平均水平；②认知度是知名度的一半以上最佳，略低也可以，不能低得太多；③知名度的绝对值应该大于16.5%以上；④认知度和美誉度接近；⑤忠诚度应该没有超过美誉度，意味着消费者消费习惯还未形成。示例如图5-6和图5-7所示。

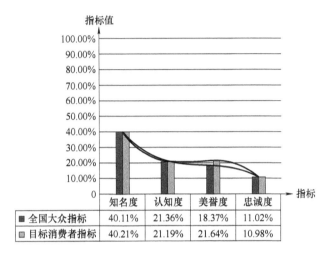

图5-6　六必居品牌的结构图

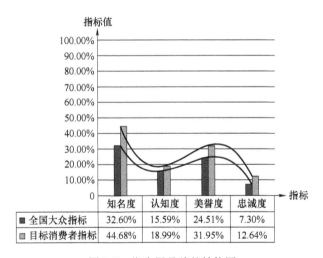

图5-7　淑女屋品牌的结构图

次优结构与最优结构的区别是是否形成足够的忠诚度，表现为是否对消费者的偏好或习惯产生足够的影响。消费者的偏好和习惯与品牌忠诚度有关，在最后阶段形成。因此，次优结构一般出现在最优结构之前，具有次优结构的品牌能否进入最优的状态，取决于能否获得足够的品牌忠诚度。

处于次优结构的品牌一般表现为稳定性欠缺，品牌信息的时效性明显，品牌衰减的速率比最优结构快得多，因此，需要较高的维护成本来支持较大密度的品牌传播活动。很多次优结构的品牌处于过渡期，出现结构性失稳的状态，但这类品牌对消费者已经具有相当大的影响力，尤其表现在营销方面的作用更为明显，也是一种优秀的品牌类型，但略有欠缺，没有达到最优状态。

（三）逐次下降结构

逐次下降结构具有以下特征：①在全国的知名度很高，知名度的绝对值大于 37.5%；②目标消费者的各项指标与全国平均水平非常接近；③认知度不及知名度水平的一半；④美誉度低于认知度；⑤忠诚度低于美誉度。示例如图 5-8 和图 5-9 所示。

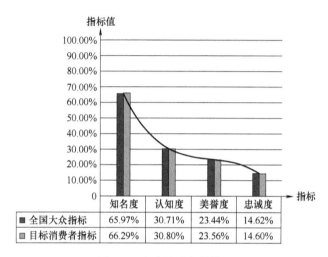

图 5-8　奥康品牌的结构图

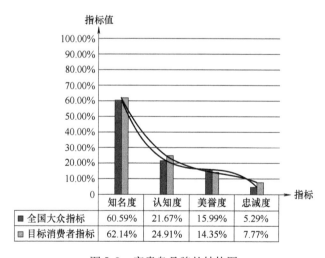

图 5-9　富贵鸟品牌的结构图

逐次下降是这种品牌结构类型的直观描述，出现这种结构的品牌都曾有过大规模的广告活动，依靠高密度、高强度的传播，获得了较高或很高品牌知名度绝对值，对消费者有一定的影响力。但具有这种结构类型的品牌往往在质量方面存在严重不足，"重广告、轻公关"

的经营思想一般是形成这种结构类型的根源。

（四）凸形曲线结构

凸形曲线结构具有以下特征：①在全国的知名度和认知度、忠诚度的绝对值均不太高，且三者呈逐次下降趋势；②目标消费者的各项指标与全国平均水平非常接近；③美誉度指标高于知名度、认知度和忠诚度三者均值 1 倍以上。示例如图 5-10 和图 5-11 所示。

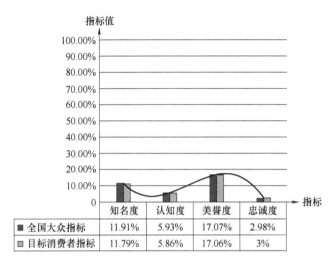

	知名度	认知度	美誉度	忠诚度
■ 全国大众指标	11.91%	5.93%	17.07%	2.98%
■ 目标消费者指标	11.79%	5.86%	17.06%	3%

图 5-10　便宜坊品牌的结构图

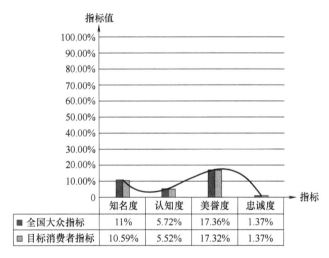

	知名度	认知度	美誉度	忠诚度
■ 全国大众指标	11%	5.72%	17.36%	1.37%
■ 目标消费者指标	10.59%	5.52%	17.32%	1.37%

图 5-11　古越龙山品牌的结构图

凸形是这种品牌结构类型的特点，在较低的知名度、认知度和忠诚度条件下出现这种结构的品牌拥有很高的美誉度，一方面说明该品牌具有非常高的质量，有好的口碑；另一方面也说明该品牌在传播方面严重不足，属于"质有余而量不足"的类型。

（五）中间交叉型曲线结构

中间交叉型曲线结构具有以下特征：①在全国的知名度较高，知名度的绝对值大于 37.5%；②目标消费者的知名度应该远高于全国平均水平；③在全国的美誉度和认知度接近；④目标消费者的各项指标逐次大幅下降，认知度明显高于美誉度；⑤全国平均的忠诚度水平和目标消费者的忠诚度水平接近；⑥目标消费者美誉度低于全国平均的美誉度水平；⑦两条曲线的交叉点在美誉度和认知度之间。示例如图 5-12 和图 5-13 所示。

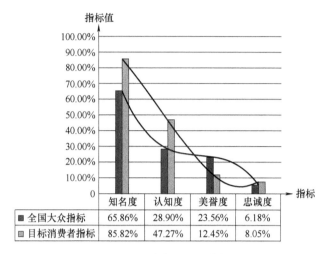

	知名度	认知度	美誉度	忠诚度
■ 全国大众指标	65.86%	28.90%	23.56%	6.18%
▨ 目标消费者指标	85.82%	47.27%	12.45%	8.05%

图 5-12　报喜鸟品牌的结构图

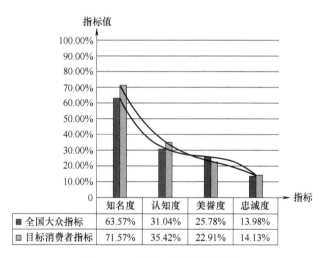

	知名度	认知度	美誉度	忠诚度
■ 全国大众指标	63.57%	31.04%	25.78%	13.98%
▨ 目标消费者指标	71.57%	35.42%	22.91%	14.13%

图 5-13　九牧王品牌的结构图

　　传统的品牌理论认为，创建品牌是一项复杂的系统工程，整个工程中包含了来自各个学科的原理和方法，是一门典型的交叉科学。从另一面来看，创建品牌又是一门赢得消费者的爱的艺术，只有消费者的关注和爱才能成就一个品牌。因此，秉持传统品牌理论的学者认为，品牌是科学与艺术的融合。

　　近年来，新营销理论不断推陈出新，一些有关品牌的经营思想也不断创新，尤其是关于消费者在营销中的地位的问题。新营销理论认为，品牌让消费者付出的不仅是关注和爱，还可以是令消费者疯狂、忘我甚至崇拜的精神。

　　中间交叉型是一种含有衰退信号的品牌结构类型，美誉度代表了消费者对一个品牌的口碑，而目标消费者当中直接消费者最多，若失去或部分失去了这些具有直接消费经验的目标消费者的口碑，反映在数据结构中就是目标消费者的美誉度低于全国总人口的平均水平，意味着直接消费者对该品牌的产品或服务不满意或有质疑，这是品牌衰退的危险信号。这种结构类型的全国总人口指标水平非常稳定，一般都是有一定影响力的、较为成熟的品牌，含有一定的危险信号但不严重，是一种进入衰退期的先兆表现。

（六）重合型曲线结构

重合型曲线结构就是两条曲线基本重合，其具有以下特征也比较简单：全国大众指标与目标消费者指标基本一样，两条曲线基本重合。示例如图 5-14 和图 5-15 所示。

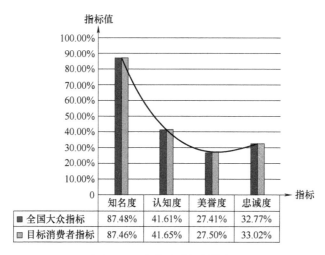

	知名度	认知度	美誉度	忠诚度
■ 全国大众指标	87.48%	41.61%	27.41%	32.77%
▨ 目标消费者指标	87.46%	41.65%	27.50%	33.02%

图 5-14　李宁品牌的结构图

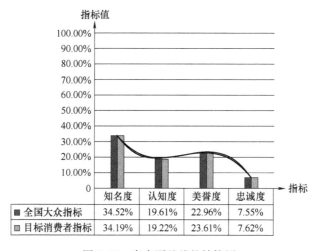

	知名度	认知度	美誉度	忠诚度
■ 全国大众指标	34.52%	19.61%	22.96%	7.55%
▨ 目标消费者指标	34.19%	19.22%	23.61%	7.62%

图 5-15　东来顺品牌的结构图

产生这种品牌结构的原因有两种：①其产品或服务面向所有消费者，或目标人群没有细分；②在传播途径上依赖所有的主流媒体渠道，做到了全覆盖，使得该品牌家喻户晓。重合型品牌结构隐含着一个品牌在运作中的一些缺陷，由于传播过程中没有对市场进行细分，重合型曲线的品牌一般在运营中都存在传播效率低的问题。

（七）区域品牌结构

区域品牌结构具有以下特征：①全国大众指标和目标消费者指标都很低，知名度的绝对值小于 16.5%；②在某地区的各项指标均很高，尤其是知名度，绝对值在 50% 以上；③全国水平和某地区的指标之间差距很大。示例如图 5-16、图 5-17、图 5-18 和图 5-19 所示。

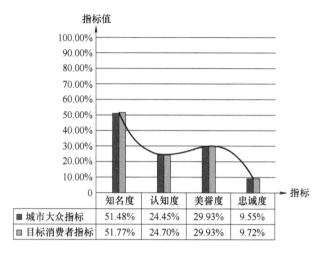

	知名度	认知度	美誉度	忠诚度
■ 城市大众指标	51.48%	24.45%	29.93%	9.55%
▦ 目标消费者指标	51.77%	24.70%	29.93%	9.72%

图 5-16　八马品牌在深圳地区的结构图

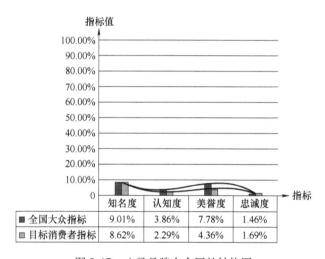

	知名度	认知度	美誉度	忠诚度
■ 全国大众指标	9.01%	3.86%	7.78%	1.46%
▦ 目标消费者指标	8.62%	2.29%	4.36%	1.69%

图 5-17　八马品牌在全国的结构图

区域品牌的属性使用两个结构图表示更为清晰明了。对比而言，某品牌在特定区域的所有数据指标项均高于全国平均水平，这表明该品牌还处于由区域品牌向全国品牌发展的过渡期，是该品牌在其他地区的发展不平衡所致，一般在品牌所在地的影响力最大。

（八）鱼尾形结构

鱼尾形结构具有以下特征：①在全国的知名度和目标消费者的知名度都很高，而且相近；②有突出的美誉度，尤其是目标消费者的美誉度相当高；③目标消费者的美誉度水平远高于全国平均美誉度水平；④忠诚度很低。示例如图 5-20 和图 5 21 所示。

该结构下的前三项指标都很高，表明该品牌结构很正常，尤其是凸出的美誉度曲线部

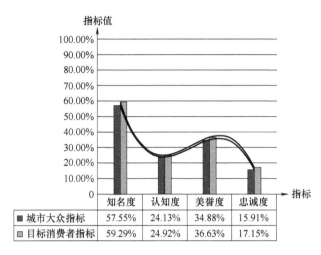

图 5-18　埃迪蒙托品牌在深圳地区的结构图

指标	知名度	认知度	美誉度	忠诚度
■ 城市大众指标	57.55%	24.13%	34.88%	15.91%
▨ 目标消费者指标	59.29%	24.92%	36.63%	17.15%

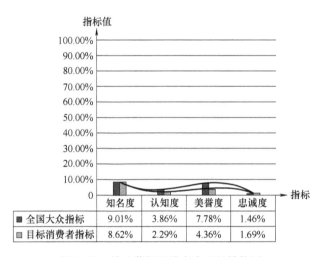

图 5-19　埃迪蒙托品牌在全国的结构图

指标	知名度	认知度	美誉度	忠诚度
■ 全国大众指标	9.01%	3.86%	7.78%	1.46%
▨ 目标消费者指标	8.62%	2.29%	4.36%	1.69%

分，更表明该品牌在消费者中具有良好的口碑。这个结构的特点是高知名与高美誉度下的忠诚度偏低，是具有良好的口碑但消费者未能形成消费习惯或偏好的一种品牌类型。

（九）"8"字形结构

"8"字形结构具有以下特征：①目标消费者的美誉度水平远低于全国平均美誉度水平；②认知度是知名度的一半左右。示例如图 5-22 和图 5-23 所示。

"8"字形结构源于美誉度的衰退问题。该结构仍保有合理的知名度和认知度关系，因此曲线的交叉点正好落在认知度上，形成了一个类似数字"8"的图形。这是衰退中期的一种表现，一般由中间交叉型曲线继续衰退而形成。美誉度的衰退现象已经非常明显，品牌的产品或服务存在的问题较为严重。

三、与此有关的经营决策

指标结构的图像非常直观，易于分析一些明显的问题，并为决策提供翔实的参考依据。

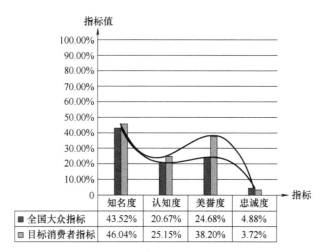

图 5-20　才子品牌的结构图

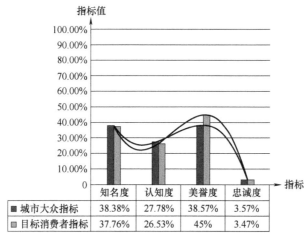

图 5-21　西安饭庄品牌在西安市的结构图

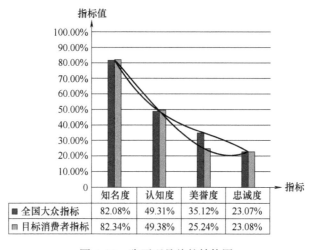

图 5-22　狗不理品牌的结构图

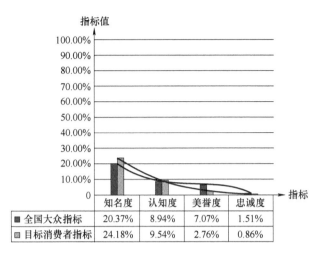

图 5-23　步森品牌的结构图

以下是用指标结构图像法对品牌管理中常见的几个问题进行分析。当然，指标结构图像法的应用远不止这几个问题。

例：判断产品质量或服务水平出现问题的征兆

产品质量或服务水平的衰退并不意味着绝对的下降或衰退，而是与竞争者比较而言的相对下降，如竞争者的产品质量或服务水平的上升也意味着保持不变的品牌有相对下降的趋势。

保持高质量或服务水平对于品牌的管理来说是非常重要的环节，它的相对下降反映在指标结构图像中就是美誉度指标的变化。

1. 整体性的相对下降

目标消费者是有效消费者，其中包含了绝大多数的直接消费者。直接消费者是该品牌的产品或服务最直接的体验者。一般情况下，目标消费者的美誉度大于全国平均水平。当出现目标消费者的美誉度低于全国平均水平的现象时，经营者就应该警惕在产品质量或终端服务水平上出现了整体性的相对下降。示例如图 5-24 所示。

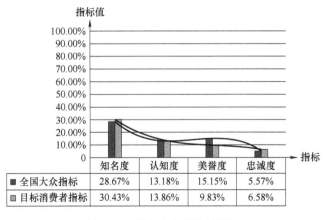

图 5-24　德尔惠品牌的结构图

当消费者指标除美誉度外的其余指标均高于全国平均水平时，说明该品牌的内部运作基本是合理的，在终端销售的最后一环形成了一定的口碑。但目标消费者的口碑整体性下降说明其在直接消费者中逐渐失去口碑，这种情况大部分出现在次优曲线类型的品牌中，是质量和服务水平下降时所出现的一种衰退信号。

2. 局部性的绝对下降

对于有终端有特许经营存在的情况，在安排调研地点时，应该选择自营店和非自营店分别调研，取得的样本也应该分开统计加以比较分析。比较二者之间的差异是否在一个正常范围内，如果差异悬殊，要考虑是否出现质量或服务的局部性绝对下降。示例如图5-25和图5-26所示。

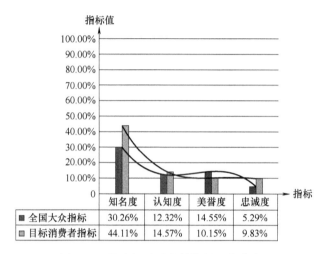

	知名度	认知度	美誉度	忠诚度
■ 全国大众指标	30.26%	12.32%	14.55%	5.29%
▨ 目标消费者指标	44.11%	14.57%	10.15%	9.83%

图5-25　淑女屋品牌的结构图（自营店）

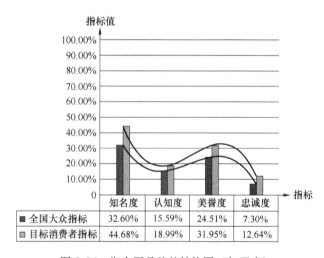

	知名度	认知度	美誉度	忠诚度
■ 全国大众指标	32.60%	15.59%	24.51%	7.30%
▨ 目标消费者指标	44.68%	18.99%	31.95%	12.64%

图5-26　淑女屋品牌的结构图（加盟店）

这一品牌在不同调研地点出现了显著差异。其中，在自营店取得的数据与在加盟店取得的数据相比较而言，各项指标均有所下降，尤其是美誉度的下降最为明显，甚至出现了目标消费者美誉度严重下降的现象。这一现象出现的原因是比较复杂的，主要原因可能是加盟店的连锁经营并不能达到自营的管理水平，造成了零售终端的服务水平下降，进而导致目标消费者的美誉度严重下降。这是一种局部性产品质量或服务水平绝对值下降的情况。

补充阅读材料

精确度量品牌的意义

对品牌的度量由来已久，至今已有几十种度量思想和方法。由于最初品牌度量的需求出现于企业间对品牌转让的基础上，因而所有有关品牌度量的理论基本都来自于市价和权益思想。所谓市价思想，即品牌的价值由市场竞价决定。西方财务报表中的"goodwill"，即人们常说的商誉，在企业正常经营时为零，只有企业发生转让并购时才有意义，即转让价格高于实体资产的部分都被视为商誉，商誉约等于品牌价值。而所谓权益，则是对品牌未来的收入进行折现后的价值，基本上是对品牌在营销环节中起到的促进作用进行度量。现在仍在使用的interbrand法、重置成本法、权益法，都是在市场和财务中寻找与品牌有关的因素并尽可能量化。度量的用途主要集中在品牌交易的范围和对营销工作的检验，但这并不是品牌度量的全部意义。

管理学原理中有句老话："如若不能度量它，就不能管理它。"自20世纪60年代始，企业管理几乎将所有管理职能和工具都尽可能量化，伴随着经济学的实证研究，形成了一场量化风暴，甚至霍夫斯泰德将文化都用多个维度予以量化。今天的量化管理体现在各个方面，小到员工的绩效考核，大到企业的总体决策，几乎无一例外。品牌作为一个重要的经营工具，自然也适用于量化管理。只是经过多年探索，对品牌的本质和基本量纲仍尚无定论，这也使得很多人放弃了对它的探索，认为精确度量品牌的基本量和价值是不可能的，它是一个模糊动态的估计值，因此使用它进行量化管理不可行。

其实，对品牌进行精确度量的意义不只在于作为交易中的重要参考或是市价决定的基础。品牌作用于企业方方面面，从生产、财务、人力资源直至营销等，仅从营销的角度度量它会严重低估品牌的作用。只是精确度量品牌的前提是认清品牌的本质，确定品牌的基本量纲，还要有合乎逻辑的度量思路和框架。

品牌在各个方面都有作用，精确度量它对这些部门都有意义。精确度量品牌的意义至少有以下三个方面：

（1）精确度量品牌是企业各个部门管理的需要。这些部门里自然也包括营销部门。品牌量（或者说品牌资产价值）的变化，是企业每个经营部门行使经营与管理职能效果的反映，是对各部门工作状况进行考核的基本依据之一。每项具体的经营活动的实施，其效果好坏，是否需要调整，以及如何调整等，都需要有具体的、可操作的比照依据，品牌量的变化是对所有与品牌有关的工作进行考核的基本依据。这需要对品牌进行精确度量，也是对品牌进行精确度量的最基本的需要，更是度量品牌的核心意义所在。

（2）精确度量品牌能够为企业的重大决策提供参考。品牌量也随着市场环境的变化而变化，品牌量的变化也是重要的市场信号，标志着市场冷暖、公众需要以及消费者偏好的变化趋势。对其数据的深入挖掘和研判能够为企业进行决策提供确实的参考依据，这也是精确度量品牌对企业经营影响最为深远的作用和意义。

（3）精确度量品牌是企业间进行品牌交易的依据。品牌在企业间的转让和交易是一种普遍的经营行为，但没有精确地对其度量就贸然依据市价原则进行转让和交易是不明智的。在市场竞价中，品牌被高估或低估是很正常的。先行对其严谨度量是对品牌进行客观评估的基础；也只有对品牌进行了量化的度量，得出的品牌价值才是有意义的。

可见，对品牌进行精确度量对于企业而言，其意义是很广泛的。它能够整体提高企业管理质量和决策水平，是未来企业进行现代经营必须掌握的重要工具之一，其意义深刻、影响深远。

本 章 小 结

本章主要介绍了品牌经营指标的参考阈值，以及品牌数据分析的内容。

学 习 重 点

1. 品牌经营指标的阈值。
2. 品牌指标结构。

思 考 题

专注于特定细分市场的小众品牌，它们的指标结构有什么样的特点？

第六章

品牌关系理论

品牌关系理论是现代品牌理论研究的一个热点，自 1992 年品牌关系理论诞生之后，几乎所有品牌理论研究都是围绕着这一理论并以此为假设前提展开的。众多学者从不同的角度理解品牌关系的内涵，出现了基于消费者关系的品牌资产理论、品牌关系断裂理论等一批学说和观点，这些学说和观点都是对品牌关系理论的有益补充和发展。

第一节　品牌关系

品牌关系是由关系营销的概念引入品牌研究当中而形成的品牌研究理论，最早是由马克斯·布莱克森基于当时品牌个性论和品牌形象论的不足而提出的全新概念，后经戴维·阿克等人不断补充，逐步完善，形成系统。

一、品牌关系概念的起源

20 世纪 90 年代之前的品牌理论界，由品牌个性论和品牌形象论所主导，这些理论都是基于对品牌的拟人化和单方向的运动轨迹假设，而事实上存在着消费者对品牌的决定作用，以及品牌之间的相互影响。直至布莱克森将人际关系的研究范式引入品牌研究当中，品牌与消费者之间的关系才算正式进入了品牌研究者的视野。戴维·阿克对这一概念又加以发展，他认为品牌就是产品、符号、人、企业与消费者之间的联结和沟通，品牌是一个全方位的架构，涉及消费者与品牌沟通的方方面面，这将品牌视为一种消费者能亲身参与的更深层次的关系，一种与消费者进行理性和感性互动的总和，逐步完善了品牌关系的概念，并将其系统化，而成为品牌研究中的经典理论。品牌关系理论的应用是相当广泛的，是现代品牌实践的主要理论依据。

二、品牌关系的研究内容

品牌关系的概念因其对参与主体的认识不同而分为三个不同的发展方向：①品牌之间的关系，可以视为具有可比性的品牌之间的竞争关系；②品牌与消费者之间的关系，这也是关系营销的主要内容之一；③品牌与品牌利益相关者之间的关系，品牌利益相关者包括品牌的所有者、消费者、品牌管理者、品牌竞争者等，可以简化为品牌主体、客体和载体之间的关系。戴维·阿克的品牌关系解释显然属于第三种概念，这也是现在品牌学界对品牌关系研究的主流认识。按照这一解释，基本可以勾勒出品牌关系的框架，即符号、企业、产品、消费者之间的关系。

品牌关系的研究内容有不同的三个领域：①品牌关系的内涵与本质问题；②品牌关系的形成规律问题；③品牌关系理论与其他理论的衔接问题。

三、品牌关系研究的必要性

绝大多数的学者都认为，品牌关系的存在是能够确知品牌与消费者之间相互影响的互动关系，但对这一理论能够发挥的作用却难以估量。因此，对品牌关系理论的研究还有很大的空间。品牌关系对整个品牌研究的发展起着不可或缺的作用，品牌关系研究的发展有助于其他理论的发展，如运用品牌关系的质量来判断和衡量品牌延伸的可能性等重要决策。因此，很有必要将品牌关系理论继续深化。

第二节　品牌关系的形成过程及其解释

一、品牌关系的形成过程

早期研究的文献中关于品牌形成过程的理论认为，品牌关系的形成是一个渐进的过程，基本符合人际关系的发展规律。品牌金字塔模型显示品牌和消费者的关系是动态发展且具有层级关系的，二者之间存在相关、联结等关系。直至2001年后，福尼尔（Fournier）在人际关系五阶段论和买卖关系五阶段论的基础上提出了品牌关系六阶段论，才算搭建起了品牌关系形成过程的研究框架。

福尼尔创建了一个品牌关系动态模型以解释品牌关系六阶段理论。他将品牌关系的形成过程分成了注意、了解、共生、相伴、分裂和复合六个阶段，并将其比拟成人际关系形成过程，用人际关系术语来描述品牌关系。该理论不仅涉及关系的建立、维持和断裂，还涉及品牌关系断裂之后的复合，更接近现实状况，为品牌危机公关和重塑品牌形象提供了理论依据。

品牌关系形成阶段的划分以福尼尔的六阶段理论观点最为成熟，对品牌关系形成的解释也最为合理。但是遗憾的是，福尼尔在该理论当中并没有对关系断裂后的复合做出进一步的解释，而且根据对现实品牌关系的观察，品牌关系的复合也可能在断裂过程中的任意阶段发生并重新开始循环，这也是这一理论的不足之处。

二、品牌关系的解释

可以用一个简化的示意模型对戴维·阿克的品牌关系理论进行深入的解释。戴维·阿克的品牌关系基本可以勾勒出品牌关系的框架，即符号、企业、产品、消费者之间的关系，这四项要件构成了完整的品牌关系。对品牌关系的解释就是从这四项构成要件的解释开始，它们分别是品牌关系的主体、客体、载体及关系的内容。下面逐一解释这四项要件在品牌关系模型中的位置和作用。

1. 品牌关系的主体

品牌的主体就是指品牌源。品牌源不仅是指品牌的发起者或创造者，也指对品牌具有修改、经营、转让等权利的品牌的控制者。它与经营的主体不是同一概念。

品牌源的获得成本包括设计投入、注册成本等，是获得对品牌修改、经营、控制转让等权利的成本。这些成本可用历史成本法计量并确切地反映在财务报表中，是以财务方式对品牌计量的主要对象。

2. 品牌关系的客体

品牌的客体是消费者头脑中的品牌意识空间。品牌作为一种象征，其作用表现在其对消费者消费行为的影响上。它的存在方式与其他经营要素相比有着特殊的形式，主要表现在不确定上，它的价值不确定，存在形式不确定，关系也不确定。因为品牌象征与符号有千丝万缕的关系，一种象征形式被理解为一种精神能量，使一种精神的意义内容与一种具体的感性符号相连，并内在地属于该符号，所以它具有与符号相似的性质，是符号与信息的集合。因此，它的衰减只与时间有关。在品牌关系的所有概念当中，只有消费者头脑中的意识空间才能担当品牌运动的客体，使品牌信息被消费者意识化和符号化。

品牌载体的构建成本是品牌经营主体对个体消费者头脑中的品牌进行构建的费用，所有使受众能够接触品牌、接受品牌的广告成本和宣传直接费用都属于使受众接受构建的成本。

3. 品牌关系的载体

一般认为商品（产品或服务）是品牌的载体，因为符号的运动要依靠相对稳定的物质载体。商品具有作为载体的所有性质，因而在品牌关系运动当中，它作为符号的载体存在。在品牌关系模型中，商品表现为品牌附着物，包含产品、服务、地区和城市，它可以是附着品牌概念的一切事物，它的存在是品牌发挥作用的必要条件。

品牌附着物的使用成本是对商品或形象需要的对象的品牌附着费用，如包装物的品牌识别标准化、经营标识统一、产品的品牌识别制作等费用。

4. 品牌关系与符号

关系的一般定义是指人与人、人与事物、人与自然、人与社会的某种性质的客观联系，它是人类为了生存与发展而普遍存在的一种依赖、沟通、协调、平衡、互动的相互联系。简化理解，关系就是指两个或数个事物或现象之间的相互联系、影响和作用，甚至可以简单地理解为实体之间的相互联系、相互作用与相互制约。

很多学者都将品牌的本质视为符号。戴维·阿克的品牌关系就把符号纳入其中，认为符号是构成品牌关系的一环，是品牌关系的动态表现，是整个品牌关系运动的表现，体现了关系的性质。卡西勒（Cassirer）认为，象征是从可见的物质世界的符号过渡到不可见的精神世界的符号，象征符号所指物是精神与心理世界。在品牌关系模型的亚层面上，品牌关系就体现在品牌符号的运动轨迹上。

三、品牌关系模型及其解释

品牌关系就是在四项要件的相互作用中产生并逐步抽象化的产物，其运动轨迹是符号沿着品牌资本化、品牌符号化、品牌意识化组成的亚层面的运动。

品牌源逐步抽象为品牌资本的特征表现物，表现为品牌资本化的过程。品牌主体逐步被品牌符号化，而品牌客体逐渐被意识化。抽象过程是品牌作为开放的企业经营系统，其内部的品牌关系量变化达到一定阈值时，从原来无序的或无规则的混乱状态，转变为一种在时间上、空间上和功能上相对稳定的有序状态，即品牌经营系统状态的耗散结构。

品牌关系的符号运动就是以品牌载体的符号化为起点，以客体的品牌意识化为最关键环节，以主体的投资资本化为终点的过程。它们之间的关系和位置如图6-1所示。

上述概念按照品牌关系发生的逻辑归纳起来，用一个简单的公式来表达品牌的结构：

品牌 = 品牌源 + 品牌附着物 +
品牌载体 + 品牌关系的运动

与戴维·阿克的理解相对应：

品牌关系 = 企业 + 产品 + 消费者 + 符号

品牌运动可以解释为经济活动外部性的抽象化过程，经济学的外部性也可以理解成多个经济主体之间的关系，品牌关系与之同理，也可以理解为多个经济主体之间的关系。对品牌关系模型的解释也就可以理解为

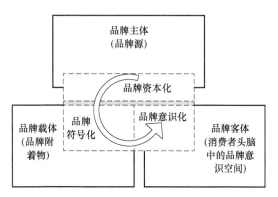

图6-1 品牌关系模型
注：图中箭头所示为符号运动方向。

品牌关系模型当中主体、客体、载体三者之间的运动。其机理可以解释为：在品牌资本特征表现允许的条件下，品牌附着物独立地按照自己的轨迹运动着。品牌客体在被意识化后，相对稳定地存在于受众的头脑中。这一构建是相对稳定的耗散结构，需要继续以能量等交换维持，否则就会恢复到原来的状态。这一不稳定中的相对稳定性使品牌构建一直处于运动中。品牌载体与品牌客体在运动中发生相互作用，在这一作用下，品牌核心部分形成了创造价值的机理，由此产生了运动的品牌关系。

四、品牌关系质量的评价

品牌关系质量是借鉴关系质量提出的新概念，用来描述品牌关系的稳定性与延续性。戴维·阿克提出的品牌资产五星模型可以用来评价品牌关系的质量，它由品牌知名度、品质认知度、品牌联想度、品牌忠诚度和其他专属资产共同构成，较客观地描述了消费者与品牌关系的质量。福尼尔通过大量实践案例总结了品牌关系质量的六个维度，分别是爱与激情、自我联结、相互依赖、个人承诺、亲密感情、伴侣品质，这也是目前最有代表性的一种评价维度。

还有不少学者对这一领域进行了研究，尽管对评价指标各持观点，但评价思路是基本一致的：先确定若干个描述品牌关系质量的指标作为评价维度，再将这些维度进行量化或标准化，然后对品牌关系的表现进行对比、调整，直至确定品牌关系的量化指标。

第三节 品牌关系断裂理论

品牌关系断裂理论是品牌关系理论中的一个重要组成部分，同时也是品牌关系研究的新兴研究方向，对此领域的研究能够推动品牌关系理论和实践的深化。品牌关系断裂的研究为品牌危机管理的实务提供了理论指导。

长久以来，如何建立品牌关系一直就是学术界关注的重点，但是关于品牌关系阶段中的最后环节——品牌关系断裂的研究却相对滞后。

一、品牌关系断裂理论回顾

任何一个品牌在经营中，都会出现不同形式的关系断裂，这些断裂会损害品牌形象，影响与消费者的关系，增加经营成本，严重时还会出现品牌管理的危机。最早研究此领域的一些学者将人际关系理论运用到品牌关系断裂研究中，认为品牌关系中止的潜在原因有先天注定、运作失败、进度损失和突然死亡四种，并将其对应为中断、衰减、解脱和断裂四个渐进阶段。在不同的关系断裂阶段，消费者的情感和行为分别是忠诚意图和正面劝告、正面劝告和忽视关系、忽视关系和负面传播、负面传播和退出关系。此外，福尼尔还构造了熵模型和压力模型来解释品牌关系的断裂。其中，熵模型指出关系会因缺乏维系而自然耗尽；而压力模型则认为，关系受环境因素、伙伴导向压力、关系压力等外力的影响。

从现有的文献来看，研究品牌关系必须重视关系断裂的研究，两者共同发展才能对营销理论和实践做出贡献。有研究表明，消费者背叛每降低5%，能够带来企业长期利润上涨25%~80%的结果。可见品牌关系断裂的影响是惊人的。品牌关系的断裂对企业的影响还包括因此带来的负面口传等。为此，近年来越来越多的学者开始研究品牌关系的断裂问题，而且研究视野已延伸到断裂发生的环境和断裂的过程。品牌关系断裂研究在西方已成为一个研究热点。

二、品牌关系断裂的过程及因素

1. 品牌关系断裂的过程

品牌学术界将品牌关系断裂定义为消费者关于现存关系的保持或退出决定的过程，这个过程的结果是消费者停止与相关企业的所有交易行为。大多数学者认同关系断裂是一个过程，是消费者退出的过程，可以将其理解为消费者抱怨的一种形式；一些研究者将关注点集中在关系终止的过程上，但几乎所有的研究都是基于营销渠道视角的分析，如基于营销渠道视角发展了关于关系终止的框架等；哈林（Halinen）与塔蒂南（Tahtinen）则是在服务交易的背景下发展了关系终止的过程模型：评估阶段、决定阶段、双方交流阶段、分离阶段和结果阶段。一般认为，品牌关系断裂过程分为损坏、下降、分离和断裂四个阶段。

2. 品牌关系断裂的因素

有很多的学者做过关于品牌关系断裂因素的分析，但研究的结果对解释断裂的原因却明显不足。大多学者都是运用人际关系的理论归纳推理出结论，现在的主流共识认为，在品牌经营中有三类影响关系终止的因素，分别是诱导因素、紧急事件因素和衰减因素。除此之外，有人提出了断裂过程中还包括情感因素、认知因素和行为因素的观点，尽管在此领域观点林立，但是对消费者心理因素影响品牌关系断裂的研究还有待继续深入。近两年来，有学者从心理契约的角度研究了消费者在调节营销实践和品牌评价中的角色，得出违背消费者心理契约将会导致消费者终止品牌关系的结论，揭开了心理契约影响品牌关系断裂的序幕，继而进行对消费者品牌关系中心理契约的内容、维度及影响机理研究的补充。可见，对影响品牌关系断裂因素的研究尚存在很大空间。

本 章 小 结

本章的主要内容是阐述了品牌关系理论的历史和内容，以及这一理论的进一步发展。通

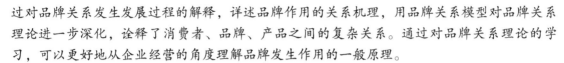

过对品牌关系发生发展过程的解释，详述品牌作用的关系机理，用品牌关系模型对品牌关系理论进一步深化，诠释了消费者、品牌、产品之间的复杂关系。通过对品牌关系理论的学习，可以更好地从企业经营的角度理解品牌发生作用的一般原理。

最后，还对品牌关系断裂理论进行了系统的回顾与总结。

学 习 重 点

1. 解释品牌关系及品牌关系模型。
2. 品牌关系断裂理论。

思 考 题

1. 简述品牌关系形成的过程。
2. 试用品牌关系理论分析一个你所熟悉的品牌是怎样与消费者建立关系的。

第七章

品牌传播理论

第一节　品牌传播概述

一、品牌传播的定义

1947 年，施拉姆（Schramm）在美国伊利诺伊大学成立了第一个传播研究所，这标志着人类对于传播科学研究的开始。他认为传播就是对一组告知性符号采取同一意向，这个最初的传播定义强调了传播的信息共享性。通过传播共同享有一则信息、一种思想或态度，目的在于建立彼此之间认知的共同性。后来传播理论受到心理学发展的影响，其定义也发生了变化。美国实验心理学家霍夫兰（Hovland）认为，传播是某个人（传播者）传递刺激（通常是语言的）以影响另一些人（接受者）行为的过程，强调传播是有意图地施加影响，尤其确指甲方传递信息给乙方时，希望或要求乙方相信、接受并采取同一态度，而乙方原先并没有这种意向。最后，由美国传播学者贝雷尔森（Berelson）等完成了传播学的理论体系，并给出了一个较新的定义："运用符号——词语、画片、数字、图表等，来传递信息、思想、感情、技术及其他内容，这种传递的行为或过程通常称作传播。"

二、有关传播过程的理论和传播模式

传播过程即传播现象的结构、要素和各个要素之间的关系。美国学者戴维·伯洛（David Borrow）透彻地分析了传播的全过程，得出了三个主要结论：①传播是一个动态的过程，无始无终，没有界限；②传播过程是一组复杂的结构，应将其中的多元关系作为研究的基本单位；③传播过程的本质是变动，即各种关系的相互影响和变化。此外，他还提出"S-M-C-R"（信息来源—信息—渠道—受者）的传播过程模式，并强调了过程研究的重要性和科学性，这是对传播过程最为经典的解释。

归纳起来，传播模式研究分为三大类，也是三个阶段：线性传播模式、控制论传播模式和社会系统传播模式。

（1）线性传播模式。传播是一种直线的、单向的过程，从传播者开始，经信息、媒介、受传者到传播效果结束，没有受传者的反馈，也看不到其他各要素之间的关系。拉斯韦尔（Lasswell）在传播学史上第一次分解传播过程，分为传者、受者、信息、媒介、结果（简称5W），第一次为传播学理论建立了理论构架，被称为传播学鼻祖。布雷多克（Bradock）

在 5W 的基础上加上情境与动机，形成 7W。

（2）控制论传播模式。这是一种以控制论为指导思想的传播过程模式。将"双向循环性"引入反馈机制，能更准确地反映现实传播过程。其主要贡献为，变单向直线传播为双向循环传播，增加了反馈，更客观、准确地反映了现实中的传播现象。其缺陷是易产生误解，认为各传播单位之间传和受的地位、机会完全平等，其循环性的表述也易让相关者产生误解。

（3）社会系统传播模式。这一模式解决传播条件（外部结构）的问题，把传播过程明确地描述为社会过程之一，并把它放在社会过程中考察。其主要贡献是，它不同于线性模式和控制论模式着眼于解决传播的要素（内部结构），而是着眼于解决传播的条件（外部结构）。赖利（Reilly）夫妇最早把传播过程明确地描述为社会过程之一，并把它们置于总的社会过程中加以考察，在传播过程中更重视个人外部环境（包括群体）的影响。

从传播学的角度出发，品牌信息的传播沟通，其实质是品牌机构运用多种传播方式，通过一定的媒介或者直接向品牌利益相关者传播有关品牌的信息。在传播过程中，传播受噪声干扰，品牌机构通过对品牌资产的传播来评估反馈传播的效果。

三、品牌传播理论的发展

所谓品牌传播，是指企业以品牌核心价值为原则，在品牌识别的框架下，选择广告、公关、销售、人际关系等传播方式，将特定品牌推广出去，以建立品牌形象，促进市场销售。

品牌传播理论的发展过程基本上经历了三个阶段，每个阶段都以一种占领导地位的营销传播理论作为基础，即 USP 理论、品牌形象理论和定位理论。这三种理论都符合当时的时代背景，且在理论基础上相互补充、一脉相承，而非新理论对旧理论的更替。

（一）USP 理论

早期的产品和生产经营时期并不需要品牌这样复杂的竞争工具，那时的产品大多数是全新的或者独特的。但随着世界经济的飞速发展、生产力的迅速提高，产品激增，同类产品之间的竞争变得十分激烈，同质化使得营销者必须努力使自己的产品相较其他产品具有差异性，才能在市场上占有一席之地。

正是在这样的背景下，罗素·瑞夫斯（Rosser Reeves）提出了 USP 理论，中文意思为"独特的销售主张"。该理论共包括三个层次：①每个广告都必须向消费者陈述一个主张，是一个实在的利益点或者诉求点；②该主张必须是竞争者不能、不会或不曾提出的，它一定是独特的，是品牌的专有特点或是在特定的广告领域中未被提出过的说辞；③这一独特的销售主张能够影响消费者的消费行为，并能够引发品牌忠诚或消费习惯。

突出产品的独特性是 USP 理论的核心所在，也是差异化营销的理论要求。这一理论在当时确实影响了一批企业的营销理念，创造了很多叹为观止的营销奇迹，也造就了一大批优秀的品牌和企业。

USP 理论从本质上而言，符合一般传播理论的线性传播模式，是一种单向线性的传达方式。它将消费者置于被动接受的地位，无非是关注了一些受传者的特点和媒介的传播效率，对品牌传播的发展并没有起到决定性作用。到了 20 世纪 50 年代末、60 年代初，随着科技的进步，各种替代品和仿制品不断涌现，寻找所谓的独特主张变得越来越困难，USP 能够起到的差异化作用也越来越弱。

（二）品牌形象理论

到 20 世纪 60 年代，许多企业在营销实践中发现，企业的声誉或形象比任何一个具体的产品特色都更加重要。大卫·奥格威（David Ogilvy）总结其在广告业实践的经验后，提出了品牌形象理论。他认为在产品功能利益点差异越来越小的情况下，消费者的购买行为更多地受到心理的影响，看重的是在使用这个产品的过程中可以获得的情感上的满足，而形象化的品牌能带来品牌的心理利益。在营销领域解释心理价值的概念是让渡价值，让渡价值是消费者感知价值和成本的差，是消费者对产品的实际利益和心理利益的总和。可以推知，品牌形象论就是使消费者实现让渡价值最大化的理论。

品牌能够建立一种风格，类似于人的个性，与消费者之间价值观相吻合从而影响消费行为，体现在市场上就是企业的品牌形象。因此，形象可以理解为个性。后来，奥格威对这一理论进行了补充解释，认为产品品质化程度越高，消费者在选择品牌时，就会越少运用理性思考。许多产品彼此之间缺乏明显的实质差异，甚至连基本功能也都没有什么特别的差异。厂商只有努力制造差异，致力于形成品牌风格，树立有利的形象，塑造清晰的个性，才能获取核心竞争能力。

就传播形式而言，品牌形象理论仍是线性传播模式，而且是强化了的单向直线型，它夸大了信息发出者对信息传播过程的影响力。在品牌形象理论的指导下，整个世界的营销风格发生了巨大的变化，广告界掀起了品牌形象理论旋风，形象塑造成为品牌的中心。

（三）定位理论

进入 20 世纪 70 年代之后，国际市场的竞争更为激烈，产品同质化现象日益严重。人类进入了一个信息传播量过度与产品生产过度的时代，消费者面对海量的产品和品牌信息，获得有用信息的难度越来越大。

在这样的背景下，1972 年，两名美国广告人艾·里斯（Al Reis）和杰克·特劳特（Jack Trout）提出了全新的定位理论。1981 年，他们出版《定位》一书，在美国企业界引起巨大轰动，使营销理念发生了天翻地覆的变化。

定位理论被认为是在这个传播过度的社会中解决传播效率过低问题的一个重要思路，也是现代营销中最重要的概念之一。其基本思想是：要在预期消费者的头脑中给产品定位，定位本质上并不是要改变产品，事实上产品的价格和包装丝毫未变，定位只是在消费者头脑中占据了一个有价值的位置，而且这个位置必须是别人还没有占有的。这一理论为后来的品牌关系理论奠定了基础。

定位理论强调需要创造复杂的差异化，如心理差异、个性差异等，主张从传播对象的角度出发，由外向内地在传播对象心目中占据一个有利位置。信息传播量的过度使得一般的品牌信息已经无法进入消费者的大脑，于是就产生了这样一个问题：如何进军大脑，实现占位？

艾·里斯和杰克·特劳特提出的基本方法是发现或创建心理位置，强调第一的位置优势和类别的独特性，在消费者的心目当中建立相对稳固的位置。如果没有第一的位置，也可以通过联想，如比附定位。

按照一般传播理论的模式分类，定位理论属于控制论传播模式，是双向循环性的反馈机制，大大提高了传播的效率和准确性。随着时间的推移，定位的应用范围不断扩大：从最初在广告业中的传播与沟通技术，发展到后来被引用到整个营销领域中，甚至在人力资源等企业经营的各个环节中均发挥着巨大的作用。

纵观这三种品牌传播理论，它们之间有着明显的逻辑关系，后一种理论是对前面理论的继承与发展，前面的传播理论也并不会因此而消失，只是随着竞争的复杂程度而不断发展，竞争形式也变得越来越复杂。

经典的品牌传播理论基于一个相同的传播原理。品牌是实现差异化传播的工具，只是寻找差异化的方法不同，USP 理论倾向在产品本身寻找差异，强调的是一个差异化的功能利益点；品牌形象理论强调一个独特的、由创意打造的品牌个性形象；定位理论则要求在消费者的心目中占据一个品牌的心理位置。

四、整合营销传播

（一）整合营销传播的发展历程

整合营销传播（Integrated Marketing Communication，IMC）这一观点是在 20 世纪 80 年代中期由美国营销大师唐·舒尔茨（Don E. Schultz）提出和发展的。IMC 的核心思想是：以整合企业内外部所有资源为手段，再造企业的生产行为与市场行为，充分调动一切积极因素以实现企业统一的传播目标。

IMC 从广告心理学入手，强调与消费者进行多方面的接触，并通过接触点向消费者传播清晰一致的企业形象。这种接触点小至产品的包装色彩，大至公司的新闻发布会，每一次与消费者的接触都会影响到其对公司的认知程度。如果所有的接触点都能传播相同的正向信息，就能使公司的传播影响力最大化。

同时，消费者心理学又假定：在消费者的头脑中，对一切事物都会形成一定的概念。假使能够令传播的品牌概念与消费者已有的概念产生一定的关联，必然可以加深消费者对该种概念的印象，并达到建立品牌网络和形成品牌联想的目的。麦斯威尔咖啡是一个运用整合营销传播策略的成功案例。麦斯威尔咖啡自 1982 年在我国台湾市场发售以来，一直以"分享"的广告策略塑造品牌，1986—1988 年，麦斯威尔通过随身包咖啡的上市，延伸"分享"的概念，并运用广告、公共关系、促销活动等手段，由形象代言人发起"爱、分享、行动"的街头义卖活动。同年，麦斯威尔随身包咖啡的销量与上年相比增长了 50%。麦斯威尔咖啡通过不同的传播媒体传达"分享"这一核心概念，运用的就是典型的整合营销传播策略。

但仍应指出的是，虽然整合营销传播近年来已成为广告界的时髦词汇，可是整合营销传播所倡导的宣传策略并非那么深不可测，整合营销传播也并非是一种万能的营销策略。即便是完全推翻了传统的营销理论所倡导的 4P's 营销组合思想，提出了更为合理的 4C's 理论，但并不是说整合营销传播放之四海而皆准，一定就能成功，在具体实施过程中仍然会受到许多因素的制约，比如受到企业文化、传播历史、传播阶段的影响，因此也不能盲目地随大流或赶时髦，不加以分析就上马立项开始实施整合营销传播策略。

从另一个方面来讲，整合营销传播不仅只是如许多人所说的"传达同一个声音，树立鲜明的形象"这样简单，在实施过程中还要结合管理科学、消费者行为学、统计学等其他学科进行分析和决策。因此，整合营销传播的具体执行过程是一门科学，而绝非仅仅只是一个概念。

（二）整合营销传播的内涵

整合营销传播是指将与企业进行市场营销有关的一切传播活动一元化的过程。整合营销传播一方面把广告、促销、公关、直销、CI（企业视觉形象识别）、包装、新闻媒体等一切传播活动都涵盖于营销活动的范围之内，另一方面则使企业能够将统一的传播资讯传达给消费者。其中心思想是以通过企业与消费者的沟通，满足消费者需要的价值为取向，确定企业统一的促销策略，协调使用各种不同的传播手段，发挥不同传播工具的优势，从而使企业实现促销宣传的低成本化，以高强冲击力形成促销高潮。

整合营销传播并不是最终目的，而只是一种手段，其根本就在于以消费者为中心。在整个传播活动中，它的内涵具体表现在以下五个方面：

（1）以消费者资料库为运作基础。

（2）整合各种传播手段塑造一致性形象。

（3）以关系营销为目的。

（4）以循环为本质。

（5）营销手段具有关联性。

整合营销传播框架如图 7-1 所示。

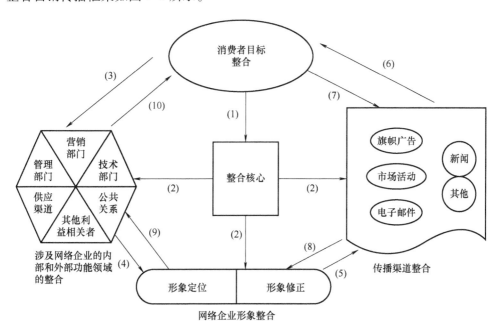

图 7-1　整合营销传播框架

（1）依据消费者市场状况和营销的目标，确立整合核心。

（2）由整合核心出发，协调传播工作的展开。

（3）~（6）制定并实施整合营销传播策略。

（7）~（10）根据消费者所反馈的信息改进整合营销传播策略。

（三）整合营销传播的基本思路

整合营销传播是以整合企业内外部所有资源为手段，重组再造企业的生产行为与市场行为，充分调动一切积极因素，以实现企业目标的、全面的、一致化营销。简而言之，它就是一体化营销。整合营销主张把一切企业活动，如采购、生产、外联、公关、产品开发等，不管是企业经营的战略策略、方式方法，还是具体的实际操作，都进行一元化整合重组，使企业在各个环节上达到高度协调一致、紧密配合，共同进行组合化营销。其基本思路如下：

（1）以整合为中心。整合营销重在整合，从而打破以往仅仅以消费者为中心或以竞争为中心的营销模式，着重企业所有资源的综合利用，实现企业的高度一体化营销。其主要用于营销的手段就是整合，包括企业内部的整合，企业外部的整合以及企业内外部的整合等。整合营销的整合既包括企业营销过程、营销方式以及营销管理等方面的整合，也包括对企业内外的商流、物流及信息流的整合。总而言之，整合、一体化、一致化是整合营销最基本的思路。

（2）讲求系统化管理。区别于生产管理时代的那种将注意力主要集中在生产环节和组织职能的企业管理，以及混合管理时代的那种基本上以职能管理为主体、各个单项管理集合的离散型管理，整合营销时代的企业由于所面对的竞争环境复杂多变，因而只有整体配置企业的所有资源，企业中各层次、各部门和各岗位，以及总公司、子公司，产品供应商与经销商及相关合作伙伴协调行动，才能形成竞争优势。因此，整合营销所主张的营销管理，必然是整合的、系统化的管理。

（3）强调协调与统一。整合营销就是要形成一致化营销，形成统一的行动。这就要强调企业营销活动的协调性，不仅是企业内部各环节、各部门的协调一致，而且也强调企业与外部环境协调一致，共同努力以实现整合营销。这是整合营销与传统营销模式的一个重要区别。

（4）注重规模化与现代化。整合营销是以当代及未来社会经济为背景的企业营销新模式，因而十分注重企业的规模化与现代化经营。规模化不仅能使企业获得规模经济效益，而且也为企业有效地实施整合营销提供了客观基础。与此同时，整合营销依赖于现代科学技术、现代化的管理手段，可为企业实施整合营销提供效益保障。

第二节　现代品牌传播的要素及基本过程

一、消费者接受信息的基本规律

消费者在接受品牌信息时，其规律可以概括为以下三个方面：

（1）接受者仅接受与其原有知识相一致的品牌信息。人的大脑在接受信息方面是有选择的，它往往只接受那些与其原有观念相一致的知识。一个人不可能是一个完全理性的人，因此，在决策时并不总是信赖客观事实，而更多的是依据自己原有的知识做出判断。品牌塑造本身也是消费者接受品牌信息的过程，不符合消费者原有知识的品牌信息很难对消费者行为造成影响。消费者的头脑一旦被某个品牌占领，其他品牌想要替代该品牌的位置就非常困难。因为消费者仅接受与原有观念相关的信息，想让其接受与之无关的信息是很艰难的。

（2）每个人一生中可记忆的符号是有限的，可以被当作符号来记忆的品牌更是少之又少。有研究表明，消费者对同类产品的品牌最多能记住七个，这七个品牌会排序组成一个记忆阶梯对消费者的行为造成影响，品牌之间互相竞争，前三个品牌占据绝大多数的市场份额。这个规律说明，品牌要成功，必须进入前七名，要想做大做强则必须进入前三名，否则将会失败。

（3）品牌信息应尽可能地减少记忆量。消费者倾向于把复杂信息简化处理。每个消费者每天要收到上千条的广告信息，一个包含大量信息的品牌可能会因为消费者的接受时间不足而传播失败。消费者容易记住的东西往往是最简单的，因此，简单且能引发消费者联想的品牌容易获得成功。

二、品牌传播的要素

（1）品牌传播的载体。在品牌关系中，产品是品牌的载体，是品牌传播的第一要素。通过产品和服务，品牌才能展示它的诉求，实现它的价值。当然，品牌个性应符合最具代表性的产品，当品牌融入产品中，品牌的特性才能传达一定的意义。

（2）品牌传播信息。品牌信息是品牌内涵的高度概括。很显然，无论从主观还是客观来看，品牌信息都是专门用来传达品牌特征的。这并不意味着品牌信息纯粹建立在品牌内涵的基础上，还应当借助理性过程来界定品牌的适用范围。品牌信息包括品牌的名称、符号、宣传理念等。

（3）品牌特性。品牌特性是品牌信息和品牌载体的综合性质，能反映品牌的风格。许多品牌长期用某个特征来描述其风格或个性，能够起到强化和抽象品牌特性和符号的作用。有些公司以产品创始人的名字命名，如 P&G 宝洁公司，也有公司直接以品牌及品质为标志。另外，某些特殊符号也可以成为品牌与消费者沟通的感情节点。

这些特性有助于突出品牌的与众不同之处，它们被视为品牌形象，或者是品牌品质最突出的代表，它们是品牌表达自身的形式。当某一特性与品牌联系在一起很长时间后，该特性就会成为其外在形象及内在要素的一部分。

（4）品牌传播媒介。品牌管理是沿着现代传媒技术发展的轨迹而逐级演变的，传播媒介对于品牌传播的意义是其存在和发展的基础。传播媒介的发展会从根本上改变品牌传播的手段，其对品牌传播的影响也最为深刻。

三、品牌传播渠道策略

（一）品牌传播组合

品牌传播组合由五个基本途径组成，分别是广告、直销、促销、公共关系和人员推销。这五个途径的优劣势各不相同，又相辅相成、相互配合，共同构成了品牌传播组合。

广告是由特定出资者付费所进行的商品展示和促进流动的手段。直销则是利用邮寄、电话和其他非人员的接触手段收集现有或潜在消费者的反应或与其进行沟通活动的方式。公共关系是为提高或保护公司的形象或产品而设计的各种方案。人员推销是为了达成交易而与一个或多个潜在消费者进行的面对面交流。促销是鼓励对产品与服务进行尝试或促进销售的短期激励。

不同的途径意味着不同的沟通方式，可以实现的目标也就不同。表 7-1 列出了这五种品牌传播方式的比较。

表 7-1　五种品牌传播方式的比较

比 较 项 目		广告	直销	公共关系	人员推销	促销
传播能力	传达个人信息的能力	低	高	低	高	低
	覆盖大量受众的能力	高	中	中	低	中
	互动的层次	低	高	低	高	低
	目标受众的信任度	高	中	高	中	中

（续）

比 较 项 目		广告	直销	公共关系	人员推销	促销
成本	绝对成本	高	中	低	高	中
	单位成本	低	高	低	高	中
	浪费程度	高	低	高	低	中
	投资规模	小	中	小	大	中
控制能力	达到特定目标受众的能力	中	高	低	中	高
	适应环境变化的能力	中	高	低	中	高

（资料来源：Chris Fill（1995），Marketing Communications。）

此外，赞助活动对于那些已经建立知名度的品牌来说是一个十分有效的传播工具；对于新品牌来说，它则只适宜作为一个候选工具，用于辅助其他活动；对于那些知名度不高的品牌来说，进行赞助活动很可能是一种浪费。

（二）品牌传播媒介组合

1. 传统传播媒介

传统传播媒介主要有五种，分别是电视、广播、杂志、报纸和户外广告，如表7-2所示。

表7-2　传统传播媒介

传播媒介	优　点	缺　点	关键事项
电视	覆盖面积大 接触率高 有光、声、动态的影响 声望高 易引起注意 千人成本低	选择性小 信息生命短 绝对成本高 生产成本高 干扰大	聚焦于恰当的目标市场 创意应简单明了 抵制干扰，吸引注意力
广播	地方性覆盖 成本低和接触频率高 有弹性 生产成本低 受众充分细分	只有听觉效果 干扰大 不易引起注意 信息易逝	在广告中尽早地提出品牌 反复提到品牌的利益点 注意广告用词的口语化
杂志	易于细分目标受众 易于重复阅读 信息容量高 有多种读者	前置时间太长 只有视觉效果 缺乏弹性	信息要清晰直观 品牌利益点要显著 标注出品牌标识
报纸	覆盖面广 成本低 前置时间短 广告能置于读者感兴趣的地方 及时 读者控制信息展露	信息生命短 干扰大 不易引起注意 不易重复阅读 有选择性的读者 信息展露有限	信息要清晰直观 品牌利益点要显著 标注出品牌标识

（续）

传播媒介	优　　点	缺　　点	关 键 事 项
户外广告	地点具体 重复率高 易被注意	信息展露空间有限 形象欠佳 受地域限制	选择人流量大的地点 注意排除干扰 画面富有冲击力

2. 新媒体

随着将传播内容传播给大众的泛传播转变为针对群体或个体的窄传播，从单向传播转变为互动传播，新媒体发挥着越来越大的作用，同时也越来越受人们的关注。新媒体主要包括搜索引擎、移动数字媒体以及社交媒体。

（1）搜索引擎（Search Engine）。搜索引擎是指根据一定的策略，运用特定的计算机程序搜集互联网上的信息，在对信息进行组织和处理后，将处理后的信息显示给用户，是为用户提供检索服务的系统。搜索引擎营销（Search Engine Marketing，SEM）根据用户使用搜索引擎的方式，利用用户检索信息的机会尽可能地将营销信息传递给目标用户。其基本内容为：①构造适合于搜索引擎检索的信息源；②创造网站/网页被搜索引擎收录的机会；③让网站信息出现在搜索结果中靠前的位置；④以搜索结果中有限的信息获得用户关注；⑤为用户获取信息提供方便。

搜索引擎具有受众广泛准确、方便快捷、投资回报率高、可控性较强的特点，不仅具有传统传播媒介的特点，同时也符合新媒体的特点。搜索引擎营销的主要模式有竞价排名、关键词广告以及搜索引擎优化。竞价排名是通过竞争出价的方式，获得某个网站的有利排名位置。它是按点击计费的一种服务，推广信息出现在搜索结果中（一般是靠前的位置）；如果没有被用户点击则不收取广告费。关键词广告是付费搜索引擎营销的一种形式，也称为搜索引擎广告、付费搜索引擎关键词广告等，简单来说就是当用户利用某一关键词进行检索时，在检索结果页面会出现与该关键词相关的广告内容。搜索引擎优化（Search Engine Optimization，SEO）即在了解搜索引擎自然排名机制的基础上，对网站进行内部及外部的调整优化，改进网站在搜索引擎中关键词的自然排名，使其获得更多的展现量，吸引更多的目标用户点击访问网站，从而达到互联网营销及品牌建设的目标。

（2）数字媒体。数字媒体的出现已经使广告目标产生了基本而重要的变化。网络技术让广告以其独特的方式提供了一系列双向沟通和测量的可能性。这些变化从根本上重新定义了数字时代的广告期望值。移动数字媒体是指以移动数字终端为载体，通过无线数字技术与移动数字处理技术运行各种平台软件及相关应用，以文字、图片、视频等方式展示信息和提供信息处理功能的媒介。

当前，移动数字媒体的主要载体以智能手机及平板电脑为主，随着信息技术的发展和通信网络融合，一切能够借助移动通信网络沟通信息的个人信息处理终端都可以作为移动媒体的运用平台。如电子阅读器、移动影院、MP3/MP4、数码摄录像机、导航仪、记录仪等，都可以成为移动数字媒体的运用平台。

移动数字媒体的推出顺应了移动互联网蓬勃发展的趋势。移动数字媒体应用具有使用便捷、不受时间和地点的限制等特点，使其覆盖面更广；可个性化定制，使其受众范围更广；新闻发生后，可通过推送使用户第一时间获得。而这些都是传统传播媒介并不具备的优势，

因此，发展移动互联网服务应成为各家传统传播媒介转型的第一步。

传统传播媒介发行数字媒体移动客户端应多注意市场推广，在各大应用市场上发布官方应用，并及时更新版本；利用互联网与用户便捷沟通的优势，利用迭代开发模式，根据用户的反馈较快调整、完善产品；并且在形式与内容上学习新媒体简、平、快的优点，结合传统传播媒介自身调查深入、内容有深度的优势，完成传统传播媒介向新媒体的转型。

（3）社交网络。社交网络对个人而言是一项"服务"，一项用以跟老朋友互通有无、保持联系、拉近距离的网络服务，一项拓展关系网、结交志同道合的朋友的服务，这些服务带领人们进入了数字化的"泛社交时代"。从另一个角度来看，"社交网络"（Social Networking Services，SNS）也可以是一种媒体。因为在这个网络平台上，无数的信息被网络中的节点（人）过滤并传播，有价值的消息会被迅速传遍全球，无价值的信息则会被人们遗忘或者只能得到小范围的传播。

社交媒体（Social Media）是指互联网上基于用户关系的内容生产与交换平台。社交媒体是人们彼此之间用来分享意见、见解、经验和观点的工具和平台，现阶段主要包括社交网站、微博、微信、博客、论坛、播客等。社交媒体在互联网的沃土上蓬勃发展，爆发出巨大的能量，其传播的信息已成为人们浏览互联网的重要内容，不仅制造了人们社交生活中争相讨论的一个个热门话题，更是吸引了传统媒体争相跟进。社交媒体具有以下优点：社交媒体推动企业信息透明化；社交媒体提升产品质量；社交媒体可以提供优秀的客服渠道；社交媒体能够创造消费者真正需要的产品；消费者可自主控制社交关系；消费者主导内容和互动。

四、品牌传播模型

品牌心理活动的研究与品牌传播心理的研究是基本一致的，因此，在现有的品牌心理理论当中，许多理论都来自心理学。

1. 共鸣模型

共鸣模型是由美国品牌理论专家施瓦茨（Schwartz）在20世纪70年代提出的。他认为成功的品牌一定是与目标消费者（受众）产生了共鸣，品牌让消费者唤起并激发其内心深处的回忆，产生难以忘怀的体验经历和感受；同时品牌也被赋予了特定内涵和象征意义，并在消费者心目中建立了移情联想。施瓦茨的"共鸣模型"同样也符合当代认知建构心理学的观点。该理论的一个基本观点就是反对信息加工心理学中将人脑加工信息工作与计算机信息处理方式相类比，同时也不同意人的认知过程不受到情感因素影响的观点。

2. 重复暴露的双因素理论模型

在国外，有关重复暴露效应的研究已有几十年，其中既有对无意义人造字的重复效应的探讨，又有对品牌重复效应的考察。这些研究揭示了以下基本规律：随着重复次数的增加，其效应曲线先是上升，经历一个拐点后下降，即呈现为一条倒U形曲线。在这里，"拐点"一般是在呈现的刺激很简单或呈现时间比较长的场合出现。伯恩斯坦（Bornstein，1989）在1968—1987年这20年间相关研究的综述文章中详尽地描述了这样一种结果，对上述现象有一个科学的说明："在传播过程中存在着两个相对的因素制约着受众对重复刺激的态度，即积极学习因素和消极乏味因素"。当刺激重复适度增加时，积极学习因素使得学习效果上升，而消极乏味因素导致的学习效果变化缓慢；当重复刺激次数继续增加时，积极学习因素所引起的学习效果增长缓慢并逐渐趋于稳定，相反，消极乏味因素的作用迅速增加，以至于超过积极学习因素的作用。两者互动的综合效果表现为倒 U 形曲线，这就是所谓的"重复暴露的双因素理论"模型，如图 7-2 所示。

3. 品牌接触点传播理论模型

品牌专家戴维·阿克的"品牌接触点传播"理论基于潜在消费者的认知层次的研究。这种所谓的"消费者的认知层次"就是指消费者对品牌提供的各种利益的感知性认同，而这种感知就是建立在消费者心目中积淀的与品牌相关的知识之上的。

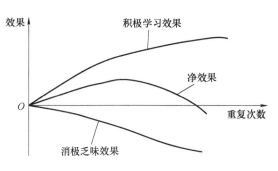

图 7-2 重复暴露的双因素理论模型

该模式以品牌为消费者提供的"功能利益、使用利益、便利价值、欲望渴求、符号代言和个性体系"六种价值为基点，以目标消费者对这六种价值的感知模式作为对应，着重研究当消费者在某个地点、某个生活阶段、产生某种欲望时与品牌所提供的某些价值"亲密接触"所触发的感知如何刺激购买行为的课题。

品牌接触点传播模式的模型结构是放射形的。第一放射波是消费者对品牌提供的主要利益点进行感知和反应，进行最重要的购买决策资源的获取；第二放射波则主要是围绕其接收到的购买决策资源进行验证或强化，最大限度地降低购买风险，如图 7-3 所示。

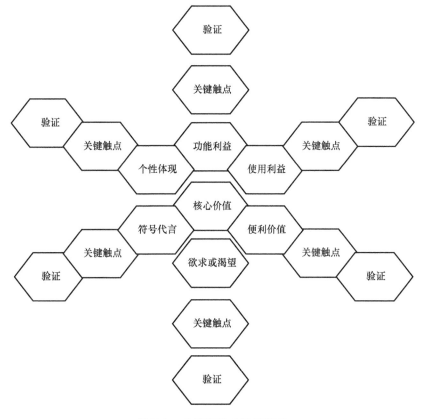

图 7-3 品牌接触点传播模式

品牌接触点传播模式之所以是放射形结构,其原理源于消费者的大脑知觉和反应带有放射性思维的特点。放射性思维是人类大脑的自然思考方式,每一种进入大脑的信息,不论是感觉、记忆还是想法,包括文字、数字、符码、食物、香气、线条、颜色、意象、节奏、音符等,都可以成为一个思考中心,并由此中心向外发散出成千上万的挂钩,每一个挂钩代表与中心主题的一个联结,而每一个联结又可以成为另一个中心主题,再向外发散出成千上万的挂钩,这些挂钩联结可以视为消费者的记忆,也就是消费者的个人数据库。

品牌接触点传播模式生动地展现了消费者接触到众多品牌信息时,其心中的评价和体验体系所产生的呈放射状的联想形态。即当消费者接触到品牌提供的某个利益点时,就会很快地在脑海里搜寻有关的声音、人物、特定场景等,并根据其中对应其需求和欲望的接触点信息做出购买决策。这就是一种理性思维与感性思维交织的复杂的心理运动。

本 章 小 结

本章简要介绍了品牌传播中的一些概念和理论。

学 习 重 点

品牌传播要素和传播模型。

思 考 题

品牌如何利用新媒体进行传播?

第八章

品牌心理学

没有消费者的认可就没有品牌可言，品牌的一切价值都是由消费者实现的。然而，消费者对品牌的认知、记忆、情感接纳、决定购买、产生忠诚等会经历一系列的心理过程。品牌心理学将帮助人们从心理学角度了解这些心理过程产生、发展、衍生的规律。如何使消费者即品牌的目标人群对品牌产生顺畅的认知过程，产生长时记忆，从情感上接纳，进而产生购买行为，将是本章的研究重点。

第一节　受众的品牌认知

在普通心理学中，认知（Cognition）是指通过心理活动（如形成概念、知觉、判断或想象）获取知识，是个体认识客观世界的信息加工活动。认知过程是指人脑通过感觉、知觉、注意、记忆、思维、想象和语言等形式反映客观对象的性质及对象之间关系的过程。人脑接受外界输入的信息，经过头脑的加工处理，转换成内在的心理活动，进而支配人的行为，这个过程就是信息加工的过程，也就是认知过程。品牌无一例外都会经过每个受众的认知过程，受众对品牌的认知是一个由浅入深的过程。

传播商品信息是品牌的一个基本功能，但在信息传播的过程中，消费者所理解的既可能是信息源的原本信息，也可能是与之偏离或被误解的信息。因为人类的心理活动是一个主动的反映过程，它既依赖于客观对象，又依赖于主体因素。因此，了解人的认知过程及其规律，对于准确地传播品牌信息是非常必要且有益的。

尽管感觉器官以感觉的形式对商品的个别属性进行直接反映，但是，在现实中，商品的各个属性并不能脱离具体物体而独立存在。商品的个别属性总是与整个商品结合在一起被反映的，如品牌名称、商标、徽标等，这些刺激物以光、声等形式作用于眼、耳等感官，便将商品的个别属性信息传送到大脑，于是产生了视、听等感觉。但是，这些原始的感觉属性是不足以说明实际上形成的那种有意义的、连贯的现实印象的，因为大脑是在经过对来自各种器官所获得的信息进行加工之后，才形成认知的。

一、感觉

感觉是人们认识世界的起点，是人们对客观事物的个别属性（比如物体的颜色、形状、声音等）进行直接反映的过程。感觉分为外部感觉（视觉、听觉、味觉、嗅觉、触觉）和内部感觉（平衡觉、运动觉、机体觉）。其中，视听提供的外部信息占据人们所获信息的80% ~

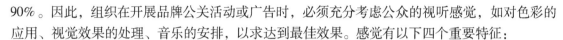

90%。因此，组织在开展品牌公关活动或广告时，必须充分考虑公众的视听感觉，如对色彩的应用、视觉效果的处理、音乐的安排，以求达到最佳效果。感觉有以下四个重要特征：

（一）感觉的适应性

这是相同的刺激物持续地作用于某一特定感受器而使感受性发生变化的现象。在生活中，感觉的适应性是很普遍的。俗话说"入芝兰之室，久而不闻其香；入鲍鱼之肆，久而不闻其臭"，就是这个道理。

适应可以引起感受性的提高，也可以引起感受性的降低。这在视觉的适应中表现得特别明显。如一个人由亮处到暗处，开始什么都看不清，过一会儿才能逐渐分辨身边的物体，这是对暗的适应过程，称作暗适应；相反的过程是对光的适应过程，称作明适应。

此外，各种感觉的适应速度和程度表现出明显的差异性。感觉的适应性对广告的认识效果有重要意义。同类型的广告，看一个有可能印象深刻，但如果连续看十几个则可能一个都无法记住，连续接触某一类事物后，就会感到习以为常，无法引起注意，这就是感觉适应性的表现。因此，品牌名称、定位、广告设计、个性塑造等都应与同类品牌有所差别，只有突出自己的个性特点才能引起人们的注意。

（二）感觉的对比

这是两种不同的刺激物作用于某一特定感受器而使感受性发生变化的现象。感觉的对比可以分为两种：同时对比和继时对比。两种刺激物同时作用于某种特定的感受器时，产生同时对比。例如，同样的灰色图形，放在白色的背景上显得暗些，放在黑色的背景上则显得亮些。两种刺激物先后作用于同一感受器时，产生继时对比。例如，凝视红色物体后，再看白色物体就显得带有青绿色。感觉对比现象在广告设计中很有意义，通过色彩、亮度、大笑、远近等对比的手法，不仅能够突出广告的主题，吸引消费者的注意，而且能使广告布局合理清楚、错落有致、美观新颖，使消费者获得美的享受。

（三）感觉后效

当一种刺激物已经停止作用了，但是这种刺激物的印象仍然能够保留在人们的感受器官中，这样的现象叫作感觉后效，也称作感觉后像。同样，感觉后像也分为两种情况：一种是正后像，另一种是负后像。所谓的正后像，是指留下的印象与原刺激相同；如果与原刺激相反，就把它叫作负后像。当我们长时间盯着强度很大的光源时，如果马上关灯，可能会在视觉当中保留白茫茫的一片，这就是视觉的后效现象。

（四）联觉

当某种感官受到刺激时出现另一种感官的感觉和表象，这种现象称作联觉。例如，用刀子沿着玻璃边擦出来的吱吱声，往往使人的皮肤产生寒冷的感觉；微弱的听觉刺激能提高视觉对颜色的感受性；咬紧牙关或握紧拳头，会使人感到身体某一部位的痛苦似乎减轻了一些。可见，对某种刺激的感受性，不仅取决于对该感受器的直接刺激，而且还取决于同时受刺激的其他感受器的机能状态。这种不同感觉相互作用的一般规律是：较弱刺激能提高另一种感觉的感受性；而较强刺激则使这种感受性降低。

尽管感觉是对商品个别属性的反映，但它是消费者认识品牌的起点，是整个心理过程的基础，直接影响着消费者的购买行为。消费者购买某品牌的商品，通常都要通过感觉，对商品形成初步印象，然后综合分析，决定是否购买。只有较好地诉诸消费者的感觉，才能够收到较好的品牌认知效果。有时，良好的感觉会让消费者留下深刻的第一印象，甚至产生

"一见钟情"的效果。因此，有经验的品牌商家在设计、宣传自己生产或经营的产品时，总是千方百计地突出自己的商品与众不同的差别和特点。在出售散装或小件商品时，总是将最好的摆在上面，有时还会请消费者先品尝再购买等。国外有人利用感觉的作用发明了"气味推销法"。例如，伦敦的一家超级市场在店内释放一种人造草莓香味，把消费者吸引到食品部，结果连橱窗里陈列的草莓样品都被抢购一空。美国的一家食品公司在底特律城郊竖立了一块高 80ft [⊖]、长 100ft 的推销面包的巨型广告牌，不仅能播放介绍面包的音乐，还释放出一种"神奇的混合面包"香味，引起路人的食欲。结果这家面包公司的销量激增 2 倍多，就是由于人的直接感觉而产生的连锁心理反应。正因为如此，在品牌的策划设计和商店的布置陈设中利用感觉的重要特性，充分关注消费者的相应感官的感觉，给新的消费者留下深刻的第一印象，会对消费者产生先入为主的效果。

美国的策略计划研究所进行过一项研究，调查了 700 个不同品牌的消费性产品。结果发现，如果消费者对某个产品感觉好，就会觉得其品质比较好，这项产品就能定比较高的价格，而研究开发费用、产品特色、上市速度等都与产品价格没有内在的关系。由此可知，消费者的感觉对产品的接受价位与市场占有率起着最主要的影响作用，品牌管理者应当意识到感觉对于品牌的重要性。有人用比较极端的表述来阐释感觉对于品牌的重要性："品牌价值存在的原因就是消费者的偏见和感觉。"

二、知觉

知觉是人脑对直接作用于感官的客观事物整体的综合反映，是较为复杂的心理现象，是大脑对不同感觉信息进行综合加工的结果。知觉以感觉为前提，但它不是感觉的简单的集合，而是在综合了多种感觉的基础上形成的整体映像。

知觉和感觉一样，都是刺激物直接作用于感觉器官而产生的，都是人们对现实的感性反映形式。离开了刺激物对感觉器官的直接作用，既不能产生感觉，也不能产生知觉。通过感觉，人们只知道事物的个别属性；通过知觉，人们才对事物有一个完整的映像，从而知道它的意义。

（一）知觉具有不同于感觉的特征

1. 知觉的相对性

知觉是个体以其已有经验为基础，对感觉所获得的资料所做出的主观解释，因此，知觉也常被称为知觉经验。知觉经验是相对的。人们看见一个物体存在，在一般情形下，人们不能以该物体孤立地作为引起知觉的刺激，而必须同时看到物体周围所存在的其他刺激。这样，物体周围其他刺激的性质与两者之间的关系，势必影响人们对该物体所获得的知觉经验。形象与背景是知觉相对性最明显的例子之一。形象是指视觉所见的具体刺激物，背景是指与具体刺激物相关联的其他刺激物。在一般情境中，形象与背景是主副的关系：形象是主题，背景是衬托。另一个例子是知觉对比，是指两种具有相对性质的刺激同时出现或相继出现时，由于两者彼此影响，致使两种刺激所引起的知觉上的差异特别明显的现象。如大胖子和小瘦子两人相伴出现，会使人产生胖者更胖、瘦者更瘦的知觉。

知觉的相对性如图 8-1 所示：形象与背景——图中黑白相对两部分均有可能被视为形象

⊖　1ft = 0. 3048m。

或背景。如将白色部分视为形象，黑色为背景，则该形象可解释为烛台或花瓶；相反，则该形象可解释为两个人脸侧面的投影像。

知觉的相对性如图8-2所示。图8-2中A、B两圆的半径完全相等，但由于周围环境中其他刺激物的不同，产生对比作用，致使观察者在心理上形成A圆小于B圆的知觉经验。

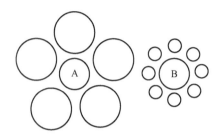

图8-1　知觉的相对性　　　　　　　　　图8-2　知觉的相对性

2. 知觉的选择性

客观事物是多种多样的，在特定时间内，人只能感受少量或少数刺激，而对其他事物只做模糊的反映。被选为知觉内容的事物称为对象，其他衬托对象的事物称为背景。某事物一旦被选为知觉对象，就好像立即从背景中凸显出来，被认识得更鲜明、更清晰。一般情况下，面积小的比面积大的、被包围的比包围的、垂直或水平的比倾斜的、暖色的比冷色的以及同周围明晰度差别大的东西，都较容易被选为知觉对象。即使是对同一知觉刺激，如观察者采取的角度或选取的焦点不同，也可产生截然不同的知觉经验。影响知觉选择性的因素有刺激的变化、对比、位置、运动、大小程度、强度、反复等，还受经验、情绪、动机、兴趣、需要等主观影响。由知觉选择现象来看，可以想象，除了少数具有肯定特征的知觉刺激（如捏在手中的笔）之外，人们几乎不能预测，提供同样的刺激情境能否得到众人同样的知觉反应。

如图8-3所示，图形为一个立方体，但如果仔细注意就会发现，这个立方体与你最接近的一面随时都在改变。这种可以引起截然不同知觉经验的图形，称为可逆图形。事实上，图形本身并未改变，只是由于观察者着眼点的不同而产生了不同的知觉经验。

如图8-4所示，《黎明与黄昏》是木雕艺术家埃舍尔（M. C. Escher）在1938年所作的一幅著名木刻画。假如读者先从画面的左侧看起，会觉得那是一群黑鸟离巢的黎明景象；假如先从画面的右侧看起，又会觉得那是一群白鸟归林的黄昏；假如从画面中间看起，就会获得既是黑鸟又是白鸟或者忽而黑鸟忽而白鸟的知觉经验。

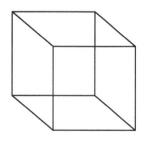

图8-3　知觉的选择性（一）　　　　　　　图8-4　知觉的选择性（二）

消费者对特定的商品或其具有的某个属性有所认知，而对其他商品没有认知，这是认知的选择性。决定认知选择性的机制有三个：认知的超负荷、选择的感受性和认知防御。

（1）当外来商品的信息超出消费者在正常情况下所能接受的程度时，一部分刺激就会遭到心理上的排斥。早在1969年，美国品牌协会与哈佛大学联合进行了一次全国范围内的调查，旨在了解半天内大众实际看到的品牌数。结果表明，接受过调查的多数人实际上半天内只注意了11～20个品牌，而通常可能遇到的品牌数半天内大约为150个。当消费者考虑是否购买特定商品时，尽管可供选择的商品很多，但是，他们一般也只在6个或更少的商品中斟酌。由此可见，为了避免认知的超负荷，认知自然要进行选择。

（2）消费者对自己认为有价值的或有兴趣的对象表现出较高的感受性。例如，小孩子对玩具要比对服装、化妆品更敏感。

（3）消费者表现出对恐惧或感到威胁的刺激倾向于回避、阻滞或反应缓慢，这是认知防御的表现。因此，在品牌实践中采用否定的方式说服消费者时，应持审慎的态度。

3. 知觉的整体性

知觉的对象都是由不同属性的许多部分组成的，人们在知觉它时却能依据以往经验组成一个整体，这一特性就是知觉的整体性（或完整性）。例如，一棵绿树上开有红花，绿叶是一部分刺激，红花也是一部分刺激，而将红花绿叶合起来，在心理上所得的美感知觉，超过了红与绿两种物理属性之和。

知觉并非感觉信息的机械相加，而是源于感觉又高于感觉的一种认识活动。当人感知一个熟悉的对象时，只要感觉了它的个别属性或主要特征，就可以根据经验而知道它的其他属性或特征，从而整个地知觉它；如果感觉的对象是不熟悉的，知觉会更多地依赖于感觉，并以感知对象的特点为转移，而把它知觉为具有一定结构的整体。

知觉的整体性纯粹是一种心理现象。有时即使引起知觉的刺激是零散的，但所得到的知觉经验仍然是整体的。如图8-5中的图形，就可用来作为此种心理现象的说明。从客观的现象看，这个图形是不完整的，是由一些不规则的线和面堆积而成的。但是，能够看出，图形能明确显示其整体意义：它是由两个三角形重叠之后又覆盖在三个圆形上所形成的。居于图间第一层的三角形虽然实际上都没有边缘、没有轮廓，可是，在人的知觉经验上却都是边缘清楚、轮廓明确的图形。像此种刺激本身无轮廓，

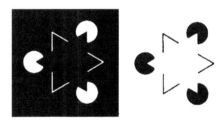

图8-5 知觉的整体性

而在知觉经验上却能"无中生有"的轮廓，称为主观轮廓（Subjective Contour）。由主观轮廓的心理现象看，人类的知觉是极为奇妙的。这种现象早为艺术家应用在绘画与美工设计上，利用不完整的知觉刺激形成完整的美感。

品牌是由多重属性构成的，并且由不同部分组成。当品牌信息作为刺激物对消费者发生作用的时候，通过消费者的感觉器官，将大量离散的感觉信息传至大脑，然后，按照一定的规则将它们组成整体。这种把商品信息各个部分有机地结合在一起的特性，称为知觉的整体性。如果一个品牌所发出的信息在消费者处是零散的，还没有被整理成为一种系统的感觉时，它对消费者是不起作用的。忽视知觉的整体性，可能会给品牌传播带来严重的不良后果。

4. 知觉的恒常性

在不同角度、不同距离、不同明暗度的情境之下观察某一熟知物体时，虽然该物体的物理特征（大小、形状、亮度、颜色等）因环境影响而有所改变，但人们由于对物体特征所获得的知觉经验而在心理上倾向于保持其原样不变。像这种外在刺激因环境影响使其特征改变，但在知觉经验上却维持不变的心理倾向，即为知觉的恒常性。

在视知觉中，知觉的恒常性表现得非常明显。例如，从不同距离看同一个人，由于距离的改变，投射到视网膜上的视像大小有差别，但人们总是认为大小没有改变，仍然依据其实际大小来知觉这个人。又如，一张红纸，一半有阳光照射，另一半没有阳光照射，颜色的明度、饱和度大不相同，但人们仍知觉其为一张红纸。正由于知觉具有恒常性，才使人们能客观、稳定地认识事物，从而更好地适应环境。

另外，我们都有经验，如只按生理的听觉资料判断，远处的打雷声或火车鸣笛声，其音强未必高于近处的敲门声，可我们总觉得打雷声或火车鸣笛声声音较大。这就是声音的恒常性。又如，身体的部位可随时改变，有时将头倾斜，有时弯腰，有时伏卧，甚至有时倒立。当身体部位改变时，与身体部位相对的外在环境中，上下左右的关系也随之改变。但我们都有经验，身体部位的改变一般不会影响我们对方位的判断。这种现象就称为方向的恒常性，它与内耳中的前庭与半规管的功能有关。

5. 知觉的组织性

在感觉资料转化为心理性的知觉经验过程中，显然要对这些资料经过一番主观的选择处理，而这种主观的选择处理过程是有组织的、系统的、合乎逻辑的，而不是紊乱的。因此，在心理学中，称这种由感觉转化为知觉的选择处理过程为知觉组织（Perceptual Organization）。

心理学的格式塔理论（Gestalt Theory）认为，知觉的组织性法则主要有如下四种：相似法则、接近法则、闭合法则和连续法则。

6. 知觉的解释性（即知觉的意义性）

人在感知某一事物时，总是依据既往经验力图解释它究竟是什么，这就是知觉的解释性。人的知觉是一个积极主动的过程，知觉的解释性正是这种积极主动的表现。人们的知识经验不同、需要不同、期望不同，对同一知觉对象的解释也不同。如一张检验报告，病人除了知觉一系列的符号和数字之外，并不知道是什么意思；而医生看到它，不仅了解这些符号和数字的意义，而且可以做出准确的判断。因此，知觉与记忆和经验有深刻的联系。知觉是一种个体现象。人们根据知觉对刺激进行选择，并将感受到的这些零散的刺激存入大脑，结合先前的经验、需要、动机、期望和兴趣，在一定心理原则的基础上综合这些刺激，进而推得意义，得出自己对刺激物的解释。

（二）利用知觉定式与错觉提高消费者的感受性

知觉定式（Perceptual Set）是指主体对一定活动的特殊准备状态。具体而言，人们当前的活动常受以前曾从事过活动的影响，倾向于带有前面活动的特点。当这种影响发生在知觉过程中时，就会产生知觉定式，它一般由早先的经验形成。当然，知觉者的需要、情绪、态度和价值观念等也会产生定式作用。例如，人的情绪在非常愉快时，对周围事物也可产生美好知觉的倾向。定式具有双向性：其积极作用是使知觉过程变得迅速有效，消极作用则是使定式显得刻板，妨碍知觉或引起知觉误导。

知觉经验虽是环境中的刺激物所引起的，但知觉经验中对客观的刺激物所做的主观性解释，就真实性的标准来看，显然有很大的距离。单以知觉对比的知觉现象为例，凭知觉经验所做的解释显然是失真的，甚至可以说是错误的。这种完全不符合刺激本身特征的失真的或扭曲事实的知觉经验，称为错觉（Illusion）。

错觉是比较普遍的，由视觉、听觉、味觉、嗅觉等所构成的知觉经验都会有错觉。在人们日常生活中，时常会感受到错觉现象。例如，在某列火车开动之前，人们常会因邻近其他火车的移动，觉得自己所坐的火车已经开动。这种现象就称为移动错觉。又如，在火车尾部窗口俯视铁轨时，若火车是开动的，就会觉得铁轨好像是从火车底下向后迅速伸出的；若火车遽然停止，则会觉得铁轨好像是向车底迅速缩进。再如，当注视电扇转动时，会觉得忽而正转，忽而倒转，甚至有时会有暂时停止不转的感觉。

人为什么会产生错觉？至今尚不清楚。一般认为：①错觉不是观念问题，而是知觉问题，因为即使人知道是错觉也无法改变；②错觉不是发生在视网膜上；③视错觉不是由视觉器官的活动所引起的。

由于消费者受主、客观因素的影响，在感知事物时，会产生各种错觉现象。错觉是客观存在的，在商品促销中可充分利用错觉（尤其是视错觉）现象制定商品销售策略。商业企业在店堂装修、橱窗设计、广告图案、包装装潢、商品陈列等方面，适当地利用消费者的错觉，进行巧妙的艺术处理，往往能产生一定的心理效应，刺激消费者购买。例如，有人曾做过如下实验：请30多位被试者喝咖啡，每人都喝4杯，各杯浓度一样，只是4个杯子的颜色不同，分别为咖啡色、青色、黄色和红色。喝完咖啡后，要求被试者对咖啡的浓淡做出各自的评判，结果有2/3的被试者都说红色、咖啡色杯子中的咖啡太浓，青色杯子中的咖啡太淡，只有黄色杯子中的咖啡浓度适中。据此，销售商便把咖啡店里的全部杯子都改用黄色，以便更好地发挥颜色视觉的作用，结果使大多数顾客都感到满意。由错觉原理可知，明度高的色彩（如红色、黄色）有扩张感，而明度低的色彩（如灰色、蓝色和绿色）则有收缩感，两极相反的物体放在一起会相互突出。

三、注意

品牌心理活动的基本规律之一即为有意注意。

生活在客观世界中的消费者会面临着各种各样的刺激，有的来自外部，有的来自内部，能否注意并记忆这些刺激主要依赖于消费者的记忆水平。按照注意水平的不同，可以将注意简单地分成有意注意和无意注意，无意注意是不能形成记忆的，但大多数时候，人们的有意注意是非常少而且短暂的，能否吸引消费者的有意注意就成为品牌信息传播的首要目的。不过还需要提醒的是，引起注意是品牌成功的手段而不是最终目的。一项关于品牌的评价标准研究揭示，能否吸引消费者的注意是对品牌评价的一个重要因素，不管对企业品牌还是对产品品牌都是如此。然而，并不意味着品牌的目的就是尽可能多地引起消费者注意，如果把引起注意作为品牌的第一目的，将不可避免地给品牌实践带来危害。

（一）受众注意品牌信息的一般动机

影响受众对品牌注意的因素有很多，以下介绍其中比较重要的四个，即信息的有用性、支持性、刺激性和趣味性。

1. 信息的有用性

消费者一般对自己关心和有用的信息才会给予关注。比如一张贴在楼道里的某搬家公司的小广告，一般人们不会注意，而正准备搬家的人可能会特别留意，因为这条广告对他来说是有用的。

2. 信息的支持性

在两个或两个以上的品牌信息当中，消费者一般会对符合自己审美或价值观的品牌信息给予相对多的关注。

3. 信息的刺激性

具有一定刺激性的信息要比平淡的信息更具吸引力，但刺激性信息的时效性非常短。

4. 信息的趣味性

消费者对信息的关注也遵循趋利避害原则，幽默的、令人欢愉的品牌信息容易引起消费者的注意。在实务中，幽默广告就是其中的代表。

（二）增加有意注意的几种方法

在品牌传播实务当中，可以选择一些增加有意注意的刺激特性，下面列举一些可以用以增加有意注意的方法。

1. 增加刺激的强度

增加刺激的强度有多种方式，比如大标题、明亮的印刷广告、响亮的广播声、大屏幕显示等。表8-1是一份报纸不同广告版面大小与注意率之间关系的统计表。

表8-1　不同广告版面大小与注意率之间关系

版面大小/cm^2	大 小 比 率	注意率（%）
19.25	1	9.7
38.75	2	16.5
57.75	3	23.3
77.00	4	30.0
96.22	5	36.7
115.50	6	43.4
134.75	7	50.2
154.00	8	56.9
192.50	9	70.4

2. 增加刺激的新奇性

刺激的新奇性是指出乎意料、不同寻常的刺激特性。新奇性与人的好奇心有密切关系，利用好奇心的创意极易引起人们的注意。

3. 增加信息的对比度

当刺激物与周围环境存在明显反差，即对比非常强烈时，它就具有很强的吸引力。如在静止的背景上运动着的物体，黑白的背景中增厚的色彩都有助于提高信息的吸引力，使品牌信息得到更多受众的注意。

4. 版面位置

我国学者曾研究过观察者第一眼所看的位置及路线，发现观察者第一眼所看的位置最多集中在左方，然后是上方，最少是右方。阅读次序图如图8-6所示。

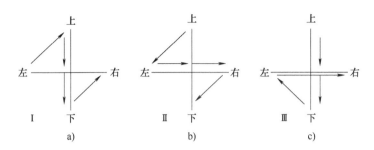

图8-6　阅读次序图

表8-2是三种观察方式的平均值。

表8-2　三种观察方式的平均值

字母数	Ⅰ（%）	Ⅱ（%）	Ⅲ（%）	其他
5	45	28.75	17.5	
7	51.25	15.0	23.75	
9	52.5	15.0	21.25	
11	52.5	15.0	23.75	
13	41.25	28.75	12.5	
平均	48.5	20.5	19.5	11.25

（三）注意原理在品牌塑造中的一些应用

1. "性诉求"的应用

使用"性诉求"是提高消费者注意度的常用方法。有研究表明，"性诉求"的广告吸引成年消费者的作用是非常明显的，当同一页杂志上有好几则广告时，大多数成年人都是先看含有性诉求的广告，但性诉求同时使人感觉该广告不够严肃，因而降低对品牌的信任度。所以，在品牌传播中运用性诉求手法时一定要慎重。

2. 悬念定向的应用

如果品牌信息量大或品牌内涵丰富，通过一则广告或一次公共活动不能全部展示或表达，或是为了保持信息对受众的新鲜度，则可利用悬念定向的手法。悬念广告和定向信息传播都是具体的传播形式，目的是强化受众对信息的关注。悬念广告的使用，往往是因为始发的广告信息十分有限，不能满足受众的好奇心和求知欲，一般会在末尾注明"未完待续"字样，使人期待下一次的内容，以增加下次广告的注意度。定向信息传播是指有具体主题的公关活动可以连续多次进行，每次的传播形式和人物可以有变化，但主题一直不变，看起来就像是被固定了传播方向一样，因而被称为定向活动。定向信息传播是通过一系列步骤完成品牌信息的逐次传播，由表及里、由粗至细、由部分到整体。随着系列作品的推出，受众对品牌信息的理解也逐步充实和完善，同时达到了引起注意的效果。

3. 运用注意原理选择广告人物

广告中的人物，若其性别和职业等与广告内容有关，则有利于增强广告的感染力，吸引受众接触广告；如果广告中的人物与广告内容无关或关系很弱，则会分散受众的注意力，使受众将注意力从产品或品牌信息转移到模特身上，从而降低广告的效果。

比较典型的一个案例是步步高分别选用许晓力、李连杰和施瓦辛格为其代言的效果比较。调查显示，消费者对许晓力所做广告的认知率与认同率远远高于李连杰和施瓦辛格。因为人们对许晓力的普遍印象是很生活化、很轻松、非常有亲切感，在步步高电话广告中，貌不惊人而又名不见经传的许晓力相较李连杰和施瓦辛格而言，更贴近生活，与生活中所需要的电话的关联性更强，所以效果更好（见图8-7）。

图8-7　步步高广告图

四、记忆与遗忘

1. 记忆

记忆是大脑对经历过事物的识记、保持、再现或再认，它是进行思维、想象等高级心理活动的基础。人类记忆与大脑的海马结构、大脑内部的化学成分变化等有关。

记忆作为一种基本的心理过程，是与其他心理活动密切联系的。记忆联结着人的心理活动，是人们学习、工作和生活的基本机能。把抽象无序转变成形象有序的过程就是记忆的关键。

2. 遗忘

遗忘是指识记过的内容不能回忆和再认，或者回忆和再认有错误的现象。按照信息加工的观点，遗忘过程在记忆的不同阶段都存在。遗忘基本上是一种正常、合理的心理现象。因为感知过的事物没有全部记忆的必要，识记内容的重要性具有时效性，遗忘是人心理健康和正常生活所必需的。

遗忘虽是一种复杂的心理现象，但其发生和发展也是有一定规律的。德国心理学家艾宾浩斯（Ebbinghans）最早进行了这方面的研究。他用无意义音节为实验材料，以自己为实验对象，在识记材料后，每隔一段时间重新学习，以重学时所节省时间和次数为指标绘制出遗忘曲线（见图8-8）。遗忘曲线反映的是遗忘变量和时间变量之间的关系。该曲线表明了遗忘的规律：遗忘的进程是不均衡的，在识记之后最初一段时间里遗忘量比较大，以后逐渐减小，即遗忘的速度是先快后慢的。继艾宾浩斯之后，许多人对遗忘进程的研究也都证实了艾宾浩斯遗忘曲线基本是正确的。品牌推广中可利用遗忘曲线规律，调整品牌曝光时段。

五、思维

思维是指大脑对客观事物间接的和概括的反映，是借助语言揭示事物本质特征以及内部规律的理性认识过程。不同的心理学派对思维提出了不同的主张，其中符茨堡学派强调无意象思维；构造主义者强调表象的作用；机能主义者强调适应目的；早期行为主义者强调肌肉活动的作用；皮亚杰（Piaget）强调运算和概念。根据不同标准，可以将思维分为许多类别。其中包括经验思维与理论思维，直觉思维与分析思维（逻辑思维），常规（习惯）性思

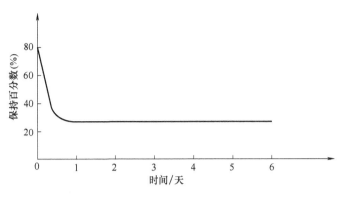

图 8-8　艾宾浩斯遗忘曲线

维与创造性思维，发散思维与辐合思维，动作思维与形象思维等思维与语言的关系。有三种不同观点：①主张语言决定思维，思维离不开语言，没有语言就没有思维；②主张思维和语言各自独立，否认两者有必然联系；③主张语言和思维是一回事，否认两者有任何区别。

心理定式是指心理上的"定向趋势"，它是由一定的心理活动所形成的准备状态，对以后的感知、记忆、思维、情感等心理活动和行为活动起正向或反向的推动作用。思维定式（Thinking Set）也称"惯性思维"，它是由先前的活动而造成的一种对活动的特殊心理准备状态，或活动的倾向性。在情境不变的条件下，定式使人能够应用已掌握的方法迅速解决问题；而在情境发生变化时，它则会妨碍人采用新的方法。消极的思维定式是束缚创造性思维的枷锁。所谓思维定式，就是按照积累的思维活动经验教训和已有的思维规律，在反复使用中所形成的比较稳定的、定型化的思维路线、方式、程序、模式（在感性认识阶段也称作"刻板印象"）。

美国强生公司早期研制出一次性的婴儿尿布，本以为会大卖特卖。因为这款婴儿尿布的定位是一次性、方便。但是销售一段时间后，却发现销售量不是很理想。于是，美国强生公司开始对妈妈们进行走访调查，最后终于找到了原因：由于强生公司把宣传的重点定位在方便上，这样一来，年轻的妈妈们认为，如果使用这种尿布会让别人认为自己很懒惰，所以就不太愿意购买。因此，美国强生公司很快改变了定位，定位于更关注宝宝的健康。就这样，一个新的、迎合妈妈们心理的定位，给一次性婴儿尿布带来了新的生机，从此销路大开。虽然我们都知道消费者需求在品牌定位中的重要性，但是真正与消费者交流并了解他们的需求，并不是一件容易的事。我们不可利用以往的经验来判断消费者的需求，因为品牌定位不是永恒不变的。社会、政治、经济的宏观环境在变，技术发展一日千里，消费者需求千变万化，市场瞬息万变。只有进行大量的调查、研究，方能知道消费者的真正需求，这样品牌定位才能取得实效。

第二节　品牌情感诉求与受众需求

一、品牌心理的诉求

1. 品牌心理的理性诉求
理性诉求是通过展示商品的质量、性能、价格等有关商品的事实性信息，传达商品固有的属性给消费者带来的实际利益，对消费者进行说服，以使消费者形成积极的品牌态度的策略。这种营销策略被称为硬销售（Hard Sell）。

当品牌信息通过广告或是其他方式向消费者表达如下内容时，称其为理性诉求，这些内容也就是最典型的理性诉求标志：

价格信息，质量承诺，性能，配料，销售时间、地点及联系电话，特价销售，口感，营养成分，包装，售后服务，产品安全特点，独立研究，公司研究，新产品概念等。

2. 品牌心理的情感诉求

情绪和情感是客观对象与主体需要之间关系的一种反映，它们之间的联系十分密切，情绪是情感的外在表现，而情感则是情绪的本质内容。

在品牌传播实务当中，以下四种可以选择的情感诉求较为常见：

（1）美感诉求。美感是人们按一定的审美标准，对客观事物进行欣赏、评价时所产生的情感体验。美感有以下两个特点：

1）愉悦的体验，包括喜剧和悲剧引起的美感。

2）倾向性的体验，即对美好事物的迷恋、对丑恶事物的反感。

（2）亲热感诉求。这一维度反映了肯定的、温柔的、短暂的情绪体验，往往伴随的生理反应及有关爱、家庭、朋友间关系的体验。广告中人物的亲密关系，如夫妻间的深情、母子间的关爱，都容易使人产生同感。

（3）幽默感诉求。幽默感使得广告和其他信息容易引起消费者的注意，能够有效地降低受众的认知防御，提高受众的接触率，促进受众对品牌信息和品牌形象形成良好的态度。利用幽默的表达能有效地把一个简单的内容讲得生动，使人便于记忆。但幽默诉求也有很大的限制：首先，它能够引人注意但说服力较弱；其次，它可能把一个应该严肃对待的事情当成儿戏。大多数情况下，幽默广告适用于较为廉价的商品，而不适用于高端的商品。

（4）恐惧感诉求。恐惧感诉求是指在广告中展示一个可怕的情景，来唤起受众的焦虑和不安，继而引出该情景可以通过使用某一产品或服务消除。

二、情感的迁移原理

情感迁移是指对一个客体或现象的情感体验，转移到另一个客体或现象上，产生同样性质的情感体验。品牌联想即基于此。人对未知事物的认识是受到外部环境影响的，外部环境发生变化，人对事物的认识和理解也会发生变化。外部环境除了客观条件之外，还有很多难以控制的主观因素，为此，人们才有了爱屋及乌等心理变化，也正是这一点，使得人们对品牌的感情可以转移到商品上，对品牌的认识也随着经营者赋予的内容而不断变化。

三、动机规律与需求层次理论

动机是引起个体活动，维持并促使活动朝向某一目标进行的内部动力。消费者的消费行为当然也是受动机支配的，是指引购买活动去满足某种需求的内部驱动力。消费动机源于需求，需求就是客观刺激物通过人体感官作用于大脑所引起的某种缺乏状态，需求的多样化决定了动机的多样性。

动机能否引起行为，取决于动机的强烈程度。一个人可能同时存在许多动机，这些动机不仅有强弱之分，而且有矛盾和冲突，只有最强烈的动机即"优势动机"才能导致行为。依照动机来源，消费动机可分为生理性动机、社会性动机和心理性动机。此方面最经典的研究之一就是马斯洛的需求层次理论。

马斯洛的需求层次理论（Maslow's Hierarchy of Needs）也称"基本需求层次理论"，是行为科学的理论之一，由美国心理学家亚伯拉罕·马斯洛于1943年在《人类激励理论》论文中提出。该理论将需求分为五种，像阶梯一样从低到高，按层次逐级递升，分别为生理需求、安全需求、情感和归属（社交）需求、尊重需求以及自我实现需求，如图8-9所示。

另外还有两种需求：求知需求和审美需求。这两种需求未被列入需求层次排列中，马斯洛认为这二者应居于尊重需求与自我实现需求之间。此外，他还讨论了需求层次理论的价值与应用等。

图8-9　马斯洛的需求层次

马斯洛通过需求层次论阐释了人的需求并不是平行和同等重要的，而呈现一定的层次性，只有低层次的需求得到一定程度的满足后，高层次的需求才会成为激励因素。品牌内涵的发展也正是沿着"功能性、象征性、体验性"的途径演进的，消费者是从关注产品的使用价值，满足生理、安全上的需求，到逐步追求情感、身份、尊重的需求。因而，对品牌的需求应该属于安全和信任需求的一种，是当消费者的基本生理需求得到满足后，就会渐渐产生的一种需求。从经营的角度看，此时的品牌需求属于比较简单的商誉需求。随着消费者需求层次的提高，对品牌的需求也不断发生着变化。当消费者达到尊重需求后，品牌所提供给消费者的已不再是简单的质量承诺，而是"通过品牌向他人展示自我"，获得一种心理上需求的满足。

星巴克咖啡注重的不是信息的传播，而更多的是对消费者需求的满足。星巴克咖啡在进行品牌定位时，专门做了调研，了解其消费者对咖啡功能性和情感性两方面的需求。功能性需求为"我想喝一种味道更醇厚、更浓郁的咖啡，我在找能和咖啡混着喝的更多的方法，我要喝纯正的咖啡"；情感性需求则是"我把喝咖啡看成是一种社交的机会……而且我希望它不仅仅是一种经历，我在追寻的是咖啡娱乐"。星巴克咖啡就是把握住了消费者的这两种需求，特别是情感性需求，为自己找到了一个很好的定位点，使其与传统的罐装咖啡相比更有竞争力，更能获得消费者的青睐。

第三节　个体潜意识与集体潜意识

潜意识是一个心理学术语，是指在人类的心理活动中，人们不能认知或没有认知到的部分，是人们"已经发生但并未达到意识状态的心理活动过程"。弗洛伊德又将潜意识分为前意识和无意识两个部分，如图8-10所示。

人们无法觉察潜意识，但它影响意识体验的方式却是最基本的——我们如何看待自己和他人，如何看待我们生活中日常活动的意义，我们所做出的关乎生死的快速判断和决策能力，以及我们本能所采取的行动。潜意识所完成的工作是人类生存和进化过程中不可或缺的一部分。

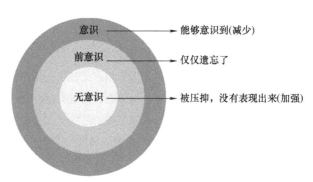

图 8-10　潜意识示意图

在弗洛伊德的心理学理论中，无意识、前意识和意识是三个不同层次，但又相互联系的一个系统结构。弗洛伊德对这种结构做了一个比喻：无意识系统是一个门厅，各种心理冲动像许多个体，相互拥挤在一起。与门厅相连的第二个房间像一个接待室，意识就停留于此。门厅和接待室之间的门口有一个守卫，他检查着各种心理冲动，对于那些不赞同的冲动，他就不允许它们进入接待室。被允许进入了接待室的冲动，就进入了前意识的系统，一旦它们引起意识的注意，就成为意识。他将潜意识分为两种："一种是潜伏的但能成为有意识的"潜意识——前意识，"另一种是被压抑的但不能用通常的方法使之成为有意识的"潜意识——无意识。

但实际的潜意识其实是意识的一部分，只不过是被人们压抑或者隐藏起来的那部分意识。所以，潜意识能力在被发掘之前，就被前意识与无意识的中间层间接和主动地否决了。

美国获纽约广告金奖的一则宣传汽车轮胎的电视广告是这样的：一位运动员穿了一双旧运动鞋在山上奔跑，跑着跑着，鞋面跑开了几道口子。运动员无可奈何地脱下鞋子，只见鞋底完好无损、崭新如初，而鞋底中间出人意料地印着那家汽车轮胎公司的轮胎商标。消费者看后，不知不觉地记住了广告中所宣传的产品。画面中从头到尾都没有直接给出轮胎的镜头，汽车轮胎的信息只是以很快的速度显示了一下。观众还没来得及感觉到这些刺激，但他们受到了这些信息的影响，在潜意识当中牢牢地记住了广告诉求的内容，从而左右自己购买商品时的选择。而其他像这样变相的潜意识诉求也经常会在媒体中出现，往往收到了良好的效果。其实，日常生活中的广告就是潜意识的推手。潜意识像一个巨大无比的仓库，它可以储存人生所有的认知和思想感情。人从出生到老死的所见所闻、所感所想等一切意识到的东西，都会进入潜意识并储存起来。一些熟悉的事物，如长期生活的环境中的习俗、观念、人物景象、他人的某些思维习惯和行为特点等，常常不经过明显的意识记忆，不知不觉地直接进入人的潜意识，并储存起来。

在现实世界中，人们接受的各种各样的信息包括"明示"和"暗示"。所谓明示，就是直截了当的指示、命令，给予人毫无疑义的确定信息；而暗示则加入了主体在特定环境和气氛中的个人体悟，比如广告。暗示在弗洛伊德的心理学及精神医学上占有很重要的地位。弗洛伊德认为它是一种利用外部隐喻言语或行为，于有意或无意间侵入被暗示者的意识内或潜意识内，致使被暗示者产生预期或非预期之观念或行为。换句话说，暗示的目的就在于左右意识，进而由意识左右行为。其中，暗示又可分为积极的暗示即"良性暗示"，和消极的暗示即"负面暗示"。暗示可以来自自我，也可以来自外界，它在人们的日常活动中起着很重要的作用，而广告无疑属于后者。由于暗示不仅可以自我控制，也可以用来控制和指挥别人，因此如果能正面地、积极地利用它，其结果就是美好的；反之，如果消极地、恶意地利用它，那么，带来的结果将是痛苦和灾难。

第四节　消费者行为模式及变迁

行为主义心理学思想的形成在很大程度上受到俄国生理学家巴甫洛夫的条件反射学说的影响。其主要创始人华生（Watson）认为，只要找到不同事物之间的关联，再根据条件反射原理给予适当的强化，使刺激和反应之间建立起牢固的联系，那么就可以预测、控制和改变人的行为。总之，华生否认心理、意识，强调行为，认为人的一切行为都是在后天环境影响下形成的。

行为主义后期的另一著名代表人物是美国心理学家斯金纳（Skinner）。由于斯金纳的理论对华生的行为主义有所发展，通常把他的理论称为新行为主义，而把华生的行为主义称为古典行为主义。斯金纳坚持行为主义的基本原理，他明确指出，任何有机体都倾向于重复那些指向积极后果的行为，而不去重复指向消极后果的行为。斯金纳与华生思想的区别在于，他并不否认人的内部心理活动的存在，但是他坚信人的一切行为都是由外部环境决定的。

行为主义理论能够解决一些实际的问题，因此，在实用主义思想指导下，行为主义心理学在美国很快就盛行起来。行为主义从 20 世纪 20 年代兴起，一直流行到 20 世纪 50 年代才逐渐衰落。但是它的影响深远，不仅其客观研究方法得到人们肯定，而且在当前的行为改造、心理治疗中，行为主义的方法仍占有重要地位。

这种模式又被称作"刺激-反应"理论。巴甫洛夫通过研究证明了狗通过训练可以对某些持续强化的刺激产生反应；而斯金纳则在研究中证明了重复的动作或行为可以对鸽子产生很大的影响。这就是大部分品牌理论的由来：人类学习的过程就像狗和鸽子一样，可以通过对其施加足够多的同样的刺激，而对各种不同的信号产生反应。

一、心理学实验在品牌经营中的运用

1. 条件反射理论

巴甫洛夫的条件反射理论是通过一个实验来说明的，该实验是心理学中最著名的实验之一。在实验中先摇铃再给狗食物，狗得到食物会分泌唾液，如此反复。当重复次数少时，狗听到摇铃仅会产生较少唾液；经过 30 次重复后，单独的声音刺激就可以使其产生很多唾液。经过多次重复练习，仅仅听到声音 1～2s 后，狗就开始分泌唾液。在这里，食物是非条件刺激，即已有的一种反应诱因；分泌唾液是非条件反应，狗得到食物分泌唾液是对非条件刺激的非条件反应；铃声是条件刺激，一种被动引起的非条件刺激的反应。在这一实验中，食物和铃声之间的重复联系，最终导致狗将食物和铃声联系起来，并在听到铃声时分泌唾液。这种由铃声（一种刺激）引起唾液分泌的反应叫作条件反射。一只听到铃声就分泌唾液的狗在一段时间内既没有得到食物也没有听到铃声，这种条件反射仍然可以和之前保持一样的强烈。当然，这"一段时间"不能太长。如果在 3 天后仍只有铃声没有食物或只有食物没有铃声，那么原来存在于铃声和食物之间的联系将会减弱，如图 8-11 所示。

原则上说，任何一种能被身体感受的动因都可以作为条件刺激信号，在各种非条件反射的基础上都可以通过训练建立条件反射，人们对品牌的认知也是如此。条件反射建立与巩固的过程是认知的过程，也是学习记忆的过程。

2. 名人代言

名人代言广告是现代营销中常见的
一种工具，其应用的心理学原理就是条
件反射原理。消费者对品牌的认知不是
自觉发生的，但对美好的事物（如名人）
的追求是自发的。当消费者面对一个陌
生的品牌时，犹如条件反射实验中狗最
初对铃声一样，没有任何反应；而当他
熟悉的、追求的名人出现时，犹如狗见
到食物一样，也会发生一种非条件反应。
当通过名人代言的广告使品牌与名人同

图 8-11　经典条件反射实验图示

时出现在消费者面前，并保持一段时间后，消费者会建立起一个条件反射系统，即使在之后
的一段时间内没有名人的出现，消费者对该品牌也会自然地出现条件发射型联想，从而对品
牌能够有意识地注意和记忆。

二、强化实验与品牌延伸

斯金纳是新行为主义心理学的创始人之一，他引入了"操作条件性刺激"这个概念来
与传统的条件性刺激相区别。最初由巴甫洛夫发现的传统的条件性刺激是对一个固定的刺激
的反应。除一般的刺激（如食物）外，同时还有另一个完全不同的刺激（如铃声），因此在
条件性刺激成功地建立后，只要铃声响起，狗就会分泌唾液。

操作条件性刺激与此不同的是，在行为后还增加了一个新的元素，即行为后还有一个后
果。这尤其对实验动物具有有益的后果，效果特别好，如奖励食物。但不好的后果也可以训
练出来，比如对猫或其他实验动物使用水枪进行惩罚。

也就是说，传统的条件性刺激只是基于已存在的反应而对它进行改变，操作条件性刺激
则产生了新的行为模式。例如，对马的训练中早已采纳了斯金纳的行为研究所获得的技术。

在斯金纳设计的一系列实验中，鼠箱强化实验最为有名，它验证了人和动物都具有的一
种条件性强化（见图 8-12）。所谓条件性强化，是指一个中性刺激与一个强化刺激反复匹配

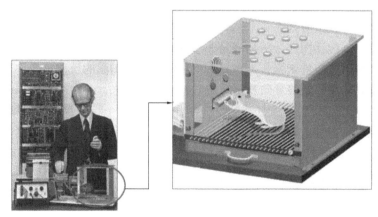

图 8-12　斯金纳强化实验

联合之后，中性刺激也具备了强化的性质。在鼠箱强化实验中，白鼠按压绿色按钮时，灯光和食物同时出现，白鼠很快形成条件反应，此后同时撤除灯光和食物，反应迅速消退。按压红色按钮时，不给食物而仅呈现灯光，则白鼠按压按钮的次数会增加，这表明灯光已具备了强化性质。许多中性刺激都是由此而获得条件性强化的性质的。

消费者对通过强化认知而来的品牌是有期待的，尤其是有过消费经验的品牌，当将该品牌用在其他商品上时，消费者对其他商品会容易接受。斯金纳的鼠箱强化实验揭示了其中的秘密：当一个消费者通过消费某商品而建立了对某品牌的认知后，对其他使用该品牌的商品依然期待得到相同的体验。这是品牌延伸理论和实务的心理学基础。

这个实验对于品牌管理者是一个非常重要的基础知识，因为这种期待很珍贵，也很脆弱，若其不能达到原来的满意程度，消费者可能会丧失对该品牌原有的信任。

第五节　经典品牌理论的心理学解释

一、品牌营销理论的心理学基础

从营销的角度看，品牌就是商品向消费者传递自身产品、服务或形象的一种信息。消费者购买商品的心理活动，一般是从对商品的认识开始的。品牌是人们认识商品的重要依据。通过建立品牌，企业可以将产品的属性、利益、价值、文化、个性和使用者形象等信息传递给相关的消费者群体，使其根据自身状况来购买产品；再者，通过建立品牌可以使企业自身区别于其他竞争者及其商品。

消费者在购买商品前如果无法判断其可靠程度，会主动选择通过"搜寻信息"的方法来弥补在交易中的劣势。品牌名称会给消费者带来一定的信息，从而降低交易的风险，使消费者能够获得交易中的安全感。

关于消费者的研究表明：①产品本身可能是不同的，但是如果没有品牌名称，消费者可能根本无法识别其中的差异。尽管消费者在某些时候并不在意产品是否有品牌或有差异，但如果某厂商的产品拥有品牌，消费者就能简化做出购买决策的过程。品牌名称还有易于记忆的特点，可为消费者以后的购买节约搜寻成本，从而使其更倾向于购买这类有品牌的商品。②即使产品本身没有实质性的差异，多数消费者仍愿意根据品牌购买。如在汽车业中，许多汽车在性能上几乎无差异，只是品牌不同，消费者对其产品的体验感就会明显不同。还有学者认为，人们是通过对产品的记忆来选择产品的，而品牌印象则可以代表消费者对产品情况的记忆。通过大量有关消费者的测试得出，品牌名称和包装使人们区分不同产品的质量变得简单。

消费者购买商品的一般心理过程包括对商品的认知、注意、记忆、联想等心理活动。品牌高度抽象了有关产品的所有信息，它给予消费者品质信心保证或作为某种承诺的标志，并作为产品的外部线索而帮助消费者处理产品信息，判断产品品质，降低购物风险。企业要使消费者在众多商品中选择自己的产品，就要利用品牌名称和品牌的视觉形象引起消费者的注意和兴趣，才能使品牌日渐走进消费者的心中。优秀的品牌代表优秀的产品或服务品质（知觉品质），对消费者知觉价值有正面影响，从而增强消费者的购买意愿。另外，越是知名品牌，消费者的知觉风险越低，购买意愿越强。品牌与购买意愿的关系如图 8-13 所示。

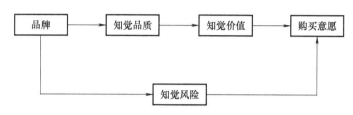

图 8-13　品牌与购买意愿的关系

以上每一步骤都不是必然发生的，从有效地接触品牌到产生购买意愿的过程中还有很多不确定性因素，如何有效地控制消费者对品牌认识的心理流程，需要深刻地理解消费者行为与品牌的关系。品牌认知心理的研究表明，人们对品牌的认知需要一致，即对同一品牌的有关信息应该是相近或相容的，否则就会出现费斯汀格（Festinger）所说的"认知失调"，即当人们发现自己的信念与行为不一致时而感到焦虑的精神状态。消费者的一般心理过程及品牌传播规律决定了品牌经营应力图使品牌具有统一稳定的视觉形象、简洁易记的外在表现以及良好的情绪联想。

二、品牌个性理论的心理学基础

品牌个性理论的心理学基础是人本主义心理学派与精神分析学派的理论，它们都十分注重人的个性，主张人是一种自由的、有理性的生物，具有个人发展的潜能，与动物本质上完全不同。

（一）消费者对品牌个性认知过程的分析

在品牌的构成要素中，品牌形象最为重要。在消费者的头脑中，品牌形象包含两个方面的内容：一方面是品牌的功能性认识，即与品牌产品或服务相联系的特征；另一方面是品牌的独特魅力，是营销者赋予品牌的，并为消费者所感知、接受的个性特征。其中，前者是有形的内容，是品牌产品或服务能满足其功能性需求的能力；而后者是无形的内容，主要反映了人们的情感，显示人们的身份、地位、心理等个性化要求。品牌形象的有形内容是最基本的，是生成形象的基础。品牌形象的有形内容把产品或服务提供给消费者的动能性满足与品牌形象紧紧地联系起来，使人们一接触品牌，便可以马上将其功能性特征与品牌形象有机结合起来，形成感性的认识。

品牌就像人一样具有个性形象，这一个性形象不是单独由品牌产品的实质性内容确定的，还应该包括其他一些内容。典型的品牌个性更是品牌形象中最能体现出与其他品牌的差异、最人性化的部分。例如，海尔的品牌形象包括中国制造、高质材料、高价位、耐用、新款、真诚、无微不至的服务精神等，而它的品牌个性是真诚、无微不至的服务精神。人们对品牌形象的认知最初基本着眼于影响品牌形象的各种因素上，如品牌属性、名称、包装、价格、声誉等。随着消费者心理活动与记忆的不断积淀与扩散，嵌入消费者头脑中的是某一品牌的个性而不是具体的品牌形象。品牌形象能够影响消费者对品牌的关注程度，它对消费者关于品牌的认知起着统领作用。

品牌个性一旦形成，就具有不可模仿性与持续性。在品牌形象的属性中，无论是产品的外观还是其功能，都是可以被模仿的。但对于体现了品牌独特内涵的无形方面，即品牌个性而言，其如同人的个性一样难以模仿。例如，我们所看到的哈雷戴维森、联合航空、奔驰等品牌个性，都是独一无二的，而这种独特性经过长期的持续积淀，与其他品牌的区别将会越来越明显。

凯文·莱恩·凯勒把品牌个性定义为"有关品牌的人格特质的组合"，与产品特性相比较，它提供了象征性意义及自我表达的功能。品牌通过一定的塑造，也能具有像人一样的个性。当然，其个性是生产者和消费者在相互交流中共同赋予的，并不是产品本身存在的。品牌提供的象征性意义及自我表达的功能可以解释为什么消费者喜欢某一品牌。

（二）品牌个性对品牌潜意识的影响

现代心理学认为，人类的一切活动，包括消费者行为，总是以人的需要为基础。需要是在一定条件下，有机体对客观事物的需求。对人类来说，需要是为了延续和发展生命并以一定的方式适应生存环境而产生的对客观事物的要求和欲望。在市场经济条件下，消费者的需要直接表现为购买商品或使用服务的愿望。有两类不同的需要对消费者的购买行为产生着影响：一类是消费者能够意识到的机体缺失状态；另一类是消费者在购买活动中的确存在而又无法被自身所意识到的感受或冲动，也就是潜意识的影响。弗洛伊德把心灵比喻为一座冰山，浮出水面的是少部分，代表意识，而藏在水面之下的大部分则是潜意识。他认为人的言行举止只有少部分是受意识控制的，其他大部分都是由潜意识所主宰的，而且这种主宰是主动的运作，人却没有觉察到。潜意识是指被长期压抑的、个体当时觉察不到的本能欲望或经验。潜意识中的本能欲望不能随心所欲地获得满足，它一定会受到文化、道德、法律等因素的压抑和排挤。虽受到压抑和排挤，但它们不可能泯灭，相反一定要得到释放。在市场营销中，如果利用潜意识来激发消费者被压抑而又不能表达的欲望以达到营销的目的，将会收到意想不到的效果。

依据弗洛伊德的潜意识理论，人类的驱动力大多是无意识。消费者的外表及所有一切饰品、衣物以及购买行为都可以被视为消费者人格的反映及延伸。当消费者消费某品牌商品时，多少都会折射出潜意识中的本能欲望和潜在的心理需求。

万宝路品牌个性定位正是充分挖掘当时美国人的潜意识需求才获得了巨大的成功。当时正值第二次世界大战结束不久，工业经济得到迅猛发展，工业化中的美国人普遍存在着一种反叛现实的思潮，他们厌倦了紧张忙碌、枯燥乏味的都市生活，怀念过去那种无拘无束、自由自在的乡野情趣。针对这种心态，"广告之父"奥格威（Ogilvy）为万宝路品牌设计了一个以美国西部牛仔作为其个性表现形象，用充满原始西部风情的画面衬托着矫健的奔马、粗犷的牛仔，突出了男子汉放荡不羁、坚忍不拔的性格，尽显硬汉本色。这一品牌个性的塑造恰恰迎合了大多数美国人的心理欲求，很快便博得了美国烟民的喜爱与认同。其实，谁心里都明白，即使一天抽一条万宝路也成不了牛仔，但它却可以达到对世俗尘嚣的排遣和解脱，从而使人得到一种心理的补偿。

（三）品牌个性对自我概念的影响

从心理学的角度看，消费者的购买行为既是为了满足其潜意识的本能欲望、释放一种心理压力、获得某种心理的补偿，同时也是试图与长期以来的自我概念保持一致。也就是说，消费者购买的产品或服务在满足潜意识被压抑的本能欲望的同时，其过程也是与消费者的自我概念相一致的方式。因为消费者购买的产品或服务在外部反映了消费者的形象，体现了其价值观、人生目标、生活方式、社会地位等。

心理学家罗杰斯（Rogers）在自我理论中提出了自我观念的概念（人们由于自己的特性

而进行认知的一种方法），以解释消费者如何根据自我形象（个性）来寻找与之相匹配的品牌，据此提出消费者选择品牌的模式。其中又可分为现实自我观念与理想自我观念，两者都与购买注意力有很强的相关性。关于知名品牌的实证分析也证实了强势品牌都有鲜明的品牌个性，与目标顾客的个性相融合。在不同产品类别的品牌个性与消费者自我概念研究中发现，随着消费者自我概念与品牌个性的一致性程度提升，消费者对其品牌的购买意愿会随之增强。无论是对消费者卷入程度较低的产品，如手机、手表或电池等，还是对卷入程度较高的产品，如汽车、房子等，消费者在购买过程中都力图使购买的产品符合其长期以来的自我认识。尽管消费者的自我概念层面比较复杂，但至少可以区分两种不同类型的自我概念：真实自我，即一个人如何真实地看待自己本身；理想自我，即一个人希望如何看待自己本身。一般认为，消费者根据认为自己是什么样的人（真实自我）和希望自己成为什么样的人（理想自我）指导自己的消费行为。这是因为商品的购买、展示和使用可以向个体或者其他人传递一种象征意义，个体为了维护和强化他的自我概念，必然要使消费行为与自我概念相一致。

现代市场产品丰富，同一类型产品均存在多个品牌。在市场经济条件下，消费者完全可以在不同品牌之间进行自由选择。在追求一致性的影响下，消费者将根据其对真实自我所持有的概念而消费，他们通过购买与其真实自我概念相类似的产品或服务来保持一致性。如果消费者把自己看作是严谨、自律的人，可能会穿西装、打领带，不会购买太过时髦显眼的衣着。作为经营者，要让品牌个性与消费者的真实自我概念保持一致。消费者的理想自我概念与消费者的自尊有关，消费者的真实自我概念与理想自我概念之间的差距越大，其自尊心就越强。在营销领域，消费者对自己的不满可能会影响到其购买行为，特别是影响到购买能够增强消费者自尊心的产品。因此，一个越是对自我形象（真实自我）缺少信心却又非常渴望时髦、富有魅力（理想自我）的消费者，为了满足其高度的自尊心，越容易成为时尚服装、高级美容化妆品的购物大户。

总之，作为品牌管理者应该知道，在产品越来越同质化的时代，消费者之所以购买某种产品或服务，是因为该产品或服务满足了消费者的潜意识需要，消费者在满足其潜意识需要的同时总是试图与其自我概念保持一致。因此，品牌管理者可以通过市场细分策略区分出该品牌的使用人群，只要充分挖掘出该使用人群的潜意识需要和自我概念就可以为品牌的个性定位和塑造提供富有针对性的策略和途径，在未来的市场营销中立于不败之地。

三、品牌传播策略的心理活动机理

根据巴甫洛夫与斯金纳的"刺激-反应"理论，消费者的行为受驱策力、诱因、反应和强化四大因素的左右。以购入新品牌为例，先要消除使用其他品牌的习惯，再提供线索，用优质的商品反复加深印象，从而养成对新品牌的习惯。

心理学家的一项调查分析结果表明，"人们接收到的外界信息中，83%的印象通过眼睛，11%借助听觉，3.5%依赖触摸，其余的源于味觉和嗅觉"。因此，在品牌的设计和传播上，要给予消费者足够的刺激强度，形成视觉冲击力和轰动效应，以达到共鸣。

按照共鸣模型理论，有效的说服策略要从目标消费者本身引发情感上具有说服力的信息入手，而不是向大脑输入一条信息。产生共鸣的信息涉及消费者价值观、需要、欲望、渴望等内容，而并非是仅仅听起来正确的信息，关键是使品牌产生的情感体验要与产品的有关活动相联系。

但是，根据重复暴露的二因素理论模型，假设品牌不断地重复，这个重复每一次出现，或者每一次重复，在心理上都有两个因素起作用：一个是正面性质的，称作积极学习效果，也称积极因素，当重复若干次的时候，积极因素的效果很快就提高了，而之后当再重复的时候，这个效果就会减少了；另一个是乏味因素，它在开始阶段的表现作用小，但是当重复一定次数以后，效应就很明显了，会发现很快作用于人的心理。当这两个因素相互作用时，就出现了一条曲线，这条曲线表明在一开始效果是随着重复的次数往上升的，当超过一定次数以后再重复，就会适得其反，甚至最后会产生负面效果。

在现实生活中，人们能否接受一个品牌，取决于消费它之后的强化作用是正或负。如果符合消费者的要求并且令人满意，那么这个强化就是正强化；反之，则为负强化。在这种情况下，只有正强化能对品牌起很大的作用。

有人称："消费者钟情于一个品牌是所有信息齐头并进的组合所致。"这其实是对奥格威品牌定义的误读。大卫·奥格威在1955年提出："品牌是一种复杂的象征，它是品牌属性、名称、价格、历史、声誉、品牌方式的无形总和。"许多人只注意了这段话，却没注意奥格威置于其后的那句定义："品牌同时也因消费者对其使用者的印象以及自身的经验而有所界定。"

消费者对一个品牌产生购买欲望，其实是由对其购买决策具有关键影响力的接触点信息所致，这是"因消费者对其使用者的印象以及自身的经验而有所界定"形成的。

品牌专家戴维·阿克的品牌接触点传播理论很好地解释了品牌传播的机理。按照品牌接触点传播模式相关理论，一个"关键时刻"存在于消费者的心智中，找出这个"关键时刻"就找到了打动消费者的关键，而品牌提供的其他信息则对消费者验证"关键时刻"的正确性和可信性起着强化和增强信心的作用。

从消费者感知模式来看，一种购买决策的达成是建立在理性和感性联想之上的。虽然现在的一些理论认为"随着市场竞争的日益激烈，各种层出不穷的促销手段使得消费者的购买决策已经变得越来越理性"，但其实这种论断可能仅仅是针对个别产品和一些非理性营销的行业而言的。

按照品牌接触点传播模式，消费者为了满足某种需求与欲望，通过放射性思维积淀了众多相关的信息。最后，当他们接触到品牌所提供的信息时，又非常自然地运用放射型思维发散开来，用心智中积淀下的信息进行印证，最终做出是否购买的决策。

因此，品牌宣传可以从研究消费者的个人数据库中关于其生活和工作中的需求和欲望得到满足后产生的各种反应资料入手，发掘何种功能、何种特色、何种氛围以及何种媒介在何种情况下最能满足消费者的需求和欲望，从而发现对消费者购买决策影响最大的"关键时刻"，并以该接触点为圆心，实施有针对性的、不同刺激强度和频次的传播。

如图8-14所示，当消费者接收到各种品牌信息刺激源时，就会将接触点信息存入心智中，结合自己的功能需求、使用经验、自我实现、责任、义务、面子、利益等因素进行推理和抉择。并将能满足其某种需求的接触点信息放入心智中的归类抽屉中。至此，也就意味着消费者做好了接受该品牌的准备。

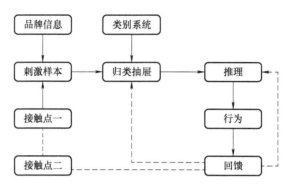

图 8-14　品牌信息处理系统图示

本 章 小 结

本章主要阐述了品牌心理学的基本理论及其应用，通过对一般心理学理论和品牌活动心理机理的回顾，系统地阐述了现代品牌研究中对品牌心理的认识和应用，其基本内容可以归纳为以下几条：①感觉是消费者认识商品的起点，是整个心理过程的基础。经营者应认识到感觉的重要性，把握消费者感觉的一般规律。②知觉是选择、组织和解释感觉刺激，使之成为一个有意义且连贯的现实映像的过程，它具有选择性、整体性和解释性特点。③引起注意是消费者接受品牌的开端。刺激的大小、强度、新颖性、颜色、位置、变化、活动、形状等因素会影响消费者对品牌的注意。④记忆不仅发展、深化了认识过程，而且把认识过程与情感过程联系起来。为增强消费者对品牌的记忆，可利用直观、形象的信息传递，简短易懂的词语，信息的适度重复与变化重复等策略。⑤联想是由一种事物的经验想起另一种事物的经验，或由想起的一种事物的经验，又想起另一种事物的经验。⑥态度是个体对某种对象稳定的心理倾向，它具有调节功能、自我防卫功能、价值表现功能和知识功能。⑦品牌设计与塑造必须与消费者态度紧密联系起来，包括品牌信息要与消费者的潜在需求有关、品牌信息源要有较高可信度、品牌要能给予消费者积极的情感体验。⑧在品牌经营中，要注意自觉运用心理学原理。消费者心理是品牌作用的对象，品牌要想获得成功，需要符合消费者的心理特点。

学 习 重 点

1. 品牌心理活动的基本规律。
2. 品牌传播的心理活动机理。

思 考 题

1. 简述品牌作用的心理过程。
2. 试应用品牌心理学理论分析一个你熟悉的品牌，看看它是怎样获得消费者关注的。

第四篇

品牌创建

第九章

品 牌 定 位

品牌定位是指企业对具体的品牌在其价值取向及个性差异上的原则性决策。从理论上说，市场定位在先，继而是产品定位，最后才是品牌定位。前两个步骤在市场营销学当中有全面的解释，所以此处不再赘述，本章着重阐述品牌定位的基本内容。

第一节　品牌资源分析

市场营销学认为，市场就是现实购买者和潜在购买者的总和。分析市场是一切营销活动的基础，对于市场化程度极高的品牌运营也不例外，因此，品牌资源分析的实质就是市场分析。

品牌定位的前提是品牌资源分析，它决定了创建品牌的决策是否可行，因此，品牌创建之初的第一项任务就是对企业现有的、与品牌创建有关的资源进行系统的梳理和分析。品牌资源的分析包括以下四个方面：

一、人力资源分析

首先审视一下自己现有的运营队伍是否具有充足的品牌运营能力，对品牌运营的各环节逐个甄选、布置，针对运营环节与岗位职能进行对比。配齐和优化运营队伍是品牌运营成败的关键。因此，对品牌运营队伍、现有营销队伍和现有品牌管理人才资源进行分析是品牌资源分析的第一步。具体进行以下三个方面的分析：

1. 专业化的品牌运作团队

专业化的品牌运作团队是创建品牌的核心。一个优秀的团队至少应该具有以下三项关键能力：策划能力、品牌战略规划及实施能力、品牌危机应对与处理能力。这三项能力都是综合能力的体现，分别代表了品牌创建当中最重要的三个环节：市场策划与运作、战略制定与实施、危机应对与处理。它们构成了品牌创建全过程的框架。

建立专业化的品牌运作团队，既可以从组织内部选拔成员，也可以从外部招聘人员，还可以通过与其他公司合作。无论选择何种方式组织和招聘成员，团队的磨合都是非常有必要的。在长期磨合协调后形成的具有高度凝聚力、创新力和执行力的团队将成为组织创建品牌的核心。

2. 企业核心层

创建品牌是一个涉及企业所有部门和人员的系统性工程，协调难度很大，如果没有企业核心领导层的支持，很难完成复杂的协调和安排。因而在品牌创建的过程中，还需分析企业核心领导层的品牌驾驭力。

一个有利于品牌创建的企业领导层至少应具备三个特点：①开放的经营思想和开阔的眼界；②强有力的领导力和决策能力；③对企业和品牌的驾驭能力。

3. 全员的品牌经营意识

对于企业而言，创建品牌不是一个人或一个团队的事，它是企业内所有员工都必须参与的事。许多基层工作都涉及品牌的塑造，每一个营销人员都会直接面对消费者，消费者对品牌的第一印象就来自第一个为他服务的企业员工，可能是业务员，也可能是安装工，还可能是电话回访员。每一位对外服务的基层员工在与消费者接触时都代表着企业的形象，他们也是品牌塑造的一部分。即使是企业内并不直接接触消费者的从事生产或其他辅助工作的员工，也一样会影响品牌塑造。

因此，培养全体员工的品牌意识是塑造品牌过程中不可或缺的环节。通过短期的人力资源培训，员工了解企业的品牌战略，并主动与自己的实际工作相结合，这样更有利于品牌战略的实施。

二、财务资源分析

财务资源是指企业所拥有的资本以及企业在筹集和使用资本的过程中所形成的独有的、不易被模仿的财务专用性资产。它包括企业独特的财务管理体制、财务分析与决策工具、健全的财务关系网络以及拥有企业独特财务技能的财务人员等。

创建品牌是一项风险很高的投资活动。其投资周期不确定，而且还要有相当长的准备期和铺垫期，其间投入规模大，且很少有人能从中受益，这需要充足的现金流为企业品牌长期运营做保证。因此，财务资源是创建品牌的必要条件，也是各项资源分析中重要的一项。企业的财务状况直接影响着企业品牌运营的战略选择，良好的财务状况是进行品牌运作的基本条件。

财务资源分析是一项专业性很强的工作，需要由专门的部门和人员完成，本书不专门研究财务问题，因此该部分不再赘述。

三、产品资源分析

尽管现在出现了一些专门从事将品牌作为产品的公司，但仍是极少数，市场上还是很难看到没有产品作为支撑的品牌。在经典的品牌关系理论中，企业的产品是整个品牌关系运动的载体，是品牌在市场环境中实现价值的体现，选择好产品入手会使品牌塑造事半功倍。

应对企业拥有的产品进行产品组合分析。例如，在以往的销售中，企业的主导产品属于什么档次？在市场上的占有率如何？预计生命周期还有多长？盈利情况怎么样？除品牌主导的产品以外，其他的附属产品有多少？盈利对比情况如何？等等。

一般运用产品组合的业务单元分析方法对产品资源进行分析，对已有的产品进行充分的整合，以品牌发展的需要为准绳，以是否与品牌内涵保持一致为主要评价指标，对产品进行排序，分列出若干业务单元，对符合品牌发展目标的业务单元优先予以支持。

四、目标市场的竞争空间

如果某一细分市场内有众多的品牌，且处在激烈的竞争当中，要想在这样的市场内塑造一个新品牌是很困难的事，因为它留给新品牌的空间十分有限，人们经常用"市场裂缝"来形容该空间的狭小。与此相反，如果发现某目标市场上几乎没有品牌，企业也相对小而分散，那么这样的市场特别适合新品牌的塑造。

塑造新品牌需要相对有序的市场环境和能够容纳新品牌的市场空间。企业可以努力发掘新市场，也可以回顾和总结现有的客户资源，并进行细化分类来寻找商机，同时要关注市场上的潜在客户，关注他们的数量和消费能力，并分析能够进一步发掘的可能性。现有的客户和潜在的客户都是进行品牌运作的重要资源。

第二节　品牌定位的内容

一、品牌定位在定位体系中的位置

1972 年，《广告时代》刊登了艾·里斯（Al Ries）和杰克·特劳特（Jack Trout）的系列文章《定位时代的来临》。正是这个系列文章及以后刊印的单行本，开创了营销史上著名的"定位理论"。

艾·里斯对定位的理解在当时就是在消费者的头脑中寻找一块空地，扎扎实实地占据下来，作为"根据地"，不被别人抢占。而杰克·特劳特的所谓定位，就是令企业和产品与众不同，形成核心竞争力；对受众而言，即鲜明地建立品牌。可以看得出来，他们的定位核心思想就是牢固差异化。

定位出自对广告效果日益下降的解决方案，延续了大卫·奥格威的"所有广告都应该是为增加品牌资产服务的"这一论断。最初的定位就是广告定位，之后又出现了"营销定位""品牌定位""战略定位""企业定位"等概念。当迈克尔·波特（Michael E. Poter）将定位的概念引入战略管理后，定位的概念逐渐泛化，其含义演变为"从起点到愿景的路径"。后经学者们整理，形成了现在的定位体系。

由战略起点至企业愿景的路径称为战略定位，由确定目标人群至满足或引导目标人群的路径称为营销定位，全程贯穿于整个营销系统，其间分别经历了产品定位、市场定位等环节。由营销策略至满足或引导消费者的环节最为复杂，包括广告定位、渠道系统定位等，定价本身也可以称为价格定位。定位理论体系如图 9-1 所示。

在这个定位体系当中是看不到品牌定位的，因为品牌定位在企业定位体系中的位置是随着品牌在企业中的作用而变化的。若企业将品牌视为经营工具，小到一则广告内容的确定，都是为增加品牌资产服务的，那么广告定位就可以视同品牌定位；但当企业将品牌发展战略作为企业总体战略时，品牌定位就是企业战略定位。

正因为品牌定位的不确定，在实践中要特别注意切勿将品牌的广告定位用作企业战略定位，或将企业总体战略作为一个广告定位来使用。这都会对企业造成定位不清的极大失误，后果严重。

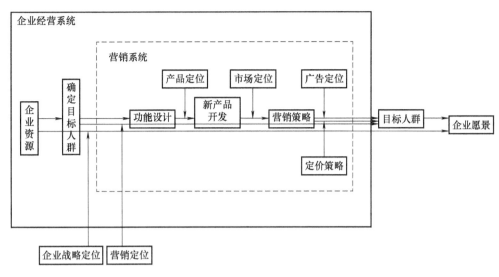

图 9-1 定位理论体系

二、品牌定位系统

品牌定位也可以看成是市场定位的一部分，在实施品牌优先发展战略的企业里，品牌定位就是市场定位的核心，它是这个企业发展战略的集中表现。企业一旦选定了目标市场，就要设计并塑造自己相应的品牌及企业形象，以争取获得目标消费者的认同。由于市场定位的最终目标是实现产品销售，而品牌是企业传播产品相关信息的基础，是消费者选购产品的主要依据，因而品牌成为连接产品与消费者的桥梁，品牌定位也就成为市场定位的核心和集中表现。

一般而言，只有在完成市场定位和产品定位的基础上，才能比较顺利地进行品牌定位。品牌定位解决的是在市场细分和产品差异化的基础上进一步强化品牌识别的作用，以增强产品竞争能力的问题。品牌定位以产品定位为基础，但内容远不止产品定位的范畴。

一个完整的品牌定位系统由三个层次共同组成，分别是品牌内涵定位、品牌外延定位和品牌市场策略定位。每一层次定位的内容和作用都不同：品牌内涵定位是核心定位，具有相当强的稳定性，一旦形成一般不会改变；而品牌外延定位是品牌定位的主要表现，短时间内也较为稳定，但受到较大影响后应进行一些调整；品牌市场策略定位是在前两者的基础上，以细分市场中目标消费者的特点为对象，制订具体的方案以应对市场竞争，其往往具有针对性，是针对一时一事、一物一地的具体的竞争方式的定位，因而品牌市场策略定位强调随机应变、与时俱进，并不具有稳定性。

（一）品牌内涵定位

1. 品牌价值观定位

品牌内涵定位即指品牌价值观定位。品牌价值观定位是品牌的基础定位，体现品牌的价值取向，与其价值观相符的消费者会对品牌产生认同感，并以联想的形式影响消费心理和消费行为。

品牌价值观实际上是经营者用有关品牌的活动来表达自己对周围的客观事物的意义、重要性的总体评价和看法。一方面表现为价值取向和追求，凝结为一定的价值目标；另一方面表现为价值尺度和准则，成为人们判断事物有无价值及价值大小的评价标准。品牌价值观一旦确立，便具有相对稳定性。但就经营者而言，由于人员更替和环境变化，经营者的价值观念是不断变化的，传统价值观念会不断地受到新价值观的挑战。

对品牌关系中诸方事物的看法和评价在经营者心目中的主次、轻重的排列次序，构成了品牌价值观体系。品牌价值观和品牌价值观体系是决定经营者行为的心理基础。

品牌价值观定位的主要内容是建立符合品牌文化的价值观体系，这要求品牌价值观定位具有对经营指导的明确的是非判断标准。

2. 品牌价值观的作用

品牌价值观对经营者自身行为的定向和调节起着非常重要的作用，它决定企业的自我认识，直接影响和决定企业的经营思想和追求方向。品牌价值观的作用大致体现在以下两个方面：

（1）品牌价值观对企业的经营具有导向作用。经营者的价值观支配和制约着其经营风格，对其经营模式有着重要影响。一旦形成独特的品牌价值观，经营者本身的言行也会受到它的影响和制约。

（2）品牌价值观对消费者的消费动机有很大影响。在同样的客观条件下，具有不同价值观的人，其动机模式不同，产生的行为也不相同。动机的目的受价值观的支配，只有那些经过价值判断被认为是可取的动机，才能转换为行为的动机，并以此为目标引导人们的行为。品牌价值观依据这一原理，深刻地影响着消费者。

（二）品牌外延定位

品牌外延定位包含两重含义，即品牌的经营理念定位与品牌经营风格定位。

1. 品牌经营理念定位

品牌经营理念定位是对品牌内涵定位的具体化，突出了品牌的价值取向和意义。该定位是使品牌经营能够把握目标人群的消费心理和消费习惯，使品牌经营的习惯与消费者接受的消费习惯在根本上保持一致，塑造一种以品牌观认同为基础的品牌经营理念。

品牌经营理念定位的内容直接影响到品名与品质的设计、功效和价格（档次）的确定等一系列的经营层面的操作原则，是未来所有品牌经营活动的指导原则。

2. 品牌经营风格定位

品牌经营风格定位是指与品牌经营有关的所有人员的管理水平、经营特点和经营风格的定位，是反映在品牌运营过程中，品牌被人格化以后具有的品牌个性与风格的定位。

品牌经营风格定位包括品牌的视觉识别和行为识别定位、形象定位以及文化定位等，是品牌外延定位的另一重要方面。

（三）品牌市场策略定位

品牌市场策略定位就是以细分市场中目标消费者的特点为主要研究对象，结合品牌的内涵与外延定位制定具体的市场竞争方式定位。

三、品牌定位程序

品牌定位不同于抽象的市场定位，也不同于十分具体的产品定位，它的抽象程度介于二者之间。因此，它的定位过程有其独特的程序，从抽象的核心价值到具体的诉求点选择，贯彻一个由抽象到具体的过程。

越抽象的理论越会得到普遍运用，抽象的核心价值观会在整个品牌运作中体现出来，而不仅是在品牌定位程序中。作为品牌定位的首要条件，将企业的核心价值观浓缩在品牌中，将抽象的企业经营理念进一步具体化为品牌的核心价值，这是企业经营理念与品牌风格的统一。

在确定了品牌的核心价值之后，品牌定位进入下一个重要的步骤，即品牌竞争目标的确认。这是将品牌核心价值进行充分演绎的过程，同时也是将抽象的价值观具体化的重要步骤。然后，对可以进行演绎的方向进行详细分析，优选其中有优势、有可能的方向放大，并将目标具体化。这一过程会充分体现出品牌所有者的社会责任感和价值观，以及品牌经营的思路，对今后品牌实务有程序化的指示作用。

品牌定位具体表现在两个方面：一是诉求定位，二是策略原则。优选品牌诉求是品牌定位理论的具体化，品牌策略原则则是品牌定位实务的具体标准，二者共同构成完整的品牌定位。

综上所述，品牌定位按照以下四个步骤展开：

第一步，分析该品牌的核心价值。

依据产品定位确定品牌核心价值。品牌定位一定不能偏离品牌的核心价值，优秀的品牌核心价值应该能够体现品牌所有者的社会责任感和价值观。例如，对食用农产品而言，安全性是体现生产者社会责任感的首要要求。

第二步，确认品牌竞争目标及核心价值的演绎。

品牌定位的目的是尽可能地避开竞争者所带来的冲突。在具体确定企业品牌位置时，一定要分析竞争品牌在消费者头脑中的现有位置。在了解竞争者的基础上，运用具体的营销策略，结合自身的资源情况确立明确的品牌价值理念。除此之外，企业并不能直接实现其价值观的传播，优选演绎方向是品牌定位中的一个重要步骤。

第三步，优选品牌诉求点。

在确立了核心价值及其演绎方向之后，其他定位都要建立在品牌的优势诉求点之上，所有者即可优选品牌在营销中的品牌诉求点。此阶段的品牌诉求表达出来已经不再是抽象的概念。

第四步，品牌策略原则的形成。

这一阶段完成了品牌理念从抽象概念到具体操作的过程。对原则的具体化是之后对品牌进行传播与应用的基础。应用与传播必须遵循这一阶段形成的各项品牌策略原则。

品牌策略原则的形成标志着一项品牌定位的完成。当然，这些原则也不是一成不变的，适时地修改原则以适应环境的变化也是必须有所准备的。

最后，品牌定位会以两种具体的形式影响企业经营：①具体的执行目标和选择，如目标人群定位、产品档次定位等，都是具体的目标与选择定位；②与品牌经营相关的原则，如广告媒体选择的原则、品牌危机处理的原则等。很多优秀的广告设计或公共关系活动就是基于品牌定位而来的。这类定位表现得并不具体，只是对预计发生的经营步骤提前做出预见性的分析和处理原则的安排。

补充阅读材料 9-1

误把广告定位当战略定位的危害

定位理论于 1972 年被提出之后，风靡于世界广告界，后经其他领域的学者借鉴运用此概念，使得定位的内涵不断丰富，逐渐发展成为以营销定位和战略定位为主要内容的定位体系，因而备受重视。定位理论传入我国后被很多企业寄予厚望。但经过一段时间的实践后发现，定位并非能令所有的企业"起死回生"。营销界学者对其进行过大量评述，虽没有道破其中的秘密，其功效也受到不少质疑。

定位体系在经过多年发展后，其含义已远远超出当年艾·里斯和杰克·特劳特在创建定位理论时的理解及其内涵，可以说定位体系基本覆盖了整个经营系统。在以经营为目的的企业或组织中，每个经营环节都存在一个短期经营目标，但这些目标往往是由不同部门执行的，因此，经常会出现某一环节为实现自己的目标而损害下一个环节利益的现象，甚至给下一个环节造成极大的麻烦而难以实现总的预期目标。最明显的例子之一就是营销环节。所有的经营工具都是为或远或近的销售服务的，包括生产环节、新产品开发环节，甚至财务系统、人力资源管理等，只是营销环节是距离销售最近的环节和部门，再具体点说，它是营销中的渠道终端，是距离消费者最近的环节和部门。它要求其他部门和环节的短期目标与其一致，为销售服务。因此，距离它最近的上一个环节与部门的短期目标，如广告、价格等必须与之一致。定位理论所要实现的不仅仅是营销与消费者概念上的一致，更多的是要求企业所有经营环节的目标与消费者所需一致。

但各个经营环节间都存在选择决策问题。从前一个环节看，为后一个环节的利益着想不是利益最大化决策，期望自觉履行带有成本的义务是不可能实现的，除非这个环节的选择决策方向是固定的。因此，现代定位理论的真实含义应该是战略选择决策的方向轴，是确保每个经营环节的经营目标与下一个环节一致的战略工具，保证各个环节间的衔接顺畅。从这个意义来看，定位的对象远不止于广告定位或营销定位，而是企业发展定位，是战略定位。

之所以有很多人误把广告定位当成定位理论的核心，这与定位起源有关。定位理论确实是为解决"广告设计为谁服务"这一命题而产生的，在最初有关定位的书籍中，几乎都是围绕广告创意和设计的最终目标展开的。依托大卫·奥格威的"所有广告都应该是为增加品牌资产服务的"认识，广告定位将企业在广告环节的目标与企业确立的品牌价值目标统一起来。这一理论对广告业的发展作用很大、影响深远，但定位的概念并未就此止步。如果现在依然将定位定格在广告环节，会出现一种非常危险的倾向。在广告定位中，由于传播的内容有限，需要大幅削减营销诉求，针对消费者做传播简化，表现在广告定位上的往往是企业经营思想和风格的高度浓缩，甚至聚焦于一点。这一点在广告设计上是可取的，但对于整个企业经营系统来说又是危险的。企业的经营系统是以最终实现销售、满足目标消费者的需要为主线的，牵动企业内部的所有环节和部门，是一个从底到顶逐层减少的过程。一旦将最后的定位倒回来作为前面所有环节的定位，甚至成为整个企业的发展战略定位，无疑是高度放大了广告定位的作用。即便是一个非常精准的广告定位，也难以取代整个经营体系的定位系统的作用。

从定位在企业中的实施效果看，有的企业效果明显，有的企业效果不明显，甚至有的企业在定位后出现了经营方向的迷失，不能一概而论。迷失了经营方向的企业有一个共性问题值得关注，即大幅削减经营范围而集中于唯一一点。这一做法有悖经营的主旨，有悖企业发展的规律，对于企业而言是本末倒置之举，应当清醒认识。

第三节　几种基于品牌内涵的定位策略

一套完整的品牌定位体系包含了品牌价值观的确定、品牌经营理念和经营风格的确定以及市场策略定位，尽管它们所处层次不同，但都是围绕着品牌关系展开的。创建品牌之初，只有品牌价值观的确定，其余的定位和设计都是在长期实践中慢慢积累和丰富起来的。因而，本节只对品牌内涵定位的策略和分类进行分析，其他层次有关定位的问题将在品牌管理部分详解。

品牌要素是品牌内涵定位分类的依据，对创建品牌所需的所有要素逐一安排、确定的过程就是品牌内涵定位分类的基本框架。依据每个要素的特点，结合企业实际，可以制定出千差万别的品牌内涵。

一、产品属性与类别导向型定位策略

如果确定产品因某种属性或类别具有明显的差异化优势，竞争者难以模仿且消费者又很重视这种属性或类别，则企业可以考虑采用产品属性与类别导向型定位策略。产品属性与类别导向型定位是指以产品属性或类别为定位起点，全面思考产品构成，并使其成为品牌构成要素的主导。整个品牌定位策略看起来就是在产品本身做文章，渐渐地使品牌成为产品的代名词。

雷达表的品牌定位就是此类定位策略的典型代表，该品牌的定位就是基于产品"永不磨损"的属性。七喜饮料的品牌"非可乐"定位更是将此类定位策略综合运用到了极致。七喜打破饮料市场一贯按照碳酸类饮料和非碳酸类饮料的划分方法，将饮料市场的饮料类别划分为可乐类饮料和非可乐类饮料，并针对可乐类饮料含咖啡因的缺点，将自己的品牌市场策略定位于"七喜，不含咖啡因的可乐"，从而成为非可乐类饮料中的一大品牌，获得了良好效果，占据了美国饮料市场的半壁江山。

二、企业导向型定位策略

企业导向型定位类型是指企业发展品牌的思路依据企业的发展阶段或企业的特殊性而展开。每个企业的发展路径都不尽相同，确定发展品牌的思路也需要结合企业自身的条件，尤其是企业的发展状况和特殊性。

这类品牌定位策略表现为对品牌核心观念一致性控制的不足，频繁地更换代言人或不断变化自己的核心价值观，使得消费者对它的认识无所适从，这样的品牌很难深入人心并持续地发展。

三、消费者导向型定位策略

如果品牌定位是参考消费者对品牌或产品诉求的能力，则属于消费者导向型定位。有些

企业希望通过对产品的诉求进行品牌宣传，但因产品诉求很复杂，不易于消费者理解和传播，为了便于消费者理解和记忆，一般会将这些诉求整理成一个通俗易懂且有吸引力的新词汇，从而引发消费者对其联想和兴趣。

娃哈哈儿童口服液的定位"喝了娃哈哈，吃饭就是香"就是一个比较典型的消费者导向型定位。这句浅显易懂的广告语里包含了娃哈哈产品的众多诉求，如果一一介绍会将产品的主要诉求埋没在众多的功能信息当中。该定位通过对消费者心理的把握，高度浓缩了产品信息，使其定位完全依据消费者的最终目的来表达，包含了家长对孩子健康成长的期望，加上富有创意的广告语，最终使得该品牌在市场上获得了消费者的认可。

金六福的品牌策略定位也是基于对消费者的考虑，将自身定位于"有喜事，金六福酒"，这将它的用途专指于喜庆场合的用酒。其实消费者在特定场合对同一种产品的属性认识是没有任何差异的，但因品牌定位不同，使得消费者对产品的认识产生了差异，这也算细分理论的基础。

四、市场竞争导向型定位策略

市场竞争导向型品牌定位策略是指企业比较重视市场内的其他竞争者的定位，参考并有意安排其品牌在竞争中处于独特的有利地位，以便获取竞争优势的定位策略。

这种品牌市场定位策略是完全基于竞争对手的品牌策略而制定的，有时是回应式的，有时甚至是回击式的。它可能针对一轮竞争，也可能针对一个品牌或一组观念。总之，具有针对性是这种定位类型的特点。

例如，五谷道场的"非油炸，更健康"的定位就是针对其他方便面品牌油炸工艺的弱点而制定的。在加多宝和王老吉之间的较量中，加多宝打出"销量领先的红罐凉茶改名了"的标语后，王老吉马上回应"从未改名"。这些都是市场竞争导向型定位策略的典型运用。

补充阅读材料9-2

城市品牌定位不可取

"定位"在理论上说起来像一个瞄准镜，在实务中干起来更像一把锋利的剪刀，对企业或产品的品牌进行定位，可以起到聚焦目标人群、提高传播效率的作用，可以说定位是精准营销的基础。而城市发展史的另一命题——"城市品牌"的概念，则是对"城市形象留给非常驻居民的印象"的高度浓缩，意指广大消费者对一个城市形成的总体印象，经该城市的管理者加以强化后形成的综合概念。当两者被嫁接在一起的时候，就形成了时下城市发展中的一个时尚概念——城市品牌定位。

近年来，各个城市之间产业竞争升级，城市品牌的概念逐步兴起，并且经常被用作城市争夺招商引资机遇、发展旅游经济、产地信用背书等方面的工具。"城市品牌"的概念本无可厚非，它能够以现代品牌管理的理念提高政府对城市管理的科学水平，但品牌定位理论用在城市发展和管理上是否合适就要从定位的适用性谈起了。

定位对解决营销中出现的经营面过宽现象有着重要的积极意义，它适用于以营利为目的的企业或组织，能够起到终其一点的作用，这恰恰是讲究社会生态和谐共融的城市或地区所不适用的。城市发展需要的是系统科学的规划，而不是将整个城市的发展寄于一个支点。若沿着定位的思路强力推动城市定位，其后果可以从宏观与微观两个角度来辩证。从宏观上看，城市定位泛化的最终结果是出现这样一种局面：各个城市朝着自定的目标发展。这种自定的目标没有统一的规划，且不必说决策的水平如何，假定这一决策是符合时势的，当然这一假设的可能性极大，那么势必形成一种产业不平衡的局面，积累到一定程度，就会造成整个经济面的产业失衡。另一方面，从微观角度来看，城市品牌的定位会破坏原有的城市发展生态。一个城市所形成的社会生态和经济生态，有其发展历史过程中的偶然，也有其自然演进轨迹的必然，这是无数城市发展的历史告诉我们的规律。城市品牌定位是市场竞争的产物，就其本质而言，也是一种人为的干预，若这一干预没有做到科学分析和可行性论证的话，尽管主观上是希望有益于城市发展的，但其后果极可能成为一种事实上的破坏。人们对城市发展的认识是有限的，适度的引导并尊重发展的规律才是对城市发展的科学态度，人为主观地或是短视功利地将主观愿望赋予"定位"的概念，是对城市无知又冷酷的干扰，甚至可能成为被利用的手段。

城市品牌是这个城市的历史、人文、资源、产业、环境等综合在一起形成的吸引力，最终是为城市发展服务的；城市品牌是一个过程，是一种手段，不是一蹴而就的，也绝不会是一成不变的。随着社会的发展，每个城市都与时俱进，不断地赋予城市新的含义。尊重城市自我发展的客观规律，引导主流发展，也绝不干扰其他，给予城市的经济生态和社会生态以空间，只有这样城市品牌才能继续发展并演绎出更多的内涵。

城市品牌的发展是随着城市社会发展而自然产生的，政府在其中的角色就是维护社会与市场的环境和规则。为城市品牌定位，看似符合市场竞争的要求，实为揠苗助长式的添足之举，是行政手段借助品牌工具对经济社会发展进行简单干预的变形产物，对城市发展而言，弊远远大于利，实在不可取。

本 章 小 结

本章首先阐述了品牌资源的分析，然后从品牌定位的概念、品牌定位系统和品牌定位程序讲述了品牌定位的主要内容，最后根据品牌要素系统地阐述了几种品牌内涵定位策略。

学 习 重 点

1. 品牌资源分析的具体内容。
2. 品牌定位的主要内容。

思 考 题

为什么品牌定位不出现在定位理论体系当中？

第十章

品牌名称与徽标设计

第一节　品牌名称设计

品牌形象系统中的名、图、字、色四要素中，品名是首位。确立品名识别，对于品牌塑造而言是很重要的一步，深入了解名称并发现做出该选择的理由是十分必要的，正如西方谚语所说："名称预示着一切""好名字预示着好的开始"。

一、品牌名称设计概述

一般来说，一个品名有两层含义。第一层含义是"用以识别"功能的产品名称，这是品名的基本含义。商标名称是与品名最为接近的法律词汇，二者的识别功能是一致的，只是适用的范围有所不同，因而有关商标的理论完全可以适用于品名的初步设计。当产品名称得到消费者的广泛认知、产生了品牌关系后，品名就有了第二层含义，即品牌的品名。这时的品牌名称与商标名称是完全不同的概念，品牌名称具有深刻的内涵。一般来说，提及商标名称是指商标名称的标准，而提及品牌名称一般是指品牌名称的设计，属于品牌的符号或形象识别系统。

在品名设计实践当中，品名的设计是艺术性最强的环节，有很大的发挥空间，但品名设计存在良莠不齐的现状。如果不能科学、系统地设计品名，会给许多品牌在发展之初就埋下严重的隐患。尤其是在跨文化的品牌传播过程当中，因品名设计引发文化冲突而导致品牌推广失败的例子更是不胜枚举。

品名设计有两种倾向在实践中有极大的危害。一种倾向可以称为艺术论，即认为品名设计是艺术的发挥，很简单、容易，只要把握住品牌的内涵，对其进行艺术的加工，使之符合文化背景的要求，被消费者认可，这就是好的品名，自然这个设计就是成功的。其实，品名的设计除了要求艺术的发挥，还要求科学的指导，其过程并不复杂，但却很难把握。另一种倾向是运气论，即认为品名设计根本无规律可循，品名或品牌的成功都是运气而已。这两种论调对实践都是有害的，客观地讲，品名设计是艺术的，同时也是科学的，二者不能偏废；品名设计的成功有运气的成分，但并不是完全靠运气。

二、品牌名称设计的原则

品名设计没有标准的套路，总结以往有关品牌名称的设计经验和案例，可简单归纳出设计品名的五大原则，即易于传播原则、易于联想原则、易于延伸原则、适应性原则与可保护性原则。这五条原则都是设计品牌时必须遵守的，它们是检验品名最基本的原则。

（一）易于传播原则

易于传播原则是创造品名的核心，它由易于识别、易于口传、易于记忆几个方面的要求共同组成，最终达到易于传播的目的。

1. 易于识别

品名越长越难记忆，但并不是说越短就越好，有时名称太短会难以识别，因为内涵越小外延就越大。比如一个字的品名就很容易引起歧义，还可能招致其他品牌的恶意模仿而造成麻烦。

2. 易于口传

品名首先要朗朗上口、易于口传。从心理学的角度来说，易于口传的品名字数不应该超过4个字，超过4个字的品名被传播的可能性会迅速递减。而且在选择用字时尽量不用生僻字或谐音字，因为越难传播的名词，其宣传成本就越高。比如犇羴鱻饭店、饕餮居，这样的品名其取意都是非常好的，但因为用字生僻，传播起来难以上口，不易形成口传；又如便宜坊的"便"字让初次接触的消费者不知道该读 biàn，还是读成 pián，因而不能及时上口传播，也会影响传播的效果。

3. 易于记忆

记忆在消费者的心理活动中起着极其重要的作用。实际上，它不仅发展、深化了认识过程，而且把认识过程与情感过程联系起来。

人类的视觉系统作为传播系统的一个渠道，在特定的时间内，分析和传递的信息比大脑接收和记忆的信息要多得多。在这样的传播系统中，系统所能经受的记忆强度在很大程度上取决于大脑的存储能力。

在短暂呈现的条件下，大脑能接受的数量至少6个，至多9个，平均7个。也就是说，在刺激的数量超过7个的场合下，大脑适时所接受的数量一般是7个。

还有资料表明，品牌名称在6个字以下，读者的回忆率为34%，在6个字以上，则只有13%。适时记忆的具体数量可能会因具体情况而不同，但是有一点可以肯定，即消费者在短暂时间中接受的信息是极其有限的。彼得森（Peterson）的研究证明，短时记忆保持的时间也是很有限的，记忆间隔18s时几乎完全遗忘。

顶新集团的"康师傅"品名就是一个很好的例子。"康"代表健康，与产品所处的食品行业理念一致，而"师傅"又是传统上对厨师的一种尊称，整个品名读起来上口亲切、响亮易记，是一个很优秀的品名。还有白大夫、小护士等，这些品名的命名思路基本都是一致的，遵循了命名的易于传播原则。

（二）易于联想原则

优秀的品名应该是能够引起消费者联想的品名。要想使消费者朝着设计好的方向联想，需要在品名设计时遵循易于联想原则。这需要设计品名的内涵，有丰富内涵的品名更易于联想。

1. 联想

联想在消费者的心理活动中占有重要的位置，因此，在市场营销活动，尤其是品牌的品名和徽标设计方面，必须考虑联想的作用。

人所处的环境是由无数客观事物构成的客观世界，而客观事物之间又是相互联系的，事物之间的不同联系反映在人脑中，就会形成心理现象的联系。由一种事物想起另一种事物的经验，或由想起的一种事物的经验，又想起另一种事物的经验就是联想。

巴甫洛夫的条件反射理论认为，联想是神经中已经形成的暂时联系的复活。"暂时神经联系乃是动物界和人类本身一般的生理现象，它同时又是心理学者称为联想的心理现象，二者完全是相互融合、彼此互为吸收，并完全是同一种东西。"因此，人们也把条件反射的建立说成是联想的形成。

2. 联想律

古希腊的亚里士多德认为，一种观念的发生必然伴以另一种与它类似的，或相反的，或接近的观念的发生。这种在空间上或时间上的接近、对比和类似观念的联系，被称为三大联想律，即接近律、对比律和类似律。

接近律是指在时间或空间上接近的事物容易引起的联想，如火柴与香烟的联想。对比律是指在性质或特点上相反的事物容易引起的联想，如白天与黑夜的联想。而类似律则是指在形貌和内涵上相似的事物容易引起的联想，如鸡与鸭的联想等。

在三大联想律的基础上，后人又补充了因果律，成为现在所称的四大联想律。所谓因果律，是指在逻辑上有着因果关系的事物容易引起的联想，如潮湿与下雨的联想。

3. 联想律在品名设计中的应用

在品牌设计中，一个基本事实是：品牌主题需要通过语言、文字和图形才能成为可视、可听和可读的品牌作品。因此，联想在品牌设计中的应用，主要通过语言、文字和图形来实现。

在现代品牌管理中，人们很容易发现四大联想律的应用。例如，每到节日来临，无论是西方国家的圣诞节，还是我国及东南亚国家的春节，围绕着过节为主题的广告会明显增多。这是利用接近联想律的典型事例。实际上，任何产品都可能同一定的对象在时间、空间上有联系。为了充分说明特定商品给人们带来的效用和好处，品名设计常使用对比的手法。例如，黑人牙膏品牌用黑人口中的洁白牙齿作为该品牌形象。因果律最常应用于药物、补品一类商品的品牌，这些商品通常与身体健壮相联系。至于类似律的应用就更广泛了，如汽水取名为北冰洋，意指其冰冷的特性，夏天喝起来清凉爽口。

4. 品名设计运用联想律的制约因素

品牌名称中往往包含着一些引申的含义，进行品牌名称设计时要格外慎重，稍有不慎就可能让消费者产生误解。

美国通用汽车公司在波多黎各市场推出 NOVA 雪佛兰品牌时，就出现了无人问津的尴尬局面。究其原因发现，"NOVA"在西班牙语中的发音意为"走不动"；之后通用汽车公司将其更名为 CARIBE，销量骤然上升。

心理学研究表明，一个事物可能引起多种联想，首先引起什么联想，是由联想的强度和人的定向兴趣两方面的因素决定的。理解制约联想的因素，对于品名设计运用联想律具有重要意义。

定向兴趣受年龄、职业、文化水平等因素制约，因而同一事物使不同的人所引起的联想有所不同。例如，关于不同年龄的联想差异，一般来说，儿童的联想内容大多是身边的具体东西，即在时间和空间上更接近的东西，而成人的联想还能以抽象的观念表现出来。比如，对白色，儿童可能倾向于联想到雪、白糖，而成人则可能联想到纯洁、神圣等与其内涵、性质类似的品质。在对比联想上，儿童与成人表现得更为不同。比如，对形容词"深的"的联想，儿童容易回答"洞"，而成人多回答"浅的"。

联想的职业差别也是明显的。例如，对于喜爱文学的人，提起梅花，很容易想到梅花的清香以及坚强不屈的性格；可对于一些商人来说，梅花的"梅"字与倒霉的"霉"同音，因而在港粤地区被视为不吉利。又如"炒鱿鱼"一词，对于广大消费者，首先想到的是一个菜名，但对某些地区的雇员来说则极易想到解雇。在品牌中，联想律的应用显然不能忽视不同行业、不同文化、不同年龄的特点，包括禁忌语与禁忌形象。

好的品名设计要使品名蕴涵深刻的理念，能够引发消费者的联想，从而影响消费行为。在品名设计时，既要让词语蕴涵所要传达的理念，用词也要达到一定的抽象程度，还要确保该品名可以引发消费者联想。因此，品名的设计，其语意最好不要太具体，包容度要大，还要能给予人一定的联想空间。

（三）易于延伸原则

易于延伸原则简言之就是品名能否顺利地扩展到其他产品。一个优秀品牌的品名设计既要符合产品定位和品牌定位，又要兼顾今后企业经营发展的需要。

品牌延伸是介于新产品线增加战略和新品牌增加战略之间的一种发展战略的选择。一般认为，品牌延伸是指将一个知名品牌或某一具有市场影响力的成功品牌使用到与该知名品牌或原产品完全不同的产品上。品牌延伸能力是决定品牌价值实现与否的最为重要的组成部分，同时，品牌延伸在品牌实践中的应用也最为常见。以美国为例，在过去10年新上市的消费品中，有95%是属于品牌延伸的，采用新品牌推出新产品的比例只有5%。因此，在设计品名阶段就考虑品牌延伸问题是十分必要的。

品牌是否可以用于延伸，主要取决于品牌是否具有联想度。在创建品牌的过程中，达到联想度要求之后的品牌就具有了可以被延伸使用的能力，而一个品牌能否达到联想度要求又取决于该品牌进行名称设计时是否考虑了延伸并有所安排，一旦不具有联想度，该品牌在后期将会失去延伸的能力，且无法弥补。因此，在设计品名时就应考虑品牌未来的延伸，遵循易于延伸原则。

（四）适应性原则

适应性是指品名的使用能够适应时间、空间以及消费者的变化。品名设计要求：在时间上，不能具有过强的时代特征，因为随着时间的推移，品名会显得陈旧过时；在空间上，要注意地域差异容易引起的文化冲突，还要尊重各地区消费者不同的消费文化和习惯。此外，品名的适应性原则还应包括以下几个方面的内容：

（1）品名的设计应与企业经营风格相适应。

（2）品名的设计应当与商品及所处行业相适应。

（3）品名要与目标消费者的心理相适应。

（五）可保护性原则

可保护性是指品名可以在法律意义上得到充分的保护，即能注册。企业最好在全球注册，尽量回避使用已经被注册的品名。很多企业在这方面的意识很淡薄，以致自己经营了几十年的品牌被竞争对手抢先注册，而丧失了应有的法律权利。

联想集团将使用了近10年的英文名Legend改为Lenovo（见图10-1），原因就在于此。

联想在解释更名动机时说："联想品牌要国际化，首先需要一个可以在世界上畅通无阻的、受人喜爱的英文品牌，但 Legend 这个英文名在国外很多国家已经被注册。所以，必须未雨绸缪，为未来公司业务拓展做好先行部署。"联想英文品名变更的案例充分诠释了可保护性原则的重要性。

图 10-1 联想公司的徽标及名称变更

三、品名的商标保护

一般认为，注册商标是对品牌名称最可靠的保护。及时进行品名注册是对品牌名称法律形式上的保护。我国已有较完备的法律（详细法律依据参见《商标国际注册马德里协定》《中华人民共和国商标法》和《中国名牌产品标志管理办法》），以至于大多数学者认为商标具有的可保护性就是品牌传播与保护的法律依据。这一认识当然没有错，但商标与品牌的关系远不止这么简单。商标可以作为传播的基本符号或图形，符号与图形的重要性不在于从它的外观形象辨明品牌，而是通过品牌与它们之间，以及它们的内在联系来进行识别的能力。

商标和品牌的本质区别主要有以下三点：

（1）商标是经营前注册的，在企业获得市场认可之前就应未雨绸缪，经过国家管理机关的审核，获得法律对未来受益权的保障而进行商标的注册，注册即生效。而品牌是获得市场认可之后方可被称为品牌的，仅有商标注册而没有市场认可是不能被称为品牌的。

（2）商标是依靠国家强制力对私有物品排他性和竞争性的保护；而品牌只能依靠商标保护其排他性，品牌的竞争性则要依靠品牌自身在市场中的影响力来实现。

（3）品牌概念广泛，如商务部认可的老字号，国家市场监督管理总局认可的地理标志、原产地名称，国家知识产权局认可的集体知识产权等概念，涵盖了从个人信用到国际形象的广泛概念；而商标只是国家知识产权局商标局的管理范畴。尽管商标概念的泛化使得商标与品牌在外延上越来越接近，但二者在本质上的区别是难以依靠泛化来模糊填平的。

因此，对品牌名称的保护依靠两个方面进行：一方面，积极地运用法律手段维权，即所有权和使用权；另一方面，依靠市场的认可建立起强大的品牌影响力，使消费者忠诚自发地形成对品牌名称的保护。

第二节 徽 标 设 计

徽标自古以来就是代表和体现事物本质的一种符号。最早的徽标可以追溯到原始人使用的图腾。原始氏族人们的结绳记事、刻木画图等手法，都是最初的标识符号。在现代社会中，徽标是一种象征性符号，它将传达的信息转化为图形语言，浓缩了事物的"精华"。

徽标设计是非常复杂的，它强调色彩感、空间感、视觉以及各个元素的协调与概括。设计者必须认真考察，掌握企业的核心理念、经营风格及自身特色，才能为企业找到最适合的定位及图像形象。因此，徽标设计是一项艺术创作与品牌科学运作的结合。

一、徽标的概念、作用与定位表现

(一) 徽标的概念

徽标，也叫品牌标识，即用图像概括总结其事物的核心精神，加以提炼、概念化。用抽象的设计表现构成的特定符号。"logo"是徽标的英文名称，由希腊语 logos 演化而来。品牌的 logo 在设计和传播上能够起到对品牌简化识别的作用，通过形象的徽标，可以让消费者更易于理解和记忆品牌的符号。徽标比其他艺术样式的视觉感更集中，更具有冲击力和代表性，具有以小见大、以少胜多的特点。常见徽标主要有三种类型：政府和其他组织机构标志、公共信息标志和品牌标志。

徽标是品牌系统的重要组成部分，其应用最广泛，使用识别率最高，能让产品使用者更轻松、快速地认读和识别徽标信息，从而有区别地记住品牌。徽标的用途广泛，体现在各个不同领域里。

(二) 徽标的作用

徽标具有高度的抽象和概括、提炼、凝聚作用。企业徽标集中体现了企业强大的整体实力、完善的管理机制、优质的产品和服务，通过反复不断地刺激和强化，深刻地影响着消费者的行为。徽标在经营中起到简化识别、排他和保持一致的作用，让消费者更易于理解品牌符号中的关键信息，甚至能够成为某行业的代表性符号。

具体说来徽标有以下三个特性，共同实现了其作用：

1. 实现识别性

徽标产生的原因很简单，就是为了简化消费者的记忆，使其更容易识别品牌，因此，识别是徽标最基本的功能。品牌是实现差异化的工具，而徽标就是实现差异化的具体信息传达承担者。通过徽标的艺术表现，其代表企业的品牌之间产生明显的差别，从而实现品牌差异化；再通过消费者认同的一致性，实现消费者的差异识别，最终达到品牌识别。

2. 具有排他性

徽标的图案可以作为商标进行注册，能够受到法律的保护，因此，它具有使用的排他性。这一性质也是品牌资产得以长期积累的基础。

3. 保持一致性

徽标是品牌的理念、文化、价值观的高度浓缩，它反映了企业的产业特点和经营风格，是企业精神的象征。消费者对品牌徽标的认同等同于对企业价值观的认同。徽标的设计不能背离企业的宗旨，更不能脱离企业的经营风格而单独存在。因此，徽标与企业及品牌的内涵是一致的，保持一致性是对徽标设计的基本要求。

徽标让消费者更易于理解品牌符号上的关键信息，它甚至可以成为某个行业的标志。如经常看到的银行的徽标、医院的徽标都有着明显的行业标准，有着高度抽象的含义。

如图 10-2 所示，一些医科大学的徽标与世界卫生组织的徽标在设计上保持了一致性。

(三) 徽标的定位表现

徽标在表现形式和社会功能上的特殊性，导致了徽标设计的思维方式、表现手段、设计语言等拥有了识别性、象征性、审美性。徽标最根本的功能是进行信息传达，所以设计首先要明确传达给什么样的接收者，而不是将形式作为设计的唯一出发点。设计要把握信息的准确传达，就要通过对视觉元素合理地筛选和编排，使消费者在视觉心理上产生特定的感受和想象。一般要遵循以下原则：独特性、注目性、通俗性、通用性、文化性、时代性。色彩对企业的形象显得更为重要。室外的广告、招牌、徽标是企业推销产品的有效手段，在颜色运用上应尽量醒目、明快，使观者在看到的一瞬间获得强烈的感受，对企业或产品留下深刻的印象，达到推广作用。

二、徽标设计流程

（一）徽标设计的要求

当今时代物质文化生活水平不断提高，消费心理、消费结构也在不断发生变化，人们要求表现自己个性，在思想上相互影响、相互渗透，一个更人性化的"文化时代"就要来到。

设计当中，最值得关注的就是徽标的原创性，最忌讳的就是品牌徽标的模仿与雷同。徽标设计强调原创，但并不是一定要标新立

图 10-2　一些医科大学的徽标
与世界卫生组织的徽标

异，刻意强调差异不是徽标设计追求的目标。因为各个品牌的内涵不同，其表现自然就不同，只要把握住品牌的内涵进行设计，徽标的差异自然会表现出来。形象的雷同只会降低消费者对品牌的认可程度，是品牌名称及徽标设计需要回避的大忌。

徽标设计形式主要有三种：①具象表现：比较自由、通俗，易为人们接受。②抽象表现：内涵神秘，时代感，造型简单、单纯易记。③文字表现：语言具有独特魅力，识别性强，寓意明确。

（二）徽标设计的基本步骤

1. 调研与沟通阶段

任何项目，设计前都不能脱离实地调研考察，以及与企业密切沟通、交流思想。徽标不是一个简单的图形或文字的组合，它是企业的名片，是企业文化、经营理念的代表。在设计之前，首先要对企业进行全面而深入的了解，包括经营战略、市场分析以及企业经营者的基本意愿，这些都是徽标设计的重要依据，同时对了解竞争对手也是重要的步骤。徽标的重要作用在于识别和易记忆，避免重复和雷同是徽标艺术性的要求，它是企业在社会上的识别符号和通行名片。

2. 整理与挖掘阶段

调研后期必须要有相应的文字梳理阶段，整理与挖掘就是整合资料，为下一步设计打好基础。依据对调查结果的分析，提炼出徽标的结构类型和色彩取向，列出其所要体现的精神和特点，挖掘相关的图形元素，找出标志设计的定位方向，使设计工作有的放矢，避免对文字图形的盲目组合。

3. 创意与设计阶段

有了对企业的全面了解和对设计要素的充分掌握，就可以从不同的角度和方向进行设计

创作了。大胆发挥想象力，用不同的表现方式将设计要素融入创意当中，达到徽标易于辨识记忆、含义深刻、内涵丰富有趣、特征明显、造型大气、结构稳重，且色彩搭配符合企业特征的要求，避免雷同。还要考虑到相应法律的注册问题，避免一些不必要的损失和浪费。最终经过反复讨论和修改，找到适合企业的徽标方案。

4. 论证与终结阶段

创意设计阶段确定的徽标，在细节上可能还不太完善，需要再经过标准制图、大小修正、黑白应用、线条应用等不同表现形式的修正，使徽标更加规范。同时，标志的特点和结构在不同环境下使用时也不会改变，从而达到统一、简洁、有序、规范的传播目的。最终提交企业方案（包括可印刷的电子版本），全部工作就算结束了。

◆ **案例**

安徽省质量品牌促进会的品牌标识设计

下面以安徽省质量品牌促进会的品牌标识设计为案例，介绍徽标创意设计的全过程。

安徽省质量品牌促进会是由原安徽省质量协会、安徽省标准化协会、安徽省卓越绩效管理促进会、安徽省品牌建设促进会合并而成的，它是由致力于标准化、质量管理、品牌建设、设备监理以及有关专业产品生产经营的组织和个人自愿组成，经社团登记管理机关核准登记的专业性、非营利性、全省性的法人社会团体。对安徽省质量品牌促进会来说，在原来已有资源的基础上，再进行重新整合与 logo 和 VI 设计，需要重新进行促进会品牌形象定位，在沿用原有品牌资产的同时，为其注入新的活力。

接到设计任务书之后，设计小组着手准备。在工作前期，首先与安徽省质量品牌促进会多次沟通，了解促进会的发展过程和历史沿革，做了如下安排并实施：

VI（Visual Identity，视觉识别）为企业 CIS（Corporate Identity System，企业识别系统，也称 CI）中的一部分，企业 CIS 包含三个方面。分别为 BI（Behavior Identity）、MI（Mind Identity）和 VI，即行为识别、理念识别和视觉识别。企业的 VI 设计，是将 CIS 的非可视内容转化为静态的视觉识别符号。设计到位、实施科学的视觉识别系统，是传播企业经营理念、提升企业知名度、塑造企业形象的便捷之途。企业通过 VI 设计，对内可以培养员工的认同感、归属感，增强凝聚力；对外可以树立企业的整体形象，进行资源整合，有控制地将企业的信息传达给受众，通过视觉符码不断地强化受众的意识，从而获得认同。

企业的形象标识要靠设计人员与客户双方的长时间磨合沟通，最终达成一致的品牌目标，并建立关于品牌更新的统一 logo 标准。只有这样的模式，才能保障促进会项目的顺利进行。为此，设计团队的成员们花了大量时间对市场和业内同行进行调研考察，并借鉴一些国际上非常成功的品牌个案，从对促进会的定位、传播到创意进行讨论，使安徽省质量品牌促进会 logo 的设计更明确了中心思想，有理论、有观点，旁征博引，层层推进。通过与对方不断商议、交流磨合，最终确定了安徽省质量品牌促进会品牌塑造的意义和远景，进行了全方位的阐述，完成了全部要求的作品，并得到了一定的肯定和赞扬。

从工作的提案开始，近 4 个月的工作周期，其间领导、中层干部几乎全部参与了视频会议，研讨激烈，各抒己见，从最初模糊不清晰的思路，经过多次翻阅文字资料，认真提案，对多种设计方案取舍提炼，即使遇到瓶颈和困难，苦恼而不知如何逾越，顶着极大的精神压力，依然没有放弃，从社会上积极邀请业内知名导师协助指导，坚持不懈地实地考察、协商沟通，成员们不分昼夜地努力工作，最终交上了满意的试卷。工作结束总结时，成员们觉得最大成果是理清了原本不太统一的思路，在原则上取得了共识。后来的事实证明，这样的交流沟通非常重要，它提升了双方合作的效率及质量。

在研讨过程中，大家一致肯定了将安徽省质量品牌促进会的 logo 定位为马头墙、黄山、"徽"的汉字等设计符号作为视觉表现手段元素的定稿。

logo（徽标）的设计思路如下：

（1）代表安徽省质量品牌促进会中品质的"品"字为定位延伸，图形元素以古体"徽"字为基础，从"徽"字里一点一点地抽出品质的"品"字。能够看出这个图形和"徽"是一个字形结构，又与"品"有神似，如图 10-3 和图 10-4 所示。

从安徽的徽字中归纳提炼出品字的符号

图 10-3　古体"徽"字

图 10-4　安徽的代表建筑"马头墙"与黄山风景

（2）"口"形成两个类似字母 A 的符号，一个代表安徽首字母，一个代表促进会的首字母，看画面像是黄山的几座连绵峻峰，代表着安徽地域及促进会的存在。构建成的这座大平台，标识简明易记，"品""A""徽"以及"平台"是这个 logo 的精髓所在，如图 10-5 ~ 图 10-8 所示。

从安徽的"徽"字中归纳提炼出"品"字的符号

图 10-5　抽象后的图案

在保留安徽内涵意义的基础上进一步归纳提炼

图 10-6　抽象后图案的变形

形成具有平台属性的视觉符号

图 10-7　用"徽"字为基础，抽出品质的"品"

图 10-8　最终使用稿

（3）在色彩定位设计上，以安徽省特有的粉墙黛瓦为设计灵感，凝练成品牌标准色。整体上以一种象征质量的灰色调子为主，为 logo 延展出一套冷静、高级且精致的辅助色彩体系，以体现促进会的公正性、严肃性、标准性、合理性特征，如图 10-9 和图 10-10 所示。

标准色

标准色是象征安徽省质量品牌促进会精神及文化的重要因素，通过视觉传达产生强烈印象，达到色彩在视觉识别中的作用。

在印刷时选用专色，以展现出标志最鲜明的色彩效果，若无法使用专色可用四色色值印刷。

注意事项
同一色彩在不同光线和不同材质上也会有一定的视觉误差，所以要以本手册的色彩样本为基准，并在晴天室内自然光线充足的条件下观看，此章节颜色均已标准化，不得更改。

R153 G153 B153
C0 M0 Y0 K40
PANTONE cool gray 4C

R26 G26 B26
C0 M0 Y0 K90
PANTONE black 7C

图 10-9　标准色

辅助色色阶

为使品牌形象统一，保证标志在有色背景上始终清晰可见，标志要应用在辅助色不同纯度的背景上，特制定以下辅助色色阶规范。

使用者可以参考本色阶规范衡量有色背景的亮度，这里分别呈现了标志彩色稿以及反白稿在标准色不同纯度背景上的应用原则。

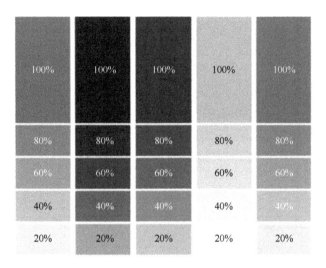

图 10-10　辅助色色阶

（4）logo 的最终使用材料途径，如图 10-11～图 10-14 所示。

图 10-11　名片

图 10-12　文件蜡封

图 10-13　会议用包、台历、杯子、挂牌、包装用纸

图 10-14　高级烫金笔记本

案例总结：安徽省质量品牌促进会 logo 要具备几个条件：①遵循继承和发展原有品牌

内容思想，依协会特性要求而设计；②切合大众的心理感受；③易于辨识和传播；④寻找多用途使用途径。经过无数次的激烈探讨争论、数不清的设计原稿，思路逐渐清晰：安徽省质量品牌促进会 logo 以安徽的"徽"字古体为基础，体现出文人墨客的文化底蕴，促进会还应突出一个"品"字，所以不断提炼图形，利用汉字结构框架的四平八稳，从"徽"字里抽象、浓缩提炼出"品"字的符号特征，加以修饰，采用联想等设计方法，用视觉图像符号表达出"品"字的韵味；用丝带和道路相互交融的关系，代表了促进会未来发展的道路和前进方向，相扶相助、共进共荣的理想标准，代表了一个以安徽省为主的品牌协会的建立与发展，并融入马头墙、黄山等鲜明的安徽视觉元素；安徽的首字母 A 和代表促进会的首字母 A 与"品"字进行巧妙的结合，共同构成了具有安徽省质量品牌促进会专属性的标识符号。促进会对 logo 设计思路赞赏有加：鲜明的个性、巧妙的演绎、持续不断的积累，这些都为"安徽省质量品牌促进会" logo 的品牌形象与重塑过程提供了专业标尺。

一旦品牌思路清晰了，关于品牌其他方面的问题也就迎刃而解。

安徽省质量品牌促进会的核心价值：公益组织，衡量标准化。

广告语：标准化、公正化、品质化。

安徽省质量品牌促进会徽标：以安徽的"徽"字古体为基础，提炼而出"品"字的符号特征表现。

安徽省质量品牌促进会 logo 设计案例的启示如下：

（1）"品"的定位规划清晰，较好地解决了 logo 的简洁识别问题。

（2）为安徽省质量品牌促进会设计了识别符号标识，并成功注册了商标。

（3）logo（徽标）不仅要有个性，还要有文化内涵，有自己独到的图像语言内涵及主张。

本 章 小 结

本章主要介绍了品牌名称的设计原则和品牌徽标的设计概念，结合安徽省质量品牌促进会标识涵盖 VI 的设计案例，详细介绍了徽标的设计流程和要点。

学 习 重 点

1. 品名设计的五项基本原则。
2. 徽标设计的基本步骤。

思 考 题

怎样理解徽标（logo）在品牌传播活动中的作用？

第十一章

品牌个性塑造与品牌内涵赋予

大卫·奥格威在《一个广告人的自白》中说:"最终决定品牌市场地位的是品牌本身的性格,而不是产品间微不足道的差异。"他所说的品牌性格就是人们现在理解的品牌个性。人们普遍认为,每个成功品牌都应保持稳定、独占、简约的品牌个性。

第一节 品牌个性的基本概念

一、品牌个性与拟人化

(一)品牌个性

"个性"一词原意是对人的心理特征的一种描述,是指个体在心理发展过程中逐渐形成的稳定的心理特点。由此,品牌个性就是指品牌在建设过程中逐渐形成的对消费者而言稳定的心理感受。

塑造品牌的个性其实就是针对目标消费者的个性,将品牌的定位向拟人对象进行适当的扩展和延伸。消费者有自己的价值观和消费习惯,所购买的商品一般也都会与他们的自我认知相匹配,与他们的价值观相契合,消费行为也会与他们的消费习惯相一致。人总喜欢符合自己观念的品牌,希望品牌的内涵定位与自己的价值观相契合,塑造品牌个性的目的就是使得品牌具有的含义约等于程序化的消费习惯。

汉语当中,描绘个性的词语有几百个,根据品牌人格化的假设,这些用以形容个性的词语都可以用来描述品牌的风格。品牌拟人化就是为了使品牌更容易地靠近消费者的感情或心智世界。

消费者喜欢那些与自身相似或与自己所向往的形象相似的个性。因此,对目标消费群体而言,创建与之相仿的品牌个性是一种明智的战略。品牌的个性与消费者的个性越一致,他们就越容易认同这个品牌,品牌忠诚度就越高。

确定品牌个性有两个关键步骤:①将目标消费群体的消费习惯及认识高度升华,把握消费者最本质、最内在的需求,使品牌更容易靠近消费者的情感世界;②品牌由内而外的统一性,这要求品牌个性符合各项定位的要求,没有偏差,否则会造成传播信息内容混乱的局面,使消费者对该品牌失去兴趣。

品牌在这两个步骤中被赋予了情感。消费者对某个品牌接受与否,更多地取决于其是否与该品牌有"情投意合"的感觉。这需要品牌管理者对消费者心理和情感的把握,是定位的进一步深化。例如，目标人群定位于青年人，其品牌个性就不能过于成熟稳重，最好是充满激情，这也是定位一致性的要求。

品牌个性的确定，其过程更像是经营者对品牌的形容与夸赞，最终使消费者对品牌有较为统一的认识和看法，是随着经营者对品牌的描述不断抽象的过程。最终消费者形成对品牌认同的偏好或是反感，都是经营者按照其经营品牌的思路，不断赋予其品牌含义的过程。

最早一批按照品牌个性理论经营的品牌，如万宝路，在该理论的指导下由女士烟顺利过渡成为男士烟，并形成了符合美国人审美的牛仔风格，从而获得了空前的成功。

（二）品牌个性与拟人化的关系

品牌个性塑造的前提是品牌拟人化，这最初源自大卫·奥格威的"所有的广告都是为塑造品牌个性服务的"这一著名观点。他认为消费者的消费行为受到来自熟悉的、信任的人的影响要远远大于广告的影响，因而，不应该把广告通过媒体简单地送到消费者面前，而应将每一则广告都像是由亲友口传的一样送到消费者面前，最终将品牌塑造成一个消费者熟悉的、信任的朋友的角色。因此，他将品牌个性塑造的前提定位在品牌人格上，并强调"任何品牌个性的塑造都首先要将该品牌看作是一个活生生的人"。于是，在品牌个性被赋予与塑造之前，首先将该品牌视为一个具有人格及感情色彩的人或其他事物（如卡通人物等），这一过程就是品牌的拟人化过程。20世纪30年代，美国广告界由万宝路的成功掀起了一股形象代言人风潮。奥格威后来总结这一段时认为："你做100次广告都不如消费者信任的一个人说的话管用。"形象代言人就选择目标消费者喜欢的、信任的、具有公共知名度的名人，可以是大众影星，也可以是知名运动员等，总之要让他与品牌联系起来。他们之间的纽带就是为品牌塑造一种成功的品牌个性。

品牌拟人化处理与广告学中的品牌人格化理论很相似，是将品牌在市场中的功用简化成为竞争的主体，将其视为一个具有价值观的人，并按照人的思维习惯来体会和揣摩品牌的行为逻辑，在此基础上能够进行最简化的品牌发展预测活动。奥格威为此专门在品牌形象战略理论中做过论述："广告不仅要挖掘产品本身的卖点，同时还要赋予产品一种人性化的形象。如威士忌、香烟、啤酒等商品，竞争者不易看出各品牌之间有多大的差异，如何转化广告表现才是主要课题。"因此，奥格威主张培育品牌的威信，使消费者对品牌产生长期好感，从竞争品牌中确立自己品牌的优越地位。这种战略构想必须长期使用某一象征，借以强调高级感、高品质，一般多以名人或有个性的人作为象征人物。品牌概念具体化的结果就是清晰品牌经营风格，个性与风格对于已经拟人化的品牌来说，界限并不明显。个性更多的是对内在内容的形容，而风格是对外在表现的描述，两者是内涵与形式的关系，品牌经营风格就是品牌个性的外在表现。

二、品牌个性的作用

丰富品牌个性需要认识到品牌个性是一个持续变化的过程，不会一蹴而就，更不会一劳永逸，还需要了解品牌个性对创建品牌的作用。具体来说，有以下三点：

（1）制造品牌之间的差异性，有助于形成核心竞争优势。

品牌本身就是差异化工具，品牌个性更能够体现品牌之间的差异。品牌个性是品牌之间差异的主要表现，能够克服简单模仿、雷同等问题。

（2）赋予品牌个性，易于实现品牌拟人化，利于营销。

品牌个性能够直接赢得部分消费者的偏好，从而促进销售。品牌个性可以看作是长期的营销工具。

（3）赋予品牌情感感染力，促使品牌文化形成，并使得品牌趋于稳定。

品牌个性的另一个用途在于它能够丰富品牌文化，是企业文化的来源。品牌个性一旦影响到文化的形成，品牌将趋于稳定，达到恒久持续的目的。

第二节　品牌内涵的赋予

品牌个性是企业在运营过程中形成的品牌内涵，逐步被消费者认可后，形成犹如气质一样的东西，体现出品牌经营者的价值观、经营观，长期坚持会令消费者对品牌产生共鸣，企业一贯坚持且消费者认同的价值观，就是品牌具备的内涵，汇集于一点就是品牌个性。

一、品牌个性的赋予过程

品牌个性的表达不像 logo、广告及包装等那么直白，它非常含蓄，就像一个人让他人感受其个性不仅仅是通过言谈、行为、外表，而更多的是通过他的立场、行事的一贯风格以及他人的评价。品牌个性也是一种感觉，它在塑造过程中最容易出现的问题是品牌个性飘忽不定、与其他品牌雷同或个性不鲜明。鲜明的品牌个性是不断被赋予内涵的过程，是长期努力的结果。依据已确定的品牌个性进行内涵的赋予，这一过程包括以下四个方面：①品牌个性概念的具体化；②品牌个性表现方式的选择；③品牌口号的提出；④品牌识别测试。

品牌个性最终可以形成消费者对品牌的偏好，甚至对品牌的忠诚，从而影响消费行为的发生。因此，品牌个性常常被视为品牌成败的关键。其中品牌个性表现方式的选择是重中之重，是品牌概念与消费者沟通的关键步骤。从品牌个性的概念到品牌个性的表现，是品牌个性概念具体化的过程，是以前述定位为依据的品牌经营起点。

（一）品牌个性概念的具体化

品牌个性概念的具体化有两个环节：①将既有品牌个性拟人化；②依据品牌个性确定品牌经营风格。塑造品牌个性应该独具一格，它的关键在于选用适当的核心图案及对其解释来表现品牌个性。

（二）品牌个性表现方式的选择

品牌通过各种传媒将品牌信息传递给目标消费群体，它的路径复杂，可供选择的余地很大。因此，品牌个性表现方式的选择对品牌个性的塑造而言既复杂又重要。

（三）品牌口号的提出

品牌在不同表现形式下的表现手法及表现侧重点是不一样的，同样的品牌内涵因其表现形式不同自然有所不同，但品牌个性最后都会体现在它们所提出的品牌口号上。不同的个性和不同的表现形式有不同的口号。

品牌口号的要求是精练、清楚、易记忆。因为消费者有避繁就简的心理定式，所以在品牌口号的制作上要求简练，否则很难被消费者识别和牢记。

（四）品牌个性识别测试

品牌口号的提出意味着品牌个性塑造的完成，接下来就是对它进行测试，预期未来品牌在市场中的可接受程度。

最简单的测试办法就是随机选择一批消费者来对品牌个性进行评价，再按照他们的评价做出修改。按照品牌个性塑造原则，将多个品牌个性设计（包括测试品牌）、品牌口号与多个产品（包括测试产品）组合起来，请所选消费者对其进行排序，选出他们感觉最为一致的品牌个性设计与产品。如果多数消费者反映所测试品牌的个性设计与产品的组合较好，则说明该品牌个性设计符合产品的要求。

二、品牌个性塑造的原则

在市场竞争越发激烈的今天，塑造一个品牌无疑是使商家在竞争中占据优势、获得高额利润的一把利器。通过品牌个性的塑造，会使品牌立得稳、立得长久。没有个性的品牌，无论投入多少资金进行推广与传播，都不会有生命力。而塑造品牌个性也不是一个按部就班的过程，整个品牌塑造的全过程几乎每处都有品牌个性的影子，只有掌握品牌个性塑造的基本原则，并贯彻在经营过程中，才能对品牌个性的塑造起到指导作用。

塑造品牌个性需要经营者具有高超的品牌经营技巧、战略眼光以及做好长期准备。有以下四条原则需要坚持与灵活掌握：

（一）总体目标优先原则

品牌个性塑造的目标不是凸显个性，一味地追求品牌个性会造成品牌创意具有简单的标新立异与疯狂的哗众取宠的倾向。品牌个性塑造只是品牌塑造过程中的一个环节，它的作用一定要符合品牌塑造的总目标以及企业发展的总体战略。

（二）大众化原则

品牌个性的提炼要尽量大众化，易于被消费者接受，也易于品牌传播，如果一味强调品牌个性的脱俗或雅趣，很可能会使品牌脱离目标人群的接受范围。即便对于小众传播的一些特殊类型的品牌，赢得大众的普遍认可依然是其传播和发展的基础，而不能因为传播对象是小众就脱离大众化原则。有些品牌仅为了细分市场的一些特殊偏好，而单独设计一些富有个性的产品或服务，可能会成功地开发一项独具特色的产品，却很难形成真正意义上的品牌。

（三）适度的稳定原则

品牌个性要保持一个相对稳定的状态，不能朝秦暮楚，在原则问题上也不能左摇右摆，要有一个自己坚持的个性和态度。

（四）消费者优先的原则

许多品牌学家都认为，品牌管理的核心就是始终如一的品牌价值观及稳定的品牌个性。有人甚至认为品牌个性从品牌塑造成功那天起就应该是不再有任何变化的，这样的说法固然有其合理的一面，但品牌个性不是一蹴而就的，更不是一成不变的。有时，有些目标市场会发生一些变化，要求品牌的内涵也能相应地予以反映，而有些品牌管理者会为了强调品牌内涵的稳定性而对其加以拒绝，使得品牌衰老、品牌关系断裂，更有甚者还会引发品牌危机。

因此，品牌管理者必须尊重消费者需求不断变化的事实，通过对消费者需求变化的把握，品牌的个性塑造才能不断地赋予品牌新的含义，与时俱进。

补充阅读材料

为什么要讲品牌故事

讲品牌故事是必需的吗？当然。菲利普·科特勒是用讲故事的方法，讲解在营销中必需要用的工具。他说得很直白："故事营销是通过讲述一个与品牌理念相契合的故事来吸引目标消费者的。"他的原话是说故事营销，但仍没有忘记这个故事必须与品牌理念相契合。营销界的故事在品牌范畴里则称为品牌故事。

讲品牌故事乍看起来非常容易，其实讲好一个品牌故事是很难的事。为什么在品牌塑造过程中一定要有讲故事的环节呢？这要从消费者的认知过程和品牌要素两方面谈起。

首先说消费者的认知过程。消费者的行为取决于欲望，欲望又来自认知，而认知的起点则是注意，注意又分为有意注意和无意注意，消费者对品牌的认知绝大部分来自有意注意。一个品牌是否能够创建成功，很大程度上依赖于消费者对该品牌的有意注意水平的高低。而消费者对外部信息绝大多数的注意又是无意注意，原因很简单，除非信息具有有用性或新奇性，否则消费者对一般信息都有趋简避繁、趋利避害的心理需求，自然地规避复杂抽象的信息。这是消费者与生俱来的自然心理，我们无力改变。因此，厂商进行信息传播时，首先要求传播内容具有出其不意的新奇、有用。但厂商能够做到新奇、有用的信息实在太少了，大部分厂商信息对消费者而言都是一般信息，这就要求厂商的传播一定要符合趋简避繁、趋利避害的心理，将复杂化为简单，将抽象化为具体。这是对厂商塑造品牌的基本要求。因为讲故事是把抽象复杂的理念变得简单具体的最佳途径之一，所以，从消费者心理的角度理解营销需要讲品牌故事并不难。一句话：消费者需要简单而具体的信息。

而从品牌要素的角度看品牌故事可远没有这么简单。厂商之间的竞争使得故事和故事之间也大不一样。这不是一个讲不讲故事的问题，而是如何讲好一个品牌故事的问题。品牌故事是必须讲的，只是要知道品牌故事对于品牌意味着什么。

在这里，讲品牌故事是一个比较通俗的说法，专业称之为品牌内涵的赋予过程。品牌没有内涵是无论如何也塑造不起来的，一个品牌的塑造犹如树立人品的过程，要让人记住你并喜欢你不是靠多见几次面就能够做到的。我们需要用讲故事的形式将品牌的价值观告知消费者。价值观是一个人判断事物对错、美丑、是非、黑白的基本标准，人与人的相互认同首先是彼此价值观的认同。消费者对品牌也一样，要找到能够符合自己价值观的品牌，让其成为自己价值观的标签，所以厂商要不断地用品牌经历的故事表达自己的价值观，以求目标消费者的认同，并努力成为其价值观的标签。

其次，品牌是差异化工具，但并不是为了差异化而差异的，差异是有目的的差异，是区别目标消费者不认同的差异，是与平庸或否定严格区别开来的差异。在差异化的过程中最容易实现的就是个性的养成。每个品牌故事充分表达出品牌的价值观，汇集在一起呈现出鲜明的特性，特性被系统化以后就成为人们常说的个性了。个性中包含了价值观、特性、气质等一系列看不见、摸不着却能够深刻感受到的影响。当这一个性受到目标消费者的认同与赞许的时候，品牌呈现出具有鲜明差异化的魅力，吸引消费者使用品牌来表达自己的个性，厂商则在消费者使用品牌的过程中实现销售的最终目的。回溯一下，整个链条的源头就是一个个看似简单的品牌故事。

品牌故事不能杜撰，厂商必须学会挖掘与赋予，杜撰的故事犹如无根之木，难以成为常青基业的根。故事一定来源于真实的经历，只是这些平日里看似微不足道的故事要被有心之人挖掘出来，这需要有品牌意识的基础。初步挖掘的故事也许并不起眼，看似平凡，还需要将这些故事进一步演化，赋予其一定内涵，一个平凡的故事就具有了自传播的可能。这又需要极深厚的文化功底和敏锐的市场眼光。一旦被赋予深刻含义的品牌与社会、市场或历史需要相吻合，成为一个具有意义的符号或标签的契机就悄悄来临，自传播能力立刻会被启动，形成难能可贵的口碑，商标也就由此获得了关键的美誉度，成为厂商梦寐以求的品牌。

现实中激烈的市场竞争，让人们无暇顾及平凡的事，更希望拥有一蹴而就的经营利器，而塑造品牌却是一件极考验耐心的事，很多人只看到了它最成功的辉煌，却忽略了早期的点滴积累对品牌的重要性。这犹如竹子生长的过程，几年只长高一寸，而长成的那一刻一夜即可成林。讲品牌故事就是培养品牌意识的过程，是锤炼品牌内涵的过程，是厂商拥有驾驭品牌能力的过程，这个过程看似简单，其实一点都不平凡。

本 章 小 结

本章首先简要介绍了品牌个性的概念、品牌个性与拟人化的关系，然后详细阐述了品牌个性的赋予过程和品牌个性塑造的原则。

学 习 重 点

1. 如何确定品牌的个性？
2. 品牌个性塑造的原则。

思 考 题

请结合一个实例，理解品牌个性的概念。

第十二章

品 牌 推 广

第一节　品牌推广人群

推广人群即常说的推广受众或推广对象；品牌推广人群即品牌活动的目标消费人群。精准地确定目标消费人群是谁，对于整个营销活动来说至关重要，一切营销行为都是针对目标消费人群的有的放矢。一旦目标消费人群出现错位，将导致营销活动甚至整个经营活动的失败。

一、确定目标人群的关键环节

确定目标人群是一项复杂的工作，需要分若干步骤有序地进行。其中最为关键的有：①按照需求的差异，对待定人群进行逐层细分；②以品牌个性为参照，逐个比较细分后的待定人群，确定重点人群。

（一）对待定人群进行逐层细分

细分是按照增加的维度不断缩小受众面的过程，起点至少有两个维度，整理结果之后再增加一个维度，缩小受众面，以此反复直至移去所有的共同需求为止。所谓逐层细分，是指其过程看起来就像一层层地拨开受众面，最终找到足够的目标人群。

（二）确定重点人群

经过对待定人群进行逐层细分后，一个普通的受众面被清晰地细分为若干个待定人群簇，这些待定人群簇的属性有明显差异，任何两簇的属性都不能完全相同。若受众面内消费者偏好的分布是正态分布或平均分布，此时簇与簇之间的属性没有差异，也就没有了细分的可能。正因为簇与簇之间属性的差异，使得簇之间受众的偏好有所不同，这使得品牌个性成为影响一部分受众的有效工具。

这一步骤将以品牌个性为参照，用已确定的品牌个性为标准，逐一比较细分后的待定人群，将与之最接近的簇群挑选出来，组成新的市场，并结合各个细分市场的人群特点，暂时安排一个名称。这样就基本确定了重点的推广人群。之后还有评价、判断等步骤，需反复进行若干次组合、实验和调整，最后才能将品牌推广人群确定下来。

二、评价待定推广人群的原则

通过大量案例分析发现，理论上进行的市场细分和目标人群的确定与现实是有一定差距

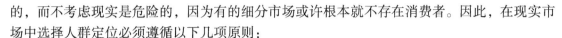

的，而不考虑现实是危险的，因为有的细分市场或许根本就不存在消费者。因此，在现实市场中选择人群定位必须遵循以下几项原则：

（一）品牌推广的目标人群要足够大

这一原则需要在选择重点待定人群簇时，大致估计这些市场的现存受众面及潜在消费者的数量。因为没有足够大的目标人群是很难成就一个品牌的，企业塑造品牌的过程也是盈利和发展的过程，如果没有足够的有效需求支撑，品牌发展将难以为继。

（二）避免与其他优势品牌的目标消费群发生冲突

有些市场或行业相对饱和，已经形成激烈竞争的局面，其中不乏优秀的品牌。消费者对现有品牌的概念根深蒂固，甚至对有的品牌已经达到品牌忠诚的程度。此时进入该市场一定要慎重，因为一旦确定进入，则有可能激起现有品牌的强烈反应，造成难以预测的局面。

（三）避免将推广人群定位于难以启动的人群

消费者都不可能对所有品牌和产品都感兴趣。有研究表明，对新品牌新产品敢于尝试的消费者往往只占目标人群的 13.5%，有的产品甚至没有消费者。因此，一旦将推广人群定位于难以启动的人群上，后果不堪设想。

◆ **案例**

汉林清脂的目标人群

汉林清脂在产品品牌推广中的定位错误是一个比较典型的案例。太太药业在我国女性保健品市场创造了耳熟能详的太太品牌和静心品牌。作为我国女性保健品领先品牌，其产品热销与目标人群定位恰当和传播技巧到位是分不开的，然而，太太药业进军男性保健品市场却遭到了惨败。

同太太口服液、静心口服液一样，汉林清脂上市前也做了明确的目标人群定位，诉求定位在职位高、收入高的中年男性，并不惜重金请著名影星任达华作为形象大使做推广，广告语是"天天清一清，血脂不再高"。作为配套手段，太太药业还在全国掀起了声势浩大的"汉林清脂·血脂健康万里行"活动。

短短几个月里，汉林清脂投入了 3000 多万元的营销费用，在太太药业的营销史上还从未有过如此大规模的传播活动。据后来的不完全统计，一年时间内，汉林清脂在中央电视台和地方卫视的广告投入达到 4000 多万元。但汉林清脂并没有得到定位人群的认可，2002 年全年的产出不到 1000 万元。2003 年太太药业已经彻底放弃汉林清脂，汉林清脂品牌逐渐销声匿迹。

汉林清脂的主要问题出在品牌推广人群定位上。大量的研究表明，降血脂市场是个隐形市场，开发难度极大。在太太药业之前，健特生物知难而退。"职位高、收入高"的中年男性一般不太注意自己的身体健康，且不太相信保健品，他们理性又固执，不像女人和老年人那样容易被广告宣传说服。太太药业对形势估计过于乐观，其对汉林清脂的分析逻辑是这样的：高脂血症是极端危险的人类杀手，血脂异常的人应该及时服用保健品来积极调节机体功能，改善体质，而我国血脂异常的人口至少在 1000 万人以上。所以就有了这样一个顺理成章的推论：我国市场存在血脂保健需求的消费者数量至少在

1000万人以上。但是高脂血症是一种慢性病，不到发病之时，患者几乎没有任何感觉，不良生理感受微乎其微；而高脂血症一旦发作，降脂保健品的作用则已微乎其微，此时绝大多数患者会选择去医院就医，而不再考虑保健品。

太太药业曾经依靠广告，成功地塑造了女性保健品品牌，但品牌的塑造不能仅依靠广告。太太口服液、静心口服液的成功，是整体营销的成功，绝不能简单地理解为广告的成功，还包括消费者对相应症状的认知与重视，以及太太药业的综合营销实力。在缺乏良好市场铺垫以及对目标人群充分调研的情况下，汉林清脂沿袭太太药业的运作思路，采用电视主流媒体广告高举、高打、高投入，一年投入了4000多万元的广告费用，但没有多少目标人群接收到汉林清脂的广告信息。降血脂市场的隐形特点，注定广告提示效果不佳，理性的男性目标人群市场并没有轻易地被汉林清脂的广告攻势打动。在品牌推广后期，经营者可能也意识到这一点，变换了推广策略，但新的策略仍未能赢得目标人群的认可。由此可见，在品牌推广中对目标人群的选择可以说是差之毫厘，谬以千里。

（资料来源：陈奇锐. "汉林清脂"败走麦城. http://www.qw168.com/news/show.php? itemid=8952。）

（四）对媒体的偏好要相对集中、一致

在评价待定目标人群的众多指标中，是否有较为集中的对媒体的偏好是最重要的指标之一，因为对媒体的偏好是否一致将直接决定推广传播的难度和费用。若想使对媒体的偏好不一致的目标人群都得到等量的品牌信息，就要对传播媒体进行组合使用。这不但增加了传播的难度和不确定性，还将直接导致传播费用的增加。

选择品牌推广人群，需要充分地对目标人群进行调研和统计分析，科学严谨地进行评估，在风险和机会共存的市场上，品牌推广策略主张首先做好回避风险的工作。

第二节　品牌各个阶段的推广策略

健康发展的品牌由品牌知名度、美誉度、认知度、联想度和忠诚度五个方面构成，这五个方面必须全面发展，缺一不可，某一方面过度偏颇必然导致品牌发展的畸形。

按照品牌发展的阶段理论，品牌发展分成四个明显的阶段：品牌导入期、品牌成长期、品牌成熟期和品牌衰退期（见图12-1）。每一个阶段对品牌五个方面的要求是不同的，下面就以四个发展阶段的不同重点为逻辑，介绍品牌各个推广阶段的策略。

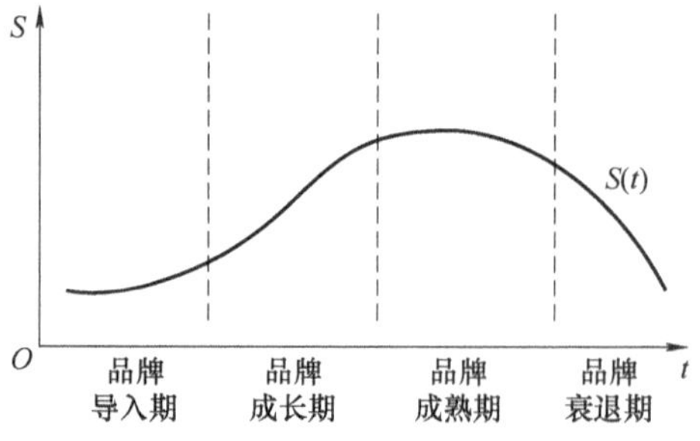

图12-1　品牌的生命周期

一、新品牌导入期

品牌的第一个推广阶段是新品牌导入期。导入期就是品牌第一次面对消费者或第一次参

与竞争的阶段。对于消费者来说，它是陌生的、全新的品牌，消费者对其个性和经营风格一无所知，此时的品牌没有一点知名度。

在导入期，品牌推广人群对新品牌的态度一般比较谨慎，这是因为他们对新品牌缺乏认知。目标人群中只有少数敢于尝鲜者。尝鲜者就是消费者群中勇于接受新鲜事物者，也可能发展为最终的品牌忠诚者。此时，其他利益相关者也在密切注视新品牌的推广过程和结果，他们也会因新品牌导入期的策略而调整自己的策略。

在品牌推广前一定要对其可行性进行充分的论证，制定有连续性和针对性的推广方案。值得注意的是，品牌在导入期的推广模式因行业和产品不同也会有所不同，这要求企业根据具体市场、具体产品、具体目标人群来选择适合自己的推广模式，简单地照搬成功案例很可能弄巧成拙。例如，名人代言策略的适用性研究表明，处于导入期的品牌不适合直接使用这一策略，因为此时的品牌对于消费者而言还没有任何认识基础，品名和徽标还没有成为人们熟悉的符号，安排名人代言极有可能出现品牌被名人覆盖的现象，即消费者的注意力都落在名人身上，而忽略了其代言的品牌。所以，处于导入期的新品牌不能简单地模仿其他成熟品牌的名人代言策略。

概括和了解导入期的特点是为了企业制订适合的推广计划和媒体投放策略。针对新品牌的推广，目标人群的反应无外乎漠不关心、关注、尝试和充当传播者这四种行为状态。根据以往的市场推广经验分析，这四种行为状态的比例依次是64%、21%、13.5%和1.5%。四种行为状态基本涵盖了目标人群对新品牌的态度，正是这些显著的态度决定了品牌推广策略。

企业在新品牌导入期应该格外重视品牌传播者，他们是品牌形成自传播（口碑）的关键，准确地挖掘到他们会使创建品牌变得事半功倍。但这并不是说64%漠不关心的消费者不重要，或是只需要关注1.5%的传播者。持漠不关心态度的消费者其消费偏好不易改变，最容易形成品牌忠诚，而那1.5%的传播者和13.5%的尝鲜者的消费偏好却不太稳定，比较容易改变，不易形成品牌忠诚。

成功的品牌在导入期的运作往往从公共关系开始，一开始就试图通过大规模的广告塑造品牌的策略是不明智的。原因如下：①广告很难有针对性地对准这1.5%的传播者。因为企业找到的目标人群只是理论上可行的细分市场，而对消费者的性格、对媒体的偏好以及消费习惯都一无所知。②即使对消费者了如指掌，也很难把握住广告的度、创意的效果等。大多数的奢侈品企业都是通过公关公司进入市场的，因为奢侈品品牌的创建要求是"销售未动，公关先行"。公共关系通过媒体和各项活动展示品牌的文化与传统，灌输特定的消费观，是品牌创建最重要的组成部分。

二、品牌成长期

经过新品牌导入期阶段，品牌推广就进入下一个阶段——品牌成长期。成长期是品牌推广的关键时期。适应性地调整产品定位、品牌定位和推广方式在这一阶段是必要的，提升美誉度和忠诚度是这一阶段工作的重点。

成长期的特点是：品牌在行业内已有一定的知名度，越来越多的消费者表现出对品牌的赞誉，并开始使用该品牌的产品，并在前期试用者中有一定的忠诚度；品牌资产的无形价值已经初步形成；品牌的销售量和市场占有率进入快速上升期。

这一阶段也是问题的爆发期，品牌管理和控制能力问题、媒体的选择及投放的频率问题、品牌推广人员的观念和执行能力问题等，均会在这一时期显现出来。成长期里对品牌推广的步骤、推广的协同力和推广的创新性要求很高。处在成长期的品牌已经具有较高的知名度，为了使品牌的美誉度和忠诚度得到同步提升，必须进行有效的品牌管理。

品牌成长期所采用的推广方式恰当与否关系到品牌竞争力和影响力的提高，因而，还应评价现有的推广模式是否有利于发挥品牌的发展后劲。

三、品牌成熟期

品牌成熟期也称为品牌全盛期或收获期。成熟期的特点是：品牌已有很高的知名度，目标人群相当明确且认知度很高。品牌已经具有可以延伸的能力且拥有相当数量的品牌忠诚者，销售量和市场占有率达到前所未有的高度，成为各媒体关注和报道的对象，对社会公共事业有一定的影响力。品牌竞争力和影响力已经在行业内达到数一数二的位置，品牌的无形价值也提升到新的高度。

处在成熟时期的品牌存在许多弱点，如品牌核心优势的丧失、目标人群偏好的转移、消费者忠诚度的降低等。当品牌进入全盛时期时，应当及时、全方位地检查企业自身存在的劣势，因为这些劣势可能会成为品牌被攻击的弱点。因此，放大优势、修补劣势，是此阶段品牌管理的重点工作。

值得强调的是，成熟期的品牌因为品牌本身已经具有影响力，会成为各个利益相关者关注的焦点，尤其是产品或企业声誉方面稍有不慎，经过媒体的放大炒作，就有可能使品牌陷入万劫不复的境地。因此，规避风险是品牌成熟期管理工作的重点。

四、品牌衰退期

品牌衰退期是指品牌的美誉度和忠诚度表现出逐渐下降的趋势，品牌竞争力和影响力逐步衰退的阶段。

衰退期的特点是：品牌的知名度仍然很高，但影响力远不如从前。目标人群的认知度仍在延续但力度逐渐下降，销售额和市场占有率明显萎缩，越来越多的经销商开始退出合作，品牌资产的无形价值正在以极快的速度降低。

品牌进入衰退期既是必然又是偶然。当品牌定位和诉求不再适应消费者，推广方式不当，或是竞争者加大投入，出现了先进的竞争产品，竞争者的诉求和定位更加适应消费者而使本品牌失去消费者，或是突发事件处理不当等，都会使品牌由盛转衰。

由此看来，品牌衰退期并不是品牌必然走向衰败和消亡，只要处理得当，仍然可以延续品牌的生命力。

补充阅读材料

解析以美誉度为起点的品牌推广策略

以往对品牌创建的起点都是基于品牌五个方面的过程而构建的。一般认为，品牌首先获得的是知名度，然后是认知度，再次是美誉度。产品的商标或企业的商号直到具有了美誉度，才算品牌塑造成功。美誉度的核心是品牌发生自传播现象，即在没有任何广告或其他成本的推动下消费者自行传播品牌。这一现象的发生就是人们常说的口碑。

在传统媒体传播方式下，绝大多数的品牌首先从知名度做起，依靠大量的广告告知消费者，加深消费者对品牌的认知，然后再寻求机会依靠公共关系活动或良好的产品质量赢得消费者的口碑，最终完成品牌的塑造。只有极少数品牌从品牌认知度做起，不依靠大众广告，主要依靠公共关系活动的方式直接圈定目标消费者，点滴积累口碑，最终完成品牌的塑造。这种做法多发生在以小众目标人群为主的产品品牌上，以奢侈品品牌为代表。

直至网络传播方式逐渐成为传播不可或缺的传播渠道时，品牌创建的起点才有可能发生变化。从理论上说，品牌是可以从美誉度开始创建的，但在此之前的现实市场中，尚没有一个品牌真正做到让消费者的认知与自传播同步进行，真正做到让消费者的认知与自传播同步的只有在网络购物体验与品牌信息自我传播同步之后。

品牌信息的自我传播效应是商标成为品牌的标志。品牌在传统媒体下是很难直接获得美誉度或自传播效果的，这需要企业进行大量的公共关系增加消费者对品牌和产品的体验而逐步获得。品牌和产品的销售体验往往需要在渠道中展开，而品牌信息却在媒体中传播，虽然也有电视直销等同步手段，但终因成本过高而无以为继。因此，企业只有在消费者体验与品牌传播都到位的情况下，才有可能获得美誉度或自传播。而成本极低的网络自传播效率给品牌带来的恰恰是同时获得体验与自传播的可能性。

一个单纯依靠网络推广的品牌，需要在品牌信息自传播能力上下功夫。如何运用消费者心理引起其对品牌信息的注意，是以美誉度为起点创建品牌的关键所在。小米品牌的意义不仅是依靠网络创建了一个品牌，将产品销售体验与品牌信息自传播结合在一起的商业模式，使其实现了在网络中以美誉度为起点创建品牌的成功，这更具有理论指导的意义。

微信推广活动的兴起更是使这种模式得以广泛应用。例如，某珠宝品牌在微信中开展以"我要红2015淘金大作战"为主题的淘金活动进行品牌推广。活动设计了虚拟的淘金界面，参与者每天有两次机会寻找黄金，收获以毫克为单位的黄金。规则中安排了每邀请一位好友参加活动就增加一次淘金机会，而且好友之间可以分享黄金，集满1g黄金、即可兑现领取1g实物黄金。在开始的前三天时间里，参与者竟然增至6万余人，领奖人数79人，按照市价每克200元计算，仅为15800元的成本费用，人均成本0.26元。而且，这些参与者不仅是被动地接受广告信息，在参与的过程中需要了解规则，就必须认真阅读品牌所要传播的信息，参与之后，这些参与者对该品牌已经相当熟悉了。这是一种典型的依托网络以自传播方式发展品牌的做法。活动的关键环节有两个：一是该虚拟淘金活动能够做到与惠于人，让消费者有利可图而进行深入了解，增加了有意注意水平；二是设计的规则"分享收获以及邀请好友参与即可增加淘金机会"都是促进消费者之间传播的原动力。

该品牌的线上推广是成功的，与小米品牌有异曲同工之处。设计与惠于人的活动吸引消费者深度参与，设置规则促进消费者自发传播，最终目的就是引发品牌自我传播效应，获得品牌美誉度，一步到位成就品牌。说起来很简单，可这就是以美誉度为起点创建品牌的秘密所在。

不同企业的产品不同、行业不同，要根据自己的产品和行业特点设计传播内容和模式，简单地照搬模仿是危险的，企业自身尚需依靠创新来发展。

本 章 小 结

本章主要介绍了品牌推广，分别从品牌推广人群、品牌各个阶段的推广策略等方面做了详细介绍。

学 习 重 点

1. 评价推广目标人群的原则。
2. 品牌发展四个阶段相应的推广策略。

思 考 题

请结合一个品牌的实例，理解各个阶段推广策略的不同。

第十三章

品牌塑造工具之广告传播

在品牌管理实务当中，有两项主要的塑造工具，即广告传播与公共关系。广告传播与公共关系是品牌塑造的左右手和助推器，带动品牌冉冉上升。品牌离不开广告，品牌首先是名牌，需要广泛的知名度，而广告是获得知名度最快、最有效的手段之一。但名牌只有与消费者产生了品牌关系之后才能被称为品牌，因此品牌关系要靠公共关系建立与维系。

第一节　广　　告

许多人都认为"品牌是靠广告打造的"，这话只说对了一半。品牌的塑造包括许多方面，品牌传播离不开广告策划，科学合理的广告策划在品牌创建中起着十分重要的作用。品牌创建是从认知度、知名度、美誉度、联想度、忠诚度五个维度提升品牌的过程，促使品牌知名度提高的最重要的手段之一就是广告传播。利用大众媒体的广泛影响力实施广告传播，可以直接将品牌信息传播到目标人群，提高广告的传播效果和传播精度。

一、广告的起源与发展趋势

（一）广告的概念与起源

广告是现代商业社会中一个重要的经济现象和经济活动。从广告在经济活动领域最本质的运动规律来看，广告是广告主以付费的方式，通过一定的媒体有计划地向公众传递有关商品、服务和其他方面的信息，借以影响受众对所宣传商品和服务的态度，进而诱发或说服其采取购买行动而使广告主得到利益的一种大众传播活动。其中，广告主、广告受众、广告媒体、广告信息和广告费用是广告需要具备的五个要素。同时，尽管都是一种信息传播活动，但广告同宣传、新闻和公共关系这几个概念还是有区别的。可以根据广告的内容、性质、表现方式、地理、媒体等标准，把广告划分为不同类型。

作为对这种具有几千年历史的广告活动的经验总结和理论抽象，广告学这门学科也经历了一个不断充实和完善的过程。尤其是到了 20 世纪 50 年代以后，现代广告学逐步形成了以广告策划为主体，以创意为中心，以科学和艺术为基础，以系统科学为方法，融合多门学科为一体的现代学科体系。这门学科充分体现了科学性、艺术性和综合性的特点。

"广告"一词起源于拉丁语"Advertere"，意为"吆喝以吸引或诱导人们注意"。在公元1300—1475 年的中古英语时期演变成为英语的"Advertise"，意为"引起人们的注意，告知某事"。这与汉语广告的字面含义——"广而告之"极为接近。到 17 世纪末，随着英国在世界范围内大规模商业活动的展开，"广告"一词广泛地流行并被使用。早期的广告仅包含唤起大众注意事物的意思，我国古代文献中"鼓刀扬声、吹曲破卖"便是对其直观的描绘。现代广告早已超出了口头广告、招贴广告、印刷广告的范围，广告的空间在不断扩大，其目的不仅是诱使人们注意购买商品，还要树立产品的形象，提高企业的知名度，引导和培养新的消费观念和购买习惯，促进经济发展。由此可见，现代广告的含义已得到极大的丰富和拓展。

目前学界和业界对广告还没有一个统一的、一致公认的定义，国内外较流行的定义有以下几个：

（1）我国《辞海》曾对广告做过如下定义：向公众介绍商品、报道服务内容或文娱节目等的一种宣传方式，一般通过报刊、电台、电视台、招贴、幻灯、橱窗布置、商品陈列等形式来进行。

（2）英国《简明不列颠百科全书》对广告的解释如下：广告是传播信息的一种方式，其目的在于推销商品、劳务，影响舆论，获得广告者所希望的其他反应。广告信息通过政治支持，推进一种事业，或是使用各种宣传工具，其中包括报纸、杂志、电视、无线电广播、张贴广告及直接邮送等，传递给它所想要吸引的观众或听众。广告不同于其他传递信息的形式，它必须由刊登广告者付给传播信息的媒介一定的报酬。

（3）美国市场营销协会（AMA）对广告的定义是：广告是由主办人通过各种付费媒体所进行的各种非人员的或单方面的沟通形式。

此外，还可以根据 2015 年 4 月 24 日第十二届全国人民代表大会常务委员会第十四次会议修订的《中华人民共和国广告法》总则第二条的规定"在中华人民共和国境内，商品经营者或者服务提供者通过一定媒介和形式直接或者间接地介绍自己所推销的商品或者服务的商业广告活动，适用本法"来理解广告的内涵和外延。

当人类社会出现商品生产和商品交换之后，为了推销商品、招揽顾客，广告便应运而生。可以推算，至今它已有数千年历史了。但是，把广告当成科学也仅仅是 19 世纪末的事情。1895 年，美国明尼苏达大学心理实验室的盖尔（H. Gale）所开展的关于消费者对广告商品的态度与看法的调查研究，可以看作是对广告心理的最早研究。而更有影响的工作则首推美国心理学家斯科特（Scott）的研究。在 1901 年年底，他提出广告工作应发展成一门科学并且可大有作为的见解，陆续发表了一系列有关文章，还于 1903 年汇编成《广告理论》一书出版。该书的问世标志着广告学的诞生。

（二）广告的基本特征

广告作为企业传递信息、宣传产品、开拓市场的手段，从本质上说是一种信息传播活动。从传播学的角度来看，广告具有以下特征：

（1）广告要由明确的广告主公开支付费用，这点与一般的新闻报道不同。

（2）广告要通过诸如电视、广播、报纸、网络等传播媒体来实现，是一种非个人间的信息传递，这一点不同于人与人之间通过口来传递信息。

（3）广告是一种有计划的信息传播、说服活动，有特定的受众、明确的主题和目标，在广告设计、时机选择、媒体、效果评估等方面均需要进行周密的策划。

（4）广告也是艺术。广告要想达到较好的信息传播效果，必须通过艺术形式，使受众在愉悦和引起兴趣的状态下自然而然地认知和接受广告的传播，从而达到诱导和说服消费者的目的。

（三）广告的构成要素

广告是由广告主、广告受众、广告媒体、广告信息和广告费用五个要素构成的。其中，广告主是进行广告活动的主体，是指付费购买媒介的版面或时间，以促进产品销售，树立企业形象或传达消费观念的组织或个人。广告受众是指广告所针对的目标消费者，即广告信息的接收者。广告媒体是指传播广告信息的中介物，如电视、报纸、杂志、广播、互联网等常见的媒体形式。广告信息是指广告要传达的具体内容，包括商品信息、服务信息、观念信息等。广告费用是指从事广告活动所需支付的费用。以上五个要素缺一不可，否则就不能保证企业广告促销活动的有效展开。

（四）广告的基本功能

广告的基本功能主要体现在以下几个方面：

（1）传播信息。将商品（服务）信息有效地传播给消费者，提高商品（服务）和企业知名度。

（2）更新观念。广告倡导一种科学的、崭新的消费观念，潜移默化地引导消费者摒弃不科学的、陈旧的消费意识，从而改变其对本企业商品的态度。

（3）诱发需求。广告充分说明商品的功能和消费者利益，对消费者进行诱导，激发其购买和使用的欲望。

（4）强化动机。广告强调消费商品的必要性、紧迫性及优惠措施和售后服务等优惠利益，宣传已购买商品的消费者消费的良好情况，消除怀疑和顾虑，增强消费者购买的决心。

（5）指导购买。告知消费者购买时间、地点和选购的方法。

（6）指导消费。告知消费者商品的使用方法、技巧和注意事项。

（7）提高审美。广告是一种艺术、一种文化，通过艺术与文化的传播，使消费者提高消费层次。

（8）开拓市场。充分发挥广告的诉求认知功能，帮助消费者辨识、识别商品（服务）的差异性，不断提高消费者认识商品的能力，提高其购买积极性。

（9）推动竞争。通过广告宣传，使消费者了解本企业商品（服务）与同类商品（服务）之间的差异与优势及其特点，形成品牌忠诚。

（10）塑造品牌。广告向消费者宣传了企业及其商品（服务）的优势及个性，增强企业及其商品（服务）的吸引力。

二、广告的媒体类型与特点

（一）广告媒体划分

1. 印刷品广告

印刷品广告包括报纸广告、杂志广告、电话簿广告、画册广告、火车时刻表广告等。

（1）报纸广告。报纸广告的优势是覆盖面宽，读者稳定，传递灵活、迅速，新闻性、可读性、知识性、指导性和记录性"五性"显著，便于保存，可以多次传播信息，制作成本低廉等。报纸广告的局限是以新闻为主，广告版面不可能居突出位置，广告有效时间短，日报只有一天甚至半天的生命力，多半过期作废；广告的设计、制作较为简单粗糙，照片、图画运用较少（一通栏、半通栏或1/3通栏），属于静态媒体，较呆板单调。

（2）杂志广告。杂志广告是指利用杂志的封面、封底、内页、插页为媒体刊登的广告。

杂志广告的优势是有效阅读时间长，便于长期保存，内容专业性较强，有独特的、固定的读者群，如财富杂志、体育杂志、医药保健杂志、时尚杂志、汽车杂志等，有利于有的放矢地刊登相对应的商品广告。杂志广告的局限性是周期较长，不利于快速传播，以及由于截稿日期比报纸早，杂志广告的时间性、季节性不够鲜明。

2. 电子媒体广告

电子媒体广告又称电波广告，包括电视广告、电影广告、电台广播广告、电子显示大屏幕广告及幻灯机广告、扩音机广告等。

（1）电视广告。电视广告是指以电视为媒体传播放映的广告。电视广告虽起源较晚，但发展迅速。电视广告的优势很明显，它收视率高，插播于精彩节目的中间，使观众为了继续收看电视节目而愿意观看广告，虽然带有强制性，但一般可被观众接受；电视广告形声兼备，给人强烈的感官刺激，其中部分黄金时段或当红节目的广告效果是其他媒体难以相比的。例如中央电视台《新闻联播》的收视率为50.6%，《新闻联播》前后的黄金时段就成了广告主们争夺的重点。电视广告的局限性也很明显，主要是其制作成本高，电视播放收费高，播放时间短，导致企业通过电视做广告的总体费用很高，小型企业一般难以承担。另外，由于长时间重复播放，易使观众对广告产生逆反心理。

（2）广播广告。广播广告是指以无线电或有线广播为媒体播送传导的广告。广播广告的优势为传收同步，听众容易收听到最快、最新的商品信息，而且每天重播频率高，收听对象层次广泛，速度快，空间大，广告费用低。广播广告的局限性是只有信息的听觉刺激而没有视觉刺激，这在一定程度上妨碍了商品信息的传播。

3. 户外广告

户外广告主要包括路牌广告（又称广告牌。它是户外广告的主要形式，除在铁皮、木板、铁板等耐用材料上绘制、张贴外，还包括广告柱、广告商亭、公路上的拱形广告牌等）、霓虹灯广告和灯箱广告、交通车厢广告、地铁广告、招贴广告（又称海报）、旗帜广告、气球广告等。

4. 邮寄广告

邮寄广告是指广告主采用邮寄售货的方式，将广告中所推销商品的信息提供给消费者或用户。它包括商品目录、商品说明书、宣传手册、明信片、挂历广告、样本、通知函、征订单、订货卡、定期或不定期的业务通讯等。邮寄广告是广告媒体中的一种灵活形式，也是一种不稳定的形式。

5. POP 广告

POP 广告是英文"Point of Purchase Advertising"的缩写，译为售点广告，即售货场所和购物场所的广告。世界各国广告业一般把 POP 广告视为一切购物场所（商场、百货公司、超级市场、零售店、专卖店、专业商店等）场内、场外所做广告的总和。

POP 广告的分类依据外在形式的不同，分为立式、悬挂式、墙壁式和柜台式四种；依据内在性质的不同，分为室内 POP 广告和室外 POP 广告两种。其中，室内 POP 广告是指商店内部的各种广告，如柜台广告、货架陈列广告、模特儿广告、圆柱广告、空中旋转广告、室内电子广告和灯箱广告。室外 POP 广告是指售货场所门前和周围的 POP 广告，包括门前装饰、商店招牌、橱窗布置、商品陈列、易拉宝、传单广告、活人广告、招贴画广告，以及广告牌、霓虹灯、灯箱和电子显示广告等。

6. 其他广告

其他广告是指除以上五种广告以外的媒体广告，如植入广告、馈赠广告、赞助广告、体育广告，以及包装纸广告、购物袋广告、楼宇电视广告等形式。

（二）广告媒体选择

广告媒体选择的本质就是在媒体成本与广告展露频次、范围和效果之间进行权衡，故在选择媒体前务必先就传播频次、接触人数和预期广告效果做出决策。

广告频次是指在一定时间内，平均使每位受众接触广告多少次。传播范围又称接触人数，是指在一定时期内，使多大比例的目标消费者接触或收看到广告。效果是一种定性的估计，如电视媒介比广播媒介的效果好；即使同是选择期刊，一种期刊与另一种期刊的发行量和声望相比相差甚远，刊登广告的效果也不一样。

实施广告选择媒体时要综合考虑以下因素，方可做出最好的选择方案并优化：

1. 产品与品牌因素

产品的特点不同，选择媒体也不同。例如，流行服饰最好选择在彩色杂志上做广告；技术复杂的产品，广告中必须包含大量详细信息的产品，以印刷媒体为宜；需求广泛的日用消费品适合选择以大众为对象的报纸、电视、广播媒体。同时，产品与品牌的定位不同，媒体的选择也不同。一般高档品牌应该选择与之品牌地位相适应的媒体。

2. 目标人群触媒习惯

选择媒体时要考虑广告信息传播的目标受众接触媒体的习惯。不同群体接触媒体的习惯是有差别的，如中老年人爱看报纸，专业人员阅读杂志。不仅如此，即便是决定了选择某种媒体，如报纸，全国有数百个报纸种类，同一地区也有若干种报纸发行，在选择时还要综合成本和效果考虑具体选择哪种报纸以及报纸的哪个版面。

3. 信息内容特点

媒体的选择还取决于信息自身的内容特点。例如，技术数据多的信息，需要印刷邮寄或杂志广告；宣布某项展销活动或推出某种新产品，当然是电视和广播最及时、覆盖面最广；电影、演出海报则以报纸和户外媒体较佳。

4. 媒体购买成本

不同媒体的购买成本不同，不同企业的支付能力也不同。企业不仅要分析广告成本与效果之间的关系，也要考虑预算和广告绝对成本的限制，它主要制约企业选择媒体的种类和数目。中小企业实力弱、资金少，选择的媒体种类和数目都比较少，有的甚至只选择一种媒体发布广告，媒体组合比较简单；对大企业来说，其资金充足、预算宽余，可选择的广告媒体种类和数目较多，就需要媒体组合之间的配合。

（三）广告创意表现

广告创意是广告设计制作者在酝酿广告时的构想。广告设计制作者根据广告主的要求，经过详细的市场调查后，进行精心的思考和策划，最终完成一个商品、服务、企业形象的综合广告方案。

广告创意就其内容而言可分为两类：一类是战术型广告创意，是指在已定的商场上，紧紧地盯着目标，使产品的品牌迅速留在消费者心中，并得到有利地位；另一类是战略型广告创意，是指找出可能的市场，确定广告目标和对象，提出切实可行的促销活动计划。

国际广告协会对创意新颖的广告有五点要求：能体现愉快的感觉，能体现创新进步的精神，能解决某一实际问题，有明确的承诺，有潜力。

在进行广告创意和广告创意物化表现时，需要注意以下三点：

1. 广告创意表现的构思

广告创意设计的构思要真、简、奇、美，攻心为上，杜绝"小和尚念经"式的构思。1979年，可口可乐集团要求为其代理了24年广告业务的麦伊广告公司为其重新换一个广告主题，麦伊广告公司立即把派驻全球各地机构的富有创造力的主管全部召回纽约，经过大家反复激烈的讨论，最后浓缩出一个主题——"笑一笑"。

2. 广告创意的媒体运用

广告创意不仅是文案设计，还包括广告宣传所使用的媒体设计。如何运用各种媒体的优势来为广告服务，同样彰显创意功夫。例如，××电风扇的创意设计是利用POP广告媒体，把电风扇放在大商场的橱窗，旁边醒目地写着："从××年×月×日起昼夜连续运转。请你计算一次，至今已经连续运转了多少小时？"独特的构思引起了人们的好奇心，甚至有人半夜三更去检查该电风扇是否仍在转动。又如"西铁城"手表打入澳大利亚市场的广告创意，也是利用POP广告媒体，巧妙地宣传产品的质量。广告预告消费者某日某时某刻，该公司用飞机在堪培拉广场空投"西铁城"手表，谁捡到就归谁。届时飞机如期而至，数以万计的手表从天而降……在人们戴着从高空落下、走时准确又不用花钱的手表时，企业还需费力宣传"永不磨损，世界名表"吗？还愁在消费者中没有知名度吗？

创意广告的媒体选择，离不开现代科技，同样是利用POP广告，精工表的广告创意则充分展示了科技的运用。在西欧一个城市上空，突然飘来一朵彩云，这彩云不偏不倚地停留在人群密集的中心广场上空，不断变幻的颜色慢慢地映出醒目的大字：精工表世界销量总值第一。现代科技研究发现，人造烟幕在空气中停留的时间可以通过减小云烟中微粒的直径和密度的方法来延长，钟表公司就是根据这一原理制造出了这一新颖、独特的烟幕广告。

3. 广告创意的语言修辞

早在19世纪末，我国最早的报纸广告就出现了南洋兄弟烟草公司为其新产品"白金龙香烟"制作的广告语："饭后一支烟，胜过活神仙。"而这句当初的广告语已成为如今一些"瘾君子"的座右铭。广告创意的语言艺术散见于各种商品广告之中。例如，理发店的广告语"虽是毫末技艺，却是顶上功夫"；蒙牛酸酸乳的广告语"酸酸甜甜就是我"；耐克的广告语"JUST DO IT"；动感地带的广告语"我的地盘，我做主"。

语言艺术还包括产品的商标名称和进入国外市场的译名。可口可乐（Coca-Cola）打入我国市场时，拟用四个谐音的汉字来称呼这种不含酒精的西方饮料，开始选译的是"蝌蝌啃蜡"，又是动物又是蜡烛，给人不干净且无味的印象，导致无人问津，后改用"可口可乐"，美味可口、开心快乐，从此销量大增。

补充阅读材料 13-1

<div align="center">**广告语欣赏**</div>
飞利浦——让我们做得更好。
康师傅绿茶——健康好心情。

罗西尼表——时间因我存在。

M&M's巧克力——只溶在口，不溶在手。

Kisses巧克力——小身材，大味道。

金龙鱼——温暖亲情，金龙鱼的大家庭。

立邦漆——处处放光彩。

大众甲壳虫汽车——想想还是小的好。

南方周末——让无力者有力，让悲观者前行。

三菱电梯——上上下下的享受。

网易——网聚人的力量。

诺基亚——科技以人为本。

英特尔——给电脑一颗奔腾的"芯"。

丰田汽车——车到山前必有路，有路必有丰田车。

金利来——男人的世界。

沙宣洗发水——我的光彩来自你的风采。

李维斯牛仔裤——不同的酷，相同的裤。

瀛海威——支起网络世界。

通用电气（GE）——GE带来美好生活。

七喜——非可乐。

摩托罗拉——飞越无限。

雀巢咖啡——味道好极了。

麦斯威尔咖啡——滴滴香浓，意犹未尽。

德芙巧克力——牛奶香浓，丝般感受。

可口可乐——永远的可口可乐，独一无二好味道。

百事可乐——新一代的选择。

耐克——JUST DO IT（要做就做）。

戴比尔斯钻石——钻石恒久远，一颗永流传。

IBM——四海一家的解决之道。

农夫山泉——农夫山泉有点甜。

乐百氏——27层净化。

（四）广告费用预算

广告作为企业的一种经济活动，是以一定数量的资金投入赢得效益的，其费用计入企业的经营成本。因此，企业必须对广告活动的费用及其产生的效益进行认真的核算。

广告费用预算是企业投入广告活动的费用开支计划，它规定计划期内从事广告活动所需要的经费总额和开支范围。一般将广告预算的内容列入广告费用的开支范围。通常，广告费用预算有以下几种：

（1）广告调研费。其主要包括市场调查、消费者调查、产品调查、调查策划、广告效果检测、购买统计部门和调研机构的资料所支付的费用。

（2）广告设计制作费。根据不同媒体的需要，广告设计制作费的标准也有所不同，如电视广告的制作费远远高于广播广告和印刷广告；而同一媒体的广告制作费也往往差异较大。

（3）广告媒体费用。它是指购买媒体的时间和空间的费用。这部分费用通常占广告费用预算的85%左右。

（4）广告人员的行政经费。其包括广告人员的工资、办公、出差、管理等经费。

（5）广告活动的机动经费。这部分经费主要用于公共关系或应对意外情况。其一般不算在广告费用预算中，而是由广告部门的负责人或企业的营销工作负责人掌握。

（五）广告效果评估

广告效果评估不仅可以降低广告费用，还可以帮助企业掌握广告效果是否与其目标相符，以获得更好的广告效益。对广告进行评估的内容很多，就效果而言，主要有两方面：一方面是广告沟通效果；另一方面是广告销售效果。广告沟通效果是指广告活动对消费者知识、感情与信心的影响；广告销售效果是指广告发出后一定时间内销售额的变动与广告费的比例。广告销售效果往往比广告沟通效果更难评估，因为除广告因素外，销售还受产品特性、渠道、人员推销、价格甚至季节等因素的影响。一般来说，其他因素的影响越少或可控制的程度越高，对广告销售效果的评估就越容易。另外，邮购广告、网络广告、短信广告、交通广告的短期效果容易估测，而以树立品牌或公司形象的广告促销效果估测较困难。

1. 广告沟通效果的预测

测定沟通效果的目的在于分析广告活动是否达到了预期的信息沟通效果。这种测试既可在广告刊出之前进行，也可在广告刊出之后进行。广告刊出前的预测主要有以下几种方法：

（1）直接评分。由目标消费者的一组固定样本或广告专家来评价一则广告，并填写评分问卷。可以简单地测试某一问题，例如"您认为这些广告中哪一个因素最能吸引您购买本产品"；也可以测试复杂问题，包括很多种评分标准，在该问卷中要填写评估广告的注意强度、记忆强度、认知强度、情绪强度和行为强度，每个部分在其最高分的范围内予以评分。直接评分法主要用于帮助找出和淘汰那些质量差的广告。

（2）组合测试。先给受试者播放一组实验用的广告，要求他们愿意看多久就看多久，等到他们关掉广告后，让他们回忆所看到的广告，并且对每一则广告都尽其最大努力予以描述，所得结果用于判断一则广告的突出性及其期望信息被了解的程度。

（3）实验室测验。通过在实验室测定受试者的生理反应来评估一则广告的可能效果。譬如心跳加快、血压升高、瞳孔放大、出汗等。所用的仪器主要有电流计、脉搏计、形距测量管、瞳孔扩大的测量设备等。但这些生理测试只能测量广告引人注意的力量，无法测出广告在可信度等方面的影响。

广告刊出后需要评估播出广告后所产生的实际沟通效果。这也需要在播放前进行简单的预测，主要有以下几种方法：

（1）回忆测试。找一些经常使用该媒体沟通工具的人作为受试者，请他们回忆发布于该媒体上的企业及其产品名称。在受试者回忆的过程中可以给予适当帮助。回忆的方式是请他们回想并复述所有能记得的东西。评分结果可用来判断广告引人注意和令人记住的程度。

（2）识别测试。抽样选择某一特定媒体工具的接收者作为受试者，请他们反复观看或阅读该媒体，时间不限，然后说出能认出媒体上众多广告中的哪一个或哪几个。最后根据识

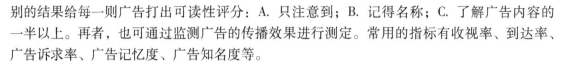

别的结果给每一则广告打出可读性评分：A. 只注意到；B. 记得名称；C. 了解广告内容的一半以上。再者，也可通过监测广告的传播效果进行测定。常用的指标有收视率、到达率、广告诉求率、广告记忆度、广告知名度等。

2. 广告销售效果的测定

测定广告销售效果的目的在于了解广告对销售的影响。进行广告销售效果的测定通常有以下两种方法：

（1）历史资料分析法。这是由研究人员根据同步或滞后的原则，利用回归分析方法求得企业过去销售额与企业过去广告支出两者之间关系的一种测量方法。

（2）式样设计分析法。用这种方法来测量广告对销售的影响，可选择不同地区，在其中某些地区进行比平均广告水平强50%的广告活动，在另一些地区进行比平均广告水平弱50%的广告活动。这样，从150%、100%、50%这三类广告水平的地区的销售记录就可以看出广告活动对企业销售究竟有多大影响，并推导出销售影响函数。

补充阅读材料13-2

广告策划示例

一、××牌牛仔裤年度广告策划书

（一）市场分析

纵观广东省的同类产品，调研人员发现，品牌总数有二十多种，市场竞争非常激烈。以其企业规模、专业化程度以及产品知名度三要素与同类产品比较区分，应以××牌、texwood、BOBSON及007为第一级品牌，LEE、Levi's、BIG JOHN、OX及5th Street为第二级品牌，其他品牌则多以游击、渗透的方式存在于市场。由此可见，本品牌在众多同类产品中占据优势地位，然而同级品牌的竞争，如二级品牌存在潜在压力（例如5th Street近期广告活动频繁），变体裤的分化市场及伪品冲击正品占有率等诸多因素，均直接或间接地影响本商品的营销。其有待由广告促进知名度及消费者了解度，以维持目前的市场占有率，广罗指名购买者，不可掉以轻心。

（二）广告目标

根据回答"您所知道的牛仔裤品牌名称"所做的统计（企业市场调查数据）可知，消费大众对伸缩牛仔裤认识很少。基于此，本产品在市场上的推出，不仅是本品牌的新产品，也是整个消费市场的新产品形象（虽然其他品牌已有同类产品上市）。因此，除了产品信息的告示，如何确立领导地位、造就品牌认知应为本品牌的首要任务及目标。

（三）广告战略

1. 广告目标

（1）稳定知名度，保卫市场占有率。

（2）"品牌认知"诉求延续（驳伪品）。

（3）塑造企业形象，提高指名购买率。

（4）扩大消费层，渗透市场。

（5）达成伸缩牛仔裤的信息渗透的目的，并确立企业的领导地位。

2. 战略运用

[A 方案]：理性的直叙诉求

（第一阶段）

实施时间：11 月 1 日起至次年 3 月 31 日。

任务：（1）促进旺季销售高潮。

（2）伸缩牛仔裤信息告示。

目标：（1）稳定既有知名度，促进指名购买率。

（2）达成伸缩牛仔裤的信息渗透目的。

（3）"品牌认知"再教育。

方法：（1）设计精美店头广告，用以占领销售点上的视觉空间。

（2）"赠送海报月历" SP 促销活动。

（3）确立企业领导形象，稳固品牌消费忠诚度。

（4）密集媒体定向运用。

文案处理：

大标题："认识牛仔裤的新焦点"

内文标题："多见少怪"

文案：牛仔裤品牌繁多，名牌又多为投机商人所仿制，以致伪劣产品充斥市场。一些伪品几乎可以以假乱真，其实只要多比较，多看看，就可识别真假。

牛仔裤精工缝制，拉链的铜面平滑没有磨损，并压有纯正的××标志的，才是正品。

内文标题："不见才怪"

文案：××牌伸缩牛仔裤，独家采用美国杜邦（DU PONT）公司所发明的 POLY-URETAN 纤维织造，具有横向 20%～25% 的标准伸缩力，布面挺阔而均匀，不易松弛，不会凹凸不平，且有吸汗、耐油、耐光热等特性，穿起来更舒适、更自如，适合各种体型。这么多优点，您不见识见识才怪呢！

内文标题："见怪不怪"

文案：风行全球的××牌牛仔裤，一向以信誉保证品质，在本省牛仔裤市场独具 60% 占有率，可见广受大众喜爱。为求更多人能够分享喜悦，本品牌不断大量生产，以降低成本，减轻消费者的负担。此乃××牌牛仔裤品质优异却价格低廉，远非一般假冒品牌所能望其项背的原因，因此也就见怪不怪了。

（第二阶段）

实施时间：次年 4 月 1 日起至次年 9 月 30 日止。

任务：（1）塑造企业形象，提升消费者心理占有率。

（2）"品牌认知"诉求的延续。

目标：达到塑造企业形象的目的。

方法：定额预算，定期媒体，定向使用。

文案处理：

大标题："一见如故"

内文：全球各地的青年男女，如果有着相同的性格、共同的理想，彼此之间有着会心的默契，相遇有缘，必将一见如故。

附图说明：拉链的铜面平滑没有磨损，并压有纯正的××标志的，才是正品。

[B方案]：感性的刺激诉求

大标题："谁知道××牌牛仔裤的优点，请举手！"

文案：毫无疑问，从罗马、巴黎、伦敦、纽约、东京……北京，世界各地的消费者都知道。××牌牛仔裤的优点不胜枚举，在本省有60%的市场占有率，足见广受喜爱的程度。××牌牛仔裤不但在外形设计上线条表现优美、不褪色，而且缝工精细、配件精致，使您更能享受穿着的舒适，个性展露无遗，更重要的是价格实惠。

附图说明：拉链的铜面平滑没有磨损，并压有纯正的××标志的，才是正品。

正品不二价：牛仔裤：160元/条

伸缩裤：180元/条

大标题："横向20%~25%标准伸缩力"

内文标题：专门为喜欢穿紧身牛仔裤和运动爱好者而设计——××牌伸缩牛仔裤，穿起来更舒适、更自如。

文案：独家采用美国杜邦公司所发明的POLYURETAN纤维织造，具有横向20%~25%的标准伸缩力，布面挺阔而均匀，不易松弛、收缩，更不会凹凸不平，并具有吸汗、耐油、耐光热等特性。

（四）促销活动（略）

（五）媒体策略（媒体排期后续，此处略）

（1）以企业投资、定额计算，做密集定向投入，以压制其他厂牌"蚀化"市场。

（2）以电视为主要媒体，辅以《南方都市报》《羊城晚报》两大报纸的定期运用，达到树立形象的目的。

（3）小额预算作为游击使用，以防止竞争厂牌的媒体独占。

（4）预算分配。（略）

（六）其他建议事项

（1）电影院媒体应为理想的媒体，但限于制作成本，未列入正常预算。故仅建议为考虑对象，如经研究认为适合，再作为预算进行调整。

（2）欧美国家牛仔裤消费层面的广泛，不论农村、牧场、学校乃至社会人士，不分年龄、阶层，均广受喜爱。因此，如能尝试进一步扩大消费领域，则市场前途将不可估量。

（3）××牌伸缩牛仔裤，"伸缩"两字宜制作变体标准字形，以求加深消费者品牌认知的印象。

（资料来源：http://www.docin.com/p-55832713.html。）

三、广告策划对品牌的作用

有学者在分析了12种关键的经常购买的消费产品品牌后得出结论：广告对忠诚消费者的购买数量增加很有效，但对赢得新消费者效果不佳。一方面，广告对引导忠诚度并不一定产生积累效果；另一方面，产品特点、陈列和性价比广告有更强的影响。某调研机构通过一组控制实验发现，如果仅用一年的时间来测试，广告的效果会被大大地低估；当广告信息与周围环境改变时，效果将更好。

还有一些研究证明了正面与负面信息的影响。消费者对负面信息产生的反应大于正面信息的反应等。品牌在成名之后，也离不开广告策划，还需要利用广告策划等手段使消费者不忘记品牌及相关产品。

将品牌建立等同于广告宣传是最常见的误解之一。有的品牌将标语写遍了大江南北、乡村城市，以为这样就可以在消费者心目中建立起自己的品牌。事实证明这一做法是失败的，人们需要了解的是产品具有的质量及能提供的性能，而不仅是记住产品名称。

已成功建立品牌的企业往往清醒地意识到，发展消费群体只是建立品牌这个庞大工程中的一小部分，单单依靠大规模的广告宣传，很难促使消费者改变固有的消费习惯来购买企业的产品。从长远来看，广告宣传并不足以赢得消费者的信任，要实现这个目标，还需要调动更多其他因素协同作用。生产商与消费者之间的双向交流所带来的互惠学习便是应对这一挑战的有效工具。在公布 2002 年全球品牌价值评估时，《商业周刊》提醒企业，建立"诚信"的印象更重要。如果不能兑现广告中的承诺，广告反而会毁掉品牌。因此，即使是大名鼎鼎并已经建立起诚信和可靠形象的品牌，也不能掉以轻心，而应小心地维护自己的品牌。例如，虽然 AT&T 公司花费了数亿美元，大打迎合年轻消费者的广告，并不断更新其专利产品，希望借此改变在大众心目中乏味、老土的印象，但是公司并没能为 AT&T 新形象的亮相及时提供令人激动的新产品和服务，结果是其品牌价值反而减少了 30%，跌出了世界前十名的排位。

第二节　广告传播媒体

一、广告传播媒体的主要内容

（一）媒体的传播范围与对象

任何媒体都有特定的传播范围与对象，如全国性、国际性、地区性。其中，比较重要的是媒体传播范围的分布及分布范围内的主要对象。范围、分布和对象三者是不可分割的。媒体策略所要解决的问题就是根据广告目标选择最佳的媒体与媒体组合，实现广告效益最大化。

（二）媒体被收听、收看状况（媒体效果性）

进行媒体收听率和收看率的确定，最常见的方法是抽样调查和专家预测。此外，被收听、收看效果还包括以下几点：

（1）注意率：即广告被注意的程度。

（2）传阅性：即读者之间相互传阅状况。较高的传阅性等于扩大了发行量。

（3）保存性：对媒体介质的保存。如书籍、杂志、年历广告等都具有一定保存性。

（三）媒体的费用

媒体费用分为绝对费用和相对费用两类。绝对费用是指使用媒体的费用总额；相对费用是指向每千人传播广告信息所支付的费用。广告的绝对费用高，并不等于相对费用高，如电

视虽然绝对费用高，但由于传播范围广，其相对费用可能低于其他媒介。

（四）媒体的威信

在对媒体的选择过程中，应了解人们对媒体的评价。

（五）媒体的"传真"程度

"传真"程度取决于媒体的制作、印刷、传播水平。

（六）媒体的适用性

适用性主要是指媒体适合发布哪种类型的广告。

（七）媒体的使用条件

媒体的使用条件主要是指购买广告时间或广告版面的难易程度、服务质量及信誉等方面。

（八）媒体的效果性

媒体的效果性是指根据媒体上述各方面情况对媒体进行综合评价。一方面，对各种媒体相互比较分析；另一方面，与广告主预期达到的目标相比较，分析哪种媒体更有利于实现广告目标，而且相对费用更低。

二、广告传播媒体基本概念

1. 收视（听）率

收视（听）率为收看（听）某一特定电视节目或广播节目的个人数（家庭数）的百分数。例如，假定某地区拥有电视机的家庭户数为 10000 户，在同一时间段，如果其中 4000 户收看 A 节目，那么 A 节目的收视率为 40%；如果其中 2000 户收看 B 节目，那么 B 节目的收视率为 20%。

2. 开机率

开机率是指在一天中某一特定时间内有电视的家庭（户）开机数目占所有拥有电视家庭的百分数。计算开机率要注意，开机率的大小因季节、一天中的时段、地理区域以及市场等而有所不同，这些变化反映了当地人们的工作习惯与生活形态。例如，清晨因人们去工作而开机率较低，晚间人们回家后开机率高，但随着深夜来临开机率逐步降低。在炎热的夏天，更多的人喜欢逗留在户外，开机率随之降低；天气寒冷时，开机率又逐步上升。但应注意，开机后随着时间和节目的变化，收视群体也在发生变化。据调查，电视与广播的开机率是互补的，当电视开机率最低时广播开机率上升，反之亦然。

3. 节目视听众占有率

节目视听众占有率是指收看某一特定节目与开机率的百分比。注意，节目视听众占有率并不表示拥有电视机的总户数，而只意味着在某一特定时间那些"正在看电视"的户数。

$$收视率 = 开机率 \times 节目视听众占有率$$

4. 毛评点

毛评点（GRP）是指特定的个别媒体所送达的收视点总和。

$$毛评点 = 平均收视率 \times 插播次数$$

注意，毛评点所送达的是总视听众，而不关心重叠或重复暴露于个别媒体的数量。

5. 到达率和有效到达率

到达率是指个人（家庭）在某一特定时间暴露于某一媒体广告排期表下的人群。计算到达率时，不管观众看了多少个节目，也不管他们暴露于广告影片下多少次，都只计算一次。

到达率通常以一个周期来计算。例如，电视、广播以4周为一个周期；平面媒体以其特定的发行周期，季刊一般为11~12周；户外媒体的到达率以一个月为周期来计算。

有效到达率（Effective Reach）也称有效暴露频次，是指在一定时间内同一广告通过媒体到达同一个人（户）的数量界限。对这个界限目前很多人会参照迈克尔·耐普莱斯（Michael J. Naples）研究的结论确定。其主要内容包括：

（1）在一定时期内只对广告目标对象进行一次广告一般毫无价值。

（2）在分析媒体有效程度时，暴露频次要比到达率更为重要。

（3）在一个购买周期或4~8周时间内，至少要有2次暴露频次才可能产生一点效果。

（4）在购买周期，或4~8周时间内，需要有3次暴露才能产生足够的传播。

（5）达到一定频次后，再次暴露所产生的价值是递减的。

（6）达到某一频次后，传播会变得毫无价值，甚至可能产生反作用。有人认为，超过8次就可能产生负效应，最佳频次应为6次。但迈克尔·耐普莱斯认为，广告使人厌倦与暴露频次无关。

（7）暴露频次有效性与在不同媒体上进行广告宣传无关，即只要暴露频次相等，效果就相等。

6. 千人成本

千人成本（CPM）是指一种媒体或媒体排期表（Scheduling）送达1000人或"家庭"的成本计算单位。它可用于计算任何媒体，任何群体及任何总成本。它便于说明一种媒体与另一种媒体、一个媒体排期表与另一媒体排期表相比较的相对成本。千人成本并非是广告主衡量媒体的唯一标准，只是为了对不同媒体进行衡量而制定的一个相对指标。

$$千人成本 = \frac{广告费用}{到达人数} \times 1000$$

或

$$千人成本（CPM）= \frac{单价}{收视率 \times 人口基数} \times 1000$$

7. 千人成本与广告效果

千人成本只在广告效果相同的条件下才有意义，并非越低越好，因为千人成本并没有与广告对消费者产生影响相联系。在确定媒体时，千人成本是一个重要指标，但不是唯一指标。例如，报纸针对性较强、传播范围广，但由于传真程度差，对于某些试图用外形打动消费者的商品广告其效果很差，这时，千人成本低就变得无意义了。因为与广告效果相比较，实际费用是非常昂贵的。

8. 广告传播范围目标

广告传播范围一般是根据企业发展方向和当前营销重点确定的。在传播范围确定后，应认真考虑选用什么媒体，尤其是全国范围的广告。我国很多全国性媒体，如电视、广播趋向均匀分布，而杂志带有很大的不均匀度，对于如何选择和组合应认真研究。

三、传播媒体的策略与原则

（一）传播媒体的策略

媒体策略是指为达到广告目标而采用的方式方法与途径。媒体组合是广告活动中最常遇

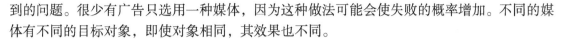

到的问题。很少有广告只选用一种媒体，因为这种做法可能会使失败的概率增加。不同的媒体有不同的目标对象，即使对象相同，其效果也不同。

媒体策略具有以下特点：①在短期内增强广告效果，如推出新产品，或取得领导者位置等；②平衡暴露频次。利用多个媒体可使平均频次的分布趋于平衡，实际上也增加了广告强度。

媒体策略所要解决的问题非常具体，包括以下几个方面：

1）使用什么媒体或同时选择哪几种媒体进行组合。

2）每种媒体使用多少次。

3）每种媒体应花费多少钱。

4）在一年中哪些时期使用哪种媒体。

5）对当地媒体进行具体调查与联系等。

媒体策略没有定规，需要根据具体情况具体分析。一般说来，有以下三种策略：

1. 对广告对象的媒体分配策略。

媒体分配总的原则是根据消费者的重要程度（以消费量为标准）来划分媒体比重。在目标对象与消费者严重分离的情况下，应按同等比重进行广告宣传，但所选用的广告主题应有所区别。这类问题涉及媒体组合策略。

制定媒体分配策略的关键在于首先对目标对象的媒体接触情况有准确估计，然后根据目标对象的媒体接触情况选择最合适的媒体，或确定在某一媒体的特定节目或时间段内进行广告，以实现比重分配。

2. 到达率与平均频次策略

在确定如何使用媒体和选择不同媒体时，经常会涉及以强调到达率为主还是以强调频次为主的问题。

（1）以下情况一般以强调到达率为主：

1）推出新产品。

2）某些正在发展的商品类别。

3）已有一定声誉和一般处于领导者位置的品牌。

4）目标对象范围较广的商品或服务。

5）购买次数较少的商品或服务。

（2）以下情况一般以强调频次为主：

1）推出新品牌。

2）说明性广告。

3）处于激烈竞争中的商品或服务。

4）目标对象范围狭窄的商品或服务。

5）购买次数频繁的商品或服务。

3. 媒体的播放频率策略

媒体播放频率是指在一定时间内的广告播放次数。

（1）集中型，一般适用于以下情况：

1）需要迅速开拓市场时。

2）为抢在竞争者之前占领领导者位置。

3）有明确时间与效果要求的广告。

4）由多种媒介组合发起的广告运动等。

（2）连续型，一般适用于以下情况：

1）处于竞争过程中的商品或劳务。

2）经常被购买的商品或服务。

3）目标对象范围比较狭窄等。

（3）间断型，一般适用于以下情况：

1）广告费用预算较少时。

2）季节性商品或服务。

3）长期或战略性广告等。

（二）传播媒体的原则

1. 战略性媒体与战术性媒体之间相互补充的原则

媒体也有很多种分类，可以按照行业划分，也可以按照企业规划的阶段划分。按照企业规划阶段的分类是研究品牌创建过程中媒体组合最基础的一种分类方法。

媒体投放不能临时组织和实施。有些媒体的见效期长，甚至要一年以上。对于一些主流媒体，与之合作方式的选择可能会涉及企业长期战略目标的制定，通常把这类能够影响企业战略的媒体叫作战略性媒体。战略性媒体的选择需要根据企业的战略安排和品牌长期成长而进行专门的规划，具有长期性和稳定性。企业一旦与某个媒体形成战略性合作关系，一般不能轻易变更。

仅有战略性媒体是难以满足品牌推广的全部要求的，因为品牌推广还要有足够的灵活性，需要根据季节变化、竞争态势和促销活动来调整媒体投放的策略。这种对于企业而言用于完成战术性安排的媒体，称作战术性媒体。战术性媒体的选择是根据企业的短期策略进行的比较选择，以灵活、适用为选择原则，可以进行因时因地和不拘一格的选择。

企业进行媒体组合，一定要遵循战略性媒体与战术性媒体之间相互补充的原则，以确保整个组合的均衡性。

2. 媒体特点与目标人群的受体特征相一致原则

不同媒体的覆盖特点是不同的。比如，电视的覆盖率高，但信息量太大，因而观众平均接收的有效信息就十分有限；杂志的覆盖率低，但相对成本也较低。所以，应根据不同的品牌推广阶段，选用不同的媒体组合，用更适合目标人群特点的媒体与不同的目标消费者进行沟通。再者，不同受体的特征也是大不一样的。如果机械设备的专业广告刊登在小说杂志的封面上，其效果可想而知。因此，媒体组合的覆盖特点一定要与目标人群的受体特征相一致。

近几年出现的一些新型媒体，像网络广告、彩信广告等，都是企业应该关注的。新型媒体背后有一批新的目标人群，当面对新的目标人群时，这些新型媒体可能就是最优选择。

3. 投放时间的长度和投放频度相匹配的原则

投放时间的长度是指媒体品牌信息的传播从开始到结束的总投放时间。它没有具体的要求，可以是 1 年，也可以是 1 个月。投放频度则是指单位时间内广告投放的密度。例如，6 月是旺季，每天投放 10 次；10 月是淡季，可以降低频度，每天只投放 2 次。

投放强度有三种方式可供选择：连续式投放、栅栏式投放和脉冲式投放。连续式投放是一种稳定的投放方式，它不随季节及竞争态势的变化而变化，因而很少被单一采用。栅栏式投放是一种不连续的投放方式，即根据自己的预算和需要，断断续续地投放。这样的投放方式很难进行科学的预测和分析。脉冲式投放则是连续式投放和栅栏式投放的综合形式，综合了连续式投放和栅栏式投放的优点，使得投放时间的长度和投放频度相匹配，因而成为品牌推广的媒体组合中的首选投放方式。

除了以上媒体组合原则之外，单个媒体的选择也很重要，需要通过对媒体整体效果与单位成本之间的比较来判断媒体的性价比。通常情况考虑两个重要指标：目标人群的覆盖率和覆盖的相对成本。其中，目标人群的覆盖率是至关重要的，它是媒体对目标人群的覆盖能力。虽然覆盖率越高越好，但在现实中，覆盖率高的媒体通常价格也很高，所以，一般企业都会先考虑细分目标人群，然后分析目标人群的受众特征，最后选择覆盖率高而相对成本较低的媒体。这样就有了第二个约束指标。覆盖的相对成本一般采用千人成本（CPM）来表示，即信息覆盖 1000 人的费用。

覆盖率与千人成本之间的比值是比较媒体性价比的关键指标。在此问题上需注意"本末倒置"和"高举高打"两种危险做法。对媒体组合而言，有效覆盖是第一位的，如果放弃这个目标而只图核算，就犯了本末倒置的原则性错误，这在实践中是很危险的；而高举高打的风险不亚于本末倒置，因为高投入下的高覆盖会有相当部分面对的不是目标人群，这也是专业广告很少在大众媒体上出现的原因。

四、传播媒体的组合与排期

（一）传播媒体的组合

媒体组合即在广告发布中，在一定的时间段里应用两种以上不同媒体或同一媒体应用两种以上不同发布形式和发布时间的组合状态。它包括媒体种类的组合、媒体载体的组合和媒体单元的组合。媒体组合原则是对不同类型的媒体进行综合比较，选择合适的广告媒体渠道，并对各种媒体进行合理搭配，各取所长。

不同的媒体具有不同的特点：一方面表现在空间上，如传播的范围、对象；另一方面表现在时间上，如传播速度、被看或被听的时间等。广告媒体研究是研究媒体的各种特点，选择最有效的媒体和媒体组合，以尽可能少的费用顺利实现广告目标。

在媒体组合中，应有主要媒体和几个辅助媒体，完全平均分配会使相对费用大幅度增加。媒体组合可以发挥各个媒体的优势，增强广告的针对性，提高广告的功效；同时，媒体组合还能有效地实现媒体的综合效应，克服各自的缺点，使企业能够量体裁衣，根据自身需要和能够控制的资源来选择。

在媒体组合中，主要媒体应根据自身需要选择确定，而辅助媒体一般首选销售现场媒体，这是由销售现场媒体的特点决定的。进行媒体组合时还需注意以下几点：

（1）可以把说明性广告与印象型广告有效地结合起来。例如，利用电视、广播进行印象型广告，同时利用报纸进行说明性广告。

（2）把短期广告与长期广告结合起来。

（3）更有效地实现广告分布。

（4）在增加冲击力的同时增加积累效果等。

（二）传播媒体的排期

广告排期表是进行广告活动的主要工具。其中，行是时间序列；列可以是不同市场投放对各个媒体的选择，也可以是在一个市场中各个媒体之间交叉使用的组合情况。它能够大致反映出一个企业在一段时间内的策略导向。以电视媒体传播组合为例，按照效率追求方向，采用15s+30s的广告组合交叉运用，则其排期表如表13-1所示。

表 13-1　排期表（一）

时间 （材料选择）		6月 7月 8月	9月	10月 11月 12月	1月 2月 3月	4月 5月
		旺季 重要节日	平时	旺季 重要节日	淡季	旺季 重要节日
重点市场/ 次要市场	15s 30s					
新市场	15s （节目选择） 15s	新闻节目		电视剧集	综艺或电影	随片

这样排期的原因在于：

（1）重点市场或次要市场：15s广告持续贯穿，强化产品优异点并配合销售旺季增加使用频次；30s广告配合旺季提升消费者对品牌的理解度和忠诚度，平日选择成本低的节目增加受众的偏好度。

（2）新市场：利用15s广告选择重点城镇间隔投放。

其他与品牌有关的活动组合使用时，排期表如表13-2所示。

表 13-2　排期表（二）

时间		1月 2月	3月 4月 5月	6月 7月 8月	9月 10月 11月 12月
传播组合	媒介组合	上市期	持续期	旺季期	维持期
● PR （公关）	TV	← →			
	纲略	←			→
	宣传册		←		→
● Brand （品牌）	TV		←	→	
	MG		←		→
	POP		←		→
● Product （产品）	TV			← →	← →
	NP			← →	← →
	DM			← →	
● SP （促销）	NP			← →	
	宣传单			← →	
● DR （直效营销）	信函			←	→

注：TV为电视广告；MG为杂志广告；POP为售点广告；NP为报纸广告；DM为直邮广告。

排期表的好处是比较直观，能够清楚地把各种活动或媒体安排按照时间逻辑表达出来，因而在实务操作中应用得十分广泛。

五、传播媒体的预算与方法

下面介绍几种传播媒体预算（BUGET）的计算方法。需要指出的是，以下几种预算方法都是基于某企业制定媒体投放预算年度的内外环境与上一年度一致的假设。

1. SOV = SOM 法

根据某一产品的广告占有率（SOV）等于市场占有率（SOM），即 SOV = SOM，来确定媒体预算。

由

$$SOV = \frac{某品牌在某时段的广告投放金额}{该品类在某时段的广告投放金额} \times 100$$

$$SOM = \frac{某品牌在某时段的销售量（额）}{该品类在某时段的销售总量（额）} \times 100$$

可得

$$BUGET = \frac{SOM \times 该品类在某时段的广告投放总额}{100}$$

2. BDI = CDI 法

根据某产品的品牌发展指数（BDI）等于品类发展指数（CDI），即 BDI = CDI，确定媒体预算。

由

$$BDI = \frac{在某时间内某品牌在某地区的广告量/该品牌总体的广告量}{该地区人口数/总体人口数} \times 100$$

$$CDI = \frac{在某时间内该品类在某地区的广告量/该品类总体的广告量}{该地区人口数/总体人口数} \times 100$$

可得

$$BUGET = \frac{CDI \times 该品牌总体的广告量 \times 该地区人口数}{100 \times 总体人口数}$$

3. GRPS 法

先确定消费者认知产品信息所需要的媒体传播量（GRPS），再把媒体传播量转化成媒体预算。首先要从营销的角度出发，确定广告活动所要到达的接触广度（REACH）和平均接触频次（AV/F），再根据各地的媒体成本（CPRP）得出当地的媒体预算，最后将各地的媒体预算加总，即得到总体的媒体预算。基本公式为

$$GRPS = REACH \times (AV/F)$$
$$BUGET = GRPS \times CPRP$$

例如，某品牌在北京地区 2019 年 1 月的媒体目标是：REACH（+1）= 75%，AV/F = 5 次。北京地区黄金时段15s的平均 CPRP = 1900 元，那么北京地区 2019 年 1 月的广告预算为

$$BUGET = 75\% \times 5 \times 1900 元 = 7125 元$$

4. 比值法/投资效益法

首先计算整体品类的广告投放额与整体品类的销售额的比值，然后根据本品的预期销售额得出媒体预算。

$$I = \frac{品类的广告投放额}{品类的销售额（量）} \times 100\%$$

可得

$$BUGET = I \times 本品的预期销售额（量）$$

由于这些方法的优劣势各有不同，因而企业在制定媒体预算时，要根据自身的具体情况，因地制宜地选用合理的方法，并可以使用多种不同的方法综合考虑，制定出一个比较科学、合理的媒体预算。另外，在确定媒体预算时，往往还要考虑企业的营销策略、广告意图、竞争压力、市场环境等因素，所以制定出预算后，还要适当进行调整。

第三节　其他类型的广告策划

一、植入式广告

（一）植入式广告的概念与起源

植入式广告（Product Placement）是指把产品及服务具有代表性的视听品牌符号融入影视或舞台产品中的一种广告方式。它能给观众留下相当深刻的印象，以达到营销目的。"植入式广告"是随着电影、电视、游戏等的发展而兴起的，在影视剧情、游戏内容中刻意插入商家的产品，以达到潜移默化的宣传效果。

广告要取得良好的效果，首先要吸引消费者的注意。显性广告令人应接不暇，导致受众对其注意度和信任度不断下降，植入式广告应运而生。

植入式广告的最大特点就是它构成了节目的一部分，把商品品牌和产品信息巧妙地插入节目中，使观众在没有任何戒备心理的情况下，不知不觉地接受广告信息的刺激。这种广告效应是显性广告所达不到的。

有据可查，最早的植入式广告出现于1951年由凯瑟琳·赫本和亨莱福·鲍嘉主演的《非洲皇后号》，影片中出现了戈登杜松子酒的商标镜头。1982年，美国导演史蒂芬·斯皮尔伯格执导的电影《外星人》中，小主人公用"里斯"巧克力吸引外星人的画面已成为植入式广告的一个里程碑。其后007系列电影对欧米茄手表、宝马汽车的宣传，《黑客帝国》对三星手机、喜力啤酒、凯迪拉克汽车的推广，无一不表征着植入式广告的异军突起。

在我国，20世纪90年代由葛优和吕丽萍主演的《编辑部的故事》中播出的百龙矿泉壶的随片广告是首次采用类似植入式广告。令植入式广告作为全新的广告形态为人们所熟知的是电影《天下无贼》。

（二）植入式广告的理论基础

植入式广告的理论依据是品牌信息的阈下知觉与隐性传播理论。其与人的感觉阈限一样，是感知和认识事物的能力，人有一个明确的感觉阈的限制。

（1）感受性。反应刺激物的感觉能力，叫作感受性。

（2）绝对阈限。能被感受器觉察到的最小刺激值，叫作绝对阈限。

低于意识阈限的刺激，人们不能清楚地意识到，但仍然会有反应，这种情形叫作阈下知觉。刺激强度在意识阈限以下的广告，或者说符合阈下知觉传播的广告形式，就是隐性广告。植入式广告就是这种隐性广告的代表形式之一。

（三）植入式广告的植入方式

根据植入式广告的植入对象，其植入方式可划分为道具植入、台词植入、剧情植入、场景植入、音效植入、题材植入、文化植入等。

（四）植入式广告的优势

总的来说，植入式广告具备"三高两低一持久"的独特优势，即广告有效到达率高，广告媒体曝光率高，广告口碑传播率高；广告投入成本低，广告干扰度低；影响持久。这些优势归结起来能够形成强大的品牌渗透力。

此外，植入式广告还具有其他方面的优势。例如，植入式广告的营销效率超过其他形式的广告。它通过生动的场景、明星的示范，直接切入普通人的生活，在不留痕迹中给人清新的感觉，轻松达到"润物细无声"的功效，从而影响或改变受众，符合媒体和消费者双方的利益，且性价比较高。

（五）植入式广告的劣势

由于产品常常是被植入影视剧情当中，不像传统广告那么直接明显，观众可能只关注剧情情节而忽略了产品，所以还是有很多植入式广告没有达到预想的效果。

最主要的问题是植入式广告会分散观众的注意力。如果画面里突然出现一个观众很熟悉的品牌标志，或者品牌表现和日常生活经验不一致，观众的注意力就会被吸引过去，从而分散了观众对情节的注意力。而且，有时商品的功能和品牌的内涵受影视剧情的限制而无法充分或正确地表达。在故事情节中大量植入没有直接联系的商品，会显得生硬，还会影响品牌形象。此外，若植入式广告的合法性遭到质疑，会增加广告主的风险，甚至会损害消费者的利益。总之，对于隐性广告是否真的会误导受众，需要依据具体情况合理判断，不能一概地认为隐性广告都存在误导，但现实中确实存在不少有意误导受众的隐性广告。

（六）植入式广告运用中需要注意的问题

（1）植入式广告不适合深度说服，不适合做直接的理性诉求或功能诉求。

（2）不是任何企业和产品都适合做植入式广告，一些缺乏知名度的产品或处于导入期的品牌是不适合做植入式广告的。

（3）要始终坚持"节目第一，广告第二"的原则。一个好的植入式广告，宣传的商品和品牌必须贴近节目，融合于节目之中，而不能为了植入式广告杜撰情节。

（4）植入式广告要与常规广告相互配合，才能发挥更好的效果。

二、代言式广告

（一）名人代言的概念

名人代言是指由名人在商品品牌传播过程中充当商品代言人的行为，包括名人广告、形象使用等概念。名人可以是影视明星、体育明星、政治家等，只要是具有一定知名度的人，就可以称为名人；从信息传播的角度看，名人就是说服过程的信息源，又叫广告源。

名人代言是一种常用的营销工具。利用名人代言的形式能够将名人的容貌、气质、地位等特质通过移情效应转移到品牌上，成为品牌内容的一部分。因为名人的行为具有示范性，隐含着生活方式的号召力，对消费者有很强的吸引力和示范作用，能够引发消费者的模仿行为。另外，品牌个性的拟人化有赖于名人代言的具体化，名人代言有利于衬托品牌的内涵。

（二）名人代言广告的运作过程和要点

名人代言广告的运作过程并不复杂，大致需要经过邀请、协商、一致化筛选、脚本设计、实施等几个步骤。其中，最重要的一个环节就是一致化筛选，即在选择名人时需要判断品牌个性和所要向消费者传达的诉求信息与名人形象及专业性之间是否一致，然后预先构思和设计诉求，使得两者之间自然、紧密地相连，并保持一致，这是脚本设计的基础。两者之间的联系越紧密，就越容易被消费者所理解，即便广告内容适当含蓄，也能起到意想不到的效果。但如果两者之间差距太大，就很难一致化了。例如，某农产品品牌请袁隆平代言，运动鞋品牌请刘翔代言等，都是非常直接的一致化。

（三）名人代言的局限性

名人代言的局限性主要有以下两点：

（1）通过名人代言能迅速地提高受众对品牌的注意和喜欢程度，但对购买行为和购买意向的影响不大。有很多相关的实证研究表明，消费者越是成熟的市场，名人的影响力越小。随着我国消费者的不断成熟以及市场管理的不断完善，名人代言能发挥的作用也在明显减小。

（2）品牌个性还没有完全形成之前，名人有可能影响甚至覆盖品牌。对于导入期的品牌，尤其是还没有知名度的品牌，此时聘请名人是希望借助名人的知名度，尽快提高其品牌的知名度。但事与愿违的是，此时的品牌与名人的知名度还很不对等，也没有品牌个性，一旦采用名人代言，其结果多是品牌被名人覆盖。因此，在品牌导入期使用名人代言需要格外慎重。

（四）影响名人代言效果的因素

1. 名人自身道德问题

名人自身若出现有关道德方面的负面问题，其代言的品牌也难脱牵连。例如，美国影星莎朗·斯通在"5·12"汶川大地震时，公开发表不负责任的言论，引起中国人民的强烈不满，她所代言的Dior品牌也因此遭到抵制，因此，Dior取消了与莎朗·斯通的合作。

2. 名人的专业性与代言品牌一致性问题

名人可以按照其知名度的高低或所从事的领域分成很多类型，如影视明星、体育明星等，而他们所代言的品牌有些是专业性很强的产品品牌。在选择名人代言时，一定要考虑名人与该品牌对消费者的诉求是否一致。一旦出现名人的专业性与代言品牌不一致的情况，便会产生一种错位的现象。例如，选择航天员为某奶制品品牌代言，可以通过航天员身体健康与奶制品食用者的健康之间的关联来完成一致化；而选择一个运动员为化妆品品牌代言就很难找到一致诉求。

3. 名人代言过度问题

有些名人，例如影视名人，由于适用范围广或其他一些原因，形象的使用过于频繁。在公众面前，如果众多品牌同时使用一位名人代言，会令消费者混淆，从而严重影响名人代言的效果。

4. 频繁更换代言人

一些处于成长期的品牌，会频繁地更换代言人。更换代言人有时可以带来短期的收益，比如追逐时尚或带给消费者新鲜感，但这样不仅会使得品牌个性难以坚持，更有碍于品牌内涵的形成。

 案例

从别克品牌传播看其本地化成功之道

2004年3月上旬，一则60s黑白广告开始出现在全国众多电视台的黄金强档节目中，这就是上海通用汽车全新别克品牌形象的广告。片中以"逗号"为诉求点，表现了当代中国人在"成就""杰作""纪录""荣耀"面前，锐意进取、再求超越，从而揭示了别克品牌的精髓——"心静、思远，志在千里"。这则广告是别克成为旗下四大车系（君威、凯越、陆上公务舱和赛欧）母品牌后的新宣示，无论是从立意上还是从表现手法上，都能看出它是别克品牌融入东方文化和时代精神的一种传承与升华。回顾别克根植中国几年来推出的一个个经典广告，了解广告背后的底蕴，更会看到其品牌传播和品牌发展一以贯之的"中国之道"。

1. 推球篇：用当代精神造当代车

上海通用汽车在1998年年底下线了第一辆别克"新世纪"，也推出了第一则广告——"推球篇"：辽阔的土地上，有一群人正以排山倒海的力量推着一个巨大的金属球前行，众志成城的气势、百折不挠的精神，使人联想到中国古代寓言中的愚公移山。据时任上海通用汽车市场营销部执行总监的孙晓东介绍，别克自来到中国之日起，就开始了产品本土化生产、开发与设计的历程，同时也踏上了一条与东方价值观、文化理念相融合的品牌打造、传播之路。

"当时，外界有一种偏见是'中国造不出好车，好车不来中国'，同时别克品牌的知名度也较低，仅有一种车型。所以，我们决定用企业形象来带动品牌，在广告中提出了'当代精神当代车'的口号，强调'别克来自上海通用汽车'，就是要告诉世人，一个团结进取、志向高远的世界级企业，要在中国建造世界级的品牌。"孙晓东说。"当代精神当代车"也激励上海通用汽车胸怀使命感，做前人未曾做过的事业：不到4年时间就进入中国汽车品牌排名前三甲，成为中国首家批量出口乘用车和向西方销售高档大排量发动机的企业；建立上海通用东岳汽车有限公司，兼并金杯通用，在中国汽车业开创合资企业主导兼并重组的先河；连续两年被评为中国最受尊敬企业，是中国汽车业唯一进入前十名的公司。

2. 水滴篇：别克带给国人信心

1999年4月，上海通用汽车正式投产三款中高档别克轿车。此前，在中国市场上只有桑塔纳和捷达两款主流车型。而国人对合资产品的质量缺乏信任。上海通用汽车在这个时期推出了"水滴篇"广告：画面中的别克穿行在雨后湿润的森林小路上，水滴从空气中不断落下，但怎么也落不到别克优雅的车身上。与此同时，一句"不允许有任何水分"的广告语，用中国的常言俗语表达了世界级的质量观念。"这是一支既讲产品理念又讲企业理念的广告，我们希望通过它给予消费者信心。'不允许有任何水分'是对'中国造不出好车'的有力回应，是上海通用汽车要在中国打造世界一流别克品牌的誓言。"

孙晓东这样介绍当时的策略。

"不允许任何水分"的精神一直在延续，上海通用汽车用它来打造品牌、培育团队、建设体系。上海通用汽车，是中国汽车工业首家通过 QS 9000 认证的企业，是通用汽车全球五大样板厂之一；引进并发展了精益生产概念，拥有世界一流的制造体系和质量管理体系；坚持"质量是制造出来的"和"不接受、不制造、不传递缺陷"的质量原则，并将质量体系向供应商和经销商两端延伸。

3. V6 篇：品牌文化渐入东方佳境

随着上海通用汽车快速推出新车型，拓展新的细分市场，别克产品不论是在外观设计上还是功能诉求上，都更接近中国消费者的使用和审美需求。而品牌打造和传播上的挑战在于如何使其既突出产品特色，又符合别克总体的定位。从这时起，该企业开始思考别克品牌的主要消费族群和品牌价值诉求的问题，汲取中国文化精髓，悉心探索消费者的心理需求。上海通用汽车在别克本土化的过程中，使品牌越来越彰显东方意境，逐渐提炼出别克品牌的核心价值和品牌精髓。通过几年的市场积累和印证，该企业认为 V6 发动机是别克产品与其他竞争产品相比的一个差异化优势，因此，在 2002 年推出了 V6 发动机的广告。这则广告表现了别克 V6 发动机的宁静、顺畅和动力澎湃，也象征着别克车主沉稳内敛、志向远大、内心涌动着激情。V6 发动机的"心静、思远，志在千里"这句经典广告语，就是从中国"淡泊明志，宁静致远"的古训而来。"心静、思远，志在千里"反映了一种大胸襟、大视野，已上升为别克母品牌口号。

4. 荷花篇及其他：品牌多重契合中国人心灵

一辆君威轿车行驶在水墨画般的荷花池边，发动机的安静居然没有打扰一只停立在尖尖小荷角上的蜻蜓。车停了，蜻蜓最终飞落在君威的车标上。在这则广告中，一句"在动静中融智慧，于无声处见君威"树立起高洁、大气的君子之风，把别克品牌的东方神韵体现得淋漓尽致。

经过几年的积淀与淬炼，以世界先进技术筑造产品筋骨，以中国文化精髓塑造品牌灵魂，铸就了别克品牌的特质。例如，较早之前为配合 GL8 上市而推出的广告"小鹿篇"，提出"有空间就有可能"，贴合商务人士的需求，激励他们事业的发展；"陆上公务舱"更是摸准中国公商务精英的脉搏，准确地将 GL8 定位成高档豪华 MPV 的典范。赛欧虽然是"10 万元家庭车"的倡导者，但它瞄准了年轻的白领，其所倡导的优质新生活理念与别克的进取精神一脉相承。更有别克君威和别克凯越，一个启悟于中国古代的仁智思想，弘扬"心致行随，动静合一"；一个顺应时代潮流，主张"全情全力，志在进取"，其品牌理念分别与这个社会成功人士、中间阶层的心理需求同频共振，其品牌 DNA 也构成了别克母品牌"大气沉稳、激情进取"的个性。在品牌文化建设上，上海通用汽车还让君威与中国书法艺术和西洋钢琴艺术"结缘"，让凯越在务实上进、为事业打拼的年轻人实现汽车梦的舞台剧中"诞生"，充分传达了别克的品牌精神。

5. 逗号篇：别克锐意进取的宣言

随着别克旗下君威、凯越、赛欧和陆上公务舱各自品牌定位逐渐清晰，也着眼于与其他品牌形成差异化区隔，强化和深化别克母品牌的个性与核心价值被提上战略日程。2004 年 3 月，上海通用汽车大力推出了全新别克品牌形象广告"逗号篇"，引起了业界与社会的广泛关注。在这则广告中，有登上顶峰的体育健儿，有荣耀在身的商务俊杰，还有喜获丰收的淳朴农民，一幅幅让观众感到亲切、振奋的画面，最终都有一个"逗号"呈现——本应该完结的事物却因为逗号而延伸出更深远的意义。在上海通用汽车别克品牌总监任剑琼看来："别克从来都是一个追求卓越，追求超越的品牌。我们用一个又一个'逗号'承前启后，串成别克的品牌链，成为锐意进取的精神符号。"

这就是别克品牌"心静、思远，志在千里"的新宣示。它昭告世人，在别克系列产品仅用 5 年时间销售就达到 45 万辆车的时候，在别克未经提示的品牌知名度从最初的 14% 达到 83% 的时候，别克远没有满足，而是志在成为深受中国消费者认可和喜爱的优秀品牌。这需要进一步解读市场，提高国际化与本土化的创新整合能力，全面打造体系竞争力。明天的别克，将挟大气现代的设计、动态舒适的科技和"别克关怀"服务，加速驶向新的里程碑。

（资料来源：佚名. 从别克品牌传播看其本地化成功之道 . http://doc. mbalib. com/view/9d89501431f1c66100f7840866f752f2. html。）

本 章 小 结

本章的主题是广告，主要从以下三方面进行了介绍：广告、广告传播媒体和其他类型的广告策划，结合阅读材料，会对广告有更深层次的了解。

学 习 重 点

1. 广告对品牌传播的作用。
2. 传播媒体的基础概念。

思 考 题

广告可以提高品牌的美誉度吗？

第十四章

品牌创建工具之公共关系

对于品牌运营而言，公共关系是至关重要的。一个团队的公关能力主要体现在能否抓住转瞬即逝的良机。在品牌运营中，公共关系活动主要用于品牌美誉度的获得以及品牌危机的处理，而所有品牌公关策划都是朝着品牌自传播的目标展开的。

第一节　公共关系基础理论

随着企业对品牌认知程度的提高，实践中塑造和提升品牌的手段和方法也逐渐丰富起来。公共关系因为在信息传播、沟通等方面的特殊作用，更是被越来越多的企业应用到品牌塑造的实践中。

公共关系通过为企业挖掘有新闻点的报道，进行新闻发布，以及举办各种各样符合企业发展要求的活动等，可以向公众提供品牌的诸多信息，包括其品牌产品的特点、品牌的特征、品牌的内涵，甚至品牌文化的传播，从而引起公众对品牌的关注，提高品牌忠诚度。另外，企业在发展的过程中，需面对各种纷繁复杂的关系，包括如何处理与同业竞争者、合作伙伴、消费者、政府和媒体等的关系。相对于广告等其他形式的工具而言，公共关系在正确处理这些关系方面起着更为显著和重要的作用。

一、公共关系的概念

"公共关系"源自英文"Public Relations"，其中 Public 意为公共的、公开的、公众的，Relations 则是关系的意思，两词合起来用中文表述便是公共关系的基本含义，在实际应用中简称"公关"（PR）。

公共关系的源头可追溯到古代社会人类文明开始的地方——古埃及、古巴比伦、古印度和中国等国家。发展至今，公共关系仍然没有唯一的准确定义，由于每个人的认识角度不同，对公共关系内涵的理解也各异，于是形成了许许多多的公共关系定义。在众多的定义中，主要有以下几种类型：

（一）管理说

管理说的定义突出公共关系的管理属性。把公共关系看作与计划和财务一样的管理职能，20 世纪 70 年代中期，美国学者莱克斯·哈洛（Rex Harlow）博士的定义便是典型代表。他认为，公共关系是一种特殊的管理职能，它帮助一个组织建立并保持与公众之间的交流、理解、认可与合作，参与处理各种问题与事件，帮助管理部门了解民意并对其做出反应，确

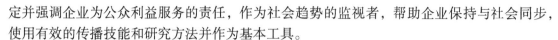

定并强调企业为公众利益服务的责任，作为社会趋势的监视者，帮助企业保持与社会同步，使用有效的传播技能和研究方法并作为基本工具。

（二）传播说

传播说集中体现了公共关系的传播属性，强调公共关系是一种特定的传播管理行为和职能，认为公共关系离不开传播沟通。其定义是：公共关系是一个组织与其相关公众之间的传播管理。

（三）关系说

关系说认为，公共关系是公众性或社会性的关系或活动，关系体现公共关系的本质属性。公共关系是一种特定的社会关系，正确认识公众关系、处理公众关系是开展公共关系的出发点和归宿。美国普林斯顿大学的资深公共关系教授希尔兹（H. L. Chils）认为，公共关系就是人们所从事的各种活动所发生的各种关系的通称，这些活动与关系是公众性的，并且都具有社会意义。

（四）艺术说

艺术说认为，公共关系不是一门不精确的学科，许多公共关系问题不存在唯一的正确答案。公共关系在实际运作中要讲究创造和形象思维，需要从整体上来把握公共关系及其工作。因此，公共关系是一种艺术。

二、公共关系的特点

公共关系是指争取对企业有利的宣传报道，协助企业与有关的各界公众建立并保持良好关系和企业形象，以及消除和处理对企业不利的谣言、传闻和事件的活动。公共关系的内容不限于企业与消费者之间的关系，更不限于买卖关系，它是要搞好企业与整个社会公众的关系，是一种以长期目标为主的间接促销手段。公共关系具有以下特点：

1. 双向沟通是基础

现代社会中，社会组织与公众打交道，实际上是通过信息的双向交流和沟通来实现的。正是通过这种信息的双向交流和共享过程，形成了组织与公众之间的共同利益和互动关系。这是公共关系区别于法律、道德和制度等意识形态的地方。在这里，组织和公众之间可以进行平等自愿的、充分的信息交流和反馈，没有任何强制力，双方都可以畅所欲言，因而能最大限度地减少副作用。

2. 树立形象是目标

在公众中塑造、建立和维护组织的良好形象是公共关系活动的根本目的。这就要求企业必须有合理的经营决策机制、正确的经营理念和创新精神，并根据公众、社会的需要及其变化，及时调整和修正自己的行为，不断地改进产品和服务，以便在公众面前树立良好的形象。可以说，良好的形象是企业最大的财富，是企业生存和发展的出发点和归宿。企业的一切工作都是为了消费者而展开的，失去了社会公众的支持和理解，企业也就没有存在的必要。

3. 互惠互利是关键

很多企业把追求自身利益的最大化作为经营的最终目标，但却在这一过程中迷失了方向。有的企业为求得短时之利而失去了更多，有的甚至什么也没得到。造成这种局面的根本原因在于，利益从来都是相互的，从来没有一厢情愿的；对社会组织而言，只有在互惠互利的情况下，才能真正实现自身利益最大化。企业的公共关系活动之所以有成效、有必要，就在于它能协调双方的利益，实现双方利益最大化。这也是具备公关意识的企业和不具备公关意识的企业的最大区别。

4. 真实真诚是原则

追求真实是现代公共关系工作的基本原则。自从美国"现代公关之父"艾维·李（Ivy Lee）提出讲真话的原则以来，告诉公众真相便成了公关工作的信条。尤其是现代社会，信息及传媒手段空前发达，这使得任何组织都无法长期封锁、控制消息，以隐瞒真相，欺骗公众。正如美国总统林肯所说："你可以在某一时刻欺骗所有人，也可以在所有时刻欺骗某些人，但你绝对不能在所有时刻欺骗所有人，真相总会被人知道。"因此，公共关系强调真实原则，要求公关人员实事求是地向公众提供真实信息，以取得公众的信任和理解。

5. 长远观点是根本

公共关系是通过协调沟通来树立组织形象，建立互惠互利关系的过程。这个过程既包括向公众传递信息的过程，也包括影响并改变公众态度的过程，甚至还包括组织转型（如改变现有形象、塑造新的形象）的过程。所有这一切都不是一朝一夕就能完成的，必须经过长期、艰苦的努力。因此，在公共关系工作中，公共关系组织和公关人员不应计较一城一池之得失，而要着眼于长远利益，只要持续不断地努力，付出总会有回报。

公共关系活动一般比广告具有更高的可信度。公关文章一般会受到更多人的认可，可信度相对于广告更高，具有更高的性价比，且具有更为灵活、多样的表现方式。公共关系一般通过文字方式传播诉求、传达思想，文章表现形式大致有新闻稿、产品稿、新闻评论稿、市场综述稿、成功案例稿、解决方案稿、用户评论稿等。公关能够更为丰满地塑造品牌形象。通过公关宣传，企业可以传播产品卖点、产品促销信息、产品技术优势、企业人文优势、企业战略合作信息、领军人物形象等，能够完整、全面地传播诉求。

公关具有可积淀性。它通常以媒体正式内容的形式出现，可读性强，读者可能会下意识地记住某篇文章，甚至向他人主动传播这篇文章的思想；随着互联网搜索技术的发展，一篇在纸介或网络媒体上刊发的公关文章，很可能在1个月甚至1年后，被企业的目标消费者主动搜索到。公关传播的可积淀性大大提高了公关传播的效果。公关能够塑造品牌美誉度，品牌传播的主要目的在于给消费者找到一个购买的理由，这个理由往往只能由公关来完成。以海尔集团为例，海尔的成功在于服务，但消费者很少能看到海尔专门打过关于服务的广告。海尔服务做得好，它作为国内家电业的领军企业几乎成为社会的共识，要形成这样的共识只有公关能够做到。但公关在营销推广中也存在一定的劣势：①公关操作周期较长。一般而言，只有长时间、持续地进行公关传播，才能达到好的传播效果。②公关的信息传达一般较为含蓄。通过"润物细无声"式的信息渗透，以逐渐实现对于潜在消费者的影响。因此，一般要通过持续的宣传才能够得到比较好的效果。③可控性较差。公关操作需要由公关公司或企业与媒体记者沟通完成，记者将稿件递送到编辑处后，稿件能否刊发，何时刊发，刊发多大篇幅，往往会受到稿件质量与版面相关性，是否有其他重要事件发生，以及是否有厂商临时投放广告等多个不可控因素的影响。因此，公关稿件的可控性一般难以得到保证。

三、公共关系的职能

公共关系作为品牌塑造的一种工具，发挥着特定的功能和作用。公共关系的基本职责包

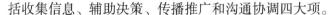

括收集信息、辅助决策、传播推广和沟通协调四大项。

1. 收集信息

企业公关密切关注公众对品牌的认知情况，对企业形象的评价和印象，以及对产品的价格、性能、质量、用途等方面的主要看法等。应通过了解各个方面的信息，收集并分析与企业塑造品牌有关的信息，发现与企业形象塑造有关的事件，在相应的时机采取应对措施，从而树立和提高企业的品牌形象。

2. 辅助决策

采集的信息只有经过系统的整理和分析后，在进行预测趋势时，才能真正发挥其作用。通过公共关系收集的信息要能够预测政府决策趋势，预测社会环境变化趋势，才能获得更大的发展空间；监测竞争对手的发展动态，洞察竞争对手的公关状态，分析其优势与劣势所在，预测其发展动向，同样是公共关系的重要工作。

3. 传播推广

企业可以广泛地利用新闻媒介、社会公益、体育赛事等进行品牌宣传，把企业快捷的服务、优良的产品、一流的管理、科学的操作呈现在公众面前，促使公众了解，并接受反馈意见，在企业和受众之间形成互动，提高企业形象的宣传力度。通过公关和宣传，让社会公众了解企业的产品和服务、经营观和价值观，对品牌留下深刻的印象。

4. 沟通协调

在品牌塑造的过程中，公共关系在处理好与企业外部关系方面发挥着重要的作用。通过公共关系，可以处理好企业与消费者、新闻媒体、渠道商、供应商及政府之间的关系，获得他们的理解和支持。公共关系的实质即通过沟通和协调，化解公关主体的组织和公关对象之间的种种差异和矛盾。由于双方在信息掌握上总是不对称的，因此摩擦和冲突在所难免。这就要求企业公关部门充分运用各种有效的交际手段和沟通方式，发挥其协调功能，协调内外关系，努力减少摩擦。

四、公关活动的决策

1. 确定公关活动的目标

企业的公关决策，首先是确定公关目标。企业需要进行调查和研究，在对企业及产品形象进行评估的基础上，根据企业经营目标，分析社会公众对企业的印象和评价，从而确定公共关系所要达到的目标。常见的公关目标有提高品牌的知名度、加深大众对企业服务于公众利益的理解、建立信息网络、消除公众误解、提高企业的声誉、降低企业的促销成本等。

2. 确定公关活动的对象

公关活动的对象包括以下几类：

（1）消费者。企业始终坚持为消费者提供满意服务的理念，与消费者进行有效的沟通，特别是注意处理与消费者的纠纷。

（2）经销商。企业应及时、迅速地给经销商提供品质优良、价格合理、设计新颖的适销对路的商品，为经销商提供各种优惠、便利和服务。

（3）供应商。企业应与供应商保持良好的关系，以取得充足的原材料、零部件、工具和能源供应。

（4）社区。企业应与所在地的工厂、机关、学校、医院、公益事业单位和居民共建物质文明与精神文明的社区，获取社区的接受与支持。

（5）政府。企业应经常与政府有关部门进行沟通，及时了解有关的政策、法规和计划，创造企业发展的良好政策环境。

（6）新闻媒体。新闻传播媒体是公共关系的重要因素，它控制着重要的公共沟通渠道，对公关有着极其重要的作用。因此，公关人员必须努力与新闻媒体建立良好的关系，保持与新闻界的联系。

3. 制订公关活动的行动方案

公关活动是一项整体活动，它本身是由一系列活动项目组成的，这就要求运用相应的策略加以指导。具体的公关项目是为了实现公关活动的目标而采取的一系列有组织的行动，其中包括记者招待会、展览会、赞助活动等。在制订公关活动的行动方案时，还要充分考虑开支、所需人力和技术上的可行性及各种可控或不可控的因素。

4. 公关活动的实施

正常公关活动一般情况下都可以按照方案按部就班地进行，但是，相关企业和部门也需要具有一定的突发应急能力，以应对一些品牌危机等事件。这需要公关人员与有关单位和相关人员建立良好的关系，以保证公关方案的顺利实施。

第二节　品牌创建过程中的公共关系实务

一、公共关系在品牌创建过程中的作用

1. 树立良好的品牌形象

良好的品牌形象可以为企业赢得良好的口碑，可以唤起和激励员工的自豪感、荣誉感和责任感，不断释放自己的潜能，使企业充满无限活力。所以，运用娴熟的公关技巧树立企业的品牌形象就显得至关重要。当公众对品牌缺乏认知和了解时，企业公关应主动地宣传、介绍自己，促进公众对品牌的认知和了解；当品牌有了基本的公众印象及良好的评价之后，企业公关应继续努力强化这种良好的舆论态势，使品牌形象深入人心；当公众对品牌的评价游离不定、好坏莫辨时，组织应谨慎地发挥引导作用，使舆论尽可能向有利于品牌建设的方向发展。当品牌形象受损时，组织应该根据不同情形采取相应措施。如果是因组织自身的失误危害了公众利益，就应该本着诚实、真诚的态度，尽快采取补救措施，将损失减少到最低程度。

2. 提高品牌的知名度

公关是提高企业品牌知名度的重要手段。企业通过持续的公关宣传活动，通过媒体报道来增加品牌的可信度和亲和力，从而逐步提高品牌的知名度。广告形象策划方式的特点有：目的性强，指向性明显，具有很强的时效性，又要有较高的覆盖率，能在极短的时间内迅速形成媒体的知名度。相较而言，公共关系对品牌知名度的提高具有长期性、持续性等优点。同时，公共关系的手段多样化，对品牌知名度的提高效力更强。

3. 提高品牌美誉度

公关式的形象策划不仅能提高品牌知名度，还能极大地提高品牌美誉度。公共关系的根本目标在于树立良好的企业形象，通过公关宣传的方法来增加品牌的可信度和亲和力。它是

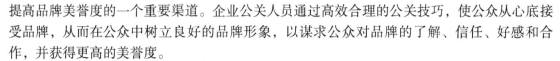

提高品牌美誉度的一个重要渠道。企业公关人员通过高效合理的公关技巧，使公众从心底接受品牌，从而在公众中树立良好的品牌形象，以谋求公众对品牌的了解、信任、好感和合作，并获得更高的美誉度。

4. 化解品牌危机

品牌危机是指由于组织内部或外部的各种因素，严重损害了品牌的声誉和形象，使组织陷入强大的社会舆论压力之中，并使品牌处于发展危机之中的一种公共关系状态。在激烈的市场竞争中，品牌危机的出现在所难免。危机公关是企业在处理危机事件时所采取的策略和措施，它承担着解决危机问题、恢复公众信任、重塑企业形象的重大责任。

危机公关是一个系统工程，它需要调动企业各个方面的力量以及企业日常公关工作中逐步积累形成的社会关系网络，为危机的尽快消除奠定基础。积极、有效的危机公关能够使企业摆脱困境，恢复品牌形象，处理得当时甚至能提升品牌形象。

二、公共关系在品牌创建过程中的传播

媒体是公共关系的传播渠道。公共关系的使用通常是企业公关人员通过媒体与公众建立联系，有效、双向地传递组织与公众之间的信息。公共关系的内容包括调研、传播品牌信息、广告推广、宣传策划活动、维护公共事务关系等。

（一）传播渠道

传播渠道是企业向公众传达品牌信息及获取公众反应的沟通途径，有平面媒体，也有电子类媒体。传播渠道可分为公众渠道和专用渠道两大类。

1. 公众渠道

公众渠道也称大众传播渠道，是指消费大众在日常生活中方便接触到的媒体，如报纸、电视、互联网、车身广告等。

2. 专用渠道

专用渠道是指向特定人群传播的媒体。如针对目标小众消费群直接投递（简称直投）的平面杂志，品牌向 VIP 顾客邮寄或通过电子邮件发送的产品信息。

媒体的选择要考虑传播信息特点、受众匹配度、时效、预算成本及媒体可控度等诸多方面的因素。企业公关要非常熟悉投递媒体的类型，如发行量、受众规格、传播效率、产品表述力、信息可控度、媒体与大众的互动性等。

（二）信息传递方式

1. 公关类广告

公关类广告在实践中有三种类型：内部广告、公共服务告示及组织利用事件宣传的机构广告。通常企业选择最多的是机构广告，用于传递品牌和优化企业形象。由于广告费用的高昂，企业在实际操作中一般将其交给专业的广告公司，由其负责文案的撰写和表达形式的创作。这不仅分担了媒体风险，还能保证在一定时间和预算期限内，达到最有效的公关效果。广告投放应考虑受众的需求、习惯和文化，以及投放目标市场的运行模式。针对不同的市场设计不同的广告诉求，是一种稳妥的公关实践手段。

2. 宣传

宣传不同于广告，它是以评论的方式将组织的信息通过媒体向受众传达的一种公关方式。它可以是新闻、访谈或推广信息，这就要求企业公关向媒体精准地传递事件信息，并提

供真实的资源。针对非媒体的受众，企业往往通过产品图册、内部期刊、行业杂志等出版物、VCR、论坛演讲、行业会议等宣传工具传递信息。

3. 其他方式

随着论坛、博客、微博、微信等新兴社交类媒体的出现和热门，企业运用广告和宣传的界限越来越模糊，越来越多的大众选择通过真实、传播范围广、互动力强的社交类媒体了解信息，而报纸、杂志等传统媒体曾经扮演的特殊角色逐渐被削弱。这就要求企业的公关人员对市场有非常高的敏锐度，时刻关注媒体趋势，有针对性地选择传播工具，最大限度地发挥公共关系能力，维护好与媒体的关系，才能有效传播品牌信息。

三、公共关系创建品牌的基本原则

组织的公共关系行为引起的公众反应，是评判公共关系成败的标准，也是衡量企业在品牌塑造过程中运用公共关系能力的指标。

1. 品牌形象至上原则

在公众中塑造、树立和维护良好的品牌形象是公共关系活动的根本目的。品牌形象既与组织有关，也与公众的状态和变化趋势直接相连。这就要求组织必须有合理的经营决策机制，正确的经营理念和创新精神，并根据公众和社会的需要及变化，及时调整和修正自己的行为，不断地改进产品和服务，以便在公众面前树立良好的品牌形象。良好的品牌形象是塑造品牌的前提，是提升品牌资产的重要保证。

2. 有效沟通原则

组织与公众的沟通实际上是通过信息双向交流和沟通来实现的。正是通过这种双向交流和信息共享的过程，才形成了组织与公众之间的共同利益和互动关系。企业在与公众沟通时，应本着有效沟通的原则。一方面，企业要将正确的品牌信息通过公共的各种渠道传播给公众；另一方面，企业和公众之间可以进行平等的、自愿的、充分的信息交流和反馈，倾听公众对品牌的认知状况，双方都可畅所欲言，因而公共关系能最大限度地降低副作用。

3. 互惠互利原则

在品牌的塑造过程中，一些企业急功近利，追求自身利益的最大化，为了追求短期利益或片面地追求一时的品牌认知度和影响力，缩短了品牌的生命周期，反而失去了更多。造成这种现象的根本原因就在于利益从来都是相互的，从来没有一厢情愿的。对于企业而言，只有在互惠互利的条件下，才能真正实现品牌塑造效应的最大化。

4. 真诚真实原则

在品牌的塑造过程中，追求真实是现代公共关系工作的基本原则，告诉公众真相一直是公关工作的信条。尤其是在现代社会中，信息及传播手段空前发达，使得任何组织与个人都无法长期封锁和控制信息，以隐瞒真相、欺骗公众，真相总会被人知道。因此，公共关系强调真实原则，要求公关人员实事求是地向公众提供真实信息，以取得公众的信任和理解。

5. 长期目标原则

由于公共关系是通过协调沟通来树立组织形象而建立互惠互利关系的过程，这个过程既包括向公众传递信息的过程，也包括影响并改变公众态度的过程，还包括组织的转型（如改变现有形象、塑造新的形象）的过程。所有这一切都不是一朝一夕能完成的，必须经过长期艰苦的努力。因此，在品牌的塑造过程中，公共关系组织和公关人员要着眼于长远利

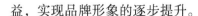

益，实现品牌形象的逐步提升。

当社会组织自觉认识到自身的公共关系状态时，就会根据自身需要，采取相应措施，为组织创造更加良好的公共关系状态。这种关系的创造是为了陈述事件、解决问题或者改变状态。组织通过设立目标，编制预算，制定活动内容，选择报道媒体而采取的如庆典、展览、开放参观、赞助等活动，就是公关专题活动。此外，还有周年庆典活动、会员俱乐部活动、慈善公益活动、旗舰店剪彩仪式、各类发布会、品牌传奇演绎、颁奖典礼、明星代言等，都是品牌运营实务当中常用的公关活动。

成功的品牌公关策略不仅是形式新颖，更是通过对点滴细节的把握，将品牌独特的品牌符号、品牌文化、品牌内涵有效地展现出来，并尽最大可能得到多数消费者的认同，在特定时间、特定距离给消费者带来一种独特的享受。因此，根据品牌自身的特点，富有创意地设计每一次公关活动是非常必要的。

四、公共关系创建品牌的基本方法

（一）赞助活动

1. 赞助的概念

赞助是组织或团体通过提供资金、产品、设备、设施和免费服务的形式资助社会事业的活动。赞助活动形式多样，主要包括赞助体育事业、赞助文化教育事业、赞助社会福利事业等。赞助是一种既可以赢得社会好感，又可以提高品牌知名度的公共关系活动。赞助活动在现代营销中运用得十分普遍，可以把公益赞助营销策略视为公共关系中的一个分支，是企业经营管理营销策略中的一种。但赞助营销策略不同于其他营销策略，其主要作用是提高企业形象，因此，其作用和价值的体现都不是短期内能看得到的，需要一定的时间和过程来检验。

通过赞助既可以达到宣传的目的，又可以增强说服力和影响力，还能够制造新闻效果，扩大品牌认知度，提高组织在公众中的美誉度。通过赞助行为表明企业组织勇于承担社会责任，有利于企业组织树立关心社会公益事业的良好形象，建立与公众的良好关系，促进社会组织与外界的和谐交流。

2. 赞助的作用

对于品牌而言，恰当的赞助活动产生的作用和价值是非同凡响的。这主要体现在以下七个方面：

（1）便于品牌正面社会形象的塑造，增强社会公众对品牌的信任。

（2）有利于提高品牌在社会公众心目中的美誉度，增加社会公众对企业及其产品的接受度。

（3）加深社会公众对品牌的了解程度，从而提高品牌的知名度。

（4）有利于培养忠诚的目标消费群体。

（5）诉求清晰，可信度高。

（6）目标人群集中，针对性强。

（7）营造较强烈的正面社会反响。

3. 赞助营销中应当注意的问题

（1）明确企业营销管理目标。企业在参加公益营销赞助活动之前，一定要充分了解自已的营销管理目标，然后把赞助与营销管理目标有效地结合起来，有效促进，适时推动。这样不仅为社会发展做出了贡献，也为企业营销管理目标的实现做出了贡献，一举两得。

（2）注意量力而行，需"量体裁衣"。公益赞助营销策略的实施不可能立竿见影、迅速见效，而是必须经过一段时间的沉淀。一些企业的经营管理者对公益赞助营销的效果急于求成，结果只会欲速则不达，甚至弄巧成拙。企业在赞助公益事业的时候，必须与企业发展的各阶段有效地结合起来，根据企业的承受能力有目的和有针对性地进行赞助，才能够推动和促进企业的发展。

（3）立足长远，符合企业的长期利益。企业在发展的过程中，既要充分考虑到现实利益，又要充分考虑到长远利益，有效地把长远利益和现实利益进行合理的对接和融合，才能为企业的发展营造一个良好的发展氛围和环境，为企业的成长找到一个良好的支点，才有机会成为百年大业、百年品牌。赞助是为企业发展服务的，企业在进行赞助活动时，要充分考虑企业的利益，充分考虑这种利益与企业要进行赞助的公益类事业或活动目标能否产生有效共鸣和相互作用，最终为企业的发展带来利益和价值，否则就是不符合企业发展的策略，而不符合企业发展的策略就是失误的决策。

（4）有效融合公益事业主题。能否把公益事业的主题与企业的经营目标有效地融合起来，是公益性赞助营销策略能否发挥更好、更大作用的关键因素。仔细观察就会发现，每个赞助事件或活动都会有一个主题，而这个主题就是要唤醒人们心目中的某个沉睡意识或者要与某种主流思想进行有效的结合。如果企业能迅速地抓住这个主题并与之有效地结合，就能迅速与目标群体产生心灵上的共鸣，从而在目标消费者心目中成为焦点，并在广大的目标群体中广泛传播开来。

◆ 案例 14-1

瑞士历峰集团与高尔夫

瑞士历峰集团是一家世界知名的奢侈品公司，它由南非亿万富翁安顿·鲁伯特（Anton Rupert）于1988年成立，公司涉及的四个商业领域是珠宝、手表、附件以及时装。从2004年以来，按营业额计算，它是世界第二大奢侈品公司，排名在路易·威登（LVMH）和巴黎春天（PPR）之间。它拥有众多品牌：卡地亚、梵克雅宝、伯爵、江诗丹顿、朗格、积家、万宝龙、登喜路、兰姿等。

在南非，约翰·鲁伯特家族是第二大富豪。鲁伯特本人经常坐着私人喷气式飞机往返于世界各地，经营着庞大的家族生意，从卡地亚到积家、从江诗丹顿到万国、从万宝龙到登喜路，这一系列耀眼的奢侈品牌为鲁伯特所领导的历峰集团带来了不菲的收入。除了管理自己的商业帝国，鲁伯特最愿意行走在高尔夫球场上，因此，他不遗余力地赞助高尔夫赛事，拓展高尔夫市场，在奢侈品与高尔夫之间享受着成功与喜悦。

因为鲁伯特对高尔夫的情有独钟，他一直在努力推动登喜路这个品牌的发展，尤其注重开发高尔夫服装。在最困难的时候，有人曾劝他放弃登喜路这个品牌，他却坚决地说不。他在登喜路和高尔夫之间找到了共同点，不惜重金赞助高尔夫赛事。另外，他还出任了南非阳光巡回赛董事会主席。

登喜路这个品牌对高尔夫爱好者而言可谓如雷贯耳。以登喜路冠名的高尔夫赛事中，闻名世界的就有四项：登喜路杯、登喜路公开赛、登喜路英国名人赛和登喜路挑战赛。鲁伯特创建历峰以来，对这个品牌倾注了极大热情，选择了自己钟爱的高尔夫运动来树立登喜路的产品形象，赞助高尔夫赛事就是其手段之一。事实证明，这种推广手段积极而有效，具有高消费能力的高尔夫爱好者正好是登喜路产品的最大买家。登喜路男装自推出以来仅十年左右，就成绩斐然，业绩蒸蒸日上。能取得这样的成绩，除了硬性广告，高尔夫运动潜移默化的作用才是"润物细无声"的。

（资料来源：王丁. 历峰集团简介. http://geneva. xbiao. com/20121225/15065. html。）

（二）庆典活动

庆典活动是组织利用自身或社会环境中的有关重大事件、纪念日、节日等所举办的各种仪式、庆祝会和纪念活动的总称，包括节庆活动、纪念活动、典礼仪式和其他活动。通过庆典活动，可以渲染气氛，强化组织的影响力，也可以广交朋友、广结良缘。成功的庆典活动还具有较高的新闻价值，从而进一步提高组织的知名度和美誉度。

（三）开放式参观活动

社会组织为了让公众深入地了解组织本身，获得公众对其各项活动的支持，可以有计划地邀请组织的员工家属、社会公众、新闻工作者及其他对组织感兴趣的人到组织内部进行现场参观。利用这种机会向公众宣传，也是塑造组织形象的方法之一。例如，湖南经济电视台定期举办公众开放日，让公众参与了解节目的制作过程，安排节目主持人与观众进行面对面的交流与沟通，从而与公众建立了良好的互动关系。

◆ 案例 14-2

庆典与开放式参观活动的经典结合——宾利的"奖励自己、帮助别人"

宾利作为知名奢侈品品牌，在进入我国市场时，几乎没有做任何广告，却做到了家喻户晓。宾利的品牌建设主要依靠公共关系活动来推动口碑传播。

宾利在深圳举办的"生活奥斯卡——宾利高尔夫球赛和慈善之夜"就是一个庆典与开放式参观活动的经典结合。参加盛会的都是车主邀请的朋友，也即与车主社会地位相仿的潜在顾客群，目标人群十分明确。其间，宾利还借高尔夫球赛之际，邀请一些VIP车主亲赴位于英国克鲁郡的厂房，亲身体验每分钟只移动6in[⊖]、每辆车要花16～20星期才能完成的流水线作业。在惊叹其秉持的品牌文化之余，车主们都不知不觉地成为宾利的"品牌大使"，热心地在朋友圈中义务推广宾利的品牌理念。宾利就这样通过像"生活奥斯卡"这种生活方式的盛宴，向人们传达着"奖励自己、帮助别人"的生活理念，并从高端用户开始，一直成功利用口碑效应，树立起良好的品牌形象。

（资料来源：靳耒. 宾利中国向希望工程捐款 [N]. 中国汽车报，2005-06-13（C2）.）

⊖　1in = 0.0254m。

（四）展览

所谓展览，是指通过实物并辅以文字、图形或示范性的表演来展现社会组织成果，以提高组织形象、促进产品销售的专题活动。展览有大量的公共关系内容，是各社会组织力求塑造最佳组织形象的好机会。展览是一种十分直观、形象生动的复合型传播方式，可为社会组织和公众提供直接的双向交流与沟通的机会。它可以同时使用产品说明书、宣传手册、活页广告等文字媒介，照片、幻灯片、录像片及电影等音像媒介，讲解、交谈和现场广播等声音媒介，现场表演、示范等动作语言媒介以及实物媒介等多种形式，进行全方位的宣传。

对于公众来讲，如果可以触摸、使用、品尝展览商品或以其他方式对展览商品加以检验，能形成较完整的感性认识。同时，由于展览集中了许多厂家不同的产品，交易集中且交易费用低，可以为公众节约大量的时间和费用，因此，很多公众都比较喜欢这种形式，新闻媒体也常对其追踪报道。展览展销会，特别是大型的展览展销会，是一项综合性的、多维的、立体式的传播活动。办好一个展览会需要主办方精心组织，有关部门密切配合以及支付必要的展览费用。

◆ 案例 14-3

巧用展览——贝纳通的品牌塑造

注册在意大利贝卢诺的品牌贝纳通（1965）一年的广告支出仅相当于菲亚特汽车一天的广告费用，而它要实现的战略愿景却是"成为全世界年轻人中名声最大的意大利品牌"。贝纳通有句著名的格言："我们所做的一切都与惊世骇俗有关。"于是，它的品牌重心完全落在了公共关系上。

为此，该品牌创新了许多公关活动，大胆并巧妙地使用了摄影展、主题展、主题活动等，成功地运用了新闻媒体，引起轰动效应，成为备受关注的品牌。其中一些活动热点突出、吸引公众，堪称经典，最终以极小的代价赢得了目标人群的认可。

比如其代表作，1991年的艾滋病宣传活动、忧郁的黑天鹅、阿富汗难民船等（见图14-1），都体现了其品牌的核心思想，传递着"贝纳通关心全球消费者"的信息。而当消费者关注事件时，会不知不觉地受到其品牌的影响。

图 14-1　贝纳通的一些代表作

由于贝纳通的品牌运行实施得坚决，坚持"语不惊人死不休"的个性主张，坚持"强烈视觉冲击＋不美化＋不掩饰＝免费广告"以及"禁播＋获奖＝长期关注"的思想，使得它被喻为"广告恐怖主义"，使得人们对其品牌的评价就如同它服饰的斑斓色彩一样，可谓多姿多彩，褒贬不一。

为此，贝纳通也做了适度调整，开始考虑当地法律的限制，尊重不同国家的文化，考虑不同宗教背景及社会公众的心理接受度等，逐步淡化"广告恐怖主义"色彩。下面就是一个很典型的例子，1996年的作品"不同的肤色，相同的心"使用的是人的心脏，这使得很多人看后感觉不适，之后，贝纳通将其换成三个孩子伸出相同的舌头，其中的寓意不言自明（见图14-2）。

图 14-2　贝纳通 1996 年的作品及其变化

经过 40 多年的努力，贝纳通巧用媒体策略，成功实施了产品线品牌战略与品牌资产扩张战略组合使用的战略，目前在全世界 100 多个国家有 6000 多家商店，成为享誉世界的成功品牌之一。

公关活动结束后，还需对活动后续进行跟踪监测，如活动到场人数、重要嘉宾满意度、现场协调、预决算差距，以及媒体报道的时效性和准确性、报道留样、公众反应等活动效果的不断评估，再根据这些评估的结论，不断调整和完善公关活动。

公关活动是品牌塑造中的重要方法和途径，也是每一个品牌经营者都必须面对和重视的环节。

（资料来源：http://baike.baidu.com/view/162086.htm。）

 补充阅读材料

举办新闻发布会

在公关策划中，新闻发布会可算是应用频率较高的一种活动。无论是企业成立、战略发布、新品推出、项目开通等企业成长中具有里程碑性质的事件，还是其他事件，新闻发布会都是一个常见的、必不可少的手段。通常来说，新闻发布会的参会人员包括媒体人员、中间商、企业主要领导、合作伙伴、知名人士等。

一、新闻发布会的策划要点

（1）时机。把握好举办新闻发布会的时机，过于密集会降低新闻效应，过于长期和分散又会让媒体淡忘。同时，发布会要注意避开在社会上影响重大的政治事件和社会事件的影响期，否则不易引起大众关注。

（2）时间。应该根据媒体人员的工作特性进行时间的具体安排，这样有利于提高媒体人员的出席率，保证发布会的现场效果及媒体发布效果。据调查，通常发布会的时间安排在周二、三、四的下午为宜，会议时间持续 1~1.5 小时为宜。

（3）地点。在地点选择上，要考虑与主题内容贴切、交通便利的场所，以便于参会人员寻找及参加活动。

（4）主题。发布会要抓住重点、突出主题，确保参会人员能得到有用的信息，内容不宜松散或过多。

（5）形式。发布会要注意形式与内容的完美结合，同时突出企业形象的完美展示。

（6）过程。可以适当地制造悬念，引发媒体人员的兴趣，有助于把现场气氛推向高潮。

（7）专访。针对主题在发布会后安排专访，可使所发布的新闻素材得到进一步的深入和升华。

二、新闻发布会的流程

新闻发布会与其他的公关活动一样，都需要明确目标，制订相应的执行计划，安排具体的执行流程。其基本流程如下：

（1）明确发布会的主题。根据企业的事件，制定明确、突出的新闻发布会主题。

（2）选择适当的时间和地点。选择发布会的时间，避免与重大新闻事件产生冲突；提前选定发布会所在的城市以及具体地点。

（3）确定协办组织。明确发布会中需要涉及的公关公司、广告公司、行业单位、相关领导及管理机构、媒体人员，明确发布会规模大小并预订会场。

（4）会议方案策划。根据会议主题，与协办方策划设计场地布置、需要举行的仪式、会议议程、时间表、详细的邀请名单等。

（5）按名单发送邀请。按照名单，由专人负责发送邀请函或请柬，以确保重要人员尽量参加发布会。根据实际情况进行人员调整，回收确认信息后，制定参会详细名单。

（6）做好准备工作。做好会议所需要的准备工作，包括会议礼品、会议资料、场地背板、会议设施、发言稿、新闻通稿、背景音乐、礼仪人员、接待人员、主持人等。制定好意外情况的补救措施，检查各项准备工作，将会议议程精确到分钟。

（7）发布会的常见流程。常见流程包括来宾签到、贵宾接待、主持人宣布会议开始、宣传会议议程、举行相关仪式、按会议议程进行、会后聚餐交流、特别安排的专访或其他活动、会议结束。

（8）监控执行情况。整理发布会音像资料、收集会议剪报、制作发布会资料集（包括来宾名单、联系方式、媒体报道资料、会议记录资料等），作为营销资料保存，并在此基础上制作相应的宣传资料，监控媒体发布情况，收集反馈信息，总结经验。

媒体的运用只是企业公共关系中的一个方面，但也是最为常见的一种公关手段。作为营销策划人员，必须牢牢记住，在某种程度上，媒体关系的优劣直接影响到企业的生死存亡，只有通过精心的策划及持续的努力，才能使媒体关系为企业建立和维持与大众之间的良好通道发挥应有的作用。

（资料来源：佚名. 某房屋建筑工程项目. http://wenku. baidu. com/view/2de5eba6f-524ccbff12184fb. html。）

本 章 小 结

　　品牌塑造有多条途径，最主要的途径之一就是广告与公共关系。本章详细介绍了公共关系活动在品牌塑造中的作用和操作方法，还简要讲述了公共关系的基本理论，以及在品牌塑造实务当中的公共关系管理等内容。

学 习 重 点

1. 公共关系在品牌塑造中的作用。
2. 公共关系在新闻中的作用。

思 考 题

当媒体的错误报道导致发生品牌危机时，企业应当如何运用公共关系策略来解决？

第十五章

品牌创建工具之网络新媒体

近年来，随着个人计算机（PC）网络和移动互联网的普及，一些传统的品牌推广媒体正在逐渐失去传播效力：在报纸、电视等传统媒体上花费重金投放的广告很少有人看；精心策划的公关活动似乎也无人响应。造成这一局面的原因很简单：互联网改变了世界，也改变了企业所处的信息传播环境。于是，很多企业都开始尝试基于互联网媒体整合营销传播，进行品牌塑造，也就是本章所介绍的 PC 网络推广与移动互联网推广。

第一节 网 络 推 广

网络推广是伴随互联网的迅猛发展而出现的一种新型推广方式。当企业的推广环境改变时，推广方式的变革也势在必行。部分企业先知先觉，将目光由传统媒体转向网络媒体，敏锐地发现了互联网的巨大魅力及其蕴涵的无限商机。网络推广也就应运而生，并成为他们的掘金利器。与此同时，网络媒体本身也在完成自我升级，随着互联网从 Web 1.0 时代逐渐演变至 Web 4.0，网络媒体终端从传统的个人计算机（PC）逐渐转移至手机、平板电脑等移动通信设备，基于 PC 网络和移动互联网络的媒体平台进行品牌推广，逐渐成为网络推广的主要内容。

一、网络推广概述

（一）网络推广与传统推广的关系

网络推广实际上就是以信息互动为手段，充分考虑消费者利益的经营行为。在产品和服务相对过剩的买方市场情况下，由于绝大多数的买卖行为都是销售产品或服务的企业主动发起和推动的，因此，买卖双方的信息互动可以看成企业的推广行为。也就是说，网络推广就是通过 PC 网络和移动互联网传播企业及其产品的品牌形象信息，与消费者之间建立高黏度关联和高互动关系，以达成产品或服务的销售。

传统推广则是指以纸介媒体、影音媒体以及户外媒体为传播平台的推广。一般情况下，基于传统媒体介质的整合推广传播方式为广告、公关等活动。实际上，这些活动是需要通过公关传播来进一步放大推广效果的，因此，从这层意义上来说，可以将它看作公关的一部分，或者说它是公关传播的新闻源头。

传统的整合推广传播方式实际上只有两种：广告和公关。作为品牌塑造的两把利剑，广告和公关对推广的促进作用是相辅相成的，不可以随意地互相取代。有效的公关传播可以扩

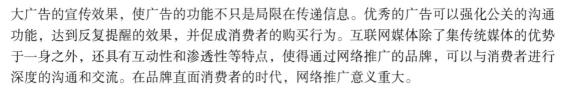

大广告的宣传效果，使广告的功能不只是局限在传递信息。优秀的广告可以强化公关的沟通功能，达到反复提醒的效果，并促成消费者的购买行为。互联网媒体除了集传统媒体的优势于一身之外，还具有互动性和渗透性等特点，使得通过网络推广的品牌，可以与消费者进行深度的沟通和交流。在品牌直面消费者的时代，网络推广意义重大。

（二）网络推广与电子商务的关系

网络推广和电子商务属于互联网商业行为的两部分，但由于互联网平台本身的特殊性，网络推广和电子商务之间不再具有明显的因果关系。随着互联网技术的不断发展，互联网不仅成为信息发布的平台，而且可以实现信息的在线处理，从而使得互联网具备线下物流以外的所有商务平台功能。因此，阿里巴巴、携程网之类的第三方电子商务网站，甚至企业自己的网站，在发布产品和服务信息的同时，也可以实现产品和服务的在线交易，从而使得网络推广和电子商务一站完成。在这种情况下，网络推广与电子商务实际上是并行完成的。

企业的销售方式主要有两种：传统渠道的线下销售和电子商务的线上销售。当企业通过传统渠道实现销售时，网络主要承担媒体的功能，网络推广主要体现为通过网络的媒体平台，让目标消费者接收产品以及企业的相关信息，树立和提升品牌及产品的知名度和美誉度，最终通过传统渠道实现企业产品或服务的销售。当企业具有线上销售渠道时，网络就不仅是一个媒体平台，还是一个商务平台。网络推广不仅可以树立和提升品牌及产品的知名度和美誉度，还可以直接促使消费者在网上下单，实现销售。

在网络推广模式中，虽然网络推广和电子商务之间是并行的关系，但以信息互动为主要内容的电子商务却是网络推广过程中必不可少的。如果将电子商务过程进一步细分为信息处理和物流运输，那么一个完整的网络推广过程应由三部分构成：信息互动、信息处理和物流运输。信息互动是一个卖方发布信息、买方接收信息以及买卖双方进行信息沟通的过程，实际上也就是企业进行网络推广的过程。这一过程是整个推广过程的关键，因为它基本解决了买方的比价和认知问题。

电子商务的关键在于买卖双方通过信息互动来明确购买意向。也就是说，电子商务的关键在于信息互动，它决定了企业如何通过网络推广达到最佳效果。

二、网络推广的优势

由于传播介质不同，网络推广与传统推广在传播范围、传播效果、推广成本、表现形式、交互性等方面存在明显的差异。

1. 受众面广且质优

在互联网还未普及时，企业市场部经理也许可以忽略网络推广的存在，那时互联网的力量还很薄弱，网络推广充其量只是个配角。如今，任何人都不能忽视互联网的存在。随着网络的大范围普及，互联网的受众不仅在数量上领先于传统媒体，同时有较强消费能力的核心受众向网络媒体集结，更使得互联网媒体在质上与传统媒体拉开了差距。

虽然传统媒体目前还具有信息采集渠道方面的优势，但网络媒体通过与传统媒体间互利性的合作，使得传统媒体在内容上的优势逐步丧失。而网络的便捷性、互动性、时效性以及表现形式的多样性、娱乐性，使受众的阅读习惯逐渐改变。网络媒体的发展，使传统媒体失去了数量庞大的推广对象，基于此，传统媒体的推广效果慢慢"弱化"了。此时，核心受众逐渐远离传统媒体，向网络媒体集结，导致传统媒体的核心受众比例日渐下降，即使是传统媒体中最为强势的电视媒体也不例外。

网络推广的核心受众是25~45岁、大专以上学历、个人月收入在2000元以上的人群。这类人群是各种消费品的主要消费群体,是大多数品牌推广的目标受众。调查显示,在电视媒体中,年轻受众有明显的下降趋势,45岁以上的受众占据大多数,但这些人消费需求不是很旺盛,很少有冲动性消费。与此相反,网络媒体中渐渐积聚了众多的核心受众。都市白领正逐渐成为互联网用户的中坚力量,网络已成为他们的工作与生活中不可或缺的工具。这些人群普遍具有收入高、购买力强、消费需求旺盛的特点,是网络推广的核心受众。巨大的受众基数和优质的核心受众促进了网络推广的发展。当大众的阅读习惯改变,由传统媒体向网络媒体过渡时,基于传统媒体的推广效果自然就大打折扣,甚至逐渐失效。

2. 互动性强,易于口碑传播

随着互联网的迅猛发展和普及,基于网络媒体互动性强的推广优势日益凸显。从Web 1.0的BBS社区、文章评论,到Web 2.0的博客群体,传统媒体所无法比拟的超强"互动性"成为网络推广最为显著的特点,口碑传播成为主流。与传统媒体精英传播的特质不同,网络传播信息发布的门槛大大降低,这使得互联网传播呈现出明显的"草根化"特征,使得在传统媒体平台上无法实现的口碑传播成为网络推广的一个主要实现形式。

3. 细分市场明确,可更好地锁定目标人群

网络推广让大众传播和小众传播有机结合。任何一条由门户网站发布的信息,可以通过门户网站本身的点击或其他网站的转载,以及搜索引擎再次传播等多个渠道传播,从而产生广泛的大众传播效果。同时,网络社区化、社交化的发展趋势,使众多具有相同爱好和价值取向的人聚集成特定圈子,从而使得信息的传播具有小众传播的特点。互联网平台大众传播与小众传播相结合的特点,使得企业可以针对不同的传播对象制定个性化的传播策略。而且,不同于传统媒体,不断发展的网络技术可以确定每一个点击的IP地址,从而完全可以精确量化每一次网络推广效果。

4. 信息利用率高,销售概率较大

网络传播信息可积淀。随着用户搜索体验的日趋完善,搜索引擎应用已经成为最成熟的互联网应用之一。从企业推广的角度来看,一段时间内在互联网上发布的企业信息,目标受众可以通过搜索相关关键词重新发现,这样就大大提高了信息的利用率。此外,受众主动式的搜索行为也使得销售产品的概率大大增加。

5. 形式丰富,易于推广

网络传播形式呈现多样化的趋势。随着互联网技术的迅速发展,基于互联网的多媒体应用成为主流。网络推广不仅可以通过文字、图片等传统的形式表现,还可以通过动画、视频等三维形式表现,使得表现力更为直观、生动,更有利于信息的传播和推广。

第二节 PC网络推广

PC网络推广一般可以理解为"基于个人计算机网络的推广",也可以理解为"传统的推广基于网络平台的表现形式"。因此,PC网络推广的推广方式虽然多种多样,但究其本质,可以归纳为三大类:网络广告、网络公关以及平台优化。PC网络推广的常用方式如表15-1所示。

表 15-1　PC 网络推广的常用方式

类 别	推广方式	基 本 概 念	推 广 特 点
网络广告	网络图像广告	广告主直接购买网站的广告位,以图像的形式宣传企业或产品,如横幅广告、通栏广告、弹出广告、按钮广告、画中画广告、对联广告、擎天柱广告、浮动标识广告、流媒体广告、全屏广告等	表现形式丰富、信息量大;大型门户网站的价格比较昂贵
	网络联盟广告	广告主的广告通过网络联盟发布到符合广告主要求的大量联盟会员网站上,然后广告主按效果支付广告费,网络联盟如 Google、百度、雅虎等	优化了现有网站资源,降低了广告主投放广告的渠道成本
	关键词广告	关键词广告即日常的搜索引擎排名,广告主购买网站的关键词后,当网民在该网站按照广告主购买的关键词搜索时,根据购买时出价的高低,广告主的信息就会出现在该关键词搜索结果页面的相应排名位置,出价越高,排名越靠前	针对性强,按点击收费;不足是表现形式受限制,基本全是文字
	数据库推广	数据库推广就是通过收集和积累消费者的大量信息,并将这些信息处理后,预测消费者有多大可能购买某种产品,然后利用这些信息对产品精确定位,有针对性地制作推广信息,以达到说服消费者购买产品的目的。EDM(电子邮件广告)是数据推广的一种主要形式,其沟通手段是电子邮件	能够帮助企业准确地找到目标消费者,降低销售成本,提高推广效率
网络公关	网络软文传播	在网络媒体上刊登提升企业品牌形象和知名度,或促进企业销售的一些宣传性、阐释性文章	能够丰满地塑造企业品牌形象,可促进销售
	论坛推广	通过在论坛中与网友交流的方式,达成对目标消费者就有关产品或服务的宣传推广	针对性强,能迅速引起目标消费者的兴趣,通过口碑传播,促进销售
	博客推广	利用博客开展网络推广	小众化媒体,表现形式丰富,可读、可视、可听
	病毒式推广	病毒式推广并非是传播病毒,而是利用用户之间的主动传播,让信息像病毒那样扩散,从而达到推广的目的。传播的内容有趣味性,或者对用户有价值,如电子书、视频、Flash、QQ 皮肤、桌面壁纸、屏保等	如应用得当,能够以极低的代价取得非常显著的效果
	在线调查	在线调查就是基于网络的问卷调查。调查的目的是获取企业所需要的相关信息,同时影响企业的潜在消费者	在线调查过程本身也是一个传播的过程,调查结果可以作为公关传播的素材
	网络事件推广	通过策划、组织和利用具有名人效应、新闻价值以及社会影响的人物或事件,在网站发布内容,吸引媒体、社会团体和消费者的关注	能快速提升企业品牌知名度与美誉度,促进销售

（续）

类　别	推广方式	基　本　概　念	推　广　特　点
平台优化	网站 SEO	SEO 为 Search Engine Optimization 的简称，即搜索引擎优化，是一种利用搜索引擎的搜索规则来提高目标网站在搜索引擎内排名的方式	属于自然排名，推广效果要好于直接的付费广告，费用相对较低
	RSS	RSS 是一种简单的信息发布和传递方式，使得一个网站可以方便地调用其他提供 RSS 订阅服务的网站的内容，从而形成"新闻聚合"，让网站发布的内容在更大的范围内传播	推广成本低，信息点击率高于电子邮件

一、网络广告

网络广告有广义和狭义之分。广义的网络广告是指在互联网上发布的所有以广告宣传为目的的信息，如图像式网络广告、网络联盟广告、关键词广告、邮件广告等；狭义的网络广告则专指图像式网络广告。本节重点介绍图像式网络广告。

网络广告发源于美国。1994 年 10 月 14 日，美国著名的《连线》（Wired）杂志推出了网络版《热线杂志》（Hotwired），当时在其主页上出现了 AT&T 等 14 个客户的横幅广告（Banner），这是互联网广告里程碑式的一个标志。我国第一个商业性的网络广告出现在 1997 年 3 月，传播网站是 Chinabyte，广告表现形式为 468×60 像素的动画旗帜广告。直到 1999 年年初，我国的网络广告才稍具规模。随着互联网的迅猛发展，网络广告日趋成熟，现已成为企业进行网络推广的主要形式。

（一）网络广告的优势

1. 传播范围广，不受时空限制，交互性强

通过互联网，网络广告可以将信息 24 小时不间断地传播到世界各地。作为网络广告的受众，只要具备上网条件，任何人在任何地点都可以随时随意浏览广告信息。这是传统媒体无法做到的。在网络上，用户是广告的主人，当其对某一产品产生兴趣时，只需轻轻点击鼠标，就可以进入该产品的主页，详细了解产品的信息。

2. 投放更有针对性

网站一般都能建立完整的消费者数据库，包括消费者的地域分布、年龄、性别、收入、职业、婚姻状况、爱好等。这些资料可以帮助厂商分析市场与受众，根据目标受众的特点，有针对性地进行信息发布。传统媒体很难准确地知道有多少人接收到广告信息，而网络广告可以统计出广告被多少个用户浏览过以及这些用户浏览的时间分布和地域分布。借助分析工具，可以让厂商正确评估广告效果，制定广告投放策略，使广告投放更具针对性。

（二）网络广告的计价模式

网络广告主要有 CPP、CPM、CPA 三种计价模式。无论何种模式，广告主都要求发生目标消费者的点击，CPP 需进一步形成购买，才支付费用，CPM 则只要求发生点击，就产生广告付费。广告位就是广告出现的位置，包含两个方面：一是网站页面，主要分为网站首页、频道首页、子栏目、内页；二是广告在页面中的具体位置，一般分为顶部、第 1 屏、第 2 屏、第 3 屏、第 4 屏……底部、两侧等。位置不同，广告价格也就不同。

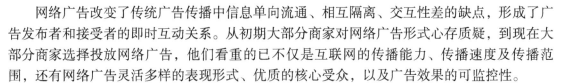

网络广告改变了传统广告传播中信息单向流通、相互隔离、交互性差的缺点，形成了广告发布者和接受者的即时互动关系。从初期大部分商家对网络广告形式心存质疑，到现在大部分商家选择投放网络广告，他们看重的已不仅是互联网的传播能力、传播速度及传播范围，还有网络广告灵活多样的表现形式、优质的核心受众，以及广告效果的可监控性。

（三）网络广告的常见形式

图像式网络广告就是狭义的网络广告，即广告主通过购买互联网页面位置，将诉求信息传递给目标消费者的一种非人员推广方式。

根据广告的位置、尺寸及表现形式的差异性，图像式网络广告一般分为横幅广告、通栏广告、弹出广告、按钮广告、画中画广告、对联广告、文字链接、擎天柱广告、浮动标识广告、流媒体广告、全屏广告等。其中，网络广告的常见形式有以下几种：

1. 横幅广告

横幅广告（Banner）又称旗帜广告，通常横向出现在网页中，是网络广告早期出现的一种广告形式。

2. 通栏广告

通栏广告实际上是横幅广告的一种升级，它比横幅广告更长，面积更大，更具有表现力，更吸引人。

3. 弹出广告

弹出广告是一种在线广告形式，当用户进入网页时，自动开启一个新的浏览器，以吸引用户直接到相关网址浏览，从而起到宣传的效果。

4. 按钮广告

按钮广告是一种小面积的广告形式，其特点是：一方面，这种广告面积小、购买成本低，让小预算的广告主有能力购买；另一方面，它能够更好地利用网页中面积比较小的零散空白位。

5. 文字链接广告

文字链接广告是一种简单、直接的网络广告形式，只需将超链接加入相关文字即可。

6. 擎天柱广告

擎天柱广告又称摩天大楼广告，它固定出现在网站终端页面，广告表现空间丰富，视觉冲击力强。

（四）网络广告投放策略

广告的最终目的是促进销售，在这一点上，网络广告和传统媒体广告均是如此。也就是说，无论商家的广告是直接进行卖点诉求，还是树立品牌形象，最终目的都在于广告信息传播后对商家销售状况的改变。

1. 网站选择

广告主在选择网站的时候，首先应该考虑的是网站及网站访问者的特点是否与自己的产品或活动相符；其次是该网站的访问量。一般来说，知名的综合门户网站因其访问量大，广告投放的价格也相对比较昂贵。需要注意的是，最贵的未必就是最适合的。

网站之间的区别不仅表现在内容上，还表现在所吸引的用户人数、用户类别和用户特征上。例如，综合门户网站如新浪、搜狐、网易等，面向的是所有网民；专业性网站如 IT 类的硅谷动力等，则主要面向 IT 行业的用户。

企业在选择网站时，要结合自己的品牌、产品特点，有的放矢，不能片面地追求访问量。一般来说，快速消费品在门户网站上的传播效果最好；而对于一些目标消费群体特点突出的产品来讲，选择专业网站进行推广，既节省了广告费用，又能取得比较好的广告效果。

2. 广告位选择

投放网络广告的最终目的是促进产品销售，因此，在投放广告时必须牢牢把握这一原则，适合的就是最好的，要把广告投放到最适合企业产品的页面上。

很多人认为，网站首页的广告效果要比其他页面好，其实这是片面的。虽然网站首页的访问量较大，但由于网站首页的访问人群一般存在主题不明确、目的性不强的特点，这样会导致投放的广告缺乏针对性，效果不理想，也造成资金的浪费。

与网站首页相比，子频道的广告价位一般要低。广告主选择与产品特性相关的子频道投放广告，不仅节省广告费用，而且能使推广更有针对性。浏览子频道的网民，很可能就是有此类产品需求的消费者，他们最有可能转化为企业的真正消费者。

3. 发挥长尾效应

长尾效应的优势就是它的数量，它将所有非流行的市场累加起来，形成一个比流行市场还大的市场。长尾效应的根本就是强调个性化、客户力量和小利润大市场。也就是说，当将市场细分到很细、很小的时候，就会发现这些细小市场的累计会带来明显的长尾效应。对于广告主来说，通过在广告联盟上发布广告，影响众多的中小网站用户，所取得的广告效果有时要好于在知名网站上投放广告，同时广告费也降低不少。

二、网络公关

（一）论坛推广

论坛推广就是品牌基于网络论坛所进行的口碑推广。网络的普及推动了论坛的迅猛发展，据有关数据显示，我国互联网的舆论平台已经相当普遍，几乎每个门户网站都设有论坛，论坛总数已达到 130 万个，位居全球第一。相对于商业媒体而言，论坛是一群有着共同爱好、共同需求的网友坦诚相见、互通有无的平台。在网络社区中，网友们的观点成了网民实施购买行为的重要参考依据。但论坛推广绝不只是发布企业产品信息那么简单，论坛管理员一般会删除带有明显广告色彩的帖子，而且网友们对广告帖也非常反感。因此，如何不露痕迹地抓住网民的心是做好论坛推广的关键。

论坛推广强调的是互动，通过与消费者进行充分的信息交流，满足消费者的愿望与需求。在信息交流中，企业的品牌得到了传播、形象得到了提升，最终达到促进市场销售的目的。

◆ 案例 15-1

一则"无偿快递国旗"帖子蕴涵的推广智慧

先来看看这样一组帖子。

主帖：圆通快递无偿运递国旗，支持海外华人助威奥运。

2008 年 4 月 18 日，上海青年捐赠的第一批五星红旗，由圆通速递公司免费送达澳大利亚、韩国、日本的华人组织。

随着北京奥运圣火传递活动的不断展开，越来越多的华人反映，在海外难以买到中国国旗。天涯社区了解这一情况后，发起"捐赠国旗，助威奥运"的活动。2008年4月15日，上海青年捐赠了2700面五星红旗，准备分发给奥运圣火所经过城市的华人。圆通速递公司得知这个消息后，立即表示支持爱国行动，愿意无偿把这些国旗快递到韩国、日本、澳大利亚、马来西亚等地的华人组织。

4月15日19时，圆通速递公司派专车到天涯社区网站包装、拉运国旗；16日一早就将国旗转运到深圳国际快递部；18日，澳大利亚、韩国、日本的华人组织已经接到了第一批国旗，随着各地网友的热烈响应，捐赠越来越多。为了做好快递工作，圆通速递公司与天涯社区网站制订了合作方案。4月16日下午，又有500面国旗及1000面国旗不干胶贴画被运往吉隆坡、雅加达、堪培拉、长野、首尔等地。

回帖1：圆通，最可爱的快递。

回帖2：啥也不说了，回去就把快递换成圆通。

回帖3：让五星红旗插遍全世界。

……

在这组帖子中，圆通速递公司并没有直白地阐述自己的服务优势，也没有过多地对企业特点进行描述，仅是对无偿递送国旗的行为进行了说明，就达到了非常好的推广效果。从帖子内容看，主帖直击社会热点，迎合了网民的爱国情绪，吸引了网民的目光，增强了网民对圆通速递公司的好感。回帖巧妙跟进，营造舆论导向，影响目标受众的选择，短短几天内，此帖点击率就突破1万次，回帖人数则多达上百人。

口碑的力量一向为商家所重视。据市场研究公司Jupiter Research的调查数据显示，77%的网民在线采购商品前，会参考网上其他人所写的产品评价；超过90%的大公司相信，用户推荐和网民意见是影响用户购买的重要的决定性因素。基于此，以口碑传播为特征的论坛推广，正逐渐成为网络时代企业家所看重的一种推广方式。

1. 推广帖的类型

帖子就是网民在论坛中就其感兴趣的话题发表的个人见解。网民就某一现象发表意见后，其他网民可就这一话题以回复（跟帖）的形式参与讨论。因此，一组完整的帖子一般由主帖与跟帖组成。从论坛推广的实际操作来看，可将推广帖分为小帖、大帖、纯广告帖三类。

（1）小帖。形式为一个主帖＋少数几个跟帖，从产品的某一特性入手撰写帖子，重在传递产品信息，内容互动性不强，属于"一次性用品"。

（2）大帖。形式通常为一个主帖＋多个（50个以上）跟帖，从某一热点事件入手，内容具有很强的互动性，通过大量的跟帖，较为完整地向网民传递企业品牌和产品信息，属于"耐用品"。大帖的基本类型有精华帖、置顶帖、热帖、平帖、首页出现。

1）精华帖：帖子内容精彩、有价值，带有"精"标识的帖子。

2）置顶帖：值得向本版网民展示，带有"顶"标识的帖子。

3）热帖：内容有吸引力，能引发网民参与讨论，带有"HOT"标识的帖子。

4）平帖：出现在相关板块发帖栏内，无任何特殊标识的帖子。

5）首页出现：帖子在论坛板块的第一页内可见。

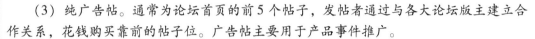

（3）纯广告帖。通常为论坛首页的前5个帖子，发帖者通过与各大论坛版主建立合作关系，花钱购买靠前的帖子位。广告帖主要用于产品事件推广。

2. 论坛平台

要使推广帖发生作用，自然离不开论坛这个平台。拥有着共同爱好、共同需求的众多网友的论坛是论坛推广的根基。

（1）论坛对网民的吸引力。论坛究竟有何种魅力，让众多网民如此流连忘返，下面分别从情感、社会舆论、技术因素的角度来加以剖析。

1）情感因素。含蓄与内敛向来是国人推崇的品质。在工作与生活压力不断加大的今日，人们更是压抑自身的情感与欲望，小心谨慎地处理生活中的大事小情，而论坛的"隐身"（隐藏真实身份）发言方式无疑提供了一个安全的情感宣泄场所。

2）社会舆论因素。随着社会经济的发展以及西方文化的渗透，人们的思想不断解放，不再满足单纯地从传统媒体，如电视、广播、报纸中被动地接受信息，越发渴望以参与者的身份加入讨论，然而，传统媒体过高的准入门槛将绝大多数人拒之门外。相比之下，论坛近乎平等的门槛准入方式，使草根文化在论坛这片沃土中疯长。

3）技术因素。随着网络技术的不断发展，互动已成为论坛文化的主流，各方的思潮汇聚成强大的舆论，开始影响人们生活的方方面面，甚至撼动主流媒体的地位。

在互联网上，只要轻轻点一下鼠标，就可以对自己感兴趣的东西进行深入了解，甚至可以马上在线购买。同时，互联网也是一个新的通信渠道，人与人的沟通变得更加畅通，用户在购买前后的感想和行为可以很方便地形成口碑并与其他人分享，而网友们的观点也成了其他网民实施购买行为的重要参考依据。

（2）企业应用论坛推广的原因。网络的普及推动了网络推广的发展，作为网络推广重要方式之一的论坛推广也正被越来越多的企业所采用。企业对论坛的重视源自如下两个原因：

1）论坛的人气以及所聚集的核心受众，是企业所看重的重要因素。互联网用户中，18～35岁的网民比例为60%，36～40岁的为8.7%，41～50岁的为7.8%，50岁以上的为3.9%。由此看出，上班族成为论坛注册用户的中坚力量。论坛已成为他们交流、解决生活和工作问题不可或缺的工具。这些人群正是推广的核心受众，他们普遍收入较高、购买力强、消费需求旺盛。论坛注册会员从量的积累到质的飞跃，注定了论坛成为商家的必争之地。

2）论坛推广与传统推广相比，成本低廉且信息发布迅速、覆盖面广。在论坛推广中，参与其中的每个人不仅是信息的接收者，更是进一步传递信息的节点，也就是人们常说的"一传十，十传百"，呈几何级数地传递信息。而网民与企业的良性互动，也大大增加了网民对企业的好感，良好的印象自然有助于网民的购买行为。此外，企业还可以根据目标用户的不同特质，如行业、爱好、性别、年龄等，对"大众"论坛的受众进行细分，从而大大地提高了推广的精准性。

（3）论坛推广步骤。论坛推广成本低、传播效力大的特点吸引了众多企业的目光，不少企业纷纷拿起论坛推广这一网络推广"利器"。然而，从实际操作情况来看，一些企业的论坛推广效果并不佳。其实，论坛推广作为一种网络推广方式，本身并没有失效，之所以推广效果不佳，主要原因就在于实施论坛推广时，没有走好以下关键的三步：

第一步，选择合适的论坛。企业在实施论坛推广时，一定要根据企业产品的特点，选择合适的论坛，最好是能够直击目标受众的论坛。例如，明治地喹氯铵含片的目标受众是白领，那么在选择推广论坛时，就要选择白领们常去的论坛及板块，如新浪的资讯生活/时尚生活、网易的白领丽人、搜狐的小资生活/健康社区、TOM 的健康之家/时尚沙龙、21CN 的白领 E 族、百度贴吧的白领吧以及瑞丽女性论坛等，直接面向目标受众的推广就更有针对性。

有的企业在实施论坛推广时，片面追求论坛的人气，而不考虑所发布的信息与论坛板块是否相符，以为人气越高，关注企业信息的人就越多。其实这是误区。一则人气太旺，企业发布的帖子很快就被淹没了；二则帖子内容与论坛版块不符，很难引起网民关注，有时甚至会令人反感。论坛是不同人群围绕同一主题而展开的话题，比如育儿版块，谈的自然是与育儿相关的话题，如果去谈与化妆美容相关的话题显然是不合适的。

第二步，巧妙设计帖子。作为传递产品信息的载体，信息传达得成功与否主要取决于帖子的标题、主帖与跟帖三个部分。如果一个帖子能够吸引网民点击，又巧妙地传递了企业产品的信息，同时让网民感受不到广告帖的嫌疑，那么这组帖子是非常成功的。

第三步，及时跟踪维护帖子。帖子发出后，如果不进行后期跟踪维护，那么可能很快就"沉"下去了，尤其是在人气很旺的论坛上，沉下去的帖子显然是难以起到推广作用的。因此，帖子的后期维护就显得尤为重要。及时地顶帖，可以使帖子始终处于论坛（版块）的首页，进而让更多的网民看到企业所传递的信息。

（二）博客推广

博客推广这种网络应用形式，就是企业通过博客这个平台，向目标受众传递有价值的信息，最终实现推广目标的传播推广过程。

博客（Blog），就其本质来说，就是网络日志。随着互联网技术的迅猛发展和博客的广泛应用，博客已经完全超越了日志的原始内涵，它融合了信息传播、时事热评、情感交流、推广宣传等多种功能。

博客不仅是网民参与互联网互动的重要体现，也是网络媒体信息渠道之一。它以真实性与交互性成为越来越多的网民获取信息的主要方式之一。博客的巨大影响力使越来越多的企业意识到它的重要性，逐渐参与到博客推广的热潮中，通过博客来树立企业在网民心目中的形象。因此，对企业而言，博客的意义远非只是个人话语权力的自由释放，它所带来的信息传播、话题引导等功能给企业创造了一种不同寻常的推广方式——博客推广。

博客推广也可以称为拜访式推广，因为博客讲究的是精准和身份识别，不同的博客针对不同的目标群体，要实现其推广价值，就要吸引越来越多的目标受众不断地去拜访企业博客，通过拜访和互动，达到信息传递的目的。

从某种意义上说，企业博客推广是"站在巨人肩膀上"进行的推广。因为博客一般都是建在新浪、搜狐、网易、TOM、腾讯等大型门户网站的平台上或博客网、中国博客网等专业的博客平台上的。因为这些平台增加了网民对企业博客的信赖感，并且，一旦企业博客的内容被推荐到网站首页或博客频道的首页，企业就会被更多的网民所关注。

1. 博客的特点

作为一种新的推广平台，其核心是互动、身份识别和精准。与传统意义上"广泛传播"相区别的是，博客强调的是"小众传播"。因此，基于博客平台的博客推广与其他网络推广方式相比，具有其鲜明的特点。

（1）博客推广的针对性强。每个博客都有其特定的目标受众，不同的目标受众，其关注点是不一样的。企业可以根据其产品特性，找准契合人群，实现精准推广。

（2）博客推广的性价比高。企业从开通博客到利用博客进行推广，不仅投入相对较少，还可以达到较好的推广效果。因为每个博客既是信息的发布者，同时也是信息的接收者，通过博主与来访者的信息交互，再借助博客圈的力量，可以聚焦所传递的信息，引导网络舆论潮流，使传播效应达到最大化。博客表现形式多样，与单一的软文传播相比，博客可读、可视、可听，在内容写作上，博客也更加灵活。因此，目标受众更愿意去读博客，也更容易接受博客所传递的信息。

2. 博客的优势

时至今日，开博客不再是一种时髦，而是一种需要。互联网的迅猛发展改变了企业的运行规则，越来越多的企业开始使用博客推广。

（1）博客可以使企业以较低的成本与客户进行双向沟通。企业可以在博客上提出一些问题或发布一些信息，让读者就此发表评论，通过评论可以了解客户对企业行为的看法，企业也可以回复客户的评论。企业还可以直接在博客文章中设置在线调查表的链接，以便于有兴趣的客户参与调查。一方面，可以扩大调查群体的规模；另一方面，可以避免传统调研方式给客户造成的不便，提高客户参与调研的积极性以及调研信息的有效性。通过双向互动式的沟通和交流，有效地向现实客户和潜在客户传递信息，打造优质的客户体验，培养客户对品牌的忠诚度。

（2）相对比较严肃的企业简介、企业新闻和产品信息而言，博客更容易受到目标受众的欢迎及接受。博客作为一个信息发布和传递的工具，其文章内容题材和发布方式非常灵活，信息量也非常大，音频、视频、图片、文字相结合的方式，更容易吸引目标群体的眼光，在潜移默化的信息传递中，企业品牌的知名度和美誉度得到了很大的提升。

（3）博客能够直接给企业带来潜在的客户。博客内容一般发布在拥有大量用户群体的博客托管网站上，如新浪、搜狐、网易、TOM、腾讯等大型门户网站。好的企业博客能够吸引大量潜在客户浏览，从而达到向潜在客户传递推广信息的目的，这是博客推广最直观的价值表现。

（4）企业可以利用博客增加被搜索引擎收录的网页数量，降低网站推广费用。博客网站是增加企业网站链接的一条有效途径，当企业网站的访问量较低时，往往很难找到有价值的网站做链接。在博客网站发布文章，不仅可以为企业网站做链接，还可以通过 RSS（阅读器）将企业网站的内容提供给其他网站，增加了网站链接的主动性和灵活性。这样不仅能够直接带来新的访问量，也增加了网站在搜索引擎排名中的优势。这种链接还有一个好处，就是可以单方面被博客网站链接，而不需要在企业网站上链接很多博客网站。

（5）企业可以利用博客进行危机公关。针对不利的负面报道，企业可以通过博客及时发布信息予以澄清，消除影响，将危机消除在"萌芽"之中。即便真的出现了危机，企业也可以借助博客平台，保持与目标受众的良好信息交流，表达企业的态度，公布相关的危机

处理措施，取得目标群体的理解和支持，从而化"危"为"机"。

3. 博客推广的步骤

博客推广，博客是基础，推广是其本质，只有好的博客，才能实现推广的功能。在具体实施时，企业有两种方式可以选择：①利用有一定知名度网友的博客，传递企业的信息，当然博客写手的知名度越高，企业需要支付的费用也就越高；②企业自己建立博客，然后在博客上传递相关推广信息。本节重点阐述后一种方式，就这种方式来说，博客推广主要有两方面工作：一是建立博客；二是推广博客。

（1）建立博客

1）博客平台选择。选择关注度高的门户网站，博客就有更多被点击和被关注的机会。

2）博客取名。在给博客取名时，一定要突出所在行业的关键词，同时兼顾目标受众的搜索习惯，并尽量增加关键词的密度，以便获取更多被检索的机会。一般情况下，尽量避免用"×××的博客"，因为这样的博客从名称上来说几乎没有什么特色，既不便于被搜索引擎收录，也难以被目标受众关注。当然，名人的博客另当别论。例如，以"基金理财"为主要内容的博客，可以取名为"基金理财投资财富黄金"等。

企业在选取关键词时，一定要把握好关键词需求与关键词竞争的平衡点。尽量不要把焦点放在最流行的关键词上，有时选择一些次关键词，反而可以使博客获得比较靠前的排名。这是因为使用最流行关键词的往往存在很多企业的竞争对手，而次关键词反之。比如"儿童发烧"与"小儿发烧"相比，"儿童发烧"的关键词热度要大大高于"小儿发烧"。此时，企业若避开"儿童发烧"这个热度关键词，选用"小儿发烧"这个次关键词，有可能使企业博客页面处于搜索页面首页或比较靠前的位置，这样就大大增加了企业博客被浏览的概率。

3）博文写作。博文的好坏直接关系到博客的质量和推广价值。在撰写博文时，切入点很重要，要从目标受众感兴趣的内容或社会热点切入，切忌直接罗列企业的产品介绍，否则会让人感到索然无味。对于企业来说，其高层管理者的做人之道、人生经历、成功经验等就是一个比较好的切入点。另一方面，技术难点、热点问题以及企业为产品提供售后技术支持和服务等也是目标受众比较感兴趣的内容。

在文章标题的选取上，要注意两点：①尽量迎合当前社会热点；②针对目标受众关心的热点问题。以基金理财为例，当股市底部渐现时，是买新基金抄底，还是买打折基金抄底，就成了一个热点问题。如果此时在博客上抛出一篇题为《新基金与打折老基金之间，哪种抄底更合算》的文章，自然会引起目标受众的广泛关注。此外，对于博文来说，重要的一点是，文章要尽可能原创，因为只有原创的文章，才更容易被搜索引擎收录或被网站管理员推荐。

（2）推广博客。博客的人气是博客推广的基础，只有积聚足够多的人气，博客才有推广价值。而要积聚足够多的人气，除了不断更新博文"黏住"目标受众外，还有一项重要的工作，就是把博客推广出去。推广博客需要如下几个基本步骤：

1）建立相关行业的圈子，邀请众多朋友加入该圈，聚集圈内人气。

2）与流量大的博客互相加为好友，增加被点击和浏览的机会。

3）广加相关行业的博客圈，特别是人气比较旺的博客圈，这样审核通过后，圈主就会对优秀文章进行加精，一旦被加精了，点击率就高了。

4）多发布原创或热点文章，让博客得到推荐。一旦被推荐到门户网站的频道首页或博客首页，就能够直接带来很大的流量。此外，搜索引擎是"内容为王"的，原创的内容在搜索引擎中会有比较好的排名。

5）在其他博客的热点文章后，以发表评论的方式进行推广。

6）利用博客的内部链接，为重要的关键词页面建立众多反向链接。反向链接是指网页和网页之间的链接，而非网站和网站之间的。网站内部页面之间的相互链接，对网站排名也是有帮助的。

7）通过软文来推广博客。例如幼儿教育类的博客，可以把博主写的博文发布到一些幼教、育儿、母婴类网站，这样做的好处就是能够带来大量的读者，在被转载的同时会有大量的外部链接。

（三）病毒式推广

1. 病毒式推广的概念

所谓病毒式推广，是指像病毒一样能快速蔓延的低成本、高效率的推广模式。也就是说，病毒式推广并非是传播病毒，而是利用用户之间的主动传播，让信息像病毒那样扩散，从而达到推广的目的。病毒式推广以其特有的优势赢得了众多企业的青睐。

就其本质来说，病毒式推广是在为用户提供有价值的免费服务的同时，附加一定的推广信息，为用户获取信息，使用网络服务、娱乐等带来方便的工具和内容。常用的推广工具包括电子书、视频、Flash 短片、QQ 皮肤、桌面壁纸、屏保、贺卡、邮箱、软件、即时聊天工具等。病毒式推广的关键在于创意，传播的内容或者有趣味性，或者对用户有价值，或者迎合社会热点，只有打动了用户的心，用户才会去主动传播。

病毒式推广的核心主要体现在以下两个方面：

（1）"病毒"必须有吸引力。不管"病毒"最终以何种形式出现，它都必须具备基本的感染"基因"。也就是说，商家提供的产品或服务对于用户来说，必须有价值或者富有趣味，足以让用户失去"免疫力"，从而有点击的欲望，并主动去传播。例如，免费电子邮件服务、免费电子书、具有强大功能的免费软件等。

（2）"病毒"必须易于传播。要使"病毒"迅速地从小范围大规模扩散，并呈几何级数地繁殖，并且"病毒"还必须易于传递和复制。除了"病毒"本身外，在传播方式上，要选择能够轻易实现的，如即时通信工具 MSN、QQ 等，或者发短信、发微信、发邮件等。总之，要以易于传播为原则，否则，目标受众就会丧失主动传播的热情，最终导致传播效应减弱、传播链中断。可口可乐奥运火炬在线传递就是一个成功典范，无论是活动参与者接受好友邀请，还是邀请另一好友参加，只要轻轻点击鼠标、敲下键盘，就能轻松地实现信息的传递。

病毒式推广利用的是他人的资源，其精髓在于找到能众口相传的"理由"，而基于互联网的这种口碑传播更为方便，可以像"病毒"一样迅速蔓延。如今，病毒式推广已经成为一种高效的信息传播方式，由于这种传播是用户之间自发进行的，几乎不需要传播费用，因此病毒式推广受到越来越多商家的青睐。

2. 病毒式推广与传统推广的比较

传统推广是基于报纸、电视、广播等传统渠道所进行的推广。基于互联网的病毒式推广由于传播介质不同以及病毒式推广本身所具备的特点，因而与传统推广相比，其在推广理念、推广范围、推广成本、传播方式、传播效果等方面存在着明显的差异性。

3. 病毒式推广的 3W 策略

病毒式推广正在为越来越多的企业所采用，但要成功地实施，显然不是一件容易的事，必须精心筹划。企业在成功实施病毒式推广时，需要把握好 3W 策略。

（1）创建有感染力的"病原体"（What）。"病原体"的重要性是显而易见的，对于"病原体"来说，只有感染力强，才会吸引受众关注，才会引起受众心灵上的共鸣，进而通过心灵沟通感染受众，然后不断蔓延开来。在互联网中，这种"病原体"是很常见的，如免费的应用软件、迎合受众口味的免费电子书等。

用 Flash 创建一个有趣的游戏或者经典动画，所创建的游戏和动画就是一个超级的"病原体"。当受众看到或收到有趣的图片或 Flash 游戏附件时，通常会把它发给朋友，而朋友们也会顺便发给其他朋友，一传十、十传百，这种滚雪球式的传播可以轻松创建起一个巨大的推广网络，在几小时之内就能到达成百上千的受众。

企业在创建"病原体"时，必须考虑的问题是：如何将信息传播与推广目的有效地结合起来。如果仅是为用户带来了娱乐价值或者实用功能、优惠服务，而没有达到推广的目的，那么这样的病毒式推广对企业来说价值不大；反之，如果广告气息太重，可能会引起用户反感而影响信息的传播。因此，企业在实施病毒式推广时，必须巧妙地将推广信息揉入"病毒"中，而不能太直白，让受众一眼就看出来。

（2）找到易感染人群（Who）。在"病原体"创建之后，下一个关键步骤就是找到易感染人群，也就是早期的接受者。他们是最有可能的产品或服务使用者。他们主动传递信息，影响更多的人群，然后营造出一个目标消费群体。在传播过程中，普通受众在这些易感染人群的带动下，逐渐接受某一商品或服务。

QQ 品牌的推广就是一个典型的例子。腾讯 QQ 早期的用户平均年龄为 20.6 岁，他们追逐时尚，对新潮流、新趋势、新事物的感觉非常敏锐。这些特点注定了他们是易感染人群。可以说，他们对腾讯 QQ "病毒"几乎丧失了"免疫力"，能很快接受并且适应腾讯提供的中文界面即时通信工具，并且还会积极地将这一"病毒"通过鼠标或口头语言向其他人传播，使"病毒"迅速蔓延开来。

（3）选准病毒的初始传播渠道（Where）。病毒式推广信息自然不会像真的病毒那样自动传播，而是需要借助一定的外部资源和现有的通信环境来进行。因此，企业在选择"病毒"的初始传播渠道时，要考虑到易感染人群的关注重点和社会热点。

一般来说，病毒式推广的原始信息先在易于传播的小范围内进行发布和推广，然后再利用公众的积极参与，让"病毒"大规模扩散。

◆ **案例 15-2**

从"奥运火炬在线传递"活动看病毒式推广

2008 年 3 月 24 日，在遥远的雅典古奥林匹亚遗址，第 29 届奥运会圣火成功点燃，举世瞩目。就在同一天，作为奥运会的赞助商，可口可乐携手腾讯举办的奥运火炬在线传递活动也正式拉开帷幕，仅一周时间，参与人数就突破 700 万人，两周后，参与人数多达 1700 余万人……

此次奥运火炬在线传递，从活动流程来看，主要是通过 QQ 好友间一对一的传播，参与者首先需要被好友邀请，然后再顺利邀请另一好友才能成功参加。利用他人的资源，受众呈几何倍数地繁殖，这正是病毒式推广的特点。

奥运火炬在线传递活动堪称病毒式推广的经典案例。它借助"北京 2008 奥运圣火传递"这一全球瞩目的事件，通过网络平台，使国民的爱国激情得到了比较充分的表达。成为奥运火炬传递手，几乎是每个国人的梦想，然而，真正能实现这一梦想的人毕竟屈指可数，对于大多数普通民众而言，在线传递火炬就成为他们表达心中奥运情结的一个极佳方式。

作为奥运会的赞助商，可口可乐借助圣火传递之势，利用腾讯平台，巧妙地吸引了亿万名网民的关注及参与，使企业的品牌在活动中得到了传播，品牌形象也得到了进一步提升。

QQ 用户群的年龄主要集中在 15～25 岁，其次是 25～40 岁。而可口可乐品牌给人的印象是年轻、有活力、有激情，紧跟时代潮流，这正与 QQ 用户群的年龄特点相吻合。选择 QQ 作为奥运火炬传递的平台，使活动的参与者与可口可乐品牌的目标消费群保持了较高的契合度。

奥运火炬在线传递活动，在帮助普通人实现传递奥运火炬梦想的同时，也拉近了可口可乐品牌与普通消费者之间的心理距离，大大提升了品牌在目标受众中的知名度与美誉度。

纵观此次奥运火炬在线传递活动，不难发现，无论是受众接收信息，还是再次传播，几乎都是主动的、发自内心的，没有丝毫勉强，自然也就不存在对活动主办方信息的反感和抵触，因为此活动满足了受众内心的一种需求。这正是病毒式推广的"魅力"所在。

（资料来源：梁璐超．可口可乐在线火炬传递活动的病毒性营销．http://blog.sina.com.cn/s/blog_66197b350100uc3p.html。）

（四）网络新闻

网络新闻，就是基于网络传播的新闻。网络新闻有两个特点：①基于互联网，以互联网为传播介质；②属于新闻范畴，是新闻的一种表现形式。

1. 网络新闻的分类

因很多媒体只对网络新闻有转载的权限，没有采编的资格，所以将网络新闻分为广义的网络新闻和狭义的网络新闻。广义的网络新闻是指互联网上发布的具有传播价值的各类信息；狭义的网络新闻则专指互联网上发布的消息、资讯。从广义的网络新闻概念出发，可以对网络新闻做如下分类：

（1）网络新闻报道。一般根据新闻内容划分为国内、国际、财经、科技、娱乐、体育、社会新闻等；在表现形式上则主要有文字新闻、图片新闻、视频新闻等。

（2）网络新闻评论。一般分为专家评论、编辑评论和网民评论。网络新闻评论具有跨时空、超文本、大容量、强互动的魅力。网络新闻评论满足了网民的两个基本需求：①交流性。互联网提供了可以让网民交流的公共场所，大量意见和观点通过网络媒介汇集、交换和传播。②参与性。网民通过网络传媒发表自己的观点，实现其作为一个社会成员的权利和义务。

（3）网络新闻专题。新闻专题是网络媒体针对一个有新闻价值、能够引起社会广泛关注的话题，运用多种媒体手段进行新闻整合的新闻报道形式。新闻专题一般由以下几部分组成：各个媒体的新闻报道，有关专家、学者、权威人士的意见，社会各方面的反应，网络论坛，代表网站自身新闻立场、态度的新闻评论。

2. 网络新闻的写作要求

网络新闻作为新闻的一种表现形式，自然应遵守新闻写作的基本原则，即把握好新闻的要点：时间、地点、人物、事件和原因。但由于传播介质的不同，网络新闻与传统新闻相比，在写作要求上还是有一定的差异。下面，就以常见的新闻稿为例，对网络新闻的写作要求进行说明：

（1）精心制作标题。标题的重要性在网络新闻中尤为突出。在网络传播中，标题和正文一般分别安排在不同层级的网页上，只有点开标题后才能看到消息的具体内容；而传统媒体如报纸，其标题和正文排在一起，一眼全都可以扫到。从某种意义上说，网页标题有点像书籍目录，网民对标题文字的介绍有着很强的依赖性。好的标题会吸引、刺激、引导网民去点击阅读；反之，如果新闻标题不吸引人，就不会引发点击，传播过程也就不能继续。网络新闻标题的制作建议从以下七点着手：

1）直接点出新闻中的新奇事实或重要意义。

2）尽量迎合社会热点。

3）从网民最为关心的问题出发。

4）紧扣新闻事件的最新动态。

5）披露网民熟悉却并不详知的事件细节或者内幕。

6）标题宜实勿虚。虚的标题往往使网民难以理解，甚至产生荒诞的感觉，从而放弃点击和阅读。

7）标题长度要适中。网页版面的整体布局是相对固定的，标题字数受到行宽的限制，既不宜折行，也不宜空半行；标题过短，往往不能很好地反映新闻的亮点。

网络新闻标题的制作体现了新闻作者或网络编辑的功底。需要指出的是，将标题制作得准确、生动，富有感染力，吸引网民，虽不是一日之功，但有规律可循，如果紧紧围绕上述七点去思考，拟出的新闻标题自然会吸引网民的眼球。

（2）突出重点新闻要素。网民浏览网页通常采用扫描式阅读。在这种阅读方式下，要想让网民清晰、准确地捕捉到新闻的核心信息，在写作时就要做到：高度简洁、清晰地表述最为重要的事实；合理排列新闻要素，将最重要的新闻要素置于文章最前面。这样就能够让网民在最短的时间内准确、完整地了解到最重要的新闻要素。由此看来，网络新闻的第一段写作至关重要，因为它需要将最重要的信息准确无误地传递给读者，并关系到能否吸引人继续往下浏览。

一般来说，在写第一段时，先用较为简练的语言对事件作概括性的描述，通常只要说清事件的主体、客体、时间、地点即可，再以一句话简单概括出事件的意义。第一段就是整篇新闻的浓缩，这种浓缩的好处在于方便网民阅读，掌握信息，同时也便于网民决定是否继续

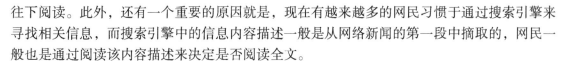

往下阅读。此外，还有一个重要的原因就是，现在有越来越多的网民习惯于通过搜索引擎来寻找相关信息，而搜索引擎中的信息内容描述一般是从网络新闻的第一段中摘取的，网民一般也是通过阅读该内容描述来决定是否阅读全文。

3. 网络新闻的传播方式

常见的网络新闻传播方式主要有以下几种：

（1）公关公司传播。公关公司的优势主要有两点：一是网络媒体资源优势；二是撰稿优势。通过公关公司的操作，能够比较好地提炼新闻事件的"亮点"，同时针对新闻事件的内容，有针对性地选择若干网络媒体进行传播，从而使传播效果达到最佳。

（2）转载传播。转载传播一般有两种：一种是网络媒体转载纸介媒体上发布的新闻，即所谓的二次传播；另一种是同行媒体之间的转载。通过转载的方式，可以放大新闻传播效应。

（3）搜索传播。据有关资料显示，全球约76%的浏览者在互联网上通过搜索引擎或其门户网站来查询相关信息。因此，若企业或机构发布的新闻被搜索引擎收录，并出现在搜索结果页面的前几页，很容易引起目标群体的关注，从而达到信息传递的目的。

（五）网络危机公关

建立一个品牌和摧毁一个品牌，在时间上是不对称的，越大的品牌，这种不对称性表现得越明显。作为企业的核心价值，品牌的重要性是毋庸置疑的，所有企业都会尽量避免品牌出现危机。但这毕竟只是美好愿望，实际上所有企业都有可能面临品牌危机，特别是在互联网时代，这种情况尤为普遍。

网络媒体的开放性、互动性、隐蔽性、全民性，使得信息来源几乎无法控制，信息的过滤难度极大，肆意的批评与攻击更为容易，网络危机公关变得艰巨而复杂。企业只有正确认知危机并及时采取适当的策略，对危机中各利益相关主体进行有效公关，才能渡过危机难关。可以说，成熟、高效的危机公关，不仅能让企业转危为安，甚至会化"危"为"机"。

互联网的信息发布基本没有门槛，几乎所有人都可以在论坛和博客上发布信息。由于门槛低及相关制约机制的缺失，信息发布者的责任意识更为淡薄，虽然通过锁定 IP 地址等技术手段可以确定相关的信息发布者，但由于互联网海量信息的特点，使得部分信息无从查证，至少对于网站的管理人员来说，这些信息的真实性是难以查证的。这样就会使得大量针对企业的有根据或无根据、有目的或无目的、善意或非善意的负面信息充斥在网上。对于品牌管理者来说，要提前防范所有这些随时可能引发的负面信息，基本上是不可能的。不过这些负面信息大部分是非蓄意策划的，因此不具备传播价值，一般来说不会对企业的品牌造成较大程度的负面影响。并且，不涉及品牌核心美誉度的适度负面信息的传播反而可以使品牌的形象更为丰满。但如果是蓄意策划的，或者本身具有新闻传播点的负面信息，一旦在互联网上传播开，其速度是惊人的。从信息的接收速度来看，如果说传统媒介是以加法的速度在传播，那么互联网媒体由于互动传播的特点，可以说是以几何级数的速度在传播。

互联网时代，品牌危机的传播明显具有层次性。一方面，不同形式层次性更为明显的互联网传播由小众到大众，由自发到强势媒体主动介入，逐步层次化、阶段化展开；另一方面，互联网和其他传统媒体往往也会形成互动，从而快速形成以互联网为主要平台的立体化、多层次的负面信息传播渠道。此传播渠道一旦形成，后果将更为严重，它对企业品牌的杀伤力往往是巨大的，甚至是灾难性的。

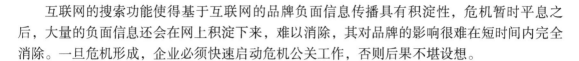

互联网的搜索功能使得基于互联网的品牌负面信息传播具有积淀性，危机暂时平息之后，大量的负面信息还会在网上积淀下来，难以消除，其对品牌的影响很难在短时间内完全消除。一旦危机形成，企业必须快速启动危机公关工作，否则后果不堪设想。

三、搜索引擎

搜索引擎是互联网时代的一大奇迹，它带给人们的不仅是方便的网络畅游，更重要的是催生了一种新的商业盈利模式——搜索引擎广告，使之成为网络经济新的增长点。搜索引擎广告以受众广泛、针对性强等特点受到越来越多企业的重视，在搜索引擎上做广告已成为企业进行网络推广的主要形式之一。

搜索引擎广告按其收费方式一般分为固定付费和竞价排名两种。固定付费是指对固定的广告位或固定移动范围的广告位以年或月为单位收取广告费用。竞价排名则是指按点击次数收费，根据企业对搜索关键词的出价高低，对其网站进行排名，出价越高则排名越前。这里重点阐述搜索引擎竞价排名的相关内容。

（一）搜索引擎竞价排名的优势

（1）按效果付费，广告费用相对较低，点击单价完全由企业自行决定，广告成本容易控制。

（2）竞价排名的管理方式更为灵活，企业可以自由设定关键词，设定单日最高消费，指定投放地域和投放时间段等。这样企业容易锁定目标消费群体，从而使广告资源的利用更为高效、合理。

（3）广告出现在搜索结果页面，与用户检索内容高度相关，增加了广告的定位程度；出现在搜索结果靠前的位置，容易引起用户的关注和点击，因而效果比较显著。

（4）搜索引擎自然搜索的结果排名，推广效果是有限的，尤其对自然排名效果不好的网站，采用竞价排名可以较好地弥补这一劣势。

（5）企业可以对用户点击广告情况进行统计分析。

（二）选择搜索引擎的技巧

企业在使用搜索引擎竞价排名前，有必要先了解一下搜索引擎的衡量标准，以及目前国内常用的搜索引擎，它们各自有什么特点。在此基础上，再结合企业的自身情况和推广目标进行选择。

（1）速度。速度包括两个方面：一方面是信息查询的速度，自然是越快越好，否则，如果用户输入关键词后，等了半天才看到结果，自然失去了再次搜索的兴趣；另一方面是信息的更新速度，它反映了一个站点数据更新的频率，搜索引擎数据库中搜集的应当是最新的信息。因为互联网上的信息更新非常快，每天都有新站点产生，同时也有站点消失，所以及时更新数据库内容尤为重要。

（2）返回的信息量。这是衡量一个搜索引擎数据库内容大小的重要指标。如果返回的有效信息量多，说明这个站点收录的信息范围广、数据容量大，能给用户提供更多的信息资源。

（3）信息相关度。一个优秀的搜索引擎站，其查询的信息数据不仅要返回量大，而且要准确，还要与用户所要求的信息关联度高，让用户能在最短的时间内找到符合自己要求的内容。

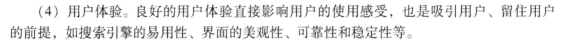

（4）用户体验。良好的用户体验直接影响用户的使用感受，也是吸引用户、留住用户的前提，如搜索引擎的易用性、界面的美观性、可靠性和稳定性等。

（三）几大搜索引擎比较

中国互联网信息中心（CNNIC）2018 年发布的第 38 次《中国互联网络状况统计》显示，2017 年 6 月中国搜索引擎用户规模达 5.92 亿人，网民使用率 83.5%，在整体网民和手机网民用户组中，搜索引擎都是第二大互联网应用。

下面，就对国内用户常用的搜索引擎百度和搜狗做详细介绍。

1. 百度

在百度中键入关键词，搜索结果首页的左侧会显示竞价排名广告相关网站的链接排序，右侧火爆地带则显示固定付费广告的链接。在显示第 2 页、第 3 页等后续网页时，竞价排名广告会被移到右侧，左侧是自然排名。

百度火爆地带是一种针对特定关键词的网络推广方式，按时间段固定付费，出现在百度网页搜索结果第一页的右侧，不同的位置价格也不同。火爆地带共 10 个位置，前 3 名固定，后 7 名轮换显示。

支持特定地域推广企业可根据推广计划，限定只有特定地区的用户在搜索企业关键词时，才能看到企业的推广信息，为企业节省推广资金，支持每日最高消费额的控制。为了方便控制推广费用，企业可以选择限定每日最高消费。开启该功能后，当天企业在百度的消费额达到设定的限额时，关键词将暂时被搁置，次日 7 点，被搁置的关键词再自动生效。其特有功能为自动竞价、账户续费提醒、关键词分组管理、关键词排名提醒。

自动竞价是指企业设定一个关键词点击的最高价，这个最高价是企业为这个关键词花费的最大点击价格。也就是说，企业关键词的实际价一定不会超过这个最高价。当企业的账户余额小于某个金额时，可以在竞价排名系统中设定账户续费提醒功能，系统自动发送提醒邮件，以保证竞价排名服务不中断，企业可根据自己的产品分类，建立不同的推广关键词组，分开管理关键词。当企业购买的关键词的排名下降时，可以在竞价排名系统中设定自动发邮件提醒，随时监控推广效果。

2. 搜狗

2004 年，搜狐推出自己独立的搜索引擎——搜狗。搜狗会通过上下文分析技术，把广告投放到搜狐门户的各大相关频道，使企业的信息展示在最合适的页面上。搜狗在搜索关键词时，右侧显示竞价排名结果，左侧显示固定付费广告。搜狗的竞价服务得到搜狐门户的矩阵式支持，企业信息可通过搜狗搜索引擎、搜狐网各大频道页面、搜狐邮箱、合作媒体及行业网站等多种渠道展示推广。通过上下文分析技术，将企业信息展示在最合适的页面上，定向传递给潜在客户。搜狗竞价服务支持所有地区投放和区域投放，最小投放以省（直辖市）为单位，企业可以根据自己的实际需要选择投放方式。搜狐在搜索引擎的关键词搜索结果页面、分类目录页面、搜狐各自选择广告位置、各主打频道以及其他合作伙伴平台（如中国新闻网、千龙新闻网、光明日报等搜索引擎）上，陆续推出竞价广告位置，客户可以通过竞价自主选择广告位置和排名。

（四）竞价排名的六条准则

用相对比较少的投入，达到理想的竞价排名效果，是企业的推广目标。下面就以百度为例，对竞价排名广告的投放策略进行说明。

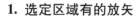

1. 选定区域有的放矢

企业可根据推广计划选定区域，使被选定地区的用户看到相关的推广信息，其他区域的网民则看不到。毫无疑问，选定区域投放关键词，可以为企业大大节省推广资金。不仅如此，选定区域投放后，有时还可以获得更好的排名。比如某企业推广某一产品，如果只选择面向北京推广，出2元的竞价，可能会比同样出2元但在全国推广的排名更为靠前。百度的搜索引擎是针对全国的，实际上很多企业并不做全国业务。因此，区域投放功能可以让企业有的放矢地选择自己的业务区域，能为企业省去高达90％的花费。

2. 设定每日最高消费额

为了有计划地控制推广费用，企业可以选择限定每日最高消费。企业开启了该项功能后，当天在百度的消费额达到设定的限额时，企业设定的关键词将被暂时搁置，到次日上午7点，被搁置的关键词才会自动生效。

当然，这一功能对企业来说有利有弊，企业要根据自身的实际情况来设置。有利的一面是该项功能可以使企业有计划地控制支出；不利的一面是当天消费达到限额时，关键词推广就自动下线，这样有可能错过很多潜在的商业机会。

3. 科学合理地设置关键词

企业刚开始投放时要少提关键词，摸索推广的技巧，并控制预算，等对关键词广告的运作全部熟悉后，再适当多提交关键词，以达到最佳效果。

企业在设置关键词时，要根据行业特性，确定是否在关键词前加上区域名称。一般来说，加上区域名称后，搜索的用户目的性更强，不过广告费用会因行业性质不同而发生不同的变化。有的企业加入区域名称后每月广告费会减少，有的则会剧增。此外，在关键词前加上产品类别、型号等产品属性，也能帮助企业更加精准地锁定潜在客户。

4. 重视信息发布的标题描述

企业在进行标题设置和内容描述时，要根据所提交关键词和企业产品的情况，尽最大可能吸引目标受众的眼球，争取企业的潜在客户。

在标题描述中，要尽量增加关键词的出现频率，这样在搜索结果中，所有出现的关键词都会被标红，给目标受众一种视觉上的冲击感。在进行内容描述时，要尽可能把所允许的信息发布空间填满，并使所提交的关键词尽量多地出现，从面积和色彩上吸引目标受众的眼球。

还有一点必须指出的是，最好在标题或内容描述中留下手机或固定电话。因为有的客户只是询价，并没有打算去企业网站详细了解情况，直接公布联系方式，一则方便客户在第一时间内联系，二则可以为企业节省一些广告费用。

5. 根据行业和产品性质合理定位排名

企业在进行关键词竞价排名时，要根据行业属性和产品的特质来选择排名的相应位置，以高性价比为第一原则，没有必要片面地追求排名第一。一般来说，对于服务类或快速消费品类的企业，如订机票、家政、农家院等，排名相应越往前越好。从实际效果来看，排在首页第3~7名的性价比最高。如果是生产机械等大型产品类的企业，由于产品价格不菲，再加上业务程序复杂、环节多，此时关键词排名就没有必要太靠前，只要在第一页出现就行。因为客户在购买此类产品之前，肯定会多方比较、权衡，然后才做出购买决定，一般不会一看到最前面出现的几条信息就轻易做出购买决策。

6. 充分利用其他方式开展辅助推广

百度主题推广是一种按效果付费的网络定向推广服务，以百度联盟网站为传播平台，通过对联盟网站、网页内容与浏览人群特征的精确分析，将广告主的推广信息定向展现在目标受众面前。也就是说，将广告主的信息投放到百度 14 万余家的联盟网站上，呈轮显的形式，这样，其点击价格是在百度搜索时价格的一半，能够以较低的费用达到较好的推广效果。

四、网站建设

企业网站的重要性是毋庸置疑的，但一个不容忽视的问题是：许多企业仅停留在"有网站"的阶段，而并没有意识到，一个界面粗糙、内容单一、流程混乱、安全性差的网站，会给访问者留下极差的印象，甚至可能会严重影响企业的整体形象。因此，企业在进行网站建设时，应遵循以下八项原则：

1. 目的明确

网站建设，包括类型的选择、内容功能的筹备、界面设计等各个方面，都受到建站目的的直接影响。因此，网站建设的目的是一切原则的基础。

2. 体现专业性

企业基于互联网平台，发布相关信息，包括产品信息、渠道政策、企业理念和实力等，以争取创造更多的商机。因此，网站信息应尽可能地体现企业的专业性。

专业性应体现在以下方面：

（1）完整无误地表述企业的基本信息，包括企业介绍、业务范围（产品、服务）、企业理念等。

（2）所提供的信息应该是专业的、有说服力的。

（3）所提供的信息必须是没有失效的、有用的。

（4）具有原创性、独创性的内容更能引起重视和认可，有助于提升企业在访问者心目中的形象。

（5）如果企业的客户和潜在客户分属不同的语系，应该提供相应的语言版本，至少应该提供通用的英语版本。

3. 功能实用

网站提供的功能服务要尽量切合实际需求。

（1）每个服务必须有定义清晰的工作流程，每个步骤需要什么条件、产生什么结果、由谁来操作、如何实现等，都应该是清晰无误的。

（2）实现功能服务的程序必须是正确的、简单的、能够及时响应的。

（3）需要人工操作的功能服务，应该设有常备人员和相应责权制度。

（4）用户操作的每一个步骤（无论正确与否），完成后应该被提示当前处于什么状态。

（5）当功能较多的时候，应该清楚地定义相互之间的轻重关系，并在界面上和服务响应上加以体现。

4. 界面易于操作

界面设计的核心是让用户更易操作，应遵循以下原则：

（1）层次性。条理清晰的结构，表现为网站版块划分的合理性。需要注意以下几点：①版块的划分应该有充分的依据，并且是容易理解的；②不同版块的内容应尽量做到没有交叉重复，共性较多的内容应尽量划分到同一版块中；③在最表层，尽量减少版块数量，通常控制在 4~6 个；④划分后的结构层次不宜过深，通常以不超过 5 层为佳；⑤在安排层次的时候要充分考虑用户操作，比较常用的信息内容、功能服务，应该尽量放到更浅的层次，以减少用户的点击次数；⑥信息内容的获取及功能服务的过程，都应该尽量控制在 3~5 步，需要更多的步骤时应该有明确的提示。

（2）一致性。①页面整体设计风格一致，整体页面布局和用图、用色风格前后一致；界面元素命名一致，同样的元素应该用同样的命名；②功能一致，完成同样的功能应该尽量使用同样的元素；③元素风格一致，界面元素的外观风格、摆放位置，在同一个界面和不同界面之间都应该是一致的。

（3）精简性。①每个界面调用的时间应该在可以接受的范围之内，当必须耗费较长的时间时，应该有明确提示，最好显示进度；②当不同的方式能够达到相同或近似的效果时，总是应该选取令客户访问或使用更快捷的方式，如尽量减少客户端插件的使用；③主要界面尽量不超过浏览器高度的 200%，大量信息内容尽量不超过浏览器高度的 500%，如果超过，应该使用页内定位或者进行分页；④命名应该是简洁的、定义清晰的，尽量不使用较为生僻的词语，如果一定要使用，则应给出容易理解的解释。

（4）其他方面。①应该具有明确的导航条和网站地图，以提供快速导航操作；②避免出现错误或者无效的链接；③主要的信息应该放在突出的位置上，常用的功能则应放到容易操作的位置上；④针对目标受众的需要，应充分考虑浏览器的兼容性、字体的兼容性和插件流行程度等；⑤对于专业的术语、复杂的操作等，应有直接的、容易理解的帮助；⑥在风格允许的情况下，可以适当增强交互操作的趣味性和吸引力。

5. 以艺术性吸引眼球

网页创作要达到吸引眼球的目的，必须结合界面设计的相关原理，形成一种独特的艺术。企业网站的设计应该满足以下要求：

（1）遵循基本的图形设计原则，符合基本美学原理和排版原则。

（2）对主题和次要对象的处理符合排版要求。

（3）全站的设计作为一个整体，应该具有整体的一致性。

（4）整体视觉效果特点鲜明。

（5）整体设计应该能很好地体现 CI。

（6）整体风格同企业形象相符合。

（7）整体风格满足目标对象的喜好。

6. 访问性能卓越

网站正常的访问性能包括以下六个方面：

（1）访问速度。它取决于服务器接入方式和接入宽带、摆放地点、硬件性能和页面数据量、网络拥塞程度等多方因素。如果目标群体不限于本地，则还应考虑地理因素造成的性能下降。

（2）可容纳的最大同时请求数。这一性能取决于服务器性能、程序消耗资源和网络拥塞程度等因素。

（3）稳定性。平均无错运行时间。

（4）安全性。对关键数据的保护，如用户数据等功能服务的正常提供。

（5）网站的防攻击能力。

（6）对异常灾害的恢复能力。

7. 经常维护更新网站

网站更新指标包括信息维护频度和改版频度。影响维护的一个重要因素是网站界面和功能开发所选用的技术。

8. 域名设计

域名设计是企业网站建设的重要环节，好的域名更利于被访问。域名设计应遵循以下原则：

（1）域名应该容易理解和记忆，并尽量简短；当难以简短的时候，宁可放弃无意义或者难以理解的字符、数字组合而选用稍长一点的域名。

（2）域名设计应充分考虑目标群体的特点，如果要做到国际化，域名中包含汉语拼音显然是不可取的。

（3）域名应该尽量有意义，并反映网站的实质，不可有歧义。

企业网站建设是 CI 的一部分，因此，企业网站的宣传应该出现在企业常备的名片、信封和企业的各种广告里。

第三节　移动互联网推广

随着即将到来的 5G 技术和智慧城市空间的普及，互联网用户利用手机等移动终端设备登录网络成为主要方式，学界和业界对基于移动互联网技术的媒体成为主流新媒体这一趋势已达成共识。这其中以"两微一端"为代表的社交媒体所蕴含的聚焦效应，对增加品牌曝光率极具赋能效应。企业能够通过社交媒体平台实现与超值客户、潜在客户的时时无缝对接，时刻维系、创建用户关系。"两微一端"社会化营销将给企业品牌创建带来深刻影响。

一、"两微一端"社会化营销

"两微一端"是指微信、微博和手机客户端。社会化营销全称"社会化交往媒体营销"，又称社交媒体营销，它是利用互联网协作平台的社会化网络进行营销的过程。利用"两微一端"社交媒体进行品牌推广，可以在拥有海量注册用户的社交媒体网络上发布相关品牌的各类信息，增加品牌在社交网络上的曝光量，既可以监控用户对品牌的关注度，也可以实时与潜在用户深层次互动。还可以利用粉丝效应和垂直社群效应进行有效的品牌推广策划，增加品牌的用户黏度，并促进目标消费者完成购买决策。

由于移动互联网的媒体使用充斥着大量的用户碎片化时间，每个人都可能是媒体使用的中心，都可以连接并影响其他用户节点。因此，"两微一端"社会化营销实质上是一种利用到社会各节点"去中心化"的营销方式，此时营销的中心不再是企业，而是所有用户。在品牌推广过程中，信息传播主体与客体之间不再是单向度的信息输出关系，而是双向度、平等化的信息互动关系。

此外，由于"两微一端"社交媒体具有周期长、传播的内容量大且形式多样等特点，要求企业、产品、品牌时刻处在营销的状态、与消费者互动的状态，不仅强调品牌的曝光与推广，还强调推广的内容性与技巧性，更需要对品牌在社交媒体的传播过程进行实时监测、

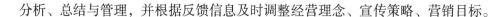

分析、总结与管理，并根据反馈信息及时调整经营理念、宣传策略、营销目标。

二、微信社群和微博矩阵

微信社群是以微信用户为集合的社交群体。微信社群是属于某一个特定细分人群的社交工具，其用户关系建立在强认知基础上，相较其他媒体社群相对封闭、黏性化强、关联程度高。微信社群中发布的信息无形中对成员产生"润物细无声"的影响，基于对社群好友的高度信任，社群信息中包含的品牌口碑或品牌倾向更容易被其他人采纳。建立在强认知基础上的关系，运营和维护简单、成本低，社群中的意见领袖和话题引领者更容易被发现，传播效果也更明显，这对品牌的创建传播起到显著作用。

微博矩阵是指企业组建一个由不同账号构成且互相关注的微博矩阵，根据微博账号定位的不同，有针对性地发布既相互联系又有不同侧重的微博内容，从而满足不同用户的需求。根据相关学者的研究，微博矩阵主要包括以下四类微博账号：①企业官方微博。企业官方微博在微博平台上代表着企业整体形象，也是目前企业进行微博推广的主要账号和手段，在企业微博矩阵中处于核心地位。②企业决策者或企业人格化代表的个人微博。其包括董事长、CEO 和首席品牌官在内的企业高管等，凭借其影响力和知名度，在微博平台上扮演着意见领袖和企业代表的双重角色。其个人认证微博往往拥有大量的粉丝和极高的关注度。③企业部门及部门经理微博。根据企业组织架构的不同，每个部门经理作为该部门的负责人和部门的人格化代表，其个人认证微博是企业微博矩阵的重要组成部分。④普通员工个人微博。企业任意一个员工的微博，其言行代表着企业形象和行为，由于员工的数量多、私人性强、可信性高，该类微博应该引起企业足够的重视。

这里需要强调的是，应利用微博有效、精准地将品牌信息传递给目标受众；用户每天对单一微博号发布的内容接收要有条数限制，尽量避免影响用户体验。

◆ 案例 15-3

嘉华婚爱珠宝的微信传播

嘉华婚爱品牌是深圳市嘉华婚爱珠宝首饰股份有限公司旗下的珠宝品牌，品牌定位于打造中国人最喜爱的结婚钻戒，弘扬中华民族优良传统的婚姻爱情文化。

2015 年春节前一个月，嘉华婚爱品牌策划了一次"我要红——2015 之淘金大作战"的微传播活动，(见图 15-1a)。该活动策划设计了一个手机 App，界面是一个精致的花园 (见图 15-1b)，随意点击，会在某个地方点击出几毫克或几十毫克的虚拟黄金 (见图 15-1c)。活动规则规定，春节前在游戏内攒够 1g 黄金，可以到店兑换 1g 实物黄金。活动允许消费者组团抢黄金，并鼓励扩散。在很短时间内，这个活动引起了大量消费者的兴趣，迅速传播。

至活动结束，嘉华婚爱的全国实体店一共兑换出约 2kg 黄金，当时价值约合人民币50 万元，获得了超出预计的传播效果，对比活动前 2014 年和 2015 年采集的品牌数据，品牌影响力大幅增加 2.85 倍，尤其是知名度和认知度增加幅度较大 (见表 15-2)。

a)

b)

c)

图 15-1　嘉华婚爱品牌策划的活动

表 15-2　活动效果对比

嘉华婚爱地域	年份	知名度（%）	认知度（%）	美誉度（%）	忠诚度（%）	品牌信息量估值/万 bit
全国	2014 年	3.81	0.66	2.51	0.04	5097.35755
全国	2015 年	12.32	4.95	2.56	0.04	19649.27802

　　由此案例可看出，厂商在积极的、较大规模的微信传播活动中获得了极佳的效果。
（资料来源：《中国品牌连锁报告 2015》。）

补充阅读材料 15-1

网络自传播能否促进品牌美誉度

　　因为网络的传播确实具有自传播的特性，在没有任何费用的情况下，一些信息会受到大众的关注，并能在网民间自行传播，从形式上看类似自我传播。为此，有些带有目的性的宣传利用网络这一特性进行传播的策划活动，也就产生了"标题党""自媒体"等新现象。网络造就了许多商业神话，这使得许多品牌厂商对网络自传播产生浓厚兴趣，品牌界对网络研究的重点渐渐地也转向了网络自传播能力，并普遍认为网络自传播能力是可以大幅提升品牌美誉度的工具，因为品牌美誉度所包含的重要内容就是品牌自传播能力，而品牌自传播与网络自传播看起来实在太像了。

　　而网络自传播真的可以提升品牌美誉度吗？这个问题恐怕要从品牌自传播与网络自传播的区别开始谈起。品牌自传播能力与网络自传播能力事实上不是一回事。品牌自传播能力是指某品牌在没有任何商业性活动支持的情况下，依然在媒体和消费者之中被传播的现象。其全称为品牌自我传播，简称品牌自传播，俗称口碑，它是品牌美誉度的重要组成部分。一般说来，品牌美誉度没有媒体的限制，在任何场合、任何人之间，只要是无须付费的对某品牌的传播活动，都可称为品牌自传播。而品牌自传播与网络自传播的最大区别就是，品牌自传播基于消费者对品牌的体验所形成的高度认知和认可，而网络自传播基于关注。一种没有认知基础的关注，也许是大众对标题或内容感兴趣而产生的认知需求，当其原意在网络中继续传播，与他人共享其内容时，会由此发展成为自媒体。从完整的过程看，这类似于自传播现象。但二者的区别还是非常明显的，主要表现为网络自传播与品牌自传播的传播机理不同，起点也不一样。网络自传播一般没有指向性，也没有特定的目标选择和传播方向，传播过程受到的干扰也较大，容易失真。而品牌自传播具有明确的目标选择和传播方向，因为具有认知与认可基础，所以传播过程受到的干扰小。也正因为如此，品牌自传播的形成难度要比网络自传播的难度大得多。另外，一旦网络自传播具有了指向性，往往是需要费用的。一般说来，网络自传播本身没有交点或目标，大众对传播对象的关注往往来自交点或目标背后的推手，这需要背后有意识的设计策划，而且也并非免费的。由此可见，网络自传播若要形成真正意义上的自传播，其实是需要商业费用支持的。从其本质上看，它不是品牌自传播，而是一种类似广告的自媒体传播形式。

在实务中，有很多企业使用网络进行品牌或产品的运作，希望能够利用其近似的自传播能力，在实践中提升品牌美誉度。但事与愿违的是，网络自传播通过自媒体活动和部分付费形式的传播吸引，使网民在关注之后会对传播内容有一定的认知，甚至认可，这样只能有效地提高品牌的知名度和认知度，而网络自传播对品牌美誉度和忠诚度没有实质性的影响。品牌的自传播是消费者通过口口相传的方式将体验信息进行有目标的复制过程，需要被传播方有意识地选择接受的信息传播方式，依靠网络自传播是难以达到的。为此，可以说，网络自传播不能促进品牌美誉度的提高。

补充阅读材料 15-2

自媒体的逆流涅槃：从大众传播到企业自媒体，再到品牌自传播

历经数代品牌管理学家的不懈努力，对品牌的研究虽然没有形成完整的学科范式，但每一个研究方向都有了固定的思路框架和术语体系，品牌研究的总目标非常清楚，即品牌自传播能力是品牌的核心能力，一个商标能否被称为品牌主要取决于它是否发生品牌自传播现象。因此，品牌界的核心问题是如何从大众传播中获得品牌自传播能力。但这似乎是一个惊险的跳跃，绝大多数企业努力若干年的结果都是始终未能越过这个鸿沟。有学者曾预见了品牌创建的起点在美誉度上，认为品牌的创建是可以直接从品牌自传播能力的获得这一点开始的。但在互联世界到来之前的实践经验中并没有成功的先例，因而学界一直纠结于"品牌联想与延伸能力""品牌大众传播效果"等平行问题上，品牌创建的起点也一直在知名度或认知度上，对品牌直接获得自传播能力的创建起点始终是一个假设。

这一假设的实证最终是靠互联网下品牌创建的成果案例得以实现的。由国内小米品牌、国外 Facebook 等品牌的实践，证明了企业创建品牌美誉度起点的可行性。品牌是完全可以在没有知名度和认知度的情况下获得品牌自传播能力的，并由此带动，展开了一轮企业自媒体全面取代大众专业传媒的浪潮。

至 2015 年年底，国内一线城市的调研数据显示，消费者信息来源中的自传播比重已经上升至 34.7%。这意味着生活在国内一线城市的消费者获得信息和知识的来源有 1/3

以上是来自其他消费者之间的相互传播，且这个比重仍在继续快速上升中。这得益于移动互联网业的发展，消费者的自传播能力达到了空前的高度，由此产生的企业自媒体部门以其低成本、高效自主等优势而越来越受到重视。可以说，自媒体部门所担负的职责是成为品牌与消费者之间的另一条"坦途"，绕开传统媒体的"独木桥"。但这条坦途却并不平坦，经历了一两年的爆发式增长之后，自媒体陷入了一个僵局，核心问题就是自媒体的可持续发展问题。

自媒体运作的关键环节在于议题设计，但任何议题的时效性都是有限的，无论多么具有吸引力的议题，都会很快失去消费者的关注，能够做到持续发酵的连续议题是凤毛麟角，即使做到了令消费者持续关注，如何把消费者对议题的关注过渡到对品牌的关注，又是一个难以跨越的鸿沟，成功案例为数不多。许多企业议题背后的动机非常明显，直指品牌传播，终至消费者反感而绝无形成自传播的可能。

"选准能够被关注和议论的议题引发专业媒体和目标消费者的关注，巧妙地将这一关注转移到对品牌的关注，最终自然地产生自传播"，才是自媒体部门在承上启下位置的职责。由此可见，自媒体自然不能全盘代替所有媒体的工作，专业媒体机构的关注依然是企业自媒体部门首要博取的目标，妄图依靠自媒体完全取代专业媒体的努力基本是徒劳的，也是危险的。

在关于专业媒体和目标消费者之间谁的关注更重要的问题上，依然是目标消费者的需求才是最终需求，专业媒体大多数的时候是随着消费者关注点的转移而转移的。所以，自媒体议题设计的假象受众面仍是目标消费者，而专业媒体具有迅速放大议题的作用。因此，自媒体和专业媒体的区别以及它们对品牌自传播形成的作用也就非常清楚了。"寄希望于自媒体的企业过快地放弃了专业媒体，自媒体包揽了培养品牌自传播的全过程"，才是这一轮自媒体困局的主因。解决这一问题的主要思路是重新规划自媒体部门的作用和边界，将主要精力放在选准并设计恰当的议题上，通过各种有效手段引起专业媒体和目标消费者的关注，将其他工作环节交于其他部门和专业媒体机构。

应该说自媒体的传播理论还是很不成熟的，没有确定的办法明确知道某个议题的自传播效果。但不确定性恰恰正是自媒体的魅力所在，自媒体与自传播之间不确定的关系给了品牌创建者们无数的遐想和希望，也为自媒体的由衰转兴提供了足够的动力。可以预见，自媒体不会因暂时的困局而终止，涅槃后的逆流而上才是发展的主流。

补充阅读材料 15-3

终将填补的鸿沟

如今，以互联网技术为核心的新媒体传播方式对传统媒体传播方式正在进行着变革式的冲击，消费者对传播信息的接受方式正在发生着彻底的改变，消费者的交易信息搜寻方式也随之发生根本性的改变。这一重大变化在很多领域都能佐证，尤其是在消费者信息来源的实证研究方面，"消费者从传统媒体获取信息的比例一直在下降，尤其是有效的有意注意逐渐集中在网络媒体资源的趋势越发明显。这一点在20年前都是不可想象的。"而消费者在传统媒体高度发达的后期已经达到了接收信息量的饱和，传统媒体不可避免地要面对这一次变革危机。

互联网是对所有人行为方式的改变，自然也包括消费者的生活方式，这一深刻的改变令厂商对消费者行为的变化加以应对。于是，有些先知先觉的厂商调整了自己的生产经营行为，率先的行为也是一种领先的策略，具有的示范作用若被媒体放大，其效果是可想而知的，更何况这一示范最大的受益者互联网本身就是媒体；被放大的效果反过来继续深刻地影响着消费者的生活方式，消费者甚至都没有保留原有方式的余地，因为现代竞争逻辑根本没有躲得开冲击的地方。于是形成了一个互动闭环，消费者的生活方式似乎已经被少数人"绑架"，不能流连于传统，也越来越难以保有特立独行的空间，更不可避免地被修改成为相似的"需求者"而渐渐失去真正意义上的个性。而厂商似乎也被少数天才所"绑架"，网络平台本身成为最大的受益者。最后，连平台本身也随之发生了根本改变，在很多领域开始对这一改变进行高度升华的概括，其中，互联网思维最具代表性。其实互联网思维的核心很简单，就是经济结构中的传统信息不对称结构在互联网环境下不再具备不对称基础，信息资源趋于对称。这是网络作为信息技术最直接也最深刻的体现。由于经营环节众多，在各个环节中对信息要素的应用和依赖程度不同，信息价值的变化深刻地影响着每一个环节或各个环节之间的组合，并由此展开成为各种优势的获得或丧失的主要原因。这便是互联网思维的本意。随后，信息就成为必不可少的要素，再也没人敢说"好酒不怕巷子深"，它深刻到最终改变了信息的管理要素属性为止。信息从激励因素蜕变至保健因素。其角色由先占信息资源会具有竞争优势，不占信息资源不一定处于劣势，演变为不占有信息资源就是处于劣势，而即使占有信息资源也不一定能占据竞争优势。此时的电商集互联网经济对传播环节的传统媒体的影响凸显，其具有的高效率、低成本和时效性的优势是传统媒体无论如何也无法弥补的。因而新型媒体产业势不可挡地迅猛发展起来。但它也有致命的弱点：网络世界至今还没有类似知识产权归属的法律规范，对信息产品可以无偿地复制传播的特点在现实物质世界不存在，也没有这种产品保护和管理的成果经验，因而，网络中既"含金带银"，也"藏污纳垢"。

在互联网技术支撑的新媒体冲击传统媒体的环境背景下，新媒体环境的品牌管理理论体系与传统的品牌管理理论体系之间的关系犹如信息经济学与西方经济学之间的关系一样，是在否定信息对称假设之后该学术领域的长足进步。而未来电商的角色可能会随着实体店商的价值调整而反复调整，在初期的优势会逐步丧失，直至二者达到一个相对的动态平衡关系为止。其间还会有其他形式不断出现，不断修正网络营销环境与实体经营环境的关系。这个过程必将经历两个连续的阶段：第一个阶段是实体店商的电商化。应该说实体店商增加电商渠道是非常容易的，这需要一个较长的认识和适应期。当实体经济适应了网络环境经营的特点之后，电商的优势则荡然无存，但网络中的较量并不是最终的结果。第二个阶段是电商的实体化。它伴随着电商发展与第一个过程并行，但一直不是主流，直至产生的一批优势电商完成它的实体电商化，并引得其他电商大面积效仿的时候，才算真正意义上的开始。最终，之后的企业再也没有"电商"与"店商"之分，才会是这场网络对实体经营冲击的结束。

最终店商和电商再无引人注目的差异，二者没有虚拟与现实之间的鸿沟，电商和店商相互渗透，没有清晰的界限。

本 章 小 结

品牌的塑造工具有很多，本章主要讲的是互联网媒体推广，包括 PC 网络推广和移动互联网推广，介绍了网络推广的内容以及优势，然后对 PC 网络推广的方式和移动互联网的社交媒体推广做了分类介绍。

学 习 重 点

1. 网络推广的优势。
2. PC 网络推广和移动互联网推广的方式。
3. 网络危机公关。

思 考 题

请尝试撰写一篇品牌的推广软文，利用微信进行自传播，并评价传播的效果。

第五篇

品牌管理

第十六章

品牌哲学与品牌文化管理

第一节 品牌哲学

一、经营思想与品牌哲学

马克思说过:"哲学是各个时代精神的精华,是每一种文明的灵魂。"当代是目前人类达到的最为繁荣的商业时代,这个时代的一切思潮最后都被包裹在商业时尚中,通过种种营销方式置于每个人的面前,这一时代的精神也毫无例外的如同一切被浸透了商业气息。作为能够代表一个时代精神的哲学,也或多或少地在各个领域里被商业化了,品牌哲学与品牌文化就是这样一个时代的产物。

企业家在实践摸索中不断总结得失,形成一些在经营中判断是非曲直的标准。这些企业思想家在经营中透露出促进企业发展的智慧和对必须担负的社会责任的思考,也会对阻碍进步的因素提出一些反思,起到了一般哲学或思潮对当代社会进行批判和促进进步的作用,因而他们的经营理念经常被称为"企业哲学"。一些有条件的企业借助品牌将其经营思想或经营哲学向受众广为传播,于是在受众眼里,品牌哲学就等同于企业哲学。经营思想就是企业对自己在经营实践中形成的经验的理论升华。有些企业家完全脱离了经营专职对于以往的经营经验总结,使其具有了一定的普遍适用性,这时的企业思想或多或少的可以被称为企业哲学,有品牌的企业会将这一可贵的哲学思想赋予在其品牌身上。这一做法的原因非常简单,大致有两点:①品牌具有相当强的稳定性,不会因企业易主或是其他经营者的原因发生中断,从而使得思想的发展 ·贯且连续进行;②品牌一旦被赋予思想会使品牌的拟人化更为生动,每个人都愿意与有思想的人在一起。思想者是最具魅力的人,无论是男是女,无论身处何处,人们随时随地都能感到他的存在。当一个品牌被拟为一个思想者的时候,它对受众的影响力会大大提高,与此同时也会相应地提高其自身的商业价值。这也就是企业经营思想经常被演绎成为品牌哲学的原因。所以,品牌哲学不是简简单单的理念或零散的思想,它是一种系统的价值观体系,完整而深刻地阐释着经营者的经营思想和价值判断标准,是一个品牌的灵魂所在。

二、品牌哲学的形成路径及表达形式

(一)源自企业价值观和经营理念的品牌哲学

有相当一部分品牌哲学来自企业长期经营中形成的企业价值观和经营理念。有些企业甚

至通过聘请专业的团队为其整理企业的发展历史，从中提炼出可圈可点的经营经验和秉持的理念，并将其提炼为企业一贯遵从的价值观。这样的品牌哲学体系是开放的体系，并不算稳定，一般会随着企业的经营继续发展和丰富。有些企业会通过专门为其企业文化所著书籍或是 CI 对品牌哲学予以表达，也会在处理危机时的态度和战略决策上有所体现。

（二）源自品牌历史的品牌哲学

有些品牌传承着一段历史或传奇，这是企业的宝贵资产，其中蕴藏着深刻的文化底蕴。企业在继承这些文化的同时，也要继承它一贯主张的价值观和哲学思想，这样的品牌哲学形成后非常稳定，一般不会再有太明显的变化。它体现在企业的发展战略中，以及媒介传播过程中的策略选择。此外，通过公关活动和员工培训也可以不断深化企业的品牌哲学理念。

（三）源自营销诉求的品牌哲学

这是品牌哲学来源最广的一种。绝大多数企业哲学的形成都与营销有关，企业就是在营销中不断前行的，很多理念都来自营销实践。这类品牌哲学非常不稳定，可能会随消费者偏好的变化而变化，也可能因为时尚而改变。这一来源的企业品牌哲学集中体现在营销策略上，同时在新产品开发与设计中也有所体现，消费者很容易在广告表现和广告语设计中看到品牌哲学的影响。

品牌哲学体现在具体品牌的具体活动中，可以被直接表达的，一般通过具体的品牌经营行为来表达；不可以被直接表达的，一般通过企业文化来表达。因此，在企业文化的顶端一般都理解为品牌哲学。

第二节　品牌文化概述

一、文化的概念

文化在人们的生活中无处不在，它既可以是具体的、看得见摸得着的实物，也可以是人们的语言和某种约定俗成的具体行为。美国人类学家赫斯科维茨（Herskovits）在其 1955 年出版的《人类文化学》中曾对文化有过这样一段精辟的论述："文化是一切人工创造的环境。"也就是说，除了自然原生态之外，所有由人添加上去的东西都可称为文化。在我国的传统古籍中对文化的注解是将"文"与"化"分开的。文在其中的含义是指"文章""文字""文采""礼乐制度"等；而化则是指"教化""教行"等。文化在我国古代的含义就是用礼乐教化百姓。而现今所谈及的文化，则更多的是从哲学角度和社会学角度所看到的物质现象或是一类人共同的、长期的、稳定的、具体的表现行为方式。关于近现代的文化，社会学家和人类学家是这样定义的："文化是由人创造的、他人认可的观念，它给人们提供聚合、思考自身和面对外部世界的有意义的环境，并由上一代传递给下一代。"可以说，文化就是一种习惯的积累与沉淀。

人们经常会有一种对文化认识的误区，即人们共同认可的就是文化。人们的共识分为两大部分：第一部分是法律与制度；第二部分就是人们的习惯。法律和制度不能称为文化，因为二者带有国家机器的强制行为；共同习惯中则包含了传统的道德和文化。传统一般来说是已经失去传承性的；而文化不同，文化是需要继承与发展的。从哲学的角度来看，文化从本质来说是哲学思想在日常生活中的具体表现形式。哲学思想表现在具体形式当中就会引发社会制度的变革，并且与之相伴的一定会产生新旧两种文化的交替冲突以及融合。旧文化在与新文化的冲突中，必然会消亡一部分。对消亡的那一部分，只能称之为传统而不能称之为传统文化；而在冲突与融合中保留下来，并能为人所接受的，才可以称之为传统文化。

文化主要有两种：一种是生产文化，另一种是精神文化。科技文化是生产文化，生活思想文化是精神文化。任何文化都为生活所用，任何一种文化都包含了一种生存的理论和方式以及理念和认识。

二、文化的构成

从文化的基本构成上划分，文化的基本要素可以分为三类：①符号、定义以及价值观；②规范准则；③物质文化。根据文化的层次划分，文化可以分为三个层次：①高级文化（High Culture），包括哲学、文学、艺术、宗教等；②大众文化（Popular Culture），是指习俗、仪式以及包括衣食住行、人际关系各方面的生活方式；③深层文化（Deep Culture），主要泛指价值观的美丑定义、时间取向、生活趋向、解决问题的方式以及性别、阶层、职业、亲属关系相关的个人角色。高级文化和大众文化均根植于深层次的文化之中，而深层文化的某一概念又以一种具体的习俗或方式反映在大众文化之中。按照时间进行划分，文化可划分为古代文化、近代文化、当代文化和现代文化。按照区域进行划分则会产生更多的分类，如中国文化和外国文化、北方文化和南方文化等。这种划分的方式是纯粹用时空划分法来进行的，虽没有全面地体现文化的特质，但是从时空的角度展示了文化的地域扩散与时代发展的脉络，有助于针对某个地区或者某个时间段进行系统性的研究。如果可以，还会有更进一步的层次划分。根据文化的先进性和价值性进行划分，可分为时尚文化、网络文化、企业文化等。

因为文化具有多样性和复杂性，很难将文化给出一个准确的、清晰的分类标准。文化的结构有两层次说，即物质文化和精神文化；有三层次说，即物质、制度、精神三层次；有四层次说，即物质、制度、风俗习惯、思想与价值；还有六大子系统说，即物质、社会关系、精神、艺术、语言符号、风俗习惯等。一般地，文化的结构分为下列几个层次：物态文化、制度文化、行为文化、心态文化。其中，物态文化层是人类的物质生产活动方式和产品的总和，是可触知的具体实在的事物，如衣、食、住、行。制度文化层是人类在社会实践中建立的规范自身行为和调节相互关系的准则。例如，我国文化中对对方的称呼一般是姓加上官职或者是辈分。这种习惯的养成以及数千年下来的对这种辈分等级的传承，便是一种制度文化。

三、品牌文化的定义

品牌是文化的载体，文化是凝结在品牌上的企业精华。品牌作为一种文化现象或文化系统，文化是其本质要素，是其内容和形势。所以要理解品牌文化，首先要清楚地了解品牌的定义。广义的"品牌"是具有经济价值的无形资产，用抽象化的、特有的、能识别的心智概念来表现其差异性，从而在人们的意识当中占据一定位置的综合反映。品牌建设具有长期性。

"品牌"这个词来源于古斯堪的那维亚语"brandr"，意思是"燃烧"，是指生产者燃烧印章烙印到产品上。最古老的通用品牌出现在印度，吠陀时期（9000～10000年前）被称为

"Chyawanprash"，广泛应用于印度和许多其他国家，以受人尊敬的哲人 Chyawan 命名。意大利人最早于 13 世纪在纸上使用品牌水印形式。这是品牌的最初含义。品牌是一种名称、术语、标记、符号和设计，或是它们的组合运用。其目的是借以辨认某个销售者或某销售者的产品或服务，并使之同竞争对手的产品或服务区分开来。而商标（Trademark）是指按法定程序向商标注册机构提出申请，经审查予以核准，并授予商标专用权的品牌或品牌中的一部分。商标受法律保护，任何人未经商标注册人许可，皆不得仿效或使用。可以看出，品牌的内涵更广一些。

对某些产品来讲，十分适合在品牌文化中引入时尚的内容，如服饰、运动产品等。时尚（Fashion）是指一个时期内，相当多的人对特定的趣味、语言、思想以及行为等各种模式的随从或追求。如何倡导一种品牌时尚，简言之，就是要分析消费者的现时心态，并通过商品将消费者的情绪释放出来，同时激励大众的参与。倡导品牌时尚的一个重要途径是利用名人、权威的效应。由于名人和权威是大众注意和模仿的焦点，因此有利于迅速提高大众对品牌的信心。例如，力士香皂就一贯坚持让著名影星作为其推介证言的策略，在不断积累中成功地使力士的品牌文化与时尚联系在了一起。当然，在选用名人来做广告时，需要谨慎和恰当，一般要考虑到名人、权威与品牌之间的联系。另外，还要努力将时尚过渡成为人们稳定生活方式的一部分。由于时尚是一个特定时期内的社会文化现象。随着时间推移，时尚的内容将发生改变。所以，在借助和创造时尚的同时，也应考虑到时尚的消退。一个有效的措施是在时尚成为高潮时，就有意识地转换营销策略，引导消费者将这种时尚转化为日常生活的一部分。以雀巢咖啡为例，从其进入我国市场，掀起喝咖啡的时尚，到今天，喝咖啡已成为众多人的生活习惯了。

菲利普·科特勒指出，面对激烈竞争的，企业必须努力寻找能使它的产品产生差异化的特定方法，以赢得竞争的优势。可以说，品牌是企业在面对强有力的竞争背景下的强有力的竞争手段，但同时也是一种文化现象。优秀品牌一般都有良好的品牌文化作为强有力的依托。品牌的文化内涵是提升品牌附加值，是产品增强竞争力的原动力。品牌是文化的载体，文化同样又是凝结在品牌上的企业精华，也是对渗透在品牌经营全过程中的理念、意志、行为规范和团队风格的体现。因此，当产品同质化程度越高的时候，企业在产品的价格渠道等方面可操作的差异化空间就会越来越小。而品牌文化则恰恰为这种情况提供了非常好的解决渠道。所以，未来的企业竞争是品牌竞争，而品牌竞争实质上是品牌的文化竞争。品牌文化的定义有狭义和广义之分。品牌文化的狭义定义是指为品牌赋予的文化内容。其中文化内容通常仅指传统的或历史的文化内容。例如，红豆牌衬衫把古诗中"红豆生南国"的文学意境寄托在服装上，杏花村汾酒厂把古诗中"牧童遥指杏花村"的文学意境寄托在白酒上等。广义的品牌文化是指由企业构建的被目标消费者认可的一系列品牌理念文化、行为文化和物质文化，是结晶在品牌中的经营观、价值观、审美因素等观念形态及经营行为的总和。它能带给消费者心理满足，具有超越商品本身的使用价值的效用。品牌文化竞争是一种高层次的竞争，任何一家成功的企业都有其独特的品牌文化，在激烈竞争的市场上面来作为立足的基础。在品牌文化的管理中，要重视和提升品牌中的文化内涵。如何以文化锻造品牌，挖掘品牌文化中的底蕴，恰当并且行之有效地进行品牌文化的定位和管理，从而提升品牌的价值观，是现代品牌管理的核心内容之一，也是对品牌的深层次认识。

四、品牌文化与企业文化的区别

品牌文化与企业文化有着紧密的联系。品牌是企业文化的标志，其内涵包括企业文化的全部内容。品牌文化的建立与运营离不开企业文化的支持和依托。品牌的物质基础是产品，品牌的精神力量是企业文化，企业文化是品牌的灵魂。

从事企业管理工作的管理人员，有时会把品牌文化和企业文化混淆，这主要源于他们对品牌和企业联系的混淆。有些企业没有自己的品牌，但是依旧可以维系下去，品牌并不是企业的必然存在条件。但是，品牌这种产物只有当企业发展到一定的水平和高度之后才会慢慢地聚合，逐步产生品牌的意识。品牌的认同性就是文化的消费认同性，而企业文化更多地靠近管理层面。企业文化的作用主要是对内的，而品牌文化是对外的，这二者其实存在着方向上的不同。品牌文化具体表现得这种认同性，是外生的。

品牌文化与企业文化有着明显的区别，不能简单地认为品牌文化属于企业文化，或品牌文化是企业文化的组成部分。品牌文化是针对消费者传播形成的企业外围文化概念，企业文化是针对企业内部员工形成的管理文化。二者在终端员工身上有交集，终端员工受到企业文化影响，并担负着品牌文化对消费者的传播，在其他方面的联系并不多。

品牌文化与企业文化最主要的区别是，品牌文化是通过赋予品牌深刻而丰富的文化内涵，建立鲜明的品牌定位，并充分利用各种强有效的内外部传播途径，形成消费者对品牌在精神上的高度认同，创造品牌信仰，最终形成强烈的品牌忠诚，即企业构建的被目标消费者认可的一系列品牌理念文化、行为文化和物质文化的总和。品牌文化的核心是文化内涵，具体而言是其蕴涵的深刻的价值内涵和情感内涵，也就是品牌所凝练的价值观念、生活态度、审美情趣、个性修养、时尚品位、情感诉求等精神象征。而企业文化是指现阶段为大多数员工认可的一系列的企业理念和行为方式，包含使命、愿景、价值观、制度等组成要素。可以说，企业文化主要是对内的，其构建的主要目的是增强企业内部的凝聚力，形成企业员工的共同价值观；而品牌文化主要是对外的，其目的在于形成消费者对品牌的附加价值的认可。

五、品牌文化的作用

品牌文化的塑造通过创造产品的物质效用与品牌精神高度统一的完美境界，能超越时空的限制，带给消费者更多的高层次的满足、心灵的慰藉和精神的寄托，在消费者心灵深处形成潜在的文化认同和情感眷恋。在消费者心目中，他们所钟情的品牌作为一种商品的标志，除了代表商品的质量、性能及独特的市场定位以外，更代表他们自己的价值观、个性、品位、格调、生活方式和消费模式；他们所购买的产品也不只是一个简单的物品，而是一种与众不同的体验和特定的表现自我、实现自我价值的道具；他们认牌购买某种商品也不是单纯的购买行为，而是对品牌所能够带来的文化价值的心理利益的追逐和个人情感的释放以及价值观上的认同。因此，他们对自己喜爱的品牌形成强烈的信赖感和依赖感，融合了许多美好联想和隽永记忆。他们对品牌的选择和忠诚不是建立在直接的产品利益上，而是建立在品牌深刻的文化内涵和精神内涵上，维系他们与品牌长期联系的是独特的品牌形象和情感因素。这样的消费者很难发生"品牌转换"，毫无疑问是企业高质量、高创利的忠诚消费者，是企业财富的不竭源泉。

品牌文化在一定的程度上是一种在消费者的消费行为过程中形成的共同趋向和共同价值

观、认识观。按消费者的忠诚程度划分，可分为坚定者、不坚定者、转移者和多变者，其中品牌坚定者对企业最有价值。最理想的情况是培养一个品牌的坚定者在买主中占很高比例的市场。但事实上，由于市场竞争十分激烈，往往会有大量的消费者从坚定者成为不坚定者和转移者。因此，维护、壮大品牌的忠诚消费者群体至关重要。品牌能保持强有力的商品力无疑是最关键的。但另一方面，在品牌树立、壮大过程中，在商品效用诉求的同时，也应该始终向目标消费者灌输一种与品牌联想相吻合的积极向上的生活理念，使消费者通过使用该品牌的产品，达到物质和精神两方面的满足。尤其在竞争激烈的今天，不同品牌的同类产品之间的差异缩小，要让消费者在众多的品牌中从心理上能鲜明地识别一个品牌，有效的方法是让品牌具有独特的文化。这就是品牌的文化差异战略。这种文化差异一旦让目标消费者接受，对提高品牌力是十分有利的。因为消费者对一种文化的认同是不会轻易改变的。这个时候，品牌文化就成了对抗竞争品牌和阻止新品牌进入的重要手段。这种竞争壁垒存在时间长，不易被突破。

第三节 品牌文化的构建

一、品牌文化的结构

品牌文化结构的划分有多种方法，一般说来，品牌文化可以划分为三个层次或系统，即品牌价值观、品牌行为文化与品牌物质文化。

（一）品牌价值观

正如企业文化是建立在其自身经营理念的基础之上一样，品牌文化也是建立在该品牌理念的基础之上的。企业的经营理念自然也反映在企业的品牌上，但作为品牌，应该有品牌自身的哲学或理念。从管理文化的角度看，品牌价值观就是企业的经营理念或思想，是企业生产经营的指导思想和方法论。由于品牌不只限于企业使用，为了不与企业文化理念混淆，有必要将品牌价值观界定为以品牌为主体的品牌运作行为的信念和准则。

品牌价值观在创建品牌阶段是品牌定位的内涵，到品牌管理阶段是品牌文化管理的核心部分，是有关品牌管理的一切经营活动是否符合企业既定的判断标准，这些标准高度抽象后形成的原则即为品牌价值观。一个经营性组织内部形成的比较统一的价值观体系主要发挥两种功能：①把组织价值观转换为核心价值观以指导组织的工作；②把核心价值观转换成各个目标消费者群体的使用价值或附加价值。品牌价值观为组织成员所普遍接受，是品牌文化构成的主要部分；它具有规范性的特征，使企业全体成员知道什么是好的什么是坏的，什么是积极的什么是消极的，什么行为是正确的什么行为是错误的，它决定了组织全体人员共同的行为取向。一个品牌的核心价值观需要保持长期的一致性和连贯性，它将赋予员工一种神圣感和使命感，激励员工为理想而努力奋斗。

（二）品牌行为文化

企业正在发生和已经发生的品牌行为对消费者的影响极大，同时，消费者对即将发生的品牌行为的预期也不能忽视。品牌理念是代表思想的部分，相当于人类大脑思考的功能，它同时起到统领全局的作用；而品牌行为则代表了说和做，即表达和行动的内容。一个品牌有了思想主张，也必须将之付诸言说和指导行动，同时传达给目标消费者，这样才能取得效益。理念是抽象的，必须转化为具体的行为。品牌行为应始终坚持的原则是，品牌行为必须能够提升品牌价值。品牌行为可以从企业品牌行为和消费者品牌行为两个角度来分析。

从企业品牌行为的角度，品牌行为文化是在品牌职能定位基础上，在品牌理念指导下，围绕品牌战略目标而形成的各级目标，如理念贯彻、生产管理、市场推广、公共关系等各环节目标所展开的，符合该品牌需要与个性特征的一切实践活动。它可以分为内部行为文化和外部行为文化。品牌行为主要起到沟通管理、强化品牌特征、品牌推广等作用。企业品牌行为的目的是塑造、管理、维护品牌，使之保值、增值。从具体的角度，企业品牌行为包括品牌管理行为、品牌策划行为、品牌危机处理行为等。

从消费者品牌行为的角度来分析品牌行为。消费者品牌行为是指消费者接触品牌时发生的一切行为活动，主要包括消费者的品牌选择、偏好、使用、心理感受等。品牌偏好与消费者价值体系是紧密相连的。消费者的品牌行为是一个复杂的过程，并非每个人都具有品牌意识，也并非每个具有品牌意识的人都能够被品牌驱动。一般说来，个人价值观极大地影响消费者的品牌偏好，同时，品牌价值观也会反过来影响消费者的品牌行为。

（三）品牌物质文化

品牌物质文化是品牌文化的外层，是指表现品牌的一切物质文化要素。它包括品牌产品、设计、包装、色彩、品牌名称、吉祥物、商标、品牌宣传标语等内容，它们是品牌文化的有形载体。品牌产品的设计、文字、图形和颜色的选择以及包装等工作最终将体现出品牌外在形象的吸引力。尤其重要的是，它将影响到目标消费者对品牌的第一印象。但是，品牌的一切有形表达都必须围绕阐释品牌理念这一主题展开。

按照品牌文化的结构分析，品牌文化的构建需要从品牌理念文化的构建、品牌行为文化的构建、品牌物质文化的构建三个层次进行。

二、品牌理念文化的构建

品牌文化的定位不仅可以大大提高品牌的品位，而且还可以使品牌独具形象特色。品牌文化由品牌文化的丰富性和消费者的文化修养决定的。文化的定位可以通过传达诸如文学艺术、道德修养、科技含量、文化价值观等启发联想，引导远景等形成一定的品位，成为某一个层次内的消费者文化品位的象征，甚至更进一步演变为信仰一样的东西。英特尔前总裁格罗夫曾说过："整个世界将会展开争夺'眼球'的战役，谁能吸引更多的注意力，谁就能成为21世纪的主宰。"吸引不了注意力的产品将经不起市场的惊涛骇浪，注定要在竞争中败下阵来。只有独具特色、个性化的品牌文化定位，才会有别于同类产品，才能引起消费者的好奇。"品牌的背后是文化""文化是明天的经济"，不同的品牌附着不同的特定文化，企业应对文化定位予以关注和运用。品牌定位是指企业对具体的品牌在其价值取向及个性差异上的原则性决策。从理论上说，是市场定位在先，继而是产品定位，最后才是品牌文化定位。前两个步骤在市场营销学中有全面的解释，所以此处不再赘述，在此着重阐述品牌文化定位的基本内容。

品牌文化定位总结下来主要有以下几点：①品牌文化定位可以提高产品品牌文化的品位；②品牌文化定位可以引发消费者的联想和情感共鸣，使得产品形象深入人心，从而提高品牌文化价值，固定住原有的消费者群体，保持扩大市场的占有率；③品牌文化定位还可以使品牌形象独树一帜，从而引发消费者的关注，获得消费者的认可与忠诚。

三、品牌行为文化的构建

品牌行为文化是品牌理念文化的具体体现。品牌的核心价值要通过企业品牌行为和消费者品牌行为表现出来。

（一）规范企业品牌行为

企业品牌行为与企业行为有着密切的联系。一般来说，企业行为所涉及的范围比较大，如投资行为、生产行为、营销行为、内部管理行为、对外交际行为、社会行为等；而品牌行为则是指直接体现品牌理念文化的企业行为，如质量行为、服务行为、宣传行为、品牌维护行为等。规范企业品牌行为主要集中于以下方面：

1. 建立品牌行为标准，将品牌意识注入员工的行动之中

建立品牌行为标准的目的在于将品牌意识注入所有员工的行动之中。品牌行为通过在品牌理念指导下的企业员工对内和对外的各种行为，以及企业的各种生产经营行为来传达和表现。构建企业品牌行为标准包括建立企业员工行为标准，对所包括的职业道德规范、员工行为准则、团队管理、沟通渠道建立、消费者满意工程、培训体系设计、激励机制设计、员工绩效考核等进行规范设计，统一企业各部门、各环节的品牌行为。例如，海尔的 OEC 管理法由三个基本框架，即目标系统、日清控制系统和有效激励机制组成，奠定了海尔严、细、实、恒的管理风格。海尔员工在无所不在、毫不容情的监督机制下工作，为海尔品牌文化奠定了基础。

2. 加强品牌保护，树立品牌的良好形象

品牌保护是指用各种营销手段和法律手段来保护品牌形象及品牌自身利益。品牌保护主要包括品牌经营保护、法律保护与自身保护。品牌经营保护是指采取各种经营手段与措施，保护与提高品牌形象，如强化服务、提高服务质量、改进产品质量、提高技术水平、改善工艺和工艺配方、完善营销策略、改善企业文化等。品牌自我保护主要是指企业努力采取措施保护品牌秘密、保护自身利益、不损害自身形象等。品牌法律保护主要是指依据各种法律和采取法律措施来保护自身利益和消费者利益，如打击假冒伪劣、采取有力措施保护消费者利益，提供质量担保、质量承诺等一系列措施与手段。

（二）引导消费者品牌行为

消费者品牌行为主要体现为消费者的品牌偏好，而消费者对品牌的认识和选择很大程度上要靠企业的引导。

1. 推进企业品牌沟通，向消费者传达品牌独特的文化

推进企业品牌沟通主要包括：①选择信息源体和信息受体的"共通区"，使企业品牌文化与消费者的需求共通；②在品牌广告中述说目标对象珍贵的、难以忘怀的生活经历和人生体验及感受，以唤起并激发其内心深处的回忆，同时赋予品牌特定的内涵和象征意义，建立目标对象的移情联想；③注意对文化背景的分析，找出相通区域，在区域内发展创意。

2. 实施消费者体验，将消费者纳入品牌运营之中

消费者体验的主角是消费者本身，但主导这一过程的主体则是品牌所有者。因为消费者体验是否愉悦在很大程度上取决于品牌所有者提供的体验内容是否符合消费者的期望。成功的消费者体验将给消费者一种方向感，使得本企业的品牌在众多的品牌中能够脱颖而出。在消费者的体验过程中，消费者与品牌每一次接触都将产生一个或者多个接触点。品牌所有者通过这些接触点向消费者传达品牌形象信息，这些信息使消费者能对品牌的具体形象进行感知和联想，如质量、价格、广告、设计、色彩、包装、接待风格、服务经验、促销活动、投诉处理等。只有通过消费者体验品牌的过程，品牌的形象才能在消费者心目中真正地建立起来。为此，品牌所有者需要通过不懈努力去维持品牌形象在消费者心中的持久、一致性，使品牌识别成为消费者辨别具体品牌的有力标准。

四、品牌物质文化的构建

品牌物质文化是品牌文化的有形载体，也是消费者可以直接感觉到的品牌文化。构建品牌物质文化要从品牌的视觉识别出发，主要包括以下三个方面：

（一）建立有文化个性的品名

品牌名称只是品牌有形部分的第一步，是品牌能否被消费者以及其他受众认知、理解、接受、喜爱乃至忠诚的前提。"品牌命名"是定位过程的开始，是一个将价值、个性、主张、情感、形象等转化为营销力量的过程，是注意力经济中吸引"眼球"的焦点。设计品牌名称需遵循五大原则，即易于传播原则、丰富内涵与易于联想原则、易于延伸原则、适应性原则与可保护性原则。品牌的建立往往是在品名这一最基本的基础之上展开的。

（二）设立企业的品牌标志

品牌标志是指品牌中可以识别但是难以用语言加以表达的符号、图案或专门设计的颜色和字体。例如，麦当劳的"M"形金色大拱门、可口可乐的红白飘带、花花公子的兔子、米高梅的狮子等。与品牌名称一样，品牌标志是品牌与消费者的瞬间接触部分。独具匠心的品牌标志不仅能使品牌独浴荣光，而且让竞争对手难以模仿。设立品牌标志应做到易于鉴别，富有现代美学观念，重视视觉冲击力，容易引发品牌联想。

品牌的外观设计在很大程度上也影响着品牌文化的构建过程。良好的品牌外观有助于品牌文化的构建和未来发展，甚至在一定程度上是外界对品牌文化的第一印象。品牌标志设计是品牌文化外在构建过程中非常重要的一个环节，蕴涵美感、具有比较强的感召力的品牌标志是关键中的关键。品牌的外观包装设计可以说是消费者对该品牌认识的门面和第一印象，在很多情况下决定着消费者是否消费该品牌。如果没有对该品牌的消费，实际也就不会存在什么品牌文化了。所以，包装设计对于消费者的第一感官也是十分重要的。

（三）选择品牌的视觉载体

品牌的视觉载体主要包括：①事务用品，如信封、信笺、名片、贺卡、文具用品、公文封、公文纸、笔记本、资料夹、挂历等；②办公设备，如办公桌椅、计算机、传真机、电话、空调、自动电梯等；③室内陈设，如办公格局、绿化装饰、橱窗设计、部门科室铭牌、指示牌、线路标志等；④服装服饰，如工作服、领带、胸针、广告衫、公文包等；⑤企业产品，如产品商标、包装纸、产品说明书等；⑥广告媒体，如电视、报纸、杂志、户外广告、流动媒体、企业主页等。视觉识别系统通过鲜明的视觉冲击力和形象感染力，强化品牌的记忆点。

本 章 小 结

本章主要介绍了品牌哲学、品牌文化的内容，详细介绍了品牌文化的构成和构建方法。

学 习 重 点

1. 品牌哲学。
2. 品牌文化的结构。

思 考 题

品牌文化与企业文化的区别和联系是什么？

第十七章

品牌战略管理

第一节　品牌战略概述

一、品牌战略的概念

战略、企业战略、品牌战略是一系列相关的概念。要理解品牌战略，首先要搞清什么是战略和企业战略。

战略是一个军事学术语，是指对战争全局和未来的谋划。企业战略即把战略的概念移植到企业管理领域，它是关于企业全局和未来发展的谋划。企业战略管理的实践和理论首先产生于发达国家的企业中，形成于 20 世纪 60 年代，在美国一批管理学家的研究和推广下，逐渐成为系统的管理理论。其代表性的人物和理论主要有：彼得·德鲁克（Peter F. Drucker），在其所著《管理的实践》一书中提出了战略问题。他指出："战略的核心是明确企业的远期目标和中期目标，以目标来指导经营，度量企业绩效。"钱德勒（Alfred D. Chandler Jr.）撰写的《战略与结构》一书，为企业战略下了这样的定义："企业战略就是决定企业的长期目的和目标，并通过经营活动和分配资源来实现战略目的。"安德鲁斯（Andrews）认为，战略是目标、意图或目的，以及为达到这些目的而制订的主要方针和计划的一种模式，这种模式界定着企业正在从事的或者应该从事的经营业务，以及界定着企业所属的或应该属于的经营类型。迈克尔·波特（Michael E. Porter）在 1980—1990 年先后出版的《竞争战略》《竞争优势》和《国家竞争优势》被誉为"战略管理三部曲"。他认为："战略是企业为之奋斗的一些终点与企业为达到它们而寻求的途径的结合物。"安索夫（Ansoff）在其出版的《企业战略》一书中提出："企业战略就是决定企业将从事什么事业，以及是否要从事这一事业。"

企业品牌战略是进入 21 世纪后逐渐明确的一个独立概念。戴维·阿克认为，一个企业的品牌是其竞争优势的主要源泉和富有价值的战略财富。在他编著的《管理品牌资产》一书中，通过深入细致地研究品牌现象，阐述了品牌资产所包括的品牌认知度、品牌忠诚度、品牌知名度、品牌联想度和其他资产五种基本资产，引用了诸多公司的案例，表明如何通过创建、培育和利用这五种品牌资产，从战略上管理品牌。戴维·阿克的《管理品牌资产》《创建强势品牌》《品牌领导》被称为"品牌战略管理的三部曲"。

品牌战略简而言之就是运用战略管理的方法对品牌进行规划和实施。其目的是在内外部环境不断变化的情况下明确一个企业的根本品牌方向和基本活动范围，进而通过对资源的战略性配置来获取持续性的品牌优势。

二、品牌战略在企业战略中的地位

毫无疑问，品牌战略是企业战略的组成部分。在企业战略体系中，品牌战略属于职能战略，与企业的总体战略相区别。其关系如图 17-1 所示。

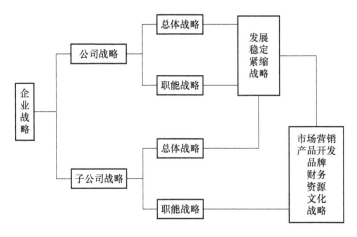

图 17-1　企业战略体系结构

从图 17-1 可以看出，在企业战略体系中，品牌战略是一种职能战略，它要服从于企业总体战略所确立的目标和总体战略规划。从系统论的角度来看，品牌战略管理是企业战略管理的子系统，它要服从于企业总体战略，同时要与其他职能战略相协调。在近年来的研究中，也有人认为品牌战略是企业战略中的核心战略。这种看法并不能改变品牌战略在企业战略中的地位，但是却突出了品牌战略对于整个企业战略的决定性作用。

三、品牌战略在企业经营管理中的作用

20 世纪 80 年代以后，世界经济在新技术革命的推动下，迅速向全球一体化的方向发展。面对全球企业的竞争，各企业的经营环境变得更加复杂，未来的不确定性和经营风险使企业把战略研究和战略管理置于管理的首要地位。随着企业战略管理研究的深入，品牌战略日益被人们所重视，并逐渐成为企业经营管理中的重要研究课题。其作用有以下几个方面：

（一）品牌战略在企业经营系统中处于核心地位

企业经营可以被看作复杂的系统，其形式也是随着经营重心的变化而变化的。从最初以产品经营为中心的企业产品经营系统，到以营销为中心的企业营销经营系统，一直发展到今天以品牌资产管理为中心的企业品牌经营系统，品牌管理贯穿企业经营的全部过程。品牌定位成为企业管理、市场营销等企业经营活动的基础理念，品牌资产是否增值被作为判断经营决策是否正确的标准。

（二）品牌战略是企业实行差异化竞争战略的主要手段

人类社会逐步进入商品社会，形成现代市场经济，同时竞争也越来越激烈，绝对的质次价高和价廉物美都很少见，市场经济中更多见的是质高价高、质次价低的竞争。为了获得相

对竞争优势，品牌被作为实现企业差异化战略的工具，已经发展为具有相对独立性的经营对象而存在，并成为现代市场营销的主要工具之一。美国营销学家菲利普·科特勒认为，品牌是一种赋予企业或产品独有的、可视的、情感的、理智的和文化的形象，其目的是要使自己的产品或服务有别于其他竞争者。

品牌差异化定位是品牌战略的组成部分，通过企业有意识地建立品牌功能性或情感性差异，把自己的品牌与竞争者的品牌相区别，并且把这种区别变成品牌的竞争优势。

（三）品牌战略是企业争取长期稳定消费者的主要工具

在产品生产和销售活动中，由于从事同类产品或服务销售的企业很多，而各企业的技术水平不同，对消费者的服务形式也不尽相同。有的企业因重信用、质量好而赢得良好的声誉，有的企业眼光短浅、质次价高，渐渐失去顾客。前者的品牌随着时间的推移被人们肯定而不断重购，甚至形成口碑，赢得声誉，这个品牌就有了知名度、信誉度和消费者忠诚度。消费者通过对品牌产品的使用形成满意，就会围绕品牌形成消费经验，并存储在记忆中，为将来的消费决策形成依据；而企业通过品牌战略的实施获得了长期稳定的消费者。

（四）品牌战略可以增加企业无形资产的价值

除了技术类资产以外，品牌也是企业很重要的无形资产。世界上一些著名企业的品牌价值甚至超过企业本身的有形资产。

企业实施品牌战略，可以通过创立名牌而不断扩充其无形资产的价值。这种无形资产可以为企业带来巨大的利益。其原因有两点：①知名品牌对企业经营商品具有促销效果；②通过品牌资产的有偿使用而增加利益。

（五）品牌战略可以提高企业整体的经营管理水平

很多事例证明，一个成功品牌形象的塑造绝不是单纯对品牌进行宣传就够了，实际上它涉及企业经营管理的所有重大战略决策，只不过这些重大战略决策都是自觉围绕品牌来进行的。可以说，品牌是企业经营管理水平的综合反映。

四、品牌战略管理的特点

品牌战略管理具有以下特点：

（1）长期性。品牌战略着眼于发现和解决长期的品牌发展问题，是一项长期且复杂的经营活动。

（2）全局性。品牌战略管理过程涉及企业资源、竞争能力、内部管理等方面，并直接影响企业管理的各项经营决策。

（3）竞争性。品牌战略管理的目的是使企业获得某种重要、独特和持续的品牌优势，并使其利益性和竞争性的目的明确。

（4）稳定性。品牌战略管理在一段时间内应保持相当的稳定性，应避免过多较大幅度的变化。

（5）现实性。品牌战略管理应与企业所处的外部环境相适应，以及与其所支配的内部资源相匹配。

（6）风险性。企业面临非常复杂且具有高度不确定性的经营环境，品牌战略也不可避免地面对极大的风险。

（7）创新性。品牌战略的核心就是品牌内涵发展的创新，通过建立或扩展企业的资源和能力来创造机会或利用它们创造新的价值。

第二节　品牌战略的类型

品牌战略的类型是指品牌结构的类型，即企业对其所拥有的品牌之间的主次、发展先后、管理轻重的一个组织结构。

常见的品牌结构有"单一品牌战略""1＋X品牌战略结构""产品品牌战略""产品线品牌战略""双重品牌战略""多重品牌战略""品牌延伸战略""品牌资产扩张战略"八种，其中七种基本类型、一种过渡类型。企业在实践中可以运用其中一种，也可以同时运用多种，构成复杂的品牌结构。本节详细介绍每种品牌战略类型的特点。

一、单一品牌战略

单一品牌战略结构是品牌战略中最初级的类型，一般用于专业化水平很高的中小企业。这类企业生产一小类细分程度很高的产品，仅发展一个品牌，往往采用专业专营的模式经营。

这类品牌战略结构的优点在于它有利于营销，相当于整个企业的商誉在为每一个营销行为做背书。因而它也具有明显的缺点，即它具有很大的潜在风险。一个企业只使用一个公司品牌（商号品牌）涵盖所有产品，会使众多产品陷入"一荣不能俱荣，一毁俱毁"的危险境地。这在理论上称为商号品牌与商品品牌一致性的风险。下面详细讨论这一风险的缘由，更易理解单一品牌战略的优缺点。

在实践中，我们可以随处看到一个企业的名称与其主营的商品商标一模一样的现象。例如，北京吴裕泰茶叶股份有限公司的注册商标是吴裕泰，北京稻香村食品有限公司的注册商标是稻香村，四川铁骑力士集团经营铁骑力士牌饲料、北京华都集团经营华都牌肉鸡等。品牌学术语称此现象为商号品牌与商品品牌一致。

这似乎是一个司空见惯的现象，但其实它在品牌管理中是一个绝不容小觑的大问题，潜在危害很大。之所以没有多少人清楚地意识到它的危害，是因为它在中小企业发展品牌的早期确实具有相当大的益处。

商号品牌与商品品牌一致的好处在于这样确实利于营销，对于企业的经销商或企业的营销人员而言，它的好处是不言而喻的。这一做法相当于企业在拿着自身的商誉为产品或服务做担保承诺，品牌所起到的作用其实就是戴维·阿克所说的"背书"的含义。"品牌就是质量的承诺"就是这一现象的高度概括。但这句话只是对品牌最为粗浅的认识，不能解释品牌更为深刻的现象和作用。原因在于企业一旦渡过成长期，品牌和企业的发展所需要的不再是一个只对营销有作用的品牌，而是一个复杂、综合的品牌结构。这时候，如果企业不能改变商号品牌与商品品牌一致的情况，其风险就会凸显，甚至会变得非常棘手。

商号品牌与商品品牌一致所面对的第一项风险就是品牌会随着企业经营而沉浮不定。经营是一件复杂的事，涉及企业的方方面面，可以说每一个部门或职能都是与经营有关的，一旦某个经营环节出现问题演化成企业危机，或多或少都会影响到品牌。在商号品牌与商品品牌一致的情况下，一个企业在经营危机中处于低潮时，与其名称一致的品牌也会受到影响。

商号品牌与商品品牌一致所面对的第二项风险是会使得企业经营的产品之间互为关联，

这不易于企业经营的避险需要。俗话说"鸡蛋不能装在一个篮子里",一个企业不能只生产一种产品,而需要多元化发展以适应增长需要。但如果多种产品都紧紧围绕在同一个商号品牌下,则会出现各种不同行业产品共用一个符号的问题,如果行业之间差异大,甚至相互矛盾,则会导致该品牌的定位混乱等问题。这就是在品牌延伸中经常遇到的能否跨行业延伸问题的实质。

商号品牌与商品品牌一致所面对的第三项风险是丧失资产避险功能。品牌本是一项独立资产,完全可以将其从其他经营职能中剥离出来,在最不确定的营销环节安全且独立地发挥作用。品牌资产与具体的经营或营销相距越远越安全,为此,它会成为一个企业避险的重要工具。品牌在后期逐步向文化管理等职能靠近,其实质就是作为独立资产寻求避险的需要。但在商号品牌与商品品牌一致的情况下,这一功能完全丧失,品牌与营销基本上息息相关,营销上的所有不确定都与品牌有关,品牌为此也成为一项不确定的资产,而且是与消费者有关的不完全资产,企业面临的营销危机随时可能演化成生死攸关的品牌危机。

此外,商号品牌与商品品牌一致还会为企业潜在一种损失。品牌作为无形资产的具体价值是很难确定的,企业在进行并购的过程中,对无形资产的评估也很难有一个科学准确的数值。这会导致企业在并购或参股经营过程中低估或高估品牌资产价值,而对合作产生不同程度的阻力,妨碍企业的发展。例如,某企业高估了品牌价值,导致估值过高而影响投资人的积极性;又如,老字号被严重低估,使得投资人以极小的代价通过持股企业即可控制老字号丰厚的品牌资产。这都是商号品牌与商品品牌一致造成的潜在风险。

当商号品牌通过长期努力而成为企业不可或缺的经营工具时,这个品牌恐怕就很难抽身了,而上述风险基本上也就很难避免了。企业能够在经营到一定阶段时自觉地发现这一问题的存在,并未雨绸缪地开始布置与合理安排品牌结构,是科学品牌管理的表现。重视潜在问题,体现了企业的整体管理水平和决策科学化水平。商号品牌与商品品牌一致的问题属于典型的潜在问题,条件不成熟则不会发生,一旦发生则危害很大,需要引起企业决策者,尤其是品牌管理人员的高度重视。

二、1 + X 品牌战略结构

1 + X 品牌战略结构是由单一品牌战略向产品品牌战略发展过程中的一种过渡结构。可以成为一种发展型总体战略。

对于采用单一品牌战略结构的企业来说,若要规避潜在风险,最佳选择就是尽快丰富品牌结构。例如四川"铁骑力士"是饲料企业的品牌,在延伸产业链生产销售鸡蛋产品时,就不再统一使用"铁骑力士"品牌,而是另选"圣迪乐"作为鸡蛋的品牌。此时"铁骑力士"和"圣迪乐"就构成了"1 + 1"的品牌战略结构。如果继续延伸产业链生产新的产品,继续创建新品牌,会变成"1 + 2""1 + 3"等。因为后面的品牌个数不确定,所以称之为1 + X 品牌战略结构。

这种品牌战略结构的优点是适应企业发展的需要,同时也适应避险的需要;其缺点是原品牌没有起到应有的作用,新品牌的推广费用较高。它是产品品牌战略结构的前身或雏形,因其不确定何时能够演化成为产品品牌战略结构,X 的数目也不确定,因而是一种不稳定的结构,所以称之为过渡型结构。

三、产品品牌战略

产品品牌战略也称为个别品牌名称决策。它的做法是给每一种产品一个独有的名称，并给予它们各自不同的定位，占领特定的细分市场。也就是说，即使同属于一个产品种类，但由于定位不同，产品有各自的品牌。例如斯沃琪集团以价格将市场细分，分别用"斯沃琪""天梭""浪琴""欧米茄"等品牌面向每一个特定细分市场，就属于典型的产品品牌战略结构，而斯沃琪集团的品牌覆盖了所有价格区间。

产品品牌战略结构的特点是所有品牌均出自同一集团，企业使用不同的品牌分布于不同的细分市场。其优点是适应企业扩张的避险需要；缺点是费用太高，品牌之间的相互关联性弱，母品牌会被淡化，容易缺失延伸性。

产品品牌战略适用于以下情况：

（1）当厂商对一个特定的市场具有战略上的需要时。

（2）当这些细分市场之间的区别较清晰，产品差异明显时，每种产品选择不同的品牌名称，以保证消费者看到的是不同的品牌。

（3）产品品牌战略能凸显产品特点，直接针对目标消费者的意图。例如，"欧米茄"代表着成功人士或名人的尊贵豪华的选择；"雷达"是高科技的象征；而"斯沃琪"则代表前卫和时髦，是潮流人士的首选。

（4）当企业对创新有着强烈的愿望时，产品品牌战略结构能够为企业抢先获得有利的定位。

（5）当企业在扩张中面临较大风险时，产品品牌战略是最主要的避险方式之一。如果一个细分市场的前景不明朗，那么采用产品品牌战略，即使失败也不会影响原有成功产品的品牌形象。

产品品牌战略结构在应用中的最大问题是在商业费用上投入很大，是品牌结构最昂贵的一种，但其承担的风险相对小，取得成功的机会相对比较大。

四、产品线品牌战略

所谓产品线，是指企业生产或经销的产品组合，分为不同类别产品组合与同一类别不同品种的产品组合。前者称为产品线的宽度组合，后者称为产品线的深度组合。产品线组合战略在总体战略中属于同心多样化和多角化战略。

（一）产品线宽度组合品牌战略

产品线宽度组合品牌战略是指对产品使用不同类别的品牌名称，即对每一个具有相同能力的产品群在同一品牌之下赋予一个单独的名称。它被广泛地应用于家用电器、食品、化妆品、服饰、厨房用具、零配件和工业品上。这种战略也可理解为"不同类别的家族品牌名称决策"。例如，松下公司将它的音像制品的名称定为Panasonic，家用电器的名称定为National，立体音响的名称定为Technics。又如，国际羊毛局于1998年在我国市场首次推出纯新羊毛、纯美丽诺羊毛、美丽诺超细羊毛、可机洗羊毛和羊毛加莱卡五大分类品牌。

产品线宽度组合品牌战略的优点有以下两点：首先，由于集中在一个单独的品牌下，避免了传播的随机分散，建立起来的品牌知名度能为所有产品所共享。更进一步地说，这种战略能通过广告传达它的独特承诺。其次，推出新产品的成本不需要很高。这种战略常见的问

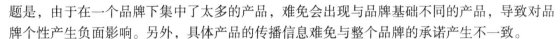

题是，由于在一个品牌下集中了太多的产品，难免会出现与品牌基础不同的产品，导致对品牌个性产生负面影响。另外，具体产品的传播信息难免与整个品牌的承诺产生不一致。

（二）产品线深度组合品牌战略

产品线深度组合品牌战略是指对每一大类产品中的不同品种给予相同的品牌名称。该大类中的各产品密切相关，它们以类似的方式起作用，定位于相同的质量和价格水平，满足同类型消费者的需要，出售给相同的消费者群，通过同类型的销售网点分销，或在一定的幅度内做价格变动。例如，雀巢公司用雀巢品牌推出的奶粉、咖啡、糖果巧克力、麦片、调味品、果汁等；金利来集团公司用金利来品牌推出的皮带、皮包、领带、皮鞋等。

产品线深度组合品牌战略有以下几项优点：①它提高了品牌的销售力，有利于创造鲜明持久的品牌形象；②它便于更进一步的产品线延伸；③它减少了推广的费用。这一战略的不利之处在于，产品线的扩展总是有限的，只能生产与现有产品密切相关的新产品，如果企业生产与原来产品差别很大的新产品，就会使原有品牌的定位发生改变。

五、双重品牌战略

双重品牌战略并不是指两个品牌的战略，至少应该理解为两层品牌的战略。它是一种可以由多个品牌组成的品牌结构，属于发展型战略中的横向一体化战略及同心多样化战略。

它有两种形式：①母子品牌战略，是指企业所有的产品品牌都来源于一个母品牌，但是每一种产品又各自有一个子品牌，形式上独立于母品牌。在双重品牌概念下，子品牌有自己的品牌体系，但它们仍或多或少地受到母品牌的影响，母子品牌合成一个特有的品牌。②主副品牌战略，是指企业以某品牌为发展中心，其他为其补充信息。

双重品牌战略有能力把一种差别化感觉强加于子（副）品牌身上。同时，通过子（副）品牌名称的修饰和丰富，母（主）品牌可以增加自己的价值，增强识别功能。子（副）品牌和母（主）品牌相互影响、相互促进，最终占领一个特定的细分市场。双重品牌战略结构是常见的品牌结构，普遍适用各个行业，诸如雀巢、福特等公司在全球采用的就是这种战略结构。

双重品牌战略有很多优点，是企业扩张时的常用结构，但它的缺点也很明显。双重品牌战略面对的首要危险就是子品牌超越母品牌核心识别的限制。这意味着要保持对子品牌的严格界限。只有经过鉴别的可靠的名称才可以在母品牌的活动范围内使用。在双重品牌战略中，子品牌被当作一种改变或支持母品牌形象的工具。相比之下，主副品牌较为安全，但作为补充信息，副品牌一般不具有成为独立品牌的可能。

六、多重品牌战略结构

多重品牌战略结构是指为了达到挤占一个细分市场的目的，企业运用多个规模相仿的品牌，分别以虚拟的功能继续细分市场，在总体战略形式上，属于稳定战略中的微增战略。

多重品牌战略结构是企业阻挡竞争对手的主要工具，它适用于以下情况：

（1）当厂商对一个特定的市场具有战略上的需要时，布置多个品牌同时进入一个细分市场，制造竞争假象，以图达到阻挡竞争对手进入该细分市场的目的。例如，宝洁在洗发水市场10～50元零售价格区间内放置了四个品牌，分别以虚拟的功能继续细分市场，如飘柔使头发更柔顺、海飞丝去头屑等，从而保证它在洗发水市场上获得了极大的份额。

（2）当各细分市场之间的区别不是很大，而产品外表看上去是近似或相同的时候，需要多重品牌加以差异化。

（3）多个品牌可以实施组合战略打击对手，当公司在某细分市场占有明显优势，欲达到控制市场目的的时候经常采用。

多重品牌战略结构在商业费用上投入很大，但企业为了达到特定战略目标而不计代价时可以使用。

多重品牌战略与产品品牌战略极易混淆，二者都是由多个品牌组成，但使用方法不同。多重品牌战略下的所有品牌都集中在一个细分市场中，而产品品牌战略下的每一个品牌只针对一个细分市场，如图 17-2 所示。

图 17-2　产品品牌战略与多重品牌战略的结构差异

产品品牌战略下，企业按照价格区间将市场分成若干个细分市场，市场产品品牌在每个细分市场中都放置一个品牌；而多重品牌战略下的所有品牌都集中在某一个特定的细分市场当中。

七、品牌资产扩张战略

品牌资产扩张战略是指利用品牌资产进行企业兼并，或者通过特许经营来扩大企业的经营规模，获得更多的市场份额，从而增加企业利润的战略。

品牌资产是企业的无形资产，它是企业通过在长期的经营活动过程中投入大量的人力、物力培育起来的一种商誉，是企业利用品牌获取竞争优势的源泉。一项调查称，美国企业品牌资产平均占企业市值的 37%，而著名品牌资产可达企业市值的 70% 左右。

企业品牌资产扩张战略第一种常见的形式就是利用知名品牌进行企业兼并，以扩大企业的生产经营规模。例如，青岛啤酒股份有限公司先后收购兼并了平度、日照、上海、扬州、珠海、芜湖等啤酒厂，使公司的生产规模迅速扩大，并且与日本朝日啤酒公司联合组建了深圳青岛啤酒朝日有限公司，总投资 5773 万美元，成为我国最大的纯生啤酒生产企业。无锡小天鹅股份有限公司与武汉洗衣机厂、营口洗衣机厂以"达标加工"的形式合作生产"小天鹅"品牌洗衣机，在增加了该品牌产品产量和品种的同时，也大大提高了小天鹅洗衣机的市场占有率，取得了理想的品牌扩张效益，"小天鹅"品牌价值自然也随其市场份额的扩大而增加。

　　企业品牌资产扩张战略的第二种常见形式是特许经营。特许经营是一种以契约方式构筑的特许人与受许人共同借助同一品牌在同一管理制度的约束下实现品牌扩张、市场扩张进而实现双赢或多赢的营销方式。例如，遍及世界各个角落的肯德基和麦当劳，以其优质的服务、整洁明快的用餐环境、可口的快餐而享有盛誉。它们的成功有许多相似之处，其中最重要的一点在于它们都是特许专卖权所有者，都成功地应用了特许经营方式。可以说，没有特许经营，麦当劳和肯德基就不可能如此迅速地在全世界扩张，也难以成为全球性强势品牌。肯德基和麦当劳也通过特许经营赚取了大量的利润。

　　应当指出的是，品牌战略在具体实施过程中并不绝对按上述类型划分，企业往往同时采用不同类型的品牌战略，灵活地加以运用。

第三节　品牌战略规划

一、品牌战略环境分析

　　企业的品牌战略必须建立在客观环境要求的基础之上，不能凭主观想象。因此，准确地把握环境要求是成功地进行品牌战略策划的前提。

（一）市场需求分析

　　市场需求分析是指对消费者需求的分析。消费者对品牌的需求表现有以下两种：①功能性需求，即把品牌作为识别标志，帮助消费者或用户识别特定企业的特定产品的功能的要求；②情感性需求，即品牌能够寄托消费者或用户的某种情感，如愉悦、信任、夸耀、联想、自豪、舒适等复杂的心理需求。

　　分析市场需求一般从市场调查开始。大多数企业的市场调查仅限于对产品的调查，如了解消费者或用户喜欢什么样的产品，能够接受何种价位，通过什么渠道购买等，很少有对品牌的调查研究。其实，消费者对品牌也是有自己的看法的。例如，要求品牌名称好读易记、朗朗上口；品牌商标特征明显，易于与同类商品相区别；对品牌的文字、图案、颜色有文化认同等。

（二）竞争者品牌战略分析

　　品牌是企业竞争的工具。因此，竞争者品牌战略的分析对企业有针对性地确定自己的品牌战略很重要。①分析竞争者品牌的定位，即竞争者品牌是针对哪一类消费者的，要给消费者留下什么样的印象；②分析竞争者品牌设计的合理性，即能否充分满足消费者的功能需求和情感需求；③分析竞争者品牌的基础，即商品的质量、技术水平和服务能力；④分析竞争者品牌的延伸空间，即能否将该品牌应用到竞争者的其他商品。

　　通过对竞争者品牌战略的分析，可以帮助企业找到竞争者在品牌方面的弱点，从而确定企业更有竞争力的品牌战略。

（三）品牌政策环境分析

　　品牌政策环境是指国家对企业品牌的法律保护和对知名品牌的产业支持政策。品牌政策对企业品牌战略的制定和实施有重要的引导作用。例如，在我国"十一五"规划中就明确提出："要形成一批拥有自主知识产权的知名品牌和国际竞争力较强的优势企业"。品牌法律保护主要是指依据各种法律并采取法律措施来保护企业利益和消费者利益，如打击假冒伪劣产品，采取有力措施保护消费者利益，提供质量担保、质量承诺等一系列措施与手段。

品牌政策环境分析就是对企业制定品牌战略的宏观环境进行分析，充分利用政府制定的优惠产业政策，发展自主品牌，同时，利用法律手段保护好自己的品牌。

二、企业实施品牌战略的资源条件分析

企业品牌资源条件是指企业所具有的可用于进行品牌战略的规划、实施和控制的各种资源。

（一）企业现有的品牌资源分析

大多数企业在其生产经营活动中已经形成和积累了一些品牌，但是，很少有企业从战略的高度认识这些品牌资源，更未能充分开发利用已有的品牌资源。因此，对现有的品牌资源进行品牌定位分析，从企业整体发展战略目标的角度去劣取优，对有发展前景的品牌进行保护和拓展，是既节约人力、物力、财力，又可以在较短时间内见到效果的品牌战略。对企业现有品牌资源分析可以使用品牌资源评价表进行比较（见表17-1）。

表 17-1 品牌资源评价表

品牌资源	评价项目				
	企业战略目标	消费者需求	与竞争者比较	品牌政策	综合评价
品牌 A	一致	满足	有优势	支持	使用
品牌 B	不一致	不满足	没有优势	支持	不使用

（二）企业自主创新品牌的资源条件分析

企业创新品牌是一个需要较大资源投入的事业，自主创新品牌不是仅注册一个商标那么简单。从品牌战略的角度来看，企业需要长期的努力才能使品牌获得消费者的认同，才能发挥品牌竞争的优势。实际上，自主创建新品牌的成本及风险很大，即使投入巨额资金，也无法确保新品牌一定会在市场上取得成功。

企业自主创新品牌的资源条件主要包括：

（1）自主创新品牌的财力资源。创新品牌要给予消费者持续不断的影响和刺激，才能使其留下印象。这就需要广告费用和营业推广费用的长期持续的投入。一般情况下，投入的资金越多，持续时间越长，其影响效果越好。所以，企业要根据自己可以投入的资金量来决定是否采用创新品牌。

（2）自主创新品牌的人力资源。创新品牌最终是要靠人员去实现的。构建以品牌为核心的企业价值体系，使企业的全部生产经营活动围绕品牌展开，企业必须拥有相当丰富的人力资源才能够实现，尤其是创新性的工作，必须依靠一大批创新型人才来完成。

（3）自主创新品牌的技术资源。创新品牌的技术水平是消费者关注的焦点。如果没有新技术的注入，单纯靠宣传很难获得消费者认同。企业必须拥有相当过硬的技术开发能力和质量保障体系，使得产品的技术性能保持领先，才能创新品牌的内涵。

三、品牌战略规划的制定步骤

在品牌战略环境和企业品牌资源条件分析的基础上，可以具体制订品牌战略规划。一般

来说，品牌战略规划包括以下几个步骤：

（一）根据企业愿景分解并确定品牌战略目标

企业品牌的愿景也被称为战略总目标，是企业总体战略最高层次的目标，企业内所有职能的目标体系均根据此愿景展开。企业的品牌战略目标体系也应与企业总体战略目标一致。例如，当企业把争取国内市场最大份额作为发展目标时，品牌战略也相应地把争取国内市场消费者的忠诚度作为目标；而当企业进行新产品延伸时，品牌战略也相应地把联想度作为首要目标。

具体做法是从品牌管理和传播的角度，将企业愿景分解成一个一个具体的中短期战略目标。可以说，最高级的品牌战略目标就是人们常说的企业品牌的愿景。品牌战略目标一般包括两个部分：

（1）品牌基础指标提高的目标，或称品牌的市场影响力目标。它主要通过品牌的知名度、认知度、联想度、美誉度和忠诚度来表达。例如，设定一个品牌在未来一段发展期内，知名度由较低水平的10%提高至较高水平的30%。

（2）品牌质量指标提高的目标。它主要通过品牌的质量比值、稳定性等指标来体现。例如，在一个发展周期内，将品牌质量比由原来的0.05提高至0.07，稳定性由弱稳定性指标2.21提高至较高稳定性指标7.49以上。

品牌战略目标一般包括：

（1）品牌的竞争能力。主要通过品牌的知名度、认知度、美誉度和消费者忠诚度来表现。

（2）品牌的延伸能力。主要通过品牌的联想度和延伸空间来表现。

（3）品牌资产的增值能力。主要通过品牌所推进的企业销售收入和利润来表现。

（二）品牌战略类型的选择

企业要根据上述对战略环境和资源条件的分析，确定选择何种类型的品牌战略。品牌战略类型的选择既要实事求是，又要高瞻远瞩，为品牌延伸和品牌资产扩张留下足够的空间。

品牌战略类型的选择实质上是决定品牌的结构问题。是选择单一产品品牌战略还是多元化的产品线品牌战略，是选择双重品牌战略还是延伸品牌战略，这需要综合企业内外多种因素来考虑。品牌战略类型虽无好坏之分，但却有一定的行业适用性与时效性。例如，日本丰田汽车在进入美国高档轿车市场时，没有继续使用"TOYOTA"这个品牌，而是另立了一个完全崭新的独立品牌"Lexus"（雷克萨斯）。这样做的目的是避免"TOYOTA"给"Lexus"带来低档次印象，妨碍"Lexus"成为可以与"宝马""奔驰"相媲美的高档轿车品牌。

一般来说，企业对品牌战略类型的选择要考虑下述问题：

（1）现有品牌是否有助于新事业的发展。这取决于现有品牌是否使产品更吸引消费者，现有品牌的积极联想物是否转移到新的产品环境里等。如果有帮助，可以考虑单品牌架构；反之，宜考虑多品牌架构。

（2）现有品牌能否得到加强。如果新产品能够加强现有品牌，可以考虑单品牌架构；反之，宜考虑多品牌架构。

（3）使用新品牌对原有品牌的影响。如果新品牌对原有品牌产生负面影响，则应放弃使用新品牌。

（4）市场对新品牌是否有支持的持续性。如果业务太少或持续时间短，无法支持必要的品牌创建，那么不管其他理由如何，引进新品牌即采取多品牌架构都是不可行的。

（三）制定品牌战略相关职能和工具的策略

（1）广告方面：集中策略还是分散策略，大众媒体还是小众聚焦策略，千人成本导向还是到达率导向等。

（2）新产品方面：技术领先策略还是功能领先策略，高密度小规模新产品策略还是分散的大规模新产品策略等。

（3）公共关系方面：使用名人代言策略与否，使用赞助策略与否，使用哪类公关活动更适合所在的行业等。

（4）价格方面：采用高定价法还是黄金定价法或是略同于同行业水平，撇脂还是渗透，快速撇脂还是缓慢撇脂等。

（四）分解目标为计划，并论证计划的可行性

制定品牌战略就是从企业愿景分解为战略目标，战略目标形成工作计划，计划形成考核指标的过程。其中，要为每一个战略目标的实现进行相关职能和工具策略的分析论证。这一过程的示意如图 17-3 所示。

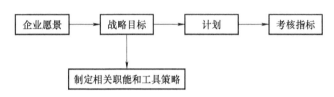

图 17-3 制定品牌战略过程示意图

（五）制定企业品牌战略技术路线图

制定品牌战略技术路线图的示例如图 17-4 所示。

对战略目标分解和策略形成的每个步骤都需要逐一进行论证，最终形成可行性分析报告。

企业品牌战略方针是企业实施品牌战略时所要遵守的基本原则。这些原则是不能违反的，违反了就会影响品牌战略的实施，阻碍品牌战略目标的实现。品牌战略方针可以通过制定相应的规章制度加以贯彻。

企业品牌战略方针主要有以下三条：

（1）围绕品牌战略任务整合资源。企业要在明确品牌战略任务的基础上把有限的人力、财力、物力资源进行有效的整合。企业的全部经营管理活动都要聚焦到品牌战略目标上，切不可把有限的资源分散使用。

（2）长期坚持品牌的核心价值。对品牌的核心价值要长期坚持，不断强化核心价值在消费者心目中的印象，不能随便转移。很多知名品牌的价值都是长期积累的结果。例如，舒肤佳香皂从 1992 年进入我国市场以来就诉求"杀菌"，直到现在始终没有改变过，虽然广告换了无数，可是品牌核心依然是"杀菌"。

（3）用品牌价值的增减变化衡量企业绩效。企业各部门经营活动的绩效要用对品牌的贡献来衡量。对凡是有利于品牌价值增加的行为应给予表彰和鼓励，凡是使品牌价值下降的行为要及时给予批评和纠正。

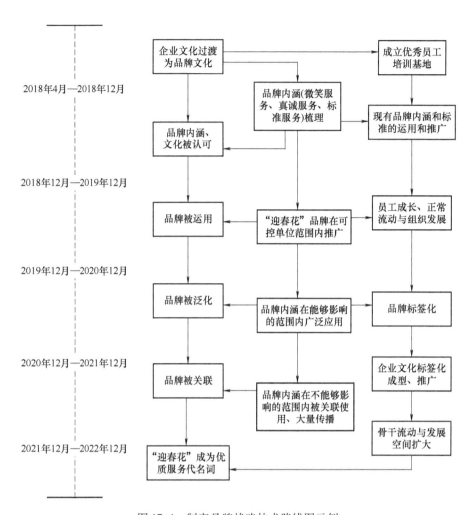

图 17-4　制定品牌战略技术路线图示例

补充阅读材料

多元品牌互协策略——一种规避外包生产质量下降风险的经营模式

遇有供不应求时，企业往往会选择外包，以弥补产能的不足。这样做至少有两个好处：①能够获得现实的利益，一般认为只要管理好外包产品的质量，就能够保证更多的订单变成现实的利润。②不需要追加投资就可以提高产能，以避免过快扩张的风险，毕竟市场的需求不是确定的，如果产能增加了市场却萎缩了就变得被动了，这是一种本能的避险方式，很多品牌管理成熟的跨国公司都是外包其生产环节，自己只做擅长的关键部分。

但外包的风险其实很大，因为外包其实更需要精细的管理。产能发展的节奏要符合管理水平提高的节奏，说得再简单些，就是企业生产规模扩大的速度不能快于企业整体管理能力的提高速度，否则企业容易管理失控。而企业整体管理能力当然也包括品牌管理和运用的能力。供不应求虽然表现为产能不足，但却是经营中比较好的一种状态，是很难得的发展品牌的良机，不能轻易地错失本该获得的发展机遇。但主要顾虑是万一扩大了规模而市场忽然萎缩，会造成积压，甚至造成现金流的紧张，这对于企业发展来说是极其危险的。因此，需要把握好发展的节奏。发展要有节奏，不能在质量管理上失控，这需要企业具有良好的素质和管理水平。原来可能只需要进行内部管理，而有了外包业务后，就增加了外部质量管理的问题，需要及时提高企业的管理水平，这就是管理节奏的表现。市场需求旺盛的时候是创建品牌的最佳时机，但自给产品的比例过小时，外包质量下降的风险也会随之而至。企业一般的做法有两种：①在此时迅速提高价格，以适当降低外包比例，且利润因价格的提高并未减少，甚至可以为将来留有更大的价格空间；②大量寻求销售不理想的同类企业，采取代加工外包业务的方式，不投资即扩大产能，以满足市场需要。这两种做法都非常普遍，但在这两种方式下成功和失败的案例比比皆是。它们都有其合理的一面，又都隐含着巨大的风险。

在二者之间还有一种更为巧妙的策略。因为多品牌在一起相协发展，可以称其为多品牌互协策略，是指当企业面对逐步增加的需求达到供不应求的程度时，在不扩大生产性投资的前提下，通过增加附加其他品牌产品的方式，适当提高价格，缩小细分市场，暂缓需求压力的策略。

理论上，这个策略可以理解为增加让渡价值以提高有效需求门槛高度，从而降低需求。具体说来有两个关键点需要把握：①选择附加品牌产品，应该与企业主销的品牌产品在用途上有互补。互协是这一策略的核心，选择附加品牌产品是这一策略实施的关键。②价格上调的度也很难把握，这与产能缺口的程度大小有关，也与目标消费者继续细分的层次大小有关，需要仔细测算。

在实践中，这个选择和实施的过程并不复杂。假如某企业的某产品产能稳定，一个月只能生产10000件，连续几个月来，每个月的销售订单都稳定在20000件以上，企业不想失去获利的机会，于是面对一个如何满足需求的决策问题。可选择的做法也不多，一般有三种：①找其他企业代工生产10000件产品，以补充生产能力不足，短时间内即可完成销售获利；②提高价格，这会自然降低需求，也会增加利润，只要找到恰当的价格，利润会达到最大化；③折中一点的做法就是稍微提些价格，然后将仍超出产能的部分外包出去，如可以小幅提高价格的10%，使需求降低到15000件，在扩大利润之后仍不肯放弃高于产能的需求，则将多出的5000件外包于其他同类企业代为生产。对外包5000件的质量管理要比10000件的难度下降不少，这在一定程度上算是放宽了对管理节奏的要求，使企业面对的外包风险小了很多，也比较实用。

多品牌相协策略的做法与折中的方法类似，本质上属于战略联盟。首先也是在一定程度上提高价格，而无缘无故的涨价是不可行的，会招致消费者的反感，因此需要在现有的产品中增加点东西。例如，圣迪乐鸡蛋128元一箱，质量很好，所以脱销，可以增加与鸡蛋有关的品牌产品，比如选择一个成熟的品牌苏泊尔特制专用煎鸡蛋的锅。将消费者已经认可的100元的苏泊尔特制专用煎鸡蛋的锅与鸡蛋组合，这样产品就变成了它们组合而成的新产品。在这一合作过程中，苏泊尔可以省去大量的销售成本，以出厂价为终端销售的60%为例，苏泊尔与圣迪乐的合作价格可以降至60元，而新组合的产品捆绑后的价格可以定得稍高一点，如198元，这样看起来价格的上涨是由于产品的增加，相当于将原有的目标消费者继续进行了细分，细分的层次增加了，目标消费者会相应减少，这样会大幅降低未满足的有效需求的流失。然后分析客户的资料，用128元的产品优先满足长期客户，对于新客户则可以使用新产品组合，即198元的产品，使得目标消费者更为集中。这样为企业保存下了大批的潜在消费者，也为品牌发展留有很大的空间，而且实际上还将原来的128元的价格提高至138元，增加了利润。

这一策略相比传统方法至少有五点优势：

（1）两个品牌互协，避免了产能增加和投资负担。市场需求是不确定的，不能因为短期的需求扩大而盲目增加投资，如果扩大产能后市场萎缩，造成产品积压就会影响现金流。这对于企业来说是非常危险的。因此，在没有确定市场需求扩大并持续稳定的需求之前，选择多品牌互协可以避免这一风险。

（2）实施该策略是有条件的，它是借助供不应求的局面扩大了附加值空间，这为创建品牌提供了最佳时机，不必在销售额上计较得失。即使通过外包全部满足了市场，利润也是很有限的。要舍得开始的一点损失，树立商誉和品牌远比这些利润重要和长远。

（3）事实上，企业从合作中仍会有所收益，因为把握着市场主导权，互协品牌的营销成本会转变成让渡价值，留在市场主导一方；而且，即使互协品牌的产品质量出现问题，那也能迅速解除合作，保证自身品牌的美誉度不受损失。这要比通过外包生产来满足需求的风险小很多。毕竟外包生产涉及外部质量管理的内容，需要更高的管理水平，而企业管理能力若没有达到较高水平，是很难做到迅速提高的，因外包造成的质量失控，以致牵连的品牌和企业商誉的案例比比皆是。不得不说这是一种看似有利可图的机会所蕴含的风险。

（4）该策略基本能够保留住这些看似没有被满足的需求，这是潜在消费者为品牌留下的发展机会。该策略相当于缩小了目标人群，将部分可以成为直接消费者的目标人群留在了外围等待开发，避免了错失消费者的问题。

（5）有合作伙伴共同承担市场萎缩的风险，企业之间在这一过程中形成集群。从企业战略的角度看，该策略类似于战略联盟，是战略管理三大管理工具之一。虽然这只是营销中的一个良性现象，但背后包含着战略性的选择，不容忽视。

本 章 小 结

本章主要阐述了品牌战略管理的原理与应用。从品牌战略的概念和定义开始，详细介绍了品牌战略在企业经营管理中的作用，以及品牌战略的类型。作为应用篇，本章没有过多讲解理论，而重点放在了实务上，专门讲解品牌战略的规划。同其他职能战略规划一样，品牌战略规划也要通过对战略环境与企业品牌资源条件的分析，按照企业总体战略目标的要求，通过权衡利弊、优化选择，最后才能确定企业的品牌战略方案。

学 习 重 点

1. 品牌战略结构的类型。

2. 品牌战略规划的步骤。

思 考 题

1. 简述品牌战略管理在经营管理中的地位和作用。
2. 试选择一个品牌的战略规划进行分析，并解释该品牌的战略规划是如何实施的。

第十八章

品牌危机管理

第一节　品牌危机的概念、特征及原因

一、品牌危机的概念

危机原意表示严重困难的关头，引申为由意外事件引起的危险和紧急的状态。史蒂文·芬克（Steven Fink）在《危机管理》一书中写道："中国人早在几百年前就领会了这一思想。在汉语中，'危'指的是危险，'机'指的是机遇。"英文中，也将危机理解为"有可能变好或变坏的转折点或关键时刻"。可见，危机的发生对组织、社会的存在和发展具有重大的影响，如果处理不当，则危在旦夕；如果处理得当，则会成为未来良性发展的坚实基础。因此，危机可能产生消极的后果，也可能带来积极的影响，是特定组织、社会命运恶化或转机的分水岭。国外有学者认为，危机是一种严重威胁社会系统基本结构或者基本价值规范的形势，在这种形势中，集团必须在很短的时间内、在极不确定的情况下做出关键性决策。也有学者认为，危机是会引起负面影响的、具有不确定性的大事件，这种事件及其后果可能对组织及其人员、产品、服务、资产和声誉造成巨大损害。对于化解危机，要求相关人员或团队在有限信息、有限资源、有限时间的条件下寻求满意的处理方案。尽管对危机的定义措辞不同，但概括各类危机事件的共同点，不难发现其具有这样的特性，即突发性和紧急性、高度的不确定性、严重的威胁性、非程序化决策等。

由上述危机的定义，可以将品牌危机理解为由于企业外部环境的变化，如竞争者和消费者自发的行为，国家政策导向不利于企业品牌发展，或企业品牌运营管理过程缺乏整体发展战略，企业内部管理机制不健全，危机意识淡薄、失误等问题，而对企业品牌形象造成不良影响，并在很短的时间内波及社会公众，进而大幅度降低企业品牌资产价值，甚至危及企业生存的窘困状态。品牌危机也是一种企业危机，并且比一般的企业危机危害更大、可预见性更低。

企业周围环境在任何时期都是错综复杂、变幻莫测的，所以品牌随着企业所提供产品或服务的不断增加，潜在的风险也将越来越大。现今的商界，在欣喜于科技进步和信息爆炸所带来的种种便利和商机的同时，也不得不面临更多的挑战。一方面，科技进步增加了企业各项产品的内在复杂性，从而使得企业更难以把握由于自身产品的内在瑕疵可能导致的产品责任风险；另一方面，信息的充分披露和在全球的迅速传播，使得企业一点小小的失误都可能

掀起轩然大波。随着新媒体时代的来临，人们获取信息的途径越来越多，信息的传播速度越来越快，也为企业带来了新的机遇和挑战。如果企业未能及时、准确、全面地捕捉和判断到市场环境的变化趋势及程度，企业的品牌管理不能很好地适应环境变化，或企业的品牌管理、市场营销活动出现了任何漏洞，都有可能引发品牌危机。品牌危机的爆发，会立刻使产品销售量下降甚至滞销，导致品牌形象、企业信誉大为受损，甚至彻底摧毁企业多年苦心经营的品牌。

下面的案例中，三鹿是由质量问题引发的典型品牌危机，而五谷道场则是一次现金流危机，不是品牌危机。品牌危机是企业危机的一种，但与其他类型的企业危机有着严格的区别。

◆ 案例 18-1

三鹿事件和五谷道场危机

一、三鹿事件

三鹿事件，即中国奶制品污染事件。事故起因是很多食用过三鹿集团生产的婴幼儿奶粉的婴儿被发现患有肾结石，随后在其奶粉中发现化工原料三聚氰胺。根据我国官方公布的数字，截至 2008 年 9 月 21 日，因使用婴幼儿奶粉而接受门诊治疗咨询且已康复的婴幼儿人数累计 39965 人，正在住院的有 12892 人，此前已治愈出院 1579 人，死亡 4 人；截至 2008 年 9 月 25 日，我国香港有 5 人、澳门有 1 人确诊患病。该事件引起各国的高度关注和对乳制品安全的担忧。

随后事件升级，中华人民共和国国家质量监督检验检疫总局对全国婴幼儿奶粉三聚氰胺含量进行检查。结果显示，有 22 家婴幼儿奶粉生产企业的 69 批次产品检出了含量不同的三聚氰胺，除了河北三鹿外，还包括广东雅士利、内蒙古伊利、蒙牛集团、青岛圣元、上海熊猫、山西古城、江西光明乳业英雄牌、宝鸡惠民、多加多乳业、湖南南山等 22 个厂家 69 批次产品中检出三聚氰胺，被要求立即下架。该事件重创了中国制造商品信誉，多个国家禁止了中国乳制品进口。2008 年 9 月 24 日，中国国家质检总局表示，奶粉事件已得到控制，2008 年 9 月 14 日以后新生产的酸乳、巴氏杀菌乳、灭菌乳等主要品种的液态奶样本的三聚氰胺抽样检测中均未检出三聚氰胺。

危机爆发后，三鹿集团对"毒奶粉"事件的应对策略是极其失败的，最终导致其走向破产的结局。在整个回应中，三鹿的反应可以总结为以下三点：

反抗：接到消费者投诉后，立即回应"没有证据证明奶粉中含有三聚氰胺"，信誓旦旦地说产品没有任何问题；投放广告，利用媒体引导舆论；打压举报者，转嫁责任。

减轻：案例频发后，三鹿的强硬态度被迫转变，开始排查生产链，被迫承认奶制品中含有三聚氰胺，向消费者道歉。

消除：所有三鹿产品下架，集团党委书记田文华被捕，接受法律制裁。2009 年 3 月，三鹿集团破产，被三元集团收购。

二、五谷道场危机

五谷道场遭遇的则是另一种严重的企业危机——资金链断裂危机。2005 年 4 月，卫生部下发文件质疑薯条等油炸食品中含有致癌物质。嗅觉敏锐的河北中旺集团迅速推出了瞄准中高端市场的方便面"五谷道场"。五谷道场以"砸场子"的姿态，一上来就强势地提出了"非油炸"概念，并将以"拒绝油炸，留住健康"为主题的广告在央视黄金时间连续播放了三个月。通过颠覆性的营销策略，五谷道场在原本割据严重的方便面市场撕开了口子，成为主流市场上最常见的几个品牌之一。据数据统计，五谷道场巅峰时期的年销售额一度达到了20亿元上下。在某杂志评选的中国成长企业百强中，五谷道场曾获得冠军，成为一家明星企业。

然而，几乎和所有方便面同行都成了"敌人"的五谷道场，在卖场中没有得到渠道商的支持。巨大的广告投入加上过度建厂导致现金流出现问题，2008年10月，五谷道场因资金链断裂导致企业全面停产，负债总额已经高达6亿元。

纵观五谷道场的整个发展历程，可以说，其犯了企业运营中的多种错误：盲目决策、管理混乱、轻视人才、结构缺失等。

（资料来源：http://www.sohu.com/a/125064751_323328. 2017. 1. 24；https://wenku.baidu.com/view/3552fea34693daef5ff73d4d. html. 2014. 6. 6；https://baike. baidu. com/item/中国奶制品污染事件/86604？fr = aladdin；https://wenku. baidu. com/view/aa0dfd58ad02de-80d4d8404a. html. 2012. 12. 4。）

二、品牌危机的特征

与企业的其他危机相比较，突发性、严重危害性以及受到公众和媒体关注是品牌危机的基本特征，其最显著的特征则是品牌资产快速减少。品牌资产的评估需要较长的时间，所以在品牌管理实务中，并不以其作为判别发生品牌危机的依据。判断企业发生的危机是品牌危机还是其他类型的危机，最重要的一条就是该危机是否引发了品牌关系的断裂，是否直接引发了消费者对品牌的质疑进而丧失忠诚度。品牌危机与企业一般危机相比，具有以下三个特点：

（一）突发性、低可预见性

品牌危机的发生往往是突然的、难以预测的。危机发生之前，虽然有时可以预见其发生的可能性，但通常无法确定是否一定会发生，更无法确定发生的具体时间、形式、强度和规模等。这种危机一旦爆发，便会造成巨大负面影响。它往往会成为舆论关注的焦点和热点，成为新闻媒体争相报道的重点内容，成为竞争对手发现企业破绽的线索，成为主管部门检查批评的对象等。总之，企业品牌危机一旦发生，就像牵动了社会的"神经"一样，会迅速引起社会各界的不同反应，并引发社会各界的密切关注。

在低可预见性方面，由于企业品牌价值受一系列复杂因素的作用，且各因素之间存在交叉性和系统性的相互影响，使得品牌管理过程中的任何一个薄弱环节都可能因某种偶然性因素而导致失衡和崩溃，最终形成危机。同时，在品牌危机发生后，危机事件往往成为舆论关注的焦点，大量"噪声"随之产生。品牌危机的低可预见性，一方面容易导致企业产品的消费者、社会公众等对危机事件本身怀有过度的恐惧感，引起品牌危机效应的扩散；另一方面也意味着企业管理者必须在缺乏充分、准确信息的情况下做出决策。品牌危机的低可预见

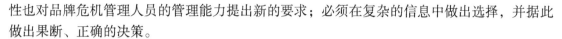

性也对品牌危机管理人员的管理能力提出新的要求；必须在复杂的信息中做出选择，并据此做出果断、正确的决策。

（二）严重危害性、破坏性

品牌危机可能导致企业的一系列产品遭受全面抵制，销量急剧下降，企业陷入法律纠纷，面临巨额索赔等后果。如果危机处理不当，企业更会遭受相当长一段时间的负面影响，形象受损、品牌价值降低而导致多方面的损失，使组织陷入困难窘迫的境地，很难进行正常的生产经营活动等，具有严重的危害性。

品牌危机的性质决定了品牌危机的触发事件在本质上或事实上会产生一定程度的破坏性后果，损害到消费者和社会公众的利益，使公众陷入精神恐慌之中，也可能给社会环境造成极大的破坏，并最终导致部分社会财富的蒸发。从企业管理者的角度来看，品牌危机的严重危害性和破坏性可能直观地表现为企业账面市场价值的大幅下降或企业品牌信誉乃至企业整体形象受损。

（三）舆论关注性

品牌危机爆发后，知名度高的企业品牌必将引起广泛的舆论关注，媒体大张旗鼓的报道常常成为该危机处理中最棘手的问题。如今，自媒体的盛行更是扩大了品牌危机波及的范围，会进一步引发公众的热烈讨论，而舆论的导向性直接影响到品牌的存亡。自媒体上推崇的言论自由和造谣生事的"低成本"后果也加剧了品牌危机爆发后，品牌灭亡的危险。

◆ **案例 18-2**

风起于青萍之末——×××牙膏致癌事件

×××以其细腻的广告创意和强大的品牌攻势；成为最受消费者欢迎的牙膏品牌之一。

×××的品牌危机起源于国内媒体 2014 年 4 月 17 日关于"×××牙膏可能含致癌成分"的报道。其大意是，美国最新研究显示，数十种牙膏、洗手液等抗菌清洁品中，包括×××等品牌的产品，含有化学物质三氯生，这种物质与经氯消毒的自来水接触后会产生三氯甲烷（俗名氯仿或哥罗芳），而三氯甲烷是一种可能致癌的物质。随着这则消息在我国的扩散，×××在我国消费者中的品牌信任度迅速来了一个 180° 的大转弯。截至 2014 年 4 月 19 日上午 8 点，调查表明，原来信任×××品牌的 88% 以上的消费者，在危机爆发后会继续使用该品牌牙膏的不到 10%。

美国研究者彼得·威克斯兰（Peter Vikesland）在《环境科学与工程》上发表了题为《三氯生在游离氯调节下氧化反应生成三氯甲烷和含氯有机物》的文章。原文发表于 2005 年 4 月 2 日，共 21 页，主要关注水处理厂的化学反应，由美国自来水协会研究基金会（AWWARF）和美国国家科学基金会（NSF）资助进行。

该篇论文于 2004 年 7 月 9 日第一次提交给杂志，2005 年通过审核。在研究过程中，彼得和同事在接近家庭洗碗的环境下模拟洗碗过程，发现在洗碗剂中的抗菌物质三氯生能够和经氯消毒的自来水发生化学反应，生成三氯甲烷（即氯仿）。

该论文聚焦于模拟洗碗过程，并没有对任何牙膏产品进行分析。论文中自始至终没有提到过高露洁公司的名字，只是由于牙膏中经常含有三氯生物质而提到过"牙膏"一词。论文于4月2日发表后，新闻界并没有对此篇文章做出任何反应。4月13日，彼得所在的弗吉尼亚工艺学院向新闻界提供了一则新闻稿，阐述最新研究成果。然而，本是例行公事的文章，因标题《太干净可能给你的健康和环境带来危害》的强烈措辞，导致了媒体的过激反应。

《旗帜晚报》记者马可·普里格在《太干净可能给你的健康和环境带来危害》发表两天之后，根据文章中的研究成果写出了《牙膏癌症警告》。这篇新闻稿在开头即断言："今天，在超市中大量销售的牙膏成了一场癌症警报的中心。"这篇文章与彼得·威克斯兰最初那篇论文的内容已相差甚远。彼得和他的同事们也随后对该新闻稿的内容和舆论导向意图表示了强烈的不满。

关于此事件，国内媒体的报道大多源自英国《旗帜晚报》（*The Evening Standard*，国内媒体普遍误译为《标准晚报》）4月15日的报道，但该报道只是转述一种研究的过程，并没有下结论。国内许多媒体开始采访相关专家、质检总局、×××牙膏的生产厂家等，意图寻找事件的真相。但此刻绝大多数媒体并没有想到去查阅原始的研究论文，或是去采访文章撰写者本人，或许这才是该事件的根源。

2005年，×××棕榈公司向各大媒体发表了一篇声明，说明×××牙膏的安全性，是媒体传播理解有误。2005年4月27日，该公司在北京向消费者重申了×××全效牙膏的安全性。随后，×××在央视等影响力较大的各媒体上陆续强势推出关于×××牙膏100%安全的广告，以正视听。虽然×××棕榈公司的品牌危机处理迅速、果断，但是该事件还是给×××品牌造成了非常大的损失，在一定程度上也使得企业信誉和品牌形象受损。

案例分析：

（1）这是典型的因媒体的不实报道而引发的公关危机。美国学者的研究文章并没有提到牙膏问题，但一家英国报纸却对美国学者的研究做了错误的引申，致使×××公司的形象受到损害。

（2）事件发生后，采取行动要果断、迅速。×××公司迅速采取行动，召开新闻发布会，向社会各界说明事件的真相。这类事件一旦真相大白，公众就会消除误解。

（3）"解铃还须系铃人。"为了增加新闻发布会的说服力，×××公司请美国弗吉尼亚工艺学院助理教授彼得·威克斯兰博士通过录音发表了澄清声明。事件由他的研究引起，因此由他来说明这项研究并不针对牙膏最有说服力。特别是彼得·威克斯兰博士说："事实上，我本人就使用×××牙膏。"事实胜于雄辩，而且还有点幽默。

（4）当企业与媒体发生因报道失实引发纠纷时，企业应努力争取权威机构或公众的支持。由政府部门出面说明情况，帮助解决问题，是消除公众误解和顾虑的良方。

（资料来源：案例高露洁牙膏致癌．https://wenku．baidu．com/view/615d0ea30029-bd64783e2c95．html，2018-07-02。）

三、品牌危机的原因

从表面上看，品牌危机起源于某件突发事件，极具偶然性。但实质上，品牌危机的发生绝不是偶然，如企业的诚信问题、管理问题和自律问题都会引发品牌危机，这些问题都需要时间的积累。产生品牌危机的具体原因是多种多样的，主要有以下几种：

（一）品牌战略制定失误

从广义上讲，品牌战略失误应包括品牌战略展望提出的失误、目标体系建立的失误和品牌战略制定的失误。品牌战略展望提出的失误，主要是指企业的高层管理者未能清楚地认识到品牌的长期发展趋势和方向，品牌战略展望不能准确地传递企业目标和充分地规划企业未来，品牌的核心价值理念不能为员工及社会公众所认同，企业不能建立一种健康、积极的品牌文化。目标体系建立的失误，包括各类目标不一致、各层目标不一致等。前者是指长期目标与短期目标、品牌目标与财务目标的不协调及其他目标的不一致程度；后者是指品牌管理的各级目标的不一致。品牌战略制定的失误包括对企业外部环境分析有误和对企业内部资源的合理配置有误等。

（二）品牌策略失误

品牌策略失误主要包括品牌延伸策略失误、品牌扩张策略失误、品牌定位策略失误、品牌传播策略失误和品牌生命周期策略失误五个方面。

1. 品牌延伸策略失误

品牌延伸是指利用现有品牌名称进入新的产品类别，推出新产品的做法。它能够让企业以较低的成本推出新产品，因而成为企业推新的主要手段。品牌延伸使用得当，不仅能使新产品迅速进入市场，取得事半功倍的效果，而且可以利用品牌优势扩大产品线，壮大品牌支持体系。但是，企业一定要注意品牌延伸安全，否则就会进入品牌延伸误区，出现品牌危机。品牌延伸失误主要有四种情况：①品牌本身还未被广泛认知就急躁冒进地推出该品牌新产品，结果可能是新老产品一起死亡。例如，两面针牙膏在2004年A股上市后，在尚未被消费者广泛认知和信赖的情况下，于2007年立即将品牌延伸到洗涤用品、旅游用品、生活制品、医药以及精细化工甚至房地产上。由于消费者无法因为一只牙膏就对两面针的其他产品产生信任，该企业的品牌延伸失误不仅使新产品灭亡，也摧毁了原始品牌。②品牌延伸后出现的新产品的品牌形象与原产品的品牌形象定位互相矛盾，使消费者产生心理冲突和障碍，从而导致品牌危机。例如，由于"希望"火腿肠与"希望"饲料品牌形象发生冲突，希望集团不得不放弃耗资巨大的"希望"火腿肠，而改名为"美好"火腿肠；又如，"三九"冰啤与消费者熟知的"三九"胃泰存在品牌产品定位的冲突。③品牌延伸速度太快、延伸链太长。有的企业一年就推出几个甚至十几个延伸产品，延伸得太快、太多，超过了品牌的支持力。④不顾企业现有技术、资金、管理力量等的局限，而进行跨行业的无关联品牌延伸，从而造成巨大的损失。

2. 品牌扩张策略失误

品牌扩张策略是指企业利用品牌及其包含的资本进行发展、推广的活动。主要的扩张策略有两种：一种是，收购品牌进行扩张的策略；另一种是自创品牌进行扩张的策略。两种方式实质上都是通过收购、兼并、控股等资产重组的方式，实现品牌的规模扩张。此外，品牌扩张还可以通过授权经营、品牌共享、联盟等方式扩大品牌的控制规模。但是，品牌扩张的风险有很多方面，如品牌扩张策略本身的失误、消费者需求重心的转移或者国家及地方政策的影响等。因此，要保证品牌扩张策略的安全，就应该在策略制定的过程中充分考虑企业的自身实力、市场需求状况及政策方面的影响等。德国的阿迪达斯公司和韩国的大宇集团是品牌扩张策略失误的典型案例，二者均因该策略失误给企业造成了巨大的损失。

3. 品牌定位策略失误

品牌定位是指建立或重塑一个与目标市场有关的品牌形象的过程与结果。定位的关键是选择品牌的竞争优势和差别化的利益。定位失误包括三个方面：①定位不够准确或定位模糊。一些企业发现消费者对品牌只有一个模糊的概念：消费者并不真正知道它的任何特殊之处；或者消费者可能会对品牌有一个混乱的印象，这一混乱可能是由于过多过烦琐的说明或时常改变品牌定位而导致。②定位过分。这给消费者留下了一个很狭窄的品牌印象，品牌自身也容易在竞争和发展过程中受到各方限制。③定位疑惑。从产品特征、价格或制造商的角度，可能很难让消费者相信该品牌的定位。对于品牌定位的准确性，可以通过品牌偏好指数等指标予以评判。

4. 品牌传播策略失误

品牌传播策略是指企业在品牌的内外部传播工作中的策略，是品牌策略的组成部分。品牌传播策略失误包括营销要素（产品、价格、销售渠道）组合不当，传播工具选择失误，传播时间、传播对象选择失误，诉求点选择失误，副品牌策略运用不当等。

5. 品牌生命周期策略失误

品牌是有生命周期的，如何维护品牌使之长盛不衰是品牌管理的终极目标。品牌生命周期是指品牌的市场生命周期，包括品牌的孕育期、幼稚期、成长期、成熟期和衰退期五个阶段。在品牌发展的不同生命周期阶段，如何制定策略在很大程度上决定了品牌后续的发展。总体说来，企业应当在一个品牌发展到成熟期时，及时推出该品牌的换代产品或全新产品，把品牌效应及时移植到新产品上，让源源不断的新产品来支撑品牌的长期发展。如果品牌生命周期策略制定不当，在推出新产品的时间段上选择失误，便有可能导致品牌夭折或提前进入衰退期，对品牌来说都是致命的打击。

（三）品牌的素质缺陷

品牌的素质缺陷包括两个方面：①品牌的硬素质缺陷，即品牌产品本身的缺陷和品牌符号结构的设计缺陷，如品牌名称、标志、象征物等；②品牌的软素质缺陷，主要是指品牌内涵的设计缺陷，如品牌理念、品牌文化、品牌个性方面的问题等。具体内容如下：

1. 品牌产品质量存在缺陷

产品质量出现问题，是导致品牌危机的主要原因之一。1999 年 6 月 10 日比利时爆发了涉及全欧洲的可口可乐污染事件。比利时的 150 名儿童饮用可口可乐之后出现了种种不适症状，致使可口可乐在比利时遭到全面抵制。不久，荷兰、卢森堡、法国政府纷纷宣布停止销售可口可乐。消息传到纽约后，可口可乐股票每股下跌 1 美元。尽管这场品牌危机最终在可口可乐公司总裁的亲自解决下平息了，却再一次说明了无论怎样强势的品牌，如果质量出现问题，都会因遭到市场的拒绝而陷入危机。通常情况下，由品牌质量缺陷导致的危机是相对可控的，但是品质必须严格管理才是预防危机的基础。

2. 品牌产品单一、老化，不适应市场变化

品牌产品单一、老化最典型的例子莫过于福特的 T 型车危机了。1908 年福特公司研制出的 T 型车，以其物美价廉的优势在市场上驰骋近 10 年，这种巨大的成功使亨利·福特陷入了自我陶醉，并因此忽视了汽车市场需求变化的信号，继续醉心于较为粗陋的 T 型车的流水线生产。然而，随着消费者需求的变化及竞争对手的新产品研究，T 型车渐渐失去了昔日价廉的优势，市场占有率迅速下降，使福特公司陷入了前所未有的危机。

3. 品牌符号结构设计失误

品牌符号是区别产品或服务的基本手段，包括名称、标志、基本色、标识语、象征物及包装等，它们形成一个有机的整体。品牌符号是企业的重要资产，在帮助企业开展营销工作和大众接受产品和服务的过程中扮演了一个重要的角色，可能直接影响到一个新产品的成败。我国南方某厂将产品命名为"舢板"，并以英文对应词"Junk"为出口外销商标试图打入国际市场，殊不知"Junk"一词多义，在英文中还有垃圾的意思，结果可想而知，后来改译成"Junc"，才转危为安。

4. 品牌内涵设计失误

品牌内涵包括三个方面的内容：①品牌理念。品牌理念是企业在创建品牌时赋予的核心价值观念，它既是企业经营思想的集中反应，又是企业战略思维的高度概括，对企业的经营发展起着导向作用。例如，消费者可以从"海尔，真诚到永远！"广告词中知道"真诚到永远"是海尔的品牌理念，即追求永远对消费者真诚服务的品牌理念。这种品牌理念具有巨大的亲和力，消费者容易在心理上产生认同感和亲切感，因此海尔的品牌理念是安全的。②品牌文化。文化特征是决定品牌外在形式的基本原则，是品牌的核心。其中，文化差异是品牌的基础，国家是品牌的文化根源。例如，华为、联想、阿里巴巴体现的是中国文化；可口可乐、IBM、耐克体现的是美国文化；三菱、丰田、索尼体现的是日本文化。③品牌个性。品牌个性即品牌特征。品牌要脱颖而出，必然要有差异，有一个或几个明显的特征以示区别，但品牌个性又要与企业形象相吻合，不能有冲突。只有具备了这些条件，品牌个性才算安全。例如，万宝路的"自由、奔放、野性、力量"的男子汉形象的品牌个性迷倒了一代又一代的年轻人；迪士尼抓住每个女孩都有一个公主梦的情怀，塑造了温润美好的品牌个性。但是，许多企业恰恰忽视了品牌个性的塑造。一些洗衣粉品牌在品牌宣传上，仅是告知消费者产品属性，而不具有自身特有的品牌个性，给消费者留下的印象就是都是洗涤类产品，除了价格，没有什么本质上的差别。没有个性或个性模糊的品牌无法与其他品牌相区别，使消费者无从选择，品牌忠诚度也普遍较低。

◆ **案例 18-3**

索尼产品缺陷的危机公关

2005 年 7 月 29 日，索尼（中国）公司发布了一则《致索尼彩电用户的通知》函称，由于索尼有 10 款特丽珑电视机的零件有瑕疵，他们将在日本召回 34 万台"特丽珑"电视机。这是继索尼早些时候宣布在全球召回 1.8 万台"Vaio"笔记本电脑后又一因质量问题而大批量提供产品免费维修的事件。在中国市场，索尼公司并没有销售以上 10 款特丽珑电视机，但是在 1998 年 1 月—1999 年 6 月，索尼在中国生产的少量 21in 彩电，其中有6种型号也使用了该类电容器件。如有中国用户发现以上型号的索尼彩电出现类似情况，索尼顾客服务机构将会负责提供"恰当的检查及维修服务"，并表示"如因此为您带来任何不便，我们表示真诚的歉意"。

与此同时，索尼公司的第一财政季度财务报告显示，营运利润下降68%至166.7亿日元，而去年同期为518.7亿日元。该季度集团净利润下降了98%，仅11.2亿日元（约7840万元人民币）。

国内媒体报道了这两则消息，并且部分媒体对索尼在"召回"上存在的所谓的国别"歧视"进行了猛烈的抨击。针对索尼利润的大规模下降，国内媒体和舆论开始对索尼的经营模式以及战略进行"质疑"。索尼显然陷入了一次公关危机中。

但是索尼危机公关的做法却是可圈可点的，值得借鉴。

与"东芝笔记本电脑"事件相比，索尼（中国）公司在处理这次公关危机时显得临危不惧，并主动出击，把可能会扩大的危机尽量弱化并降低扩散性，正确地引导了媒体的舆论导向，避免了索尼在中国的品牌损伤，整体而言，体现了跨国公司危机管理的风范。其具有如下公关经验值得借鉴：

一、积极与消费者沟通，争取主动性

在"地球村"时代，任何信息的传递和扩散都几乎是在瞬间完成的，比过去快了千百倍。在媒体越来越市场化的今天，"揭黑幕"更是成为一些媒体的生存和发展之道。对于像索尼这样的跨国公司的产品出现瑕疵，对媒体来说无异于一剂关乎民生的"猛料"。因此，索尼要想控制危机并引导舆论的走向，就得与时间赛跑。几乎与日本同步，索尼（中国）公司于7月29日在许多媒体都还不知情的情况下，主动在自己的网站上公布了《致索尼彩电用户的通知》，把出现瑕疵产品事件的来龙去脉进行了描述，并提出了相关解决的办法。索尼此举与当年三菱"帕杰罗事件"中三菱公司试图掩耳盗铃、置消费者利益和损失于不顾的态度形成了鲜明的对比，在整个危机公关的开始阶段以积极的态度取得了主动。不妨设想，如果索尼不积极主动地披露自己产品的问题而是被媒体曝光的话，会是什么样子？

二、指定新闻发言人，保证信息的统一性和畅通性

一般来说，一旦企业发生危机，那么企业在成立危机特别处理小组的时候，要做的第一件事情就是确定信息的统一出口，因为公众和媒体都在焦急地等待着了解事件更详细的信息。因此企业的新闻发言人必须确定，而且只能是一个人。新闻发言人至少是由企业公共关系部经理或者主管公关项目的副总裁，甚至公司最高层担纲。索尼在这次的危机公关中就很好地贯彻了这一思想，整个对外的声音只有索尼（中国）公司高级公关经理李曦，保证了与媒体信息沟通的统一性和畅通性。在回答媒体关于索尼彩电的"瑕疵"等问题时，李曦表现出一个高级公关经理应具备的公关技巧，给广大媒体提供了一个可靠的信息源，使媒体尽可能获得全面的信息，避免了各类无根据猜测的产生，减少了损失，挽回了企业形象。

三、以真诚的态度面对消费者

索尼在致消费者的通知函中，虽含蓄却完整地表达了对消费者的"4R"公关原则：遗憾（Regret）、改革（Reform）、赔偿（Restitution）、恢复（Recovery），即一个组织要

表达遗憾、保证解决措施到位、防止未来相同事件再次发生并且提供合理和适当的赔偿，直到安全摆脱这次危机。索尼公司对产品出现的问题表示了遗憾和歉意，对未来的产品表达了革新，提出对出现问题的产品免费维修等，体现了一家跨国公司的管理风范和所应当承担的社会责任，说明其是抱着解决问题的态度来处理这场危机的。

四、勇于承担责任

索尼在日本生产的彩电因"瑕疵"出现问题，实行了"召回"，并免费检测和维修。在中国市场上出售的产品部分也存在着"瑕疵"，索尼详细地将这些产品型号和生产日期进行了公布，并向消费者表达了"索尼在华顾客服务机构将会负责任地为您提供恰当的检查及维修服务""如因此为您带来任何不便，我们表示真诚的歉意"。这其中包含的意思是可以做免费的"检查"，并公布了售后维修电话。这种做法显示了其勇于做责任的承担者，赢得了消费者的理解和信赖，因为消费者和公众在乎的并不是问题本身，而是企业处理问题的态度。这与一些品牌的产品即使发现瑕疵仍任其流入市场，甚至当消费者发现产品有大量瑕疵的时候竞相推诿，形成了鲜明的对比。索尼在这次的公关危机中表达了"我们确实有问题，而我们正在着手解决这个问题"，从而在广大消费者心目中形成了"很负责任""你会想尽办法解决问题并且让人满意"的形象。

（资料来源：https://wenku.baidu.com/view/bdc72e12cc7931b765ce15c4.html，2011-08-04。）

（四）品牌环境的变化

品牌环境包括品牌的内部和外部环境。品牌内部环境是指品牌持有公司的内部状况；品牌外部环境主要包括消费者、竞争对手、分销商、市场秩序、舆论、宏观环境等诸多要素。因此，品牌环境变化包括内、外两方面的情况。

1. 内部环境变化

企业内部状况是对品牌未来发展具有重要影响的一个因素，如果没有良好的组织环境，品牌就不可能健康地成长和发展。品牌内部环境变化的原因有很多方面，下面列举几个主要原因：

（1）企业内部管理失控。品牌危机是企业市场经营活动中"综合征"的集中爆发。企业内部管理失控会导致企业生产经营不能很好地适应市场环境，进而诱发危机的发生。例如，1996年，段永平因与出资方意见不合，离开中山"小霸王"到东莞创建"步步高"，其得力旧部也先后易帜，导致"小霸王"风光不再；1999年3月，因胡志标与其他股东的纷争引发的"爱多"信任危机，也是"爱多"陷于瘫痪的重要原因。

（2）企业内部协调不力。对于业务量很大的企业来说，如果缺乏有效协调能力，将致使企业不能充分利用其品牌资源；当不同部门的员工之间不经常进行沟通时，这种协调能力的缺乏也可能对品牌产生负面影响。

（3）内部价值观产生冲突。一般说来，企业内部有两种价值观：员工的价值观和企业的价值观。当员工的价值观与企业的价值观紧密相连并能协调统一时，品牌就很有可能获得成功。但是也存在这样的例子，即企业拥有一个品牌系列的组合，这些品牌既支持企业的核心价值观又有其独特的价值观，这时不仅需要为某个特定系列品牌服务的员工的价值观与企业整体价值观相联系，也要与其服务的品牌价值观相联系。使三种价值观相互统一并认同本身就是一件非常困难的事情，如果发生内部价值观冲突，品牌危机就很可能发生，企业也很难获得成功。

（4）员工对企业和品牌的认同度低。如果企业和品牌无法获得员工的认同，那么它就很难从员工当中获得期望的行为和态度。而当这些员工与客户经常接触时，所传达的品牌低认同度也会使得客户对品牌的认知度和忠诚度不高。这就很不利于企业培养客户，也很有可能影响到品牌声誉的建立。如果员工的利益与企业和品牌密切相关，他们就会对品牌具有较高的认同度并努力使品牌获得成功。否则员工对品牌的低认同度很有可能会逐渐演变成企业品牌危机爆发的诱因之一。

2. 品牌外部环境变动

品牌外部环境突变包括消费者的消费心理、习惯、模式的改变，竞争对手品牌战略与策略的调整，分销商经营策略与模式的调整，自有品牌对企业品牌的挑战，市场秩序混乱（如恶性竞争、假冒、仿冒现象的出现等），社会舆论的不利报道，宏观环境（包括政治、经济、社会、技术、自然环境）的波动，以及其他突发性事件等。品牌外部环境的变动，特别是不利的变动，对品牌的影响是巨大的。因此，企业应该密切注意外部环境的变化，一旦发现情况紧急就应该立即采取行动，以规避或降低环境波动带来的不利影响。

由于品牌外部环境突变而引发的品牌危机主要有以下几种：

（1）由于法律规范变化、宏观经济政策变化、社会结构变化、科技变化及其他社会文化因素的变化而导致的品牌危机。这类危机源于企业外部，且很难依靠企业的主观努力加以改变，因此对这种危机只能预防。

（2）市场紊乱型危机。这主要是指因品牌产品市场秩序紊乱，导致市场网络破坏而产生的品牌产品市场危机。这类危机对品牌的稳定性影响很大，严重时会导致品牌丧失市场份额。

（3）对抗竞争危机。这主要是指因品牌之间的恶性竞争而引发的品牌危机。较为常见的恶性竞争有对抗性价格竞争与恶性营销网络争夺。

（4）媒体舆论危机。由于企业或媒体原因引发的不良公众舆论，这些舆论传播广、影响大，容易引起群众广泛关注、疑虑甚至反感，从而产生品牌危机。其中包括自媒体平台水军问题、电商平台刷单问题等恶性竞争手段，很容易引导公众的舆论导向，对品牌的发展极其不利。2016年4月爆发的"毒草莓"事件是一个因媒体恶意报道而引发品牌危机的典型事件，该事件导致半个月内昌平区的6000多栋草莓日光温室无人采购，造成经济损失2683万元人民币，观光采摘游客骤减21万人次，草莓的身价也随之大幅度下降。

第二节　品牌危机管理的步骤及主要措施

一、危机管理的阶段及步骤

关于危机管理的阶段及步骤，当前学术界主要有三种认识：①MPRR模式。这种模式认为危机管理包括四个阶段的工作，即缓和（Mitigation）、预防（Prevention）、反应（Response）和恢复（Recovery），简称MPRR。②时间序列模式。薛澜等学者从时间序列角度将危机管理过程及策划分为五个阶段：危机预警及准备、识别危机、隔离危机、管理危机和危机后处理。③"5P"模式。鲍勇剑和陈百助用"5P"来表达危机管理最基本的步骤，这"5P"分别是五个关键词汇的首字母：Perception（端正态度）、Prevention（防范发生）、Preparation（时刻准备）、Participation（积极参与）和 Progression（危中找机）。

品牌危机管理的步骤应包括三个主要阶段：第一阶段是品牌预警监测管理，即对品牌危机的防范（Prevention）、准备（Preparation）；第二阶段是对危机的反应（Response）；第三阶段是品牌危机事后管理，包括品牌的恢复（Recovery）、重振（Renewal）等管理行为。因此，危机管理的阶段及步骤也可简称为"PP + R + RR"模式。

二、品牌危机的预警监测管理

（一）品牌预警管理系统构建的原则与目标

品牌预警管理，是根据企业品牌经营管理的实践活动过程与结果是否满足企业目标或管理目标的预期要求，来确定品牌处于"安全"或"非安全"状态，并由此做出对策的管理活动。品牌危机管理的重中之重不在于如何处理已出现的危机，而在于如何辨别企业的品牌运营过程中哪些因素里潜伏着危机，以及如何未雨绸缪，做到有备无患。

企业品牌预警管理的实现，将使企业品牌资产的不安全状态、品牌管理过程中的不安全行为和不安全管理过程及品牌环境的变动情况处于预警的监控之下。为保证品牌资产安全以及防止、制止、纠正不安全管理行为和不安全管理过程、规避环境变动的不利影响进而避免品牌危机的发生提供一种崭新的管理模式和行动方式，从而保证品牌资产的安全及品牌管理活动的秩序和效率。

品牌预警管理系统的建立与运行，应以下述四个目标的实现为其构建原则：

（1）对品牌资产的变动情况进行监测与评价，以明确品牌的安全状态及变动趋势，并以此为基础，对相关的品牌管理活动进行分析与诊断。

（2）对企业内部的品牌管理活动进行监测与评价，以此明确并预控品牌管理系统的运行状态。监测对象主要是品牌管理周期活动、品牌管理职能体系的运行状态和组织沟通质量，即品牌管理系统的功能可靠性和运行秩序可控性。通过对品牌管理系统安全的监测，提供管理周期的优化运行模式。

（3）对品牌的内外部环境进行监测，以此明确品牌所处环境会对品牌今后发展所产生的正面或负面的影响，从而采取相应的应对措施。监测对象包括企业内部的组织状况、消费者需求、竞争者动向、分销商动向、舆论导向、法律安全状况、宏观环境等。

（4）建立品牌预警管理活动的评价指标体系。上述三个目标任务的实施，必须依靠特别的预警评价指标才能进行，否则，品牌预警系统的工作将变成经验性的、随机性的、不系统的过程。因此，品牌预警系统要建立对品牌资产不良程度的评价指标、对品牌管理失误行为的经济及心理和组织的评价指标、对品牌内外环境不良程度的评价指标。这三个评价指标体系构成品牌预警管理活动的主体性的评价指标体系。

（二）品牌预警监测管理的主要内容

1. 品牌素质监测

品牌素质监测的对象主要包括产品的质量、产品的更新换代速度、品牌符号结构及品牌内涵的合理性等。产品质量问题是导致品牌危机的重要原因之一，长期不能解决的质量问题是创新与技改不足所致，而短期的质量问题主要是由质量事故造成的。质量危机对品牌危害很大，必须引起包括最高层领导在内的所有人员的高度重视。由于品牌预警的需要，对质量的监测主要可以通过下面两个指标进行：消费者投诉率和退货比率。产品单一、老化、不适应市场变化，难免会使品牌陷入危机状态，因此企业应密切注视自身和竞争对手的产品更新或换代速度。在品牌符号及品牌内涵上，也应该根据企业内外部环境的变化，谨慎地做出适当的修改，以促进企业品牌素质的提升。

2. 品牌形象监测

品牌形象监测主要包括品牌知名度、品牌美誉度、品牌毁誉度、品牌联想等指标。通过考察品牌形象监测指标的变动情况，可以探知品牌形象在公众心目中的变化，同时也可以发现企业在品牌形象的设计与推广方面存在的不足。根据几个主要指标的监测结果可以对品牌形象的总体安全状态做出一个评估，并赋予一定的分值。

3. 品牌忠诚监测

为了明确地掌握品牌忠诚度的高低状况，对其评估的内容大致从三方面入手：消费者购买行为评估、消费者心理满足程度评估和消费者转移费用评估。

4. 品牌市场影响监测

市场影响调查通常为企业所重视，并将调查所取得的数据为日常工作的重要部分。而品牌形象及品牌资产方面的监测指标的获得都需进行消费者调查。此项工作相对来说成本较高、费时、不易执行与统计，往往容易被企业忽视，而这些指标对于品牌预警而言却是必需的且重要的。对于市场影响方面的内容，很多企业都会做相对来说比较完备的定期调查。调查内容主要有以下几方面：品牌的市场地位、市场占有率、通路覆盖率、终端铺货比率等。

5. 法律权益监测

法律权益安全监测主要是监测品牌的法律权益安全状况。品牌法律权益安全包括三方面的内容：品牌名称安全、品牌标志安全、品牌商标安全。

（1）品牌名称安全是指企业设计的品牌名称是否具有独占性（是否可以登记注册成为注册商标），企业是否对该品牌名称享有所有权。做好该部分的品牌危机管理，企业必须通过各种渠道搜集其他企业信息：一方面是为了防止他人侵犯自己品牌名称专用权；另一方面是为了避免自己不小心侵犯他人品牌名称专用权，给企业造成不必要的麻烦和损失。

（2）品牌标志安全是指品牌的图案、符号、色彩或字体等品牌视觉认知部分的构思和设计是否违背了法律有关品牌标志设计的禁止性规定（如品牌标志不能与国旗、国徽等图案相似），以及是否与其他企业的品牌标志相同或相似。如果企业设计的品牌标志违背了法律的禁止性规定或与其他企业设计的品牌标志相同或相似，那么企业设计出来的品牌标志，不是不被准予注册，就是因侵犯他人品牌标志所有权而被强制取缔。

完整的品牌概念由品牌名称和品牌标志共同构成。品牌名称的使用权有领域限制，它只在注册的领域具有独占权，别的企业也可在其他领域注册与之相同的品牌名称，即相同的品牌名称可由不同的企业注册于不同的领域并合法享有和使用。而品牌标志则没有领域限制，它一经注册就在所有领域具有独占性，即只要企业在一个领域注册了该品牌标志，则在其他任何一个领域内，别的企业都不能注册与之相同的品牌标志。因此，从品牌形象角度来讲，不仅要有品牌名称，而且要有品牌标志；从品牌法律安全角度来讲，不仅要注册品牌名称，更要注册品牌标志。

（3）品牌商标安全。品牌商标是指经过登记注册、受到法律保护的整个品牌或品牌的某一部分。只要注册了品牌名称或品牌标志（图案、符号、字体等），或是一起注册了品牌名称和品牌标志，它们就成为受法律保护的品牌商标。

品牌商标安全有三个含义：①品牌商标注册的范围和领域安全；②企业的品牌商标不会被他人非法使用，并能有效防止其他企业假冒、盗用本企业商标；③商标分享安全。

三、品牌危机应对管理

美国《危机管理》一书作者曾对《财富》杂志排名前 500 名的大公司的董事长和总经理进行过一项关于企业危机的调查。调查结果显示，危机困扰企业的时间平均持续 2.5 周，而没有应变计划的公司要比有应变计划的公司持续时间长 2.5 倍；危机后遗症的波及时间平均为 8 周，同样没有应变计划的公司要比有应变计划的公司持续时间长 2.5 倍。

尽管预警防范在先，但再周详的防范也可能会出现遗漏，或因企业不可控的外部因素而出现恶性事件，正所谓"智者千虑，必有一失"，品牌危机爆发的可能性是非常大的。而应对品牌危机关键是企业必须及时、果断地做出科学而有效的决策，引导舆论，稳定人心，迅速查清品牌危机原因，抑制危机事件蔓延，缓解紧急情况；避免危机处理过程中的盲目性和随意性，防止出现重复和空位现象，最终圆满地解决危机，使企业及其品牌尽快从危机中恢复过来，重塑品牌及企业的良好形象。

（一）品牌危机处理的基本原则

1. 主动性原则

品牌危机发生后，品牌危机管理人员要正视危机，采取积极主动的措施，不断监测情况的发展与变化，并根据其变化情况迅速调整品牌危机管理计划，调配人员、物力及设备，尽可能在极短的时间内控制局势的恶化。而不应回避或被动性应付品牌危机，更不应在品牌危机发生后，先急于追究责任，或者向公众辩解自身行为。这样会导致企业内部人心涣散，公众尤其是受害者会对企业行为更为不齿，使得品牌危机一发不可收拾。例如，2001 年 6 月，日本雪印公司在因牛奶质量问题而导致消费者中毒的事件发生后，不仅不采取有效措施收回被污染产品，查明事件原因，对受害者进行精神和物质上的赔偿，反而试图强调公司没有任何问题，掩饰错误与推卸责任。雪印公司的这种行为，不仅对此次事件于事无补，反而激化了企业与消费者之间的矛盾，最终导致公司遭受重大损失，声誉扫地。企业在品牌危机爆发后应主动了解危机情况，并及时与危机当事人进行沟通，积极引导舆论以挽回品牌形象，将损失降到最低。

2. 及时性原则

品牌危机处理与善后管理的目的在于，尽最大努力控制事态的恶化和蔓延，掌握事件的主动权，把因品牌危机造成的有形和无形损失减小到最低程度，并在最短的时间内重塑或挽回企业的良好形象和声誉，重新恢复公众对企业的信任。品牌危机一旦发生，企业就应迅速做出反应，立即启用品牌危机处理计划，调动包括品牌危机管理人员在内的所有员工投入到危机处理与善后工作中。在品牌危机的处理与善后过程中，赢得时间就等于赢得了企业生命的延续、赢得了企业的形象和公众的信任。加拿大化学公司的唐纳德·斯蒂芬森曾说："危机发生的第一个 24 小时至关重要，如果你未能很快地行动起来并已准备好把事态告知公众，你就可能被认为有罪，直到你能证明自己是清白的为止。"

3. 诚意性原则

在企业的经营管理活动中，公众利益是其最高利益所在。企业在品牌危机管理过程中，应坚持诚意性原则，始终将公众利益置于首位。品牌危机发生后，企业应首先从公众的角度来考虑问题，及时并真诚地向受害者表示歉意，必要时通过有影响力的媒体向公众道歉，以缓和企业与公众之间的矛盾，获取公众的广泛理解，并在一定程度上变品牌危机为企业重新获取公众信任，恢复和提升品牌知名度与美誉度的机遇。

4. 真实性原则

品牌危机爆发后，企业应主动向公众说明事实真相，尤其是与媒体沟通时，不仅应及时传递品牌危机发展与品牌危机处理的有关信息，还应注意信息的客观性与准确性，不刻意忽略或隐瞒有关事实，以误导公众，使公众与媒体的疑惑和恐惧增加，对企业产生不信任，延长品牌危机的影响时间。例如，2000年，东芝笔记本因其自身设计问题给用户带来了工作上的不便与失误，而公司却向我国用户刻意隐瞒了这一问题。事情被揭露后，东芝笔记本在我国不仅销量大减，而且也引发了一系列的后续危机。

5. 全面性原则

品牌危机对企业的影响是全面的、全方位的。首先，品牌危机不仅涉及企业的员工，同时也影响企业外部公众和外部营销环境；其次，品牌危机给企业造成了有形的价值损失和无形的形象损失；最后，品牌危机不仅阻碍了企业目标的实现，也影响了企业的可持续发展。因而，在处理品牌危机和善后时，企业应把握全面性原则，注意处理方式与善后措施的全面性，兼顾各方利益；在处理品牌危机的同时，尽力维持企业的生产和经营，以使企业的短期与长期目标均不受到较大影响。

6. 协同性原则

品牌危机管理关系到企业价值链的各环节、各部门。只有各方行动统一听指挥、有序进行、分工负责、协同合作，才能使企业对外解释与宣传统一，处理与善后行动步骤一致。任何无序的行为只会造成更大的混乱，使品牌危机局势恶化。例如，退货危机不仅涉及企业的售后服务环节，也涉及新产品开发、产品设计与生产、中间商等部门和环节，这些部门和环节必须协同一致，才能顺利解决品牌危机。

◆ 案例 18-4

大白兔成功突围"甲醛门"

2007年7月16日，菲律宾宣布，抽查市面多款中国食品样本，发现其中4款食品含甲醛等有害物质，包括中国知名糖果品牌、上海冠生园公司生产的大白兔牛奶糖。此消息于菲律宾GMA电视新闻网公布后，美国、新加坡等多家媒体都做了报道，引起海内外强烈关注，大白兔奶糖的食品安全受到广泛质疑，以至连我国香港、广州部分超市也将大白兔奶糖撤柜。

面对突如其来的品牌危机，大白兔奶糖表现得临危不乱，在其遭遇"甲醛事件"后的危机应对，可谓危机公关方面一个教科书式的生动案例。一系列的危机公关行动，让人们看到了冠生园公司应对危机的丰富智慧、良好素质、有序管理和层层递进。专业人士认为，此危机事件的处理可以给予其他企业几点启示：应对危机公关必须主动、及时、统一、权威。

一、主动：3 日内完成沟通、检测、媒体公关

雷厉风行本身就是积极的信号，等到危机事件出现以后，不要拖延，不要满不在乎，而应该积极响应，这是非常重要的。"甲醛事件"曝出后，冠生园集团主动暂停了"大白兔"产品的出口，并在 3 天内做完了三件重要的事情：给菲律宾方面发函沟通；请权威检测机构 SGS 对生产线的产品进行检测，并得出没有甲醛的结论；召开中外媒体见面会宣布检测结果。

二、及时：权威机关及时发声，快速消除疑虑

权威出马可以获取公众的信任，来自权威的信息容易说服公众。获知大白兔奶糖被禁售的消息后，上海市质监部门和国家质检总局及时派员在第一时间介入，出具了权威检测报告。特别是时任国家质检总局局长李长江在 2007 年 7 月 20 日举办的新闻发布会上的权威发言，更是让海内外消费者疑虑顿消。李长江说："第一，我们没有接到菲律宾政府有关方面的情况沟通；第二，我们同菲律宾驻中国使馆进行联系，想取得这方面的资料，他们表示无法提供；第三，我们经过了认真的检查测试，大白兔奶糖在生产过程中没有添加甲醛。"

三、统一：媒体报道客观公正，化危机为商机

遇到危机时统一口径是非常重要的，以免节外生枝。传媒因素是食品安全事件中的一个重要因素，在"危机公关"中是一把双刃剑。这次大白兔奶糖"甲醛门"事件，尽管海外媒体炒得热火朝天，但国内传媒在对待这一民族品牌上，吸取了以往"见风就是雨"的教训，在报道时不是盲目跟风、夸大其词，而是遵循新闻规则，冷静而又客观地在第一时间传递最新的、来自权威管理部门和权威检测机构的消息，其实也为"大白兔"这一国内知名糖果品牌树立了正面的形象。

四、权威：侧面突围，"第三方"鉴定功不可没

由第三方权威部门发布的、具有普遍公信力的数据以及对数据的客观解释性分析是应对国际危机事件中非常重要的一步棋。7 月 18 日，新加坡政府的检验机构从冠生园新加坡经销商福南公司仓库中抽样大白兔奶糖进行检验，检测结果为大白兔奶糖不含甲醛，符合世界卫生组织的安全标准；7 月 19 日，国际公认的权威检测机构 SGS（通标标准技术服务有限公司上海分公司）对大白兔奶糖检测得出结果：未检出甲醛；7 月 20 日，文莱卫生部发表声明，宣布经过该部检测表明，中国产的大白兔奶糖不含甲醛，完全可以放心食用……这些完全一致的检测结果，让"中国产的大白兔奶糖含甲醛"这一不实说法不攻自破。

近段时间，境外查出中国产品存在质量安全的事件频频发生，从宠物食品、牙膏、轮胎，到现在的大白兔奶糖，甚至连"案发"的规律都极为相似：先是境外媒体曝光，紧接着内地厂家马上通过权威机构进行澄清，虽然大多是子虚乌有、空穴来风，但厂商损失巨大，甚至遭到灭顶之灾。这次"大白兔"突围"甲醛门"的成功实践告诉各企业，永远都要有忧患意识，在平时就要注意培养和学习危机处理的意识和方法，练好基本功，只有这样，才能在关键时刻巧妙地化解危机。

（资料来源：http://info.tjkx.com/detail/124606.htm，2007-07-22。）

（二）品牌危机处理的基本程序及对策

1. 确认品牌危机，采取紧急行动，控制危机的蔓延

企业在面对品牌危机时，恐惧和回避都无济于事，隐瞒和掩盖更是行不通。企业应正视摆在企业面前的危机开端，开诚布公地对消费者和社会公众的关注做出合理的回应，欺骗或拒绝回应的做法只会让事态更加恶化。正如美国一位企业危机咨询业务专家考林·夏恩指出：“如果工作中出现过失，你只是面临一个问题，但如果你再试图遮盖它，那所面临的问题就是两个了。而且，一旦事实真相被披露，谎言可能会比原先的错误更令你为之困扰。”奥古斯丁则给出了正确的策略：“说真话，马上说。”当危机苗头出现时，与其忽视甚至漠视品牌危机的先兆，不如在品牌危机全面爆发之前将其控制住并迅速平息。从品牌危机管理的角度看，品牌危机事态的严重性往往意味着危机应对资源的缺乏性。这便要求品牌管理经理能够积聚一切可能获得的资源，根据事态的轻重缓急，准确评估各个行动的优先次序，并据此分配资源，以求得资源利用效率最大化。

2. 成立品牌危机指挥中心

一旦企业确认品牌危机已经无可挽回地爆发后，一方面，应选定重要部门的员工，如事先选定的危机管理小组人员，组成品牌危机紧急状态下的指挥中心，专职从事危机的处理工作。品牌危机处理小组一般由企业的高层管理人员（如首席执行官）、公关人员以及有关部门负责人参加，致力于尽快弄清品牌危机的真相，准确地确认品牌危机的性质、范围及其原因，提出解决方案，并领导、协调企业完成两个危机管理任务：一是调动企业内外资源，以处理危机；二是负责内外沟通，防止危机蔓延。其次，企业应让其他部门的员工继续公司的正常运营工作，在企业危机管理小组与企业运营管理小组之间，应当建立一座“防火墙”，以尽量减少各小组之间的相互干扰。

3. 进行积极、真诚的内外部沟通

完美的沟通是指信息经过传递之后，接收者感知到的信息与发送者发出的信息完全一致。它在成功的品牌危机管理中是至关重要的。其中包括两个方面的内容：对内沟通和对外沟通。

（1）对内沟通。在企业所有的危机事件中，员工一般是最复杂和最敏感的。在品牌危机中，员工既可能成为企业最可信的同盟军，也有可能成为极具破坏力的敌对者。因此，在品牌危机中，企业比任何时候都需要得到员工的支持。如果员工支持企业，他们就更可能保持一种积极的工作态度，这有助于说服消费者、供应商等继续信任企业和品牌产品，降低品牌危机给企业带来的损失。

（2）对外沟通。一般而言，品牌危机中需要进行沟通的程度与危机本身的复杂程度和受其影响的社会公众的范围以及反应直接相关。对外沟通，顾名思义就是指企业在危机中针对企业品牌危机的外部受众所进行的沟通，主要包括与消费者、新闻媒体、社会大众的沟通。通常，没有企业不知道消费者对本企业发展的重要性，也不会否认新闻媒体对企业危机的报道可能会加大或减小危机处理的阻力和难度的事实，然而，它们往往会忽视其他重要的受众，如品牌产品的潜在购买者，这会使其遭受极大的形象损失。

值得注意的是，媒体在报道企业事件时，首先，没有义务按照企业的意愿去确定报道角度或重点，其次，有可能因不准确的语言描述而背离了企业所表达的真实内容。对于曝光有误或报道失实，企业积极的处理方式是：①对媒体表示理解，与媒体协商挽回影响；②在出示证据的基础上，提出更正要求；③刊发后续报道；④如有需要，可向政府部门或新闻出版署求援，以表明在原因没有查清前，不要以讹传讹的愿望；⑤事实胜于雄辩，应开展一些能向公众展示真相的活动。

1999年3月，某媒体对红太阳牦牛骨髓壮骨粉是否真的含有牦牛骨髓表示质疑。在某报记者进行采访时，红太阳公司不仅不承认，还对记者拳脚相向。红太阳公司某部门负责人因此被哈尔滨警方拘留。此事一经见报，红太阳公司的销路顿受挫折。起初红太阳公司在与媒体的沟通中，采取强硬措施，导致事态进一步恶化，引发了企业品牌危机。在经过一番思考后，红太阳公司意识到媒体在此事件中扮演的重要角色，并与媒体协商，降低损失，打出广告"红太阳请您青海看牦牛"，通过让消费者亲身体验青海游以挽回消费者的信任。最后真相大白，红太阳牦牛骨髓壮骨粉确实含有牦牛骨髓，最后公司的产品销售量不减反增。

四、品牌危机事后管理

企业在平息品牌危机事件后，品牌危机即进入事后管理阶段。此时企业管理者需要着手于企业的恢复与重振工作。一方面，尽力消除品牌危机的负面影响，将企业的财产、设备、工作流程和人员恢复到正常运营状态；另一方面，需对企业品牌形象与企业自身形象进行重塑与强化，化"危"为"机"，进而求得"危机"中的"机会"。

（一）测评企业品牌形象，总结品牌危机管理经验

在品牌危机处理告一段落后，是企业退一步反省思考，进行品牌形象测评和总结品牌危机防范与危机处理中的经验教训的时候。这是企业想要从品牌危机中"获利"的重要举措。

一方面，良好的品牌形象和企业信誉是企业的无形财产，也是企业品牌具有市场竞争力的重要标志。了解品牌危机对其形象、信誉、知名度和美誉度等有多大影响是企业非常关心的内容，也是危机平息后使企业品牌重新得到消费者认可的重要的基础性工作，是重振品牌声誉的重要决策依据。另一方面，要注意从社会效应、经济效应、心理效应和形象效应等方面评估此次企业消除品牌危机有关措施的合理性和有效性，并实事求是地撰写出详尽的危机处理报告，为以后处理类似的品牌危机提供依据；同时认真分析危机事件发生的根本原因，切实改进工作，从根源上杜绝危机事件再次发生。

在进行品牌测评的过程中，既要调研品牌危机管理效果，又要调研企业品牌运营各环节的协调状况。通过对危机管理反馈效果的调研，可以了解消费者和公众对企业在品牌危机中开展的一系列公关活动的意见（如消费者与社会公众对危机管理人员表现的评价等），及时发现企业在品牌危机管理过程中的不合理行为，为进一步强化品牌及企业形象提供决策依据。在调研中，消费者、社会公众、各有关媒体及危机管理人员等都应被列为调查对象。而通过对企业品牌运营管理过程中各环节协调情况的调研结果进行分析，也有助于企业改善自身品牌管理的技能。如果企业内部各职能部门能为实现企业目标而协调一致，品牌及企业的整体形象就会在正确的品牌运营下得到提升；相反，若企业内部各职能部门职责不明、相互推诿，应对危机迟缓、杂乱无章，即使企业此次侥幸脱离危机，也不利于日后品牌重振，同时难免会为危机的再度发生留下隐患。

（二）恢复正常运营、重振品牌形象

品牌危机导致消费者对企业品牌忠诚度下降，企业产品的销售量迅速减少，进而使得危

机发生后企业的物流、现金流及信息流情况与危机发生前正常运营时的情况大相径庭。此时，在品牌危机平息后，企业管理者有一项重要任务就是制订恢复计划，并采取一系列策略性措施，努力使企业的生产经营情况恢复正常，维持生产经营的持续性。

品牌危机平息后的品牌声誉重建是危机管理中十分重要的一环。它主要包括内、外两方面的工作内容：

1. 对企业内部的管理策略

（1）要以诚实和坦率的态度安排各种交流活动，以形成企业与其员工之间的上情下达、下情上传、横向联通的双向交流，保证信息畅通无阻，增强企业管理的透明度和员工对企业组织的信任感。

（2）要以积极主动的态度，动员企业组织全体员工参与决策，制订组织在新环境中的生存与发展计划。

（3）要进一步深化全员危机意识，完善企业的各项规章制度和管理措施，有效地规范组织行为，并为下一次可能发生的品牌危机做好准备。

2. 对企业外部应采取的对策

对企业外部，企业品牌危机后重振的整体要求是：企业制订一个有效的形象管理计划，并通过实事求是地兑现承诺和外部沟通来改进企业品牌的新形象。首先，企业应恪守诚信原则，以反映企业对完美品牌形象和企业信誉的一贯追求。承诺意味着信心和决心，企业通过品牌诉诸承诺，将企业的信心和决心展现给消费者及社会公众，表示企业将以更大的努力和诚意换取消费者及社会公众对品牌和企业的信任，是企业坚决维护品牌形象和信誉的关键做法。承诺的同时也意味着责任，企业通过品牌诉诸承诺，使人们对品牌的未来有了更高的期待，人们接受了"以后将得到更多"的愿望而信任品牌及企业。其次，企业要吸纳外部利益相关者参与到重振企业的管理中来，让他们感到他们在企业危机后期管理中是受重视的。最后，要加大对外宣传、沟通力度。在品牌危机平息后，为了重塑品牌形象，企业应积极主动地加大宣传力度，让消费者及社会公众感知品牌新形象，体会企业的真诚与可信。只有宣传，消费者与社会公众才能感知到品牌又回来了，而且更加值得信赖了。可以说，品牌危机平息后的大力宣传是品牌重获新生并不断提升的不可或缺的条件。

◆ **案例 18-5**

中美史克从容应对康泰克"PPA 事件"

2000 年 11 月 15 日，国家药监局下发通知：禁止 PPA！康泰克被醒目地绑上媒体的审判台。在很多媒体上都可以看到"PPA＝康泰克"或者将两者相提并论的报道。人们相互转告，忍痛割爱，将康泰克纷纷扔进了垃圾箱。康泰克的危机降临了！

11 月 16 日，中美史克接到天津市卫生局的暂停通知后，立即组织了以下危机管理小组：①危机管理领导小组。制定应对危机的立场基调，统一口径，并协调各小组工作。②沟通小组。负责信息发布和内外部的信息沟通，是信息的发布者。③市场小组。负责加快新产品的研发。④生产小组。负责组织调整生产并处理正在生产线上的产品。危机管理小组由 10 位公司经理和主要部门主管组成，10 余名工作人员负责协调并跟进。

11月16日上午，危机管理小组发布了危机公关纲领：执行政府暂停令，向政府部门表态，坚决执行政府法令，暂停生产和销售；通知经销商和客户立即停止康泰克的销售；停止广告宣传和市场推广活动。

11月17日中午，召开全体员工大会。总经理向员工通报了事情的来龙去脉，表示了公司不会裁员的决心，赢得了员工空前一致的团结精神。同日，全国各地的50多位销售经理被迅速召回天津总部，危机管理小组深入其中做思想工作，以保障企业危机应对措施的有效进行。11月18日，他们带着中美史克《给医院的信》《给客户的信》回归本部，同时应急行动纲领在全国各地按部就班地展开。公司专门培训了数十名专职接线员，负责接听来自客户、消费者的问讯电话，做出准确专业的回答，以打消其疑虑。11月21日，15条消费者热线全面开通。

11月20日，中美史克公司在北京召开了新闻媒介恳谈会，做出不停投资和"无论怎样，维护广大群众的健康是中美史克公司自始至终坚持的原则，将在国家药品监督部门得出关于PPA的研究论证结果后为广大消费者提供一个满意的解决办法"的立场和决心。面对新闻媒体的不公正宣传，中美史克并没有做过多追究，只是尽力争取媒体的正面宣传以维系企业形象，其总经理频频接受国内知名媒体的专访以争取为中美史克公司说话的机会。

对待"暂停令"后同行的大肆炒作和攻击行为，中美史克保持了应有的冷静，既未反驳也没有说竞争对手的坏话，体现了正确对待竞争对手的最起码的态度与风度。

一番努力终于取得了良好的结果，用《天津日报》记者的话说："面对危机，管理正常，生产正常，销售正常，一切都正常。"

2001年9月底，新的康泰克上市前夕，中美史克在多家媒体发布了消息。下面是《北京晚报》的新闻报道《新康泰克不含"PPA"了》：

本报讯（记者张雪梅）改良后的康泰克即将上市，药名就叫"新康泰克"。原来其中的PPA成分将被伪麻黄碱代替。这是记者从中美天津史克制药有限公司了解到的。

因含PPA，"康泰克"2000年11月15日被国家药监局宣布暂停使用。而即将上市的是不含PPA的新康泰克，已经获得国家药监局的正式批准。该公司负责人说他们不是在"PPA事件"出现后才着手去研究新配方的。因此，现在能推出改良后的新康泰克，在时间上完全是一种巧合。对于不含PPA的新康泰克，中美史克投了1.45亿元，其疗效与旧康泰克一样。

作为感冒药的重要配方，PPA已经使用了50多年，安全性相对很高。在国外，有患者为了减肥等某种目的，长期大量地服用"康泰克"，而大部分的副作用与此有关。当时每个国家根据自己不同的情况做出决定，如美国、中国、加拿大等决定将含PPA的感冒药撤出市场，日本等国则决定继续使用，而在其他国家则将PPA改为处方药。由于康泰克的知名度较高，不少人已经把PPA与"康泰克"画上等号。其实不仅是"康泰克"含有PPA，已被暂停使用的含有PPA的药品，涉及13个厂家的58个品种。

（资料来源：https://wenku.baidu.com/view/dd08174efe4733687e21aa1c.html，2011-3-17；张雪梅.新康泰克不含"PPA"了.http://news.sina.com.cn/c/2001-08-30/344136.html，2001-08-30。）

本 章 小 结

品牌危机管理是品牌关系断裂理论的实践，其发生是突然的、难以预见的，且破坏性很强、危害很大。本章着重介绍了品牌危机管理的步骤及主要措施，并进行了多个案例分析，引发人们对应对品牌危机的思考。

学 习 重 点

1. 品牌危机的特征。
2. 品牌危机管理的步骤及主要措施。

思 考 题

如何区别企业危机与品牌危机？试举例说明。

第十九章

品牌延伸管理

第一节　品牌延伸概述

品牌最主要的功能是通过品牌的延伸实现的。众所周知，创建一个新品牌的成本及风险越来越大，在发达国家创立一个新品牌的费用在 5000 万~1 亿美元，如果要创建一个具有国际影响力的品牌，则至少需要 10 亿美元的投入，即便如此，也无法确保新品牌一定能在市场上获得成功。多数情况下，在市场上存活时间在 3 年以上的新品牌达不到 30%。因此，品牌延伸能力就成为决定品牌价值实现与否的最为重要的组成部分，同时，品牌延伸在品牌实践中的应用也最为常见。以美国为例，在过去 10 年新上市的消费品中，有 95% 是属于品牌延伸而来的，采用新品牌推出新产品的比例只有 5%。因此，品牌延伸是品牌管理当中一个非常重要的命题，一直是品牌研究的学者们不懈努力探究的领域。

一、品牌延伸的定义

品牌延伸问题的系统研究起源于 20 世纪 70 年代末，但品牌延伸至今还没有统一的定义，品牌研究的学者们从各自不同的研究领域都有不同的理解。其中，营销学方面的定义比较有代表性，一般认为品牌延伸是介于新产品线增加和新品牌增加战略之间的一种发展战略的选择，认为品牌延伸是指一个著名品牌或某一具有市场影响力的成功品牌使用在与成名品牌或原产品完全不同的产品上。还有比较直接的表达为：品牌延伸是指在已经确立品牌地位的基础上，将核心品牌运用到新的产品或服务中，期望以此减少新产品进入市场的风险，以更少的营销成本获得更大的市场回报。或者表达为：品牌延伸是指在已有相当知名度与市场影响力的品牌的基础上，将原品牌运用到新产品或服务上，以期望减少新产品进入市场的风险的一种营销策略。

二、品牌延伸的主要原因

关于品牌延伸发生的原因，有学者从有形资产和无形资产之间的比率平衡角度来解释，也有学者将其归于应该充分、合理地利用企业的资源，认为延伸是发挥品牌资源最大经济效益的主要手段。少数人在研究品牌资源合理利用的时候，将品牌延伸划分在品牌的扩张部分，认为品牌扩张是指运用品牌及其包含的资本进行发展、推广的活动，意指品牌资本的运作、品牌的市场扩张等内容，具体也指品牌的转让、授权等活动。

综上所述，品牌延伸产生的根本原因可以被认为有两个方面：一是品牌所有者利益最大化的要求；二是品牌对消费者影响泛化的结果。品牌作为一项重要的竞争工具，为相关者带来利益。相关者具有与所有的竞争主体一样的性质，即追求利润的最大化。获得并保持品牌盈利能力最大化是品牌所有者的基本要求，而品牌延伸正是完成这一目标的最佳途径。因此，成熟品牌的延伸是品牌利益最大化的要求。另外，品牌的文化特质有着强大的生命力，扩散是品牌运动的基本途径，其中有序、有方向的扩散表现为品牌的延伸。因此，品牌的延伸是品牌自身运动的轨迹和要求，表现为品牌经营对经营风险的规避。

三、品牌延伸的基本形式

品牌的延伸可以分成横向延伸和纵向延伸两种基本形式。横向延伸一般是指跨行业的延伸；纵向延伸是指一个行业内的产品线延伸。此外，也有横纵向同时进行的品牌延伸，比如海尔的品牌延伸就是比较典型的品牌横纵向同时延伸的形式。海尔品牌的原代表产品是电冰箱，在创建品牌成功之后，向家电行业进行了产品线延伸，开始生产洗衣机、电视等产品，这是典型的行业内产品线延伸，属于纵向延伸的形式。在纵向延伸成功之后，海尔开始把目光瞄向另一个行业，开发了整体厨房等与品牌原产品分属两个行业的产品，这是跨行业的品牌横向延伸。在一个品牌上连续使用横纵向延伸策略一般称为混合延伸。

有学者将品牌延伸的形式描述为广义延伸和狭义延伸，或者向上延伸和向下延伸，无论进行怎样的形式划分，只是对延伸形式的理解角度不同，实质都是一样的，都是为了进一步研究的需要所进行的研究对象细分。

四、品牌延伸策略

综合学者们关于品牌延伸定义的观点，在研究的基础上提出了两个关于品牌延伸的两个层面上的策略思考：①在品牌结构层面上，需要考虑原品牌的资产与影响力，以及原品牌与新品牌的关联性；②在产品线延伸的层面上，需要依据企业自身研发与生产能力，结合市场环境，确定产品线延伸的深度和宽度。

品牌延伸策略研究被划分于品牌管理实务研究当中。依据其品牌组合的结构不同，品牌延伸策略可分为单一品牌延伸策略、复合品牌延伸策略和多品牌组合延伸策略三种基本形式。

1. 单一品牌延伸策略

单一品牌延伸策略又称统一品牌延伸策略，即企业生产经营的所有产品（包括不同种类的产品）都统一使用同一品牌，可以沿产品线向上延伸和向下延伸。因为只是产品与品牌概念的简单叠加，这种延伸策略最为常见，但由于这一延伸策略会使得原有的品牌定位发生变更和动摇，所以失败的风险也较大。

沿产品线向上延伸策略要求消费者对原品牌具有相当的品牌忠诚度，将原有的中低档产品支撑的品牌，通过更换或升级产品，使品牌随之进入高档的细分市场。例如，早期的联想、蒙牛都是采取这一策略使其品牌同产品一起升级到了中高档次。

沿产品线向下延伸策略要求原品牌具有较高的美誉度，消费者对其延伸产品能够做出较大的反应并加以认可，一般是以高档次品牌为依托，发展中低档次产品的营销策略。因为它会干扰原品牌的品质定位，自然会对原品牌产生不利影响。派克钢笔的向下延伸就被定义为不当延伸的经典案例，险些葬送了派克金笔的金字招牌。当然也有成功者，如雅戈尔西服的高档品牌、中档产品、低端营销的定位使得雅戈尔无论是品牌资产的增值还是销售，都经营得非常成功。

单一品牌架构的优点表现为以下几点：

（1）能向社会公众展示企业产品的统一形象，大大提高企业的知名度，促进新产品和系列产品的推广。

（2）因所有产品共同用同一品牌，可节省品牌设计和品牌前期宣传等大量费用。

（3）原品牌产品的品牌影响力可以使得新品牌快速进入市场。

（4）能让消费者广泛熟知企业文化，让商品具有识别性。

（5）能建立与消费者的情感联系。

单一品牌架构的劣势表现为以下几点：

（1）企业要承担很大风险。当所有产品在同一品牌下，如果其中一个产品发生问题（如出现质量问题），那么其他产品也会受到相应的影响，影响企业的整体形象。

（2）当所有产品均使用同一品牌，可能造成消费者的混淆，无法分辨产品的档次。

（3）在同一品牌下，如果产品性质差别较大，容易引起消费者的不良的心理反应，影响企业形象。

2. 复合品牌延伸策略

复合品牌架构是赋予同一种产品两个或两个以上品牌。采用这种策略的原因有两个：①因为形象定位是抽象的标志性品牌，难以表达具体的标识性功能信息，因此，很多企业选择以标志品牌为主、标识性的功能品牌为辅的策略来解决这一矛盾；②单一品牌策略经常会由于一项产品的失败导致整个品牌的损毁。为了防止此类风险，有些企业按照产品的不同特点，采用补充说明的形式另行表达，这也是采用复合品牌策略的主要原因。复合品牌架构分为主副品牌架构与联合品牌架构。

（1）主副品牌架构。主副品牌架构又称双品牌架构，是指产品品牌与企业品牌共用，即企业对不同产品分别采取不同的品牌名称，且在这些品牌名称前加上企业名称。其中，主品牌代表企业形象，副品牌代表核心特征与产品的个性形象。如热风（Hotwind）作为主品牌，适用于休闲派，兼顾青春与时尚，有休闲、运动、正式等不同风格的服饰，其旗下也有许多副品牌，如 OFFCOS、Lando Rode 等，使热风的品牌单一架构过渡到主副品牌架构，明确了品牌不同风格的定位与发展方向，使品牌得以延伸，成为时下热门的连锁品牌之一。

主副品牌架构的优点有：企业运用主副品牌架构，可以避免品牌延伸过程中的"株连效应"，即使用副品牌的产品可以与主品牌的原产品产生差异，避免主品牌的产品因副品牌的新产品的某种问题而造成的消费者流失和市场损失；可以节省广告宣传和产品推广费用，采取不同的副品牌，可以有效地展现不同的产品特色，保持产品的独立性，有益于推出新产品。主品牌的良好形象是副品牌的巨大助力。

主副品牌的劣势是，如果过分地突出副品牌形象，容易淡化主品牌在消费者心中的形象，影响企业的发展和品牌的成长。

（2）联合品牌架构。联合品牌架构是指两个或更多品牌相互联合、相互借势，使品牌本身的各种资源因素达到有效的整合，从而创造双赢的营销局面的战略。雀巢是联合品牌架构的成功典范。雀巢由乳制品起家，通过收购行业内的品牌，如美禄、美极等，占领了被收购品牌的市场和消费群体，经过调整改进，逐步成为具有一定实力的大品牌。

联合品牌架构的优点是：两个或多个品牌联合可以相互影响，提高影响力，所带来的传播效应远远大于单体；企业间共同承担品牌风险，当品牌遇到危机时，企业间可以相互帮助、共同商议，采取有效策略；品牌可以有更广阔的市场。

联合品牌架构的劣势是：在联合品牌推出之前就品牌归属问题要协商好，当企业间有意见分歧时，就会有品牌风险；企业间都已形成品牌文化，如果存在较大差异，会遇到管理问题等。

3. 多品牌组合延伸策略

多品牌组合是指一个企业发展到一定程度后，利用自己创建起来的一个知名品牌延伸到开发、发展出多个知名品牌的战略计划，并且多个品牌既相互独立，又存在一定的关联，而不是毫不相干，相互脱离的。宝洁公司是多品牌组合延伸策略的一个经典案例。宝洁公司在日化行业上的品牌组合就是典型的多品牌组合延伸策略。宝洁公司以飘柔、潘婷、海飞丝等众多品牌分别抢占日化行业的几大细分市场，这些品牌之间时而侧重一个，时而齐头并进，不断变化它们之间的传播量与定位信息，但这些品牌之间没有主副关系。产品间包装不同、各具特色，有鲜明的个性风格。多个子品牌面向产品的细分市场不同，使企业在市场竞争中不会产生自身品牌内部排挤与争夺消费者的损失。

多品牌组合延伸的优点是：适合细分化市场的需求，消费者的需求多样化，多品牌策略能够满足消费者的消费心理需求；有利于扩大市场的占有率，多品牌尽管有可能造成相互竞争的局面，但其产品销量会使企业获得更多利润；同类产品有利于突出不同产品的特性，提高企业抗风险的能力。

多品牌组合延伸的劣势是：产品推广的费用高，对于每个子品牌的维护，企业要花费相对较高的费用；品牌过多会造成企业整体形象较难塑造。

第二节　品牌延伸的一般步骤及风险

一、品牌延伸的一般步骤

品牌延伸有一套科学而严谨的步骤以防范其不当延伸的风险，主要有如下几个步骤：

1. 确定原品牌与目标市场之间的线路

所谓原品牌与目标市场之间的线路，是指原品牌向目标市场延伸的技术路线。也有学者称之为品牌线，是由一个已存在的品牌向一个与之不相关的市场运动的途径，是原品牌核心价值的演变轨迹；可能存在的线路当然不止一条，且每条线路都有其优势与劣势，选择品牌的延伸方向并不是目标的确定，而更多的是对实现延伸目标路径的选择。尽可能多地设计出可能实现预期延伸目标的路径，并测算其存在的风险与收益，这是进行品牌延伸的基础步骤。

2. 关键线路的选择与分析

采用类似于项目管理中的关键线路法，对上一步骤找出的可能线路结合企业实力进行综合评估。按照品牌资产最大化与企业经营目标统一的原则，依据各条线路的综合评估结果，将其排序并优选，再依次对其进行分析、调整，选择品牌延伸的关键线路。

3. 延伸对品牌内涵的影响测试

按照上一步骤的排序结果，按照品牌系统论的要求，逐一测试各条延伸路径对品牌内涵的影响，再次进行线路筛选。这次筛选的结果能够得到几个可行的备选方案。

这些备选方案要通过下一步骤的调整之后，依然要使用此步骤的方法再次进行测试，循环往复，直至最优方案在下一步得到确认为止。

4. 延伸线路的确定与方向的调整

将确定的延伸线路按照既定的延伸目标分成各个阶段，再对各个延伸阶段进行调整。除一定要保持与总目标一致的要求之外，其他过程都要求符合最优原则。

5. 确定延伸形式及延伸策略

品牌延伸必须能够延续原品牌的优势，迅速展开与消费者之间的新品牌关系，依据上述步骤的结论，确定合适的延伸品牌名称、延伸形式及延伸策略。

二、品牌延伸的风险

品牌延伸是一把双刃剑，它确实为企业带来了诸多好处，成就了众多企业的扩张，但同时也损毁了许多原本优秀的品牌。仅仅理解延伸的好处是不够的，对延伸的认识应当从正反两个方面入手，因此，还要对它的风险有足够的认识。

品牌延伸面对的风险主要由以下三个方面组成：

1. 对原品牌的淡化或损毁风险

品牌延伸最多发生的问题就是贪大图全。在少数成功案例的影响下，一些企业扩大生产领域，导致产品线过长、品牌覆盖的品类过多，直接影响品牌消费者对原品牌的理解与忠诚，造成原品牌概念的淡化，以及品牌影响力的丧失。其主要表现为贪大图全、产品品类杂乱等问题。这是最为常见的一种延伸风险。

2. 定位的错位风险

在延伸的过程中还会发生一类错误，即新的延伸品牌会淡化原品牌的定位，使得整个品牌经营系统失去统一的品牌核心价值观，无法相互兼容的两种定位会深刻地影响消费者对它的正确理解，从而导致消费者对原品牌的放弃。这一类风险隐蔽性强，发生的原因不容易判断，是最难辨认的一类风险。其主要表现为不相关扩张、定位错位、多重定位、形象错位等问题。

3. 延伸过快的风险

延伸过快是相对于其他配套延伸而言的。品牌延伸不是简单的品牌形象延伸，它要求管理水平、传播技术、文化内容相应地提高。品牌延伸速度过快，企业相应的资源未能及时跟上，很可能会导致延伸的失败。但这类风险只会影响延伸的产品，不会对原品牌产生不良影响。只要清楚品牌延伸与产品延伸、营销传播、资本延伸及文化管理等各项经营要素的关系，就能对品牌延伸质量有一定的保证。

第三节　品牌延伸的产生条件

上述品牌延伸的含义是将品牌作为营销工具这一认识作为前提的，但品牌研究的发展早已超越了这一认识，在品牌关系理论之后，对品牌的本质已经确切地可以用品牌资产价值、品牌经营系统等几个阶段来认识，相应地对品牌延伸的理解也不能停留在营销工具上。至少，对品牌延伸的认识应该基于品牌是经营系统，而不是简单的营销工具。建立在品牌经营系统认识基础上的品牌延伸机理问题，不再仅仅是针对品牌伞下产品之间的相关度、品牌强势度及品牌延伸的心理机理进行研究，而应该尽可能地将品牌延伸抽象为一般产品意义上的延伸，当然这一过程仍是在品牌系统内运动。对延伸抽象的最好办法就是建立品牌延伸理论模型。品牌延伸理论模型构建是当今品牌理论的前沿性课题。以往的众多研究都集中在构成品牌模型的要素上，然而，毕竟品牌本身既是一个独立的系统，又是包罗众多子系统的集合，即使建立了模型，其相应的发生条件也依然是难以实现的。因此，将品牌延伸的活动看作是子系统之间协同关系的运动，是品牌子系统相互作用又协调一致的结果，不再视其为某些变量可以决定的模型，对延伸的研究不再停留在要素及要素关系上，更重要的是从发生条件的角度认识延伸本质。

将品牌抽象地视为一个完整的经营系统，可以将影响品牌延伸产生的条件因素归纳为以下三项：①品牌系统本身的开放程度；②品牌系统所处环境的排他性强弱程度；③品牌系统与所要延伸的环境之间的相关程度。

品牌延伸能力是基于品牌系统与环境系统的相互作用而产生的，可以视为子系统的相互作用一致时，满足机理产生条件的结果。品牌系统本身的开放程度和品牌系统所处环境的排他性强弱程度之间是相对独立的，二者之间的关系是品牌系统与所要延伸的环境之间的相关程度的关系。

本节仅仅依据品牌经营系统的特征，浅析品牌延伸产生的条件因素，并据此简要阐述品牌延伸评估框架。对框架进一步的研究就是品牌延伸能力评估的实证研究，以期获得具体的相关系数。

◆ 案例 19-1

海尔集团的品牌延伸

海尔集团创立于 1984 年，它不满足于当时家电行业的产品和服务形式，在生产研发上进行创新，积极拓展延伸品牌新领域，开辟新技术、新产品、新服务。海尔不仅成为我国家电行业知名品牌，还成功进入了海外市场，逐步奠定了国际品牌的地位。在近几年的发展中，海尔积极开拓创新，已经成为我国国家品牌，并开始跻身于国际品牌的行列。2016 年 6 月 22 日，全球顶级品牌研究与评测机构——世界品牌实验室（World Brand Lab）在北京发布了 2016 年（第十三届）《中国 500 最具价值品牌》排行榜，海尔集团以 2218.65 亿元的品牌价值连续十三年蝉联家电行业第一品牌，品牌价值同比提升 50.4%。

海尔集团的品牌愿景是致力于成为行业主导，海尔员工将会心情舒畅、充满活力地在为用户创造价值的同时实现自身价值；海尔集团将在创造全球品牌的同时实现对股东、社会的卓越回报。海尔集团的延伸设计战略的主要核心是多元化、创业、创新、双赢。

　　1984—1991 年海尔只在做电冰箱产品，经过几年品牌资产的积累，开始延伸发展周边制冷产品。到 1998 年之后，海尔已经延伸至家电领域的多种产品，接着开始由单一产品架构向主副产品架构转变，延伸出更多的子品牌，如统帅、卡萨帝。海尔集团一直坚持多元化发展，除了冰箱以外，还向家电事业继续延伸，包括空调、洗衣机、电视、厨卫设备等在人们日常生活中常用到的主要家电。海尔集团的品牌延伸战略都能获得成功，成为我国家电事业的佼佼者。

　　海尔从家电起家，又向物流行业和金融行业延伸，推出了"日日顺"品牌。它是海尔集团的综合服务业品牌，核心业务是日日顺物流、日日顺乐家、日日顺健康等产业平台。日日顺以诚信为核心，以社群为基本单元，致力成为后电商时代的引领平台。

　　由于网购大幅增加，物流行业也快速成长，在家电行业当中，物流已经成为家电企业发展的重要环节。很多家电企业都在推出自己的物流品牌，增强自身的物流能力，以此作为企业增加市场竞争的优势，降低企业在物流方面的投入成本，提高服务质量，为企业的发展创造条件。海尔从 1999 年就抢夺先机，开始大力发展自己的物流管理，建立了自己的物流品牌，提升了家电事业配套服务的质量，增加了品牌的知名度、认知度美誉度和忠诚度。

　　2001 年海尔又延伸到了金融业领域。在家电行业进行价格战的背景下，海尔作为家电行业的领军企业，开始借鉴通用电气公司（GE）的产业融合模式，将进军金融行业作为自己的策略之一。海尔一直以冰箱研发技术享誉全球，自 2011 年海尔开始与霍尼韦尔进行合作，研发出了节能智能冰箱。海尔又一次刷新了行业之最。

　　海尔集团的在品牌延伸策略上也有过失败的经历。1998 年，海尔与 TCL、创维、海信等诸多家电大佬一起纷纷扛起 PC 产业大旗，进军 PC 产业。此后 3 年，海尔计算机虽销售有所上升，但是总体上仍然是亏损的。最终海尔对 PC 业务进行了冷处理，此后基本上在 PC 业务上没有什么大动作。2001 年年底，海尔集团放弃计算机制造，改请我国台湾的两家厂商做代工（OEM）。几乎同时，北京、成都等地的海尔计算机开始断货，2002 年上半年，海尔计算机各地办事处关闭，海尔计算机的接单、销售管理和综合服务改由海尔计算机工程有限公司接管。2002 年 3 月，海尔 3C 连锁有限公司被注销。

　　海尔在 PC 品牌延伸上的失败原因是计算机制造要求很强的科研能力，需要快速地不断创新，而家电相对来说对这方面的要求没这么高。一线品牌计算机不断强化技术优势，在 PC 行业，一天技术领先，可能就会天天领先。而海尔进入这个行业以来，一直采用它的家电经营模式，试图把它成功的家电经营模式复制到 PC 行业来。然而，海尔并不能把两者整合到一起，因为计算机的设计理念和设计能力要求非常高，对外形方面要求也比较高。比如，笔记本电脑需要时尚好看，这与家电行业有较大的差别，也不是海尔的强项。消费者往往会选择外观上比较时尚的笔记本电脑，而以家电行业为主的海尔，在笔记本电脑的外形设计上不占优势。此外，计算机品牌优势要求非常明显，越是领先品牌，越受到消费者偏爱，国内消费者会越来越多地选择知名的领先品牌。因此，在海尔与专业计算机品牌之间，消费者往往会选择后者。笔记本电脑作为一种高介入产品，消费者往往会相信品牌的力量，而消费者想到笔记本电脑往往不会想到海尔，而会想到联想、华硕等。PC 行业对管理、成本控制和规模的要求很高。这些特点都决定了计算机与家电并不完全相同,也是海尔很难把它的家电优势转移到 PC 业务上来,实现不了整合效应的主要原因。

由于计算机市场的竞争激烈,应首先吸纳该行业的高端人才,适应新的要求,不断更新知识,适应新技术革命必将带来的知识结构、技术结构、管理结构和干部结构等方面的深刻变化。海尔以家用电器为主要产品,在计算机方面的资源相对较少,若要进入计算机市场必须对产品进行定位。海尔品牌的核心价值是以家电为中心,家电行业的竞争也是如此激烈,有索尼、国美等大品牌。因此,海尔应多对自身的核心价值进行更新,增强自身的竞争力,以适应未来环境。

海尔集团借助海尔母品牌的影响力,从单一品牌开始,一步步通过母品牌的品牌积累,从冰箱延伸到制冷家电设备,再延伸到覆盖整个家电群。海尔的品牌竞争力为扩大生产、扩展领域提供了助力。海尔成功地运用了主副品牌战略,成为海尔品牌战略层面的成功典范。家家户户都可能会有海尔的身影,从冰箱、空调、电视、热水器等无一不全,海尔集团以海尔主品牌向消费者展现海尔集团的历史与信誉,以统帅等副品牌彰显海尔集团的个性特征和其先进的技术。

从 1984 年创业至今,海尔经历了五个发展战略阶段,名牌战略阶段、多元化战略阶段、国际化战略阶段、全球化品牌战略阶段、网络化战略阶段。创业多年来,海尔致力于成为“时代的企业”,每个阶段的战略主题都是随着时代变化而不断变化的,但贯穿海尔发展历程的,都离不开管理创新,重点关注的就是“人”的价值实现,使员工在为用户创造价值的同时实现自身的价值。海尔集团以自己的品牌延伸战略,在市场中不断前行,建立起自己的家电王国。

(资料来源:https://wenku.baidu.com/view/fdf6cdfb910ef12d2af9e77f.html。)

◆ **案例 19-2**

娃哈哈的品牌延伸

1990 年,娃哈哈集团从儿童营养口服液开始,凭借“喝了娃哈哈,吃饭就是香”的广告语,产品一炮打响,使“娃哈哈”享誉大江南北。随后,娃哈哈进行产品线的延伸,先后向市场推出瓶装水、碳酸饮料、茶饮料、果汁饮料、罐头食品、医药保健品、休闲食品等七大类近 100 个品种的产品,在不到 20 年的时间里,娃哈哈从一个校办工厂发展到如今年营业收入 200 多亿元的企业,资产规模、产量、销售收入、利润、利税等指标连续 10 年位居中国饮料行业首位,成为目前我国最大、效益最好、最具发展潜力的食品饮料企业之一。纵观娃哈哈的发展历程,公司取得今天的成绩与品牌延伸策略的成功运用密切相关。

“娃哈哈”品牌诞生于 1989 年。在细心研究当时的市场后发现,营养液的品牌虽多,但没有一种是针对儿童这一目标消费群体的。于是,公司抓住这个细分市场,开发了“给小孩子开胃”的儿童营养液,给它起名为“娃哈哈”,同时公司也正式更名为杭州娃哈哈营养食品厂。娃哈哈儿童营养液由于切中了儿童市场的空白点，并在强力广告的推广下，其销售额直线上升，1990年销量破亿。营养液的成功使得娃哈哈羽翼渐丰，于是娃哈哈又推出了针对儿童消费市场的第二个产品——果奶。从营养液向果奶的延伸是娃哈哈品牌延伸的第一步，也是成功的一步。娃哈哈儿童营养液的产品诉求是"给小孩子开胃"的"营养饮品"，娃哈哈果奶的目标消费群体仍聚焦于儿童，更突出"有营养"和"好味道"，和儿童营养液基本处于一类诉求点。这次品牌延伸不存在和原来品牌利益的冲突，是稳健而成功的。虽然当时市场上已经出现了不少同类产品，但凭借娃哈哈营养液的品牌影响、销售渠道以及规模生产的优势，娃哈哈果奶上市后即迅速被消费者接受，一度占据了市场的半壁江山。娃哈哈果奶的推出，拓展了娃哈哈品牌的经营空间，更增强了娃哈哈品牌的价值及影响力。

娃哈哈经过营养液和果奶的发展和积累，实力逐渐雄厚。1995年，娃哈哈决定延用"娃哈哈"品牌生产纯净水，突入成人饮料市场。娃哈哈原本是一个儿童品牌，其目标消费群体是儿童，品牌形象也是童趣、可爱，因此，娃哈哈推出纯净水可以说是娃哈哈品牌的一次"变脸"。娃哈哈纯净水的广告语"我的眼中只有你""爱你等于爱自己"等广告展示了其青春、活力、时尚的品牌形象，目标消费群体也变为成人。这一举措当时很多人都不看好，但出乎意料的是，娃哈哈不但没有倒下，反而发展壮大。因为当时我国纯净水市场一直未出现全国性领袖品牌，这就给娃哈哈的品牌延伸带来了很大的成功机会。所以，娃哈哈在当时的背景下毅然走上品牌延伸之路，推出娃哈哈纯净水，应该说是务实的明智之举。娃哈哈借助纯净水的成功，确立了自己全国性强势饮料品牌的地位，"变脸"后娃哈哈的发展空间更加海阔天空。

在2002年，娃哈哈决定进军童装业，并且提出"高中档的服装、中低档的价格，全力打造中国童装第一品牌"的经营思路，倡导"健康、舒适、漂亮"，努力为少年儿童带去更多的欢乐。关于娃哈哈向童装的延伸，娃哈哈原来是一个儿童品牌，后来延伸到纯净水，已经向成人化过渡，虽然品牌定位变得不太清晰，但毕竟还没有偏离食品饮料业，不管是生产线、研发力量还是销售网络都可以共享。但现在将品牌向服装延伸，无论是技术关联性、品牌联想度等相差甚远，品牌延伸存在巨大的风险，延伸过程中如果歪曲了本身品牌的内涵和形象，将会演化成一种可能切合市场需求但缺乏品牌关联性的产品。娃哈哈品牌本身的内涵和形象是"健康、营养、快乐"，而且这一形象比较突出。娃哈哈品牌下的AD钙奶、营养快线等产品都很好地诠释了这一概念，强化了这一形象，从而在消费者心中树立了鲜明的品牌个性。然而其延伸的童装等产品与娃哈哈品牌关联性不强，在延伸的时候没有考虑到关联性或关联性延伸过度，导致损毁了在消费者心中的形象。基于此种情况，消费者在品牌认知上有一定程度的困惑，对娃哈哈品牌的印象比较模糊，在品牌认知上产生偏差。

综上所述，娃哈哈由营养液到果奶、矿泉水的延伸无疑是一种正确的延伸策略，但在娃哈哈既定的品牌内涵下，向童装延伸就不是明智之举了。娃哈哈的很多产品已经在消费者心目中树立了"健康、营养、快乐"的品牌个性，但童装品牌确实与娃哈哈的品牌关联性不强，导致娃哈哈品牌在消费者心中的形象是不良的，给企业造成了一定的损失。

因此，企业在进行产品延伸时一定要考虑到品牌的承受力。关联性延伸要确保在不损害品牌形象的前提下，进行适度的品牌延伸，防止过度延伸，认真做好监控工作，实施扎实、稳妥的品牌延伸策略，保证品牌延伸适度。

（资料来源：https://wenku.baidu.com/view/fdf6cdfb910ef12d2af9e77f.html。）

补充阅读材料

工业企业塑造品牌的原因和目的

工业企业的产品是中间产品，绝大多数是面对中间商或产业下游厂商的组织市场，购买者相对集中，消费者一般不直接消费，品牌又长期被视为营销工具，几个原因叠加在一起，使得工业企业长期以来忽视品牌的建设。

具体说来，工业企业忽视品牌建设的主要原因可以归纳为以下三点：

（1）工业产品基本实现了高度标准化，可发挥余地小。这涉及营销中的差异化问题，若是面对大众消费者的最终市场，消费者之间的差异是经常被营销利用的。因为消费者差异，营销可以将消费者细分出来，以特定产品满足特定需求。而工业企业面对的组织市场是专业性采购市场，产品被高度标准化，采购费用和采购标准几乎无差异（除少数特殊需求外），绝大多数产品是可以精确地计算出性价比的，厂商可发挥的余地很小。因此，厂商一般追求提高质量或降低成本，通过提高性价比，以期达到提高竞争优势。品牌本身就是差异化工具，在工业企业面对的组织市场中，短期的直接作用不明显，这是造成工业企业忽视品牌建设的最直接原因。

（2）工业企业面对的客户是特定企业（组织），高度集中，数量少。因为工业企业在组织市场中面对专业性组织采购，其营销范围非常有限，容易将目标消费者定义在少数大客户。品牌是需要大量消费者的，大客户对企业的生存和发展都很重要，但对品牌而言是远远不够的，即使一般意义上的大客户管理也被认为是典型的助销者，这些大客户也不是最终消费者，因为最终消费者的需求才是真正的需求。工业企业在品牌塑造过程中，需要区分工业企业的目标消费者与助销者，大客户就是目标消费者的企业容易因此而忽视品牌塑造。

（3）工业产品的生命周期很长，产品与品牌周期不同步。最终消费者的偏好变化是与时俱进、此消彼长的，满足他们需要的产品的生命周期往往很短，而且越来越短。而中间产品的生命周期很长，除非遇到重大技术进步等原因，产品遭到了淘汰，中间产品在标准化的约束下可以变化的余地都非常小。为此，普遍存在的产品品牌并不适用于工业企业，存在"品牌是产品附加值"或"品牌是营销工具"思想的企业会误认为品牌对工业企业无用而忽视品牌塑造。

工业企业的产品是重复购买率极高的产品，容易将其误认为是市场对企业品牌的认可度高。企业可以选择资源禀赋型发展，也可以选择技术进步型发展，但与品牌型发展并不矛盾。工业企业发展品牌的目的主要有以下三点：

（1）承担社会责任是企业发展品质的体现。企业不能唯利是图，具有良好社会责任感的企业在发展中会受到社会欢迎，尤其是对工业企业而言，环境友好型企业要比环境污染型企业的发展顺利得多。

（2）工业企业的扩展需要品牌延伸。企业能否塑造出良好的公众形象是其品牌能否延伸的前提，为此，工业企业对自己商号品牌的公众形象管理就显得至关重要。这也是许多工业企业跨行业发展困难的重要原因。

（3）品牌对企业内部管理而言是一个牵一发而动全身的工具。企业内部的大部分部门与品牌塑造都有或多或少的关系，为此，品牌又是一个非常有效的管理工具，可以减少企业内部职能的灰色边界等问题。

总之，工业企业应始终坚持以"个人消费者的偏好为目标，个人消费者才是真正消费者"的思想，充分利用品牌的作用，升级企业管理，赋予企业文化内涵，塑造良好的公众形象，为基业长青打下良好基础。

本 章 小 结

本章主要阐述了品牌延伸的理论，分析了品牌延伸发生、发展过程，详述了品牌延伸作为应用理论的机理，并对品牌延伸的一般步骤进行了总结与规范，最后，还系统解释了品牌延伸会遇到的风险。

学 习 重 点

品牌延伸及品牌延伸的步骤。

思 考 题

试举一个品牌延伸不当的例子，运用延伸的基本理论知识来分析其使用不当的原因及解决方案。

第二十章

品牌资产管理与品牌评价

最初的品牌资产评估是为了满足品牌兼并、收购和合资的需要，但严格地讲，品牌资产评估的作用远不止满足这些需要。现代品牌资产评估更多的是为了满足企业决策的需要，这也是品牌经济学实务研究的主要内容。

品牌的兼并、收购活动使企业意识到对现有品牌资产的价值进行更好的掌握是必需的，准确的品牌资产信息是进行兼并、收购的基础。后来，人们逐步意识到进行品牌资产评估有利于提高管理者的决策水平。没有准确的资产变动信息就无法获知决策的结果，没有较高水平的品牌资产评估就无法具体评估各项品牌经营业绩。只有对企业各个品牌的价值做出准确评估后，管理人员才能对品牌运营做出明智的决策，合理分配资源，减少投资浪费。因此，品牌资产评估越来越受到企业管理研究人员的关注。

本篇从品牌资产的概念入手，详细介绍基于各类概念下的品牌资产计量方法，此外，还专门安排一节案例，以增强读者对这些方法的理解和引用能力。

第一节　品　牌　资　产

一、品牌资产的基本概念

现代品牌理论特别重视和强调品牌是一个以顾客为中心的概念。一个品牌如果没有给顾客带来功能和情感上的利益，就没有价值可言。最有代表性的是凯文·莱恩·凯勒（1998）提出的基于顾客的品牌资产概念（Customer-based Brand Equity），即顾客品牌知识所导致的对营销活动的差异化反应。该定义主要从顾客对品牌的反应去衡量品牌的价值。

目前，国内外学者对品牌资产概念的理解仍然是仁者见仁，智者见智，存在分歧，不同视角对品牌资产的理解也不同（见表20-1）。

表 20-1　品牌资产定义汇总表

出　　处	品牌资产定义
营销科学研究所	品牌客户、渠道成员和母公司等方面采取的一系列联合行动，能使该品牌产品获得比未取得品牌名称时更大的销量和更多的利益，还能使该品牌在竞争中获得更强劲、更稳定、更特殊的优势
凯文·莱恩·凯勒 戴维·阿克	由于顾客对品牌的认知而引起的对该品牌营销的不同反应，能够增加或减少产品服务对其公司和公司客户所产生价值的一系列品牌资产和负债，以及品牌名称与象征

（续）

出　　处	品牌资产定义
拉贾·斯拉瓦斯塔瓦 阿兰·斯考克尔	品牌资产包括品牌影响力和品牌价值。品牌影响力是一系列关于品牌客户、渠道成员及母公司的联合行为，它们能使该品牌拥有特定持久的竞争优势。品牌价值是管理层通过采取一系列大力增加当前和未来利益并减少风险的行为，以增强其品牌并由此产生的经济效益
沃克·史密斯	通过各种成功的计划和活动，为一种产品或服务累积起的各种在交易中可度量的财政价值
美国品牌资产委员会	品牌资产向顾客"提供一种能够拥有的、值得信赖的、有关联的特别承诺"
林恩·阿普绍	一组品牌的资产和负债，与品牌的名称、标志有关，可以增加或减少产品或服务的价值，也会影响企业的顾客和客户
亚历山大·比埃尔	品牌给产品或服务带来的现金流
埃拉马蒂·纳斯林	品牌资产表现为以私有品牌同质产品为基准之上的额外收益
帕克·希尼娃森	超越客观产品特性之上，由品牌名称对品牌偏好形成的额外贡献
华南国际市场调研公司	相对于同类无品牌产品或服务而言，顾客愿为某一品牌产品或服务所支付的额外费用

（资料来源：凯文·莱恩·凯勒. 战略品牌管理［M］. 北京：中国人民大学出版社，2003。）

从上述定义不难看出，人们对品牌资产的理解是不一致的，但出发点不外乎三种：财务会计观点下的概念、基于市场的品牌力概念和基于品牌关系的概念。

上述定义虽然侧重点不同，但都表明品牌资产具有以下三个主要特点：

（1）品牌资产是一种无形资产。

（2）品牌资产是由品牌收益带来的，是一个企业拥有的很重要的资产。

（3）品牌对企业的价值是通过品牌对顾客的影响产生的。

二、品牌资产模型

品牌是一种特殊资产，是一种既可以增值也可以减值的资产，还是一项不完全产权的关系资产、多功能的资产。对品牌资产的认识可以归纳为以下三点：

1. 替代搜寻信息，提高顾客让渡价值，形成资产

就品牌微观的作用而言，品牌在交易中可以影响并固化顾客行为，使顾客的消费经验得以抽象并符号化；对于重复交易，品牌的使用替代了信息要素，间接降低交易成本，继而提高了顾客的让渡价值，方形成可以增值的资产。

2. 多功能资产

对于企业或其他品牌的所有者而言，品牌作为一项重要的无形资产在企业运营当中起到的作用不仅是直接为获取竞争优势服务，还具有优化资产结构，抵御资本运营中的风险，平衡受益与风险的关系，协调资产管理等众多作用。

3. 不完全产权的关系资产

一项资产如果是完全产权至少应该包括所有权、收益权、处置权，而品牌资产的特殊之处还在于它不完全属于所有权所有者，它是一种关系资产，它的大小取决于关系的各方，若消费者不予认可，无论经营者投入多么大，品牌资产的价值始终是零。而且，一个有影响力

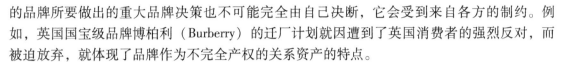
的品牌所要做出的重大品牌决策也不可能完全由自己决断，它会受到来自各方的制约。例如，英国国宝级品牌博柏利（Burberry）的迁厂计划就因遭到了英国消费者的强烈反对，而被迫放弃，就体现了品牌作为不完全产权的关系资产的特点。

（一）财务会计概念模型

财务会计概念模型主要着眼于对公司品牌提供一个可衡量的价值指标。这种概念模型认为品牌资产本质上是一种无形资产，因此，必须为这种无形资产提供一个财务价值。一个强势品牌是非常有价值的，应该被视为有巨大价值的可交易资产。英国 Interbrand 公司执行董事保罗·斯图伯特（Paul Stobart）是该概念模型的典型代表。他认为："关于品牌的一个重要问题不是如何创建、营销，而是如何使人看到它们的成功及在财务上的价值。"

财务会计模型的产生背景如下：公司必须对股东负责，一家规范的企业必须在一定的时期内向股东报告其所有资产的价值，包括有形资产与无形资产的价值。因此，如果不给每一个品牌赋予货币价值，公司管理人员及公司股东就无法知道其公司的真正总价值，甚至会导致价值的低估，从而对企业造成重大损失。尤其是在收购或兼并行动中，就更需要知道品牌的价值。品牌资产的财务会计模型有许多评估方法，可以分为两大类：一类是狭义的完全财务意义方法；另一类是在财务评估的基础上再考虑使用非财务因素进行调整的更为广义的财务评估方法。如今世界比较著名的品牌评估机构 Interbrand 和 Financial World 及我国的名牌资产评估事务所所使用的品牌资产评估方法都是建立在财务会计概念模型基础上的。

因此，应用品牌资产财务会计概念模型的主要目的有：①向企业的投资者或股东提交财务报告，说明企业经营绩效；②便于企业资金募集；③帮助企业制定并购决策。

财务会计概念模型把品牌资产价值货币化，符合公司财务人员把品牌作为资本进行运作的需要。但是，这一概念模型也存在着许多不足之处：①过于关心股东的利益，过于关心短期利益，很可能导致公司追求短期利益最大化，从而牺牲品牌的长期利益增长；②过于简单化和片面化，虽然品牌资产的内容十分丰富，但绝不是一个简单的财务价值指标所能概括的；③财务会计概念模型对于品牌管理没有任何帮助，它只能提供品牌的总体绩效指标，却没有明确品牌资产的内部运行机制。

（二）基于市场的品牌力概念模型

基于市场的品牌力概念模型认为，一个强势的品牌应该具有强劲的品牌力，在市场上是可以迅速成长的，从而把品牌资产与品牌成长战略联系起来。这种概念模型认为，从财务角度衡量品牌资产价值只是在考虑品牌收购或兼并时才很重要，财务价值只应是评估品牌价值的第一位指标。除此之外，更重要的是要着眼于品牌未来的成长。品牌资产的大小应体现在品牌自身的成长与扩张能力上，如品牌延伸能力。

品牌延伸能力是体现品牌力的一个重要指标。正如戴维·阿克所指出的，现在对于一个企业而言，引入一个全新品牌的成本要比品牌延伸的启动成本高得多，而且失败的概率也更大。因此，品牌延伸已为绝大多数企业所使用。品牌延伸也可以把现有品牌资产中的贡献因素延伸至新的产品，这些因素包括品牌名称、品牌形象、顾客对品牌的态度和对现有品牌的忠诚度、现有产品与延伸产品之间的适应性等。

基于市场的品牌力概念模型是顺应品牌不断扩张和成长而提出的。该模型与财务会计概念模型最大的区别在于，财务会计概念模型着眼于品牌的短期利益，而基于市场的品牌力概念模型研究的重心则转移到品牌的长远发展潜力。该模型开始比较深入地研究品牌与顾客之间的关系，并第一次把品牌资产与顾客态度、品牌忠诚度、顾客行为等指标联系起来。

皮塔（Pitta）和卡特桑尼斯（Katsanis）是把品牌资产纯粹作为长期计划工具的主要提倡者，他们在 1995 年提出了一项《20 世纪 90 年代品牌资产管理计划》，论述了品牌管理人员应该把重心从短期目标转移到长期目标。该计划分为四步：第一步是 Brand Picture，即一个企业首先必须建立一个品牌蓝图，勾勒一个品牌的五年发展战略；第二步是 Brand Persona，即企业应该从顾客角度来评估品牌的现状，并发现和识别品牌战略目标（第一步）与品牌发展现状（第二步）之间的差距；第三步是 Brand Life，即为了缩小第一步与第二步之间的差距，必须对品牌原有的策略进行调整，制定品牌生存策略；第四步是 Brand Initiative，即评估品牌所有的收益。该项计划重点强调了顾客对品牌的态度及如何制定公司的营销战略以体现消费者的观点。

三、基于品牌关系的概念模型

尽管基于市场的品牌力概念模型开始注意到顾客与品牌资产的关系，但是该模型的主要重心还是在于品牌的长期成长及计划上。迄今为止，绝大部分学者都是从顾客的角度来定义品牌资产。因为他们意识到，如果品牌对于顾客而言没有任何意义，那么它对于投资者、生产商或零售商也就没有任何意义。因此，品牌资产的核心便成为如何与顾客建立深刻的品牌关系。

波尔科尼（Pokorny）认为，顾客看待品牌资产的关键首先在于建立一个持久的、积极的品牌形象。品牌形象事实上是一个品牌本身或生产品牌的企业的个性体现，顾客可以用形容词来描述其对品牌或企业的感觉和认识。

凯勒（Keller）和克瑞希南（Krishnan）则认为，长期保持顾客忠诚度的关键在于让顾客了解品牌，掌握更多的品牌知识。顾客对品牌知识的了解可以分几个阶段进行，首先是品牌知名度和品牌形象。品牌知名度又分为品牌认知和品牌回忆，品牌形象又可分为品牌态度和品牌行为；如果建立一个好的品牌联想，顾客就可以建立积极的品牌态度。如果品牌能够越多地满足顾客，顾客对品牌的态度就越积极，也就有越多的品牌知识可以进入顾客的脑海。一旦在顾客心目中建立了品牌的知识，品牌管理者就要确定品牌的核心利益——品牌能够满足顾客哪一方面的核心需要。

戴森（Dyson）、法尔（Farr）与霍利斯（Hollis）也提出了一个品牌动态金字塔（Brand Dynamics Pyramid）模型。他们认为，首先，一个品牌必须拥有提示前知名度。其次，必须建立与顾客需求的联系，能够满足顾客的某种核心需要。再次，品牌的产品功能和绩效必须达到顾客的要求。最后，品牌必须表现出相对于竞争对手独特的优势，与竞争对手相区别。在最后一个阶段，品牌必须与其最终顾客建立某种情感联结。只有知道品牌处于金字塔的哪一位置，品牌经理才能制定适宜的战略和策略来维持或提高顾客忠诚度。

阿克在综合前人的基础上，提炼出品牌资产的"五星"概念模型，即认为品牌资产是由品牌知名度、品牌形象、品牌的感知质量、品牌忠诚度及其他品牌专有资产五部分组成的。基于品牌消费者关系的品牌资产概念模型把品牌资产的组成模块化，有利于品牌资产的管理。

凯勒提出了基于顾客的品牌资产金字塔模型，认为品牌资产由六个维度构成：品牌显著度、品牌功效、品牌形象、品牌判断、品牌感受和品牌共鸣。其中，品牌显著度涉及品牌识别，即这是什么品牌，这个维度位于品牌资产金字塔的底层；品牌功效与品牌形象涉及品牌含义，即这个品牌的产品有什么用途，这两个维度位于品牌资产金字塔的第二层；品牌判断与品牌感受涉及品牌响应，即顾客对这个品牌的感觉如何，这两个维度位于品牌资产金字塔的第三层；品牌共鸣涉及品牌关系，即品牌与顾客的关系如何，这个维度位于品牌资产金字塔模型的顶层。根据品牌资产金字塔模型的四个层级，凯勒提出创建强势品牌的四个步骤：第一步，建立深厚的、广泛的品牌认知；第二步，树立差异化的品牌个性与品牌形象；第三步，引起顾客积极的、易获得的反应；第四步，赢得顾客强烈的、积极的品牌忠诚度。可见，赢得顾客共鸣、维护好品牌与顾客的良好关系，是创建强势品牌的最高境界。

第二节 品牌资产评估方法

一、品牌资产评估方法的三个发展阶段

品牌资产作为一种无形资产，对公司来说是最有价值的资产，因而品牌资产评估成为企业关注的一大焦点，有关的研究大量展开并受到广泛瞩目。品牌资产评估方法的发展是以对品牌资产概念的理解为基础的。目前，国内外学者对品牌资产概念的理解存在分歧，从而导致品牌资产评估方法层出不穷、难以统一。学者、广告公司、市场研究公司和品牌资产评估专业机构采用不同的品牌资产评估方法对品牌资产进行评估，形成不同的品牌资产评估模型。

基于上述对品牌资产内涵的不同理解，目前对品牌资产价值的评估基本上是分别侧重于以下三种要素展开的：财务要素（成本、溢价、现金流量）、市场要素（市场表现、市场业绩、竞争力、股市）和消费者要素（态度、行为、信仰、认知、认同、购买意愿），从而使品牌资产评估方法的发展大体上经历了以下三个阶段。

第一阶段，完全基于财务会计要素的品牌资产评估法。这是人们最早评估"品牌财产"时采用的方法。20世纪80年代以前，"品牌资产"（Brand Equity）的概念还没有被西方营销界广泛采用，取而代之的是"品牌财产"（Brand Assets）的概念，即认为品牌资产仅是公司无形资产的一部分，因而主要寻求从狭义的财务角度对品牌资产进行评估。其评估结果难以为品牌管理者提供具体的管理操作方面的指导。

但基于财务要素的评估方法在越来越多的融资活动中对于企业价值的衡量具有重要的意义。首先，品牌资产评估使得企业资产负债表结构更加健全。资产负债表是银行贷款、股市投资的依据。将品牌资产化，使得企业负债降低，贷款的比例大幅降低，显示企业资产的担保较好，获得银行大笔贷款的可能性大大提高。其次，品牌资产评估是品牌兼并、收购和合资的需要。品牌兼并、收购热潮，使许多企业意识到对现有品牌资产的价值进行更好的掌握是必需的，对兼并、收购的企业品牌价值掌握也同样重要。最后，将品牌从公司其他资产中分离出来当作可以交易的财务个体的做法有日渐增加的趋势。这为合资与品牌繁衍奠定了稳定的基础，避免企业在与外商合资时，草率地把自己的品牌以低廉的价格转让给对方，造成损失。

第二阶段，品牌资产评估方法中引进了市场要素，使评估结果反映了品牌的市场地位，能够为管理者提供具体管理方面的指导。20世纪80年代以后，"品牌资产"的概念开始在

西方营销界广为流传，取代了"品牌财产"的概念，将古老的品牌思想推向了新的阶段。评估方法中也更多地涉及反映企业市场状况和其他管理层面的因素，如市场占有率、国际化水平等。虽然该类评估方法没有完全摆脱财务会计因素，但在财务要素的基础上，引进市场要素对品牌资产进行评估是评估方法的一大改进。首先，品牌资产评估有利于提高管理决策效率。虽然企业形象资产对股东有利，然而无法具体评估各项品牌经营实绩。依据公司各个品牌的市场表现对品牌价值做出评估后，有利于公司的营销和管理人员对品牌投资做出明智的决策，合理分配资源，减少投资浪费。其次，基于市场要素的品牌资产评估结果能够激励公司员工，提高公司的声誉。品牌价值不仅向公司外部人员传达了公司品牌的健康状态、发展趋势以及品牌是公司长期发展的目标，更重要的是向公司内部所有阶层的员工传达了公司的信念，激励员工的信心。经过品牌评估，可以告诉人们品牌的市场表现，以此显示自己这个品牌在市场上的显赫地位。最后，品牌资产评估的结果能够增加投资者的信心。评估品牌可以让金融市场对公司的价值有正确的看法，提高投资者的交易效率。

第三阶段，考虑消费者与品牌的关系，以及消费者在品牌资产评估中的重要作用。基于市场因素的评估结果可以为品牌管理者提供宝贵的指导建议，营销人员通过不懈努力提高品牌的市场表现和地位。但人们发现，最终决定品牌市场表现和地位的不是营销手段，而是消费者。无论营销手段多么高明，如果得不到消费者的认可，品牌也不会有很大的发展空间。如果品牌对于消费者而言没有任何意义和价值，那么它也绝不可能向投资者、生产商或零售商提供任何意义和价值。所以，基于品牌关系理论（即主张品牌资产主要体现于品牌与消费者之间关系的程度）的品牌资产评估方法孕育而生。该类方法把消费者看作是品牌资产形成和评估的焦点。因此，品牌资产的核心为品牌与消费者之间关系的程度，对品牌资产的评估便成为评估品牌与消费者之间的关系。使用这类方法对品牌资产进行评估的意义如下：首先，公司所做的一切都是为了满足消费者的需求，使得利润最大化。品牌不仅是公司自己的、与竞争者相区别的标志，而且是消费者赋予公司的财富。所以，品牌价值不仅应该从公司内部的指标考虑，还应该考虑消费者赋予品牌的价值。其次，有助于发现品牌资产价值的真正驱动因素。品牌资产的实现要依靠消费者购买行为，而消费者购买行为根本上是由消费者对品牌的看法，即品牌的形象所决定的。尽管以上两类评估方法可以反映品牌资产的大小，但这两类评估方法并不能揭示在消费者心目中真正驱动品牌资产的关键因素。只有基于消费者的评估方法，才能够真实反映品牌资产的驱动因素。最后，它有利于公司对品牌形象的保护。品牌资产的价值是每个消费者基于对品牌各个部分认识的总和得出的。消费者对品牌资产的这种认识是消费者在与某一品牌产品或服务打交道的过程中，根据自己的经验、交往与感情综合而成的。所以，采用消费者评估法有助于为管理人员提供可行的管理方法来评估品牌形象，采取具体行动改进或保护品牌形象，以及对营销项目进行长期监控。

二、品牌资产评估方法的分类比较

品牌资产评估方法发展阶段中探讨的因素并不是完全相互独立的。有些评估方法同时考虑了财务要素和市场要素，有些方法同时考虑了市场要素和消费者要素，还有些方法同时考虑了财务要素和消费者要素。

对品牌资产的价值评估是一项非常有意义的工作，但同时也是一项复杂而烦琐的工作。基于对品牌资产的不同理解，品牌资产的评估方法根据侧重角度不同可分为四种（见表20-2）。

表 20-2　品牌资产评估方法汇总表

评估方法要素	评估方法特点	代 表 方 法
评估方法一：财务要素	品牌资产是公司无形资产的一部分，是会计学意义的概念	历史成本法、重置成本法、市价法、收益法
评估方法二：财务要素＋市场要素	品牌资产是品牌未来收益的折现，因此，对传统的财务方法进行调整，加入市场业绩要素	Interbrand 法 Financial World 法
评估方法三：财务要素＋消费者要素	品牌资产是相对于同类无品牌资产或竞争品牌而言，消费者愿意为某一品牌所付的额外费用	溢价法 品牌价格抵补模型 联合分析法
评估方法四：市场要素＋消费者要素	品牌资产是与消费者之间关系的程度，着眼于品牌资产的运行机制和真正驱动因素	品牌财产评估电通模型 品牌资产趋势模型 品牌资产十要素模型 品牌资产引擎模型

（一）侧重于财务要素角度

品牌是公司无形资产的一部分，在公司并购、商标使用许可与特许、合资谈判、税收缴纳、商标侵权诉讼索赔等许多场合都涉及品牌价值的计量。具有代表性的计量方法有历史成本法、重置成本法、市价法和收益法。

1. 历史成本法

历史成本法是指依据品牌资产的购置或开发的全部原始价值估价。最直接的做法是计算对该品牌的投资，包括设计、创意、广告、促销、研究、开发、分销等。

2. 重置成本法

重置成本法是指按品牌的现时重新开发创造的成本，减去其各项损耗和贬值来确定品牌价值。重置成本是第三者愿意出的钱，相当于重新建立一个全新品牌所需的成本。

具体来说，这种方法的思路是，首先估算品牌所在行业的新品牌开创费用，在此基础上根据该品牌影响力的大小确定一个成本因子，两者的乘积即是该品牌的品牌资产价值。采用成本因子系数的原因是在每一个行业，不同品牌的影响力差异很大，而这种差异反映了各品牌的重置成本不同，即影响力越大的品牌，重置成本越高。重置成本法评估品牌资产正是基于这一原则而成立的。所以，当以行业内平均重置成本为基础评估资产人小时，还应根据品牌影响力的大小确定一个影响力因子系数，即对影响力大的品牌赋予相应较大的因子系数。在实际操作中，一般按照品牌的市场占有率来取定该因子系数。例如，假设市场占有率在5%以上的为成功品牌，而符合该标准的品牌数量有 30 个，这 30 个品牌总的市场占有率为90%，企业有一市场占有率为 45%的品牌，则其影响因子系数为 15，即影响因子系数＝被评估品牌市场占有率/成功品牌平均市场占有率。运用该方法还应该考虑的一个问题就是风险因素，因为不是所有品牌开创都能成功，假设行业内开创新品牌平均费用为 200 万元人民币，而新品牌开创成功率为 1/3，则平均开创费用为 600 万元。所以，品牌重置费用＝行业平均费用/成功率×影响因子系数＝[200/(1/3)×15] 万元＝9000 万元。

品牌作为一种无形资产，它的投入与产出相关性比较弱，加之企业对品牌的投资通常与整个投资活动联系在一起，很难将品牌投资单独分离出来。另外，价值较大的品牌一般成长时间都比较长，企业往往没有保存关于品牌投资情况的完整数据。更重要的是，品牌投入与品牌资产之间的弱相关性是历史成本法的致命弱点。所以，以往在进行品牌资产评估时一般采取重置成本法。总的来说，重置成本法看似在实际操作中比较便利，数据相对容易收集，但由于品牌资产的重复性比较弱，使得这一方法存在着内在的缺陷。注意的是，该方法没有考虑市场的未来变化因素，是一种静态的分析方法，这也是其不足之处。

3. 市价法

市价法是指通过市场调查，选择一个或几个与评估品牌相类似的品牌作为比较对象，分析比较对象的成交价格和交易条件，进行对比，估算出品牌价值。参考的数据有市场占有率、知名度、形象或偏好度等。应用市价法，必须具备两个前提条件：一是要有一个活跃、公开、公平的市场；二是必须有一个近期、可比的交易对照物。但它在执行上存在一些困难，因为对市场的定义不同，所产生的市场占有率也就不同，且品牌的获利情况和市场占有率、普及率、重复购买率等因素并没有必然的相关性。这些市场资料虽然有价值，但对品牌财务价值的计算用处不大。

4. 收益法

收益法又称收益现值法、未来收益法，它是指通过估算未来的预期收益，并采用适宜的贴现率折算成现值，然后累加求和，得出品牌价值。该方法是根据品牌的未来获利能力来评估其价值的一种方法，从根本上讲，这种方法最符合逻辑，因为品牌之所以有价值，就在于它能够为企业的未来带来收益。在对品牌未来收益的评估中，有两个相互独立的过程：①分离出品牌的净收益；②预测品牌的未来收益。可以说该方法很好地反映了品牌之所以具有价值的本质，充分考虑了品牌在未来市场上的获利能力及相关因素。但也不可否认，该方法在计算由品牌所带来的超额利润时，并没有完全把其他影响因素排除，因为许多因素为获取利润带来的贡献是很难与品牌完全剥离的。

（二）侧重于市场要素角度

由于品牌开创成本与其未来收益的不对称性，以及大量品牌投资并不一定带来品牌影响力同步增大，上述方法具有不可克服的内在局限性。一些学者通过市场要素考察品牌的价值，比较典型的一种方法是 Interbrand 法。

英国 Interbrand 公司（以下简称英特公司）的品牌价值评估方法是目前品牌价值评估中常用的一种方法。这种方法的基本假定是，品牌之所以有价值，不全在于创造品牌所付出的成本，也不全在于有品牌产品相较无品牌产品可以获得更高的溢价，而在于品牌可以使其所有者在未来获得较稳定的收益。这种方法是以市场表现为主要的评估依据，并以货币现值作为价值评估结果。该方法在评估过程中，首先要确定反映品牌价值的各种参数，对影响品牌价值的这些参数采用综合评分法分别评出相应的数值；其次根据评分的数值和各个参数的权重实施加权，求出该品牌强度；再次根据品牌强度推算出倍数，然后乘以品牌收益，得出品牌的价值。

英特公司的品牌价值评估方法（即 Interbrand 法）的计算公式为

$$E = IG$$

式中，E 是品牌价值；I 是品牌收益；G 是品牌强度。

品牌收益反映了企业品牌近几年的获利能力。Interbrand 法中品牌收益的衡量方法非常复杂。品牌收益的计算虽然可以从品牌销售额中减去品牌的生产成本、营销成本、固定费用和工资、资本报酬以及税收等，但是还要考虑其他因素。首先，并非所有的收益或利润都来自品牌，可能有部分收益或利润来自非品牌因素；其次，品牌收益不能用某一年份的利润来衡量，而应该用过去三年的历史利润进行加权平均。

品牌强度的决定。根据英特公司发布的《最佳全球品牌2018》报告，主要有10个因子决定品牌强度，这10个因子又分为内部因子与外部因子。内部因子包括清晰度、承诺、治理和响应性；外部因子包括真实性、相关性、差异性、一致性、存在感和参与度。清晰度（Clarity）是指在公司内部明确品牌的价值观、定位和主张，同时明确品牌的目标受众、顾客洞察和驱动因素。承诺（Commitment）是指对品牌的内部承诺，以及对品牌重要性的内部信念，品牌在时间与影响力方面获得支持的程度。治理（Governance）是指组织拥有品牌所需技能与品牌运营模式的程度，从而能够有效果、高效率地部署品牌战略。响应性（Responsiveness）是指组织响应或预期市场变化、挑战和机会，不断发展品牌与业务的能力。真实性（Authenticity）是指品牌完全基于内部事实与能力，它有明确的故事与基础牢靠的价值集，它能满足顾客/消费者对它的（高）期望。相关性（Relevance）是指在所有相关人口统计与地理区域中，品牌符合顾客/消费者需要、欲望和决策标准的程度。差异性（Differentiation）是指顾客/消费者感知品牌具有差异化主张与品牌体验的程度。一致性（Consistency）是指品牌在所有接触点或格式中的体验程度。存在感（Presence）是指感觉品牌无处不在，以及品牌在传统媒体与社交媒体上被顾客/消费者和舆论形成者积极谈论的程度。参与度（Engagement）是指顾客/消费者对品牌深刻理解、积极参与和强烈认同的程度。

品牌价值评估方法的实施步骤。英特公司的品牌价值评估方法主要由以下三个步骤组成：第一步是确定影响品牌价值的区间80~100个参数，并进行评分；然后对各种参数进行综合，合并成表示品牌实力的上述10个指标类别，给出每个指标类别的得分值。这些构成要素在品牌竞争中所起作用大小的不同，决定了它们在品牌竞争中所占权重的不同。第二步是对公司品牌获得的利润进行分解，一旦由品牌获得的利润额得到确认，再分析非品牌商品可能产生的利润额，从而计算出与品牌有关的净利润额。第三步是根据品牌强度推算出倍数，再乘以当期品牌净利润额，从而得出品牌的价值。英特公司的品牌价值评估方法中最为关键的参数是倍数，倍数一般是6~20倍不等，用以表示品牌可能的获利年限。品牌的市场信誉越高，越受市场欢迎，可预期的获利年限越长，则乘以净利润的倍数就越高，那么该品牌的价值就会越高。

从图20-1可以看出，Interbrand法为了得到品牌资产的价值，需要从财务、市场和品牌三个角度进行分析。

（三）侧重于消费者要素角度

这种方法主要通过识别某品牌产品相对于同类无品牌产品或竞争品牌产品而言，消费者愿意为其支付的额外费用。代表方法有溢价法、品牌价格抵补模型、联合分析法。

1. 溢价法

溢价法的基本思路是品牌价值的大小可以通过消费者选择这一品牌而愿意额外支付多少货币来加以衡量。在其他条件相同的情况下，如果消费者选择某一品牌而愿意支付的额外费用越多，则表明该品牌越有价值。

用溢价法评估品牌资产，首先要解决的问题便是溢出价格的确定，即确定在使用品牌

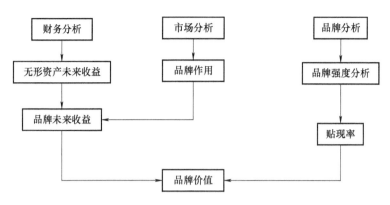

图 20-1 Interbrand 法图解

时，与不使用品牌相比，消费者愿意额外支付的价格。一般是通过对消费者进行调查，比较同一种产品分别在使用品牌和不使用品牌时，消费者愿意支付的价格，两者之差即为溢价。可以在可控制的较小市场范围内进行比较实验，对得到的结果进行处理，计算出差价，差价乘以该品牌的销量即为超额利润，再用超额利润除以品牌所在行业的平均利润率即得到该品牌价值。例如，如果某一品牌产品的市场售价为 100 元，销量为 10000 件，不使用品牌消费者可接受的价格为 50 元，行业平均投资利润率为 20%，则该品牌价值为

$$（100-50）元/件×10000 件/20\% =2500000 元$$

这种方法不仅可用于评估某个品牌的价值，也可用于评估两个品牌之间的比较价值，方法与前面相同。需要指出的是，两个品牌之间价格的差异并不一定是由品牌造成的，也可能是由其他多种因素造成的，如质量、技术水平、服务等。因此，在评估两种不同品牌之间的相对价值时，要注意选择其他方面因素非常接近的产品，以排除其他方面因素的影响。如果两种产品相差较大，评估出的结果可靠性就弱。由于市场的变化，产品销量也是不断变化的，在经济繁荣的时候，销量就高一些；相反，经济不景气时，销量就低一些。为了较为准确、客观地反映销量，消除偶然因素的影响，可以用近几年来的销量平均数来减少这个误差。

用溢价法评估品牌资产的不足之处是仅仅考虑了品牌当期的获利能力，而没有考虑品牌资产未来各期的获利能力，这与实际情况存在差异。该方法的优点是对于同一品牌产品来说，能够较好地把溢价的其他因素剥离出来，对由品牌所造成的价格差异就能较准确地加以衡量。

2. 品牌价格抵补模型

品牌价格抵补（Brand-Price Trade Off）模型是国际市场调研公司的品牌资产研究专利技术。品牌价格抵补模型在不同的价位上测试一组品牌的购买意向，并在此基础上进行微观模拟测试。该模型的主要研究目的是，当消费者面对他们喜欢的价格较高的品牌和那些价格相似的第二选择品牌时，做出反应的情况。根据消费者是转换品牌，还是忠诚于所喜爱的品牌，从而确定品牌的理想价格，为企业品牌战略管理提出指导性建议。

3. 联合分析法

联合分析（Conjoint Analysis）法于 1964 年由数学心理学家鲁斯（Luce）和统计学家图基（Tukey）提出。原先只是心理学领域中一种较新的衡量方法，后由格林（Green）和拉

奥（Rao）于1971年将其引进市场营销学领域，成为市场营销研究中衡量消费者偏好的重要方法之一。联合分析法可以将主观反应转换成估计参数值的模式。因此，该方法可以用来测量受测者的心理判断、知觉偏好等。

品牌价格抵补模型和联合分析法的具体操作采用实验模拟，向消费者提供品牌和价格的多种组合，让消费者进行选择，进而通过专用的统计软件计算出品牌资产价值。其特点是运用实验方法，操作比较复杂，且过分依赖消费者的直观判断和计算机统计过程。

（四）市场要素和消费者要素的结合

这种方法是在前三种评估方法的基础上，将基于市场取向和消费者取向的要素结合考虑，通过调查消费者对品牌的熟悉程度、忠诚程度、品质感知程度、对品牌的联想等，来确定品牌在消费者心目中处于何种地位，识别品牌在哪些方面处于优势，哪些方面处于劣势，然后据此实施有效的营销策略以提高品牌的市场影响力或市场地位。目前西方市场营销学术界主要侧重从这一角度评估品牌。代表方法有品牌财产评估电通模型、品牌资产趋势模型、品牌资产十要素模型、品牌资产引擎模型。

1. 品牌财产评估电通模型

品牌财产评估（Brand Asset Valuator）电通模型由扬·罗比凯（Young & Rubicam）广告公司提出，其前身是朗涛形象力（Landor Image Power）模型。该模型使用邮寄自填问卷的形式，每3年进行一次消费者调查，覆盖了19个国家450个全球性品牌及24个国家的8000多个区域性品牌。调查中，由消费者用四个方面的指标对每一个品牌的表现进行评估。这四个方面分别为：①差异性，即品牌在市场上的独特性及差异性程度；②相关性，即品牌与消费者相关联的程度、品牌个性与消费者的适合程度；③尊重程度，即品牌在消费者心目中受尊敬的程度、档次、认知质量以及受欢迎程度；④认知程度，即衡量消费者对品牌内涵及价值的认识和理解的深度。

在消费者评估结果的基础上，该模型建立了以下两个因子：①品牌强度，等于差异性与相关性的乘积；②品牌地位，等于尊重程度与认知度的乘积。进而构成了品牌力矩阵，可用于判别品牌所处的发展阶段，共有四个阶段：第一阶段，品牌地位低、品牌强度低，为新进入者/非专业型/不知名者；第二阶段，品牌地位低、品牌强度高，为利基者；第三阶段，品牌地位高、品牌强度高，为领导者；第四阶段，品牌强度低、品牌地位高，为商品化/受到侵蚀，此时品牌开始衰落。

品牌财产评估电通模型突出了从品牌力的角度进行评估，有利于品牌财产的诊断和品牌战略管理。它的优点是比较简单，可以覆盖的品牌范围及产品的种类范围广，模型摆脱了传统的"认知-回忆"模型，因而比较新颖。该模型的局限是：①必须以数据库作为基础；②不能解释品牌选择及品牌忠诚的机制。

2. 品牌资产趋势模型

品牌资产趋势（Equi Trend）模型由美国整体研究公司提出。其每年调查2000名美国消费者，例如，1995年的调查包括100多个产品类别的700个品牌。尽管其调查的范围和问卷的长度都不如电通公司的模型，但该模型经过多年的调查，积累了较大的数据库，因而可以更好地理解各品牌的品牌资产的运行机制及效果。该模型主要由消费者衡量品牌资产的以下三项指标：

（1）品牌的认知程度。即消费者对品牌的认知比例，也可以分为第一提及、提示前及提示后知名度。

（2）认知质量。这是品牌资产趋势模型的核心。因为消费者对品牌质量的评估直接影响到其对品牌的喜欢程度、信任程度、能接受的价格以及向别人进行推荐的比例。在品牌资产趋势模型的研究中，认知质量被证实与品牌的档次及使用率或市场占有率高度正相关。

（3）使用者的满意程度。即品牌最常使用者的平均满意程度。

综合每个品牌以上三项指标的表现，能够计算出一个品牌资产趋势得分。根据此模型的数据库及调查结果，美国领导品牌多年来的排名顺序都比较稳定和一致。

与品牌财产评估电通模型的优势相似，品牌资产趋势模型也比较简单，而且能覆盖较广泛的品牌和产品种类，并且摆脱了传统的"认知-回忆"模型。但其不足之处是：过于依靠认知质量这项指标（这项指标只能解释消费者为什么购买该品牌，但不能解释是什么原因导致高质量）；由于认知质量和使用者的满意程度两项指标的基数不一样，致使两项指标的相关性并不高；而且，该模型没有很好地解释"各项指标的权重是如何得到的，是否对于每一个消费者都一样"的问题。

3. 品牌资产十要素模型

品牌资产十要素（Brand Equity Ten）模型由美国著名的品牌专家戴维·阿克教授于1996年提出，从五个方面衡量品牌资产：品牌忠诚度、认知质量或领导能力、品牌联想或差异化、品牌认知、市场行为，并提出了这五个方面的十项具体评估指标。

（1）品牌忠诚度评估：①价格优惠；②满意度或忠诚度。

（2）认知质量或领导能力评估：③感觉中的品质；④领导品牌或普及度。

（3）品牌联想或差异化评估：⑤感觉中的价值；⑥品牌个性；⑦公司组织联想。

（4）品牌认知评估：⑧品牌认知。

（5）市场行为评估：⑨市场份额；⑩市场价格和分销区域。

品牌资产十要素模型为品牌资产评估提供了一种更全面、更详细的思路。其评估因素以消费者为主，同时加入了市场业绩的要素。它既可以用于连续性研究，也可以用于专项研究。而且，该模型的所有指标都比较敏感，可以以此来预测品牌资产的变化。其不足之处在于，对于具体某一个行业品牌资产的研究，这些指标要做相应的调整，以便更适应该行业的特点。例如，食品行业的品牌资产研究与高科技行业品牌资产研究所选用的指标就可能有所不同。

4. 品牌资产引擎模型

品牌资产引擎（Brand Equity Engine）模型是国际市场研究集团的品牌资产研究专利技术。该模型认为，虽然品牌资产的实现要依靠消费者购买行为，但购买行为的指标并不能揭示消费者心目中真正驱动品牌资产的关键因素。品牌资产归根到底是由消费者对品牌的看法，即品牌形象所决定的。

该模型将品牌形象因素分为两类：一类是"硬性"属性，即对品牌有形的或功能性属性的认知；另一类是"软性"属性，反映品牌的情感利益。

该模型建立了一套标准化问卷，通过专门的统计软件程序，可以得到所调查的每一个品牌其品牌资产的标准化得分，而且可以得出品牌的亲和力和利益能力这两项指标的标准化得分，并进一步分解为各子项的得分，从而了解每项因素对品牌资产总得分的贡献，以及哪些因素对品牌资产的贡献大，哪些因素是真正驱动品牌资产的因素。

这项技术着眼于从品牌形象的角度来评估品牌资产，进一步摆脱了传统的"认知-回忆"模型，有助于发现品牌资产的真正驱动因素。它既可以用于连续性研究，也可以用于专项研究。其不足之处是，测量问卷要针对具体行业的品牌做相应调整。

现代品牌理论特别重视和强调品牌是一个以消费者为中心的概念。一个品牌如果没有给消费者带来功能和情感上的利益，就没有价值可言。最有代表性的是凯文·莱恩·凯勒（1998）提出的基于消费者的品牌资产概念（Customer-based Brand Equity），即主要从消费者对品牌的反应去衡量品牌的价值。根据这一观点，具有强大价值的品牌应当不仅有较高的知名度，而且更重要的是与消费者建立关系，让消费者联想到它所代表的利益，包括功能上的和心理上的。这也是现代品牌计量理论的核心所在。

需要指出的是，随着品牌理论研究的深入，以上观点在实践中遇到了越来越多的质疑，基于营销理论的品牌解释也早已不能满足品牌实践发展的需要。它们不能很好地解释品牌所具有的自传播能力、自组织能力和溢价能力，也就难以完成从具体实践到理论抽象的过程，不能进一步适用于广泛的品牌实践。由于品牌资产具有几项一般无形资产不具备的能力，如自传播能力、溢价能力和自组织能力等，所以不能将它简单地视同为其他无形资产，自然也就具有了更为特殊的内涵。

第三节　品牌评价

一、品牌评价权

世界性的品牌评价权之争已经是无须隐藏的秘密了，这是一个品牌界无法回避的问题。本节拟对当今品牌评价权之争的由来和实质，以及品牌评价权何以能够成为某些西方国家实现其国际战略的工具问题进行评析。

品牌评价权是一种话语权，是对所有品牌进行的权威性评价的专家权。获得品牌评价权相当于获得了对品牌经营状况进行客观评价的公信力，可以直接影响公众对品牌的看法，间接影响企业的经营策略。任何一种话语权都是综合实力的反映，无论是制定价格环节的话语权、制定标准环节的话语权，还是评价环节的话语权，都是市场主导权的组成部分。应该说品牌评价权是包含着标准制定的最高级竞争形式的市场主导权表现形式，对品牌评价权的争夺要比赢得一个市场或一个产品的竞争优势更为复杂。

品牌评价权是以某种品牌评价方法为基础，对使用该方法所得结果的阈值进行规定性的解释，然后将这一规定性解释标准化，形成对应的判别标准。实务中进行的比照标准分析，就是评价的过程。

（一）品牌评价权之争的由来与演变

品牌评价理论原本是为了满足企业在品牌管理中能有一个参考标准而产生的，最早可以追溯到在商业中对广告效果的评价。随着品牌个性论的兴起，其核心思想"所有广告都是为品牌资产增加服务的"逐渐成为主流，对品牌资产的评估也逐渐变为品牌管理的核心环节。此时，品牌评价理论的作用就是为企业定量分析提供参考依据，是品牌管理的重要工具。但随着品牌评价的商业化发展，对品牌的排名逐渐成为一种更为高级的、独立的商业运作模式，并且在实践中获得了极佳的商业利益，从而各种品牌排行机构纷纷成立。

开始时，仅是有媒体参与运作的商业机构对消费者的引导性排行榜，除了商业之外并没有特殊的意义。企业因在排行中可以获得各种好处而竞相追逐，为此推动了专业的品牌评价与排行机构的发展。机构之间的竞争又在其所依据的不同品牌评价理论之间展开主流之争。因为经济管理理论是实践科学，与自然科学中确定的必然唯一性结论不同，社会科学中更多的结论是哪一个理论能够代表主流认识的问题。在同一个领域内，不同的学派交替领先、逐次发展是很普遍的现象，甚至有管理理论丛林这样典型的众说纷纭的现象存在。因此，在品牌评价领域里出现依据不同理论而所得结论不同的情况也就不足为奇，只是要成为权威机构，需要有权威的理论支撑。为此，虽然看到的是众多机构在不同场合发布这些结论不尽相同的排行，实则是不同理论支撑的不同评价方法的结果哪一个更容易得到公众和学术界的接纳而成为主流。

若仅仅是商业化的机构竞争，即使包含了学术界的主流理论竞争也无可厚非，关键是评价正逐步演变成一种被西方某些国家当作实现其战略目标的手段。现在的品牌评价权争夺，表面上看起来仍是评价机构之间的主流话语权之争，包括评价标准的制定权、使用权、解释权等，夺取评价权就相当于掌握了标准的制定权。利用这个标准的导向性，可以获得影响产业发展方向的能力，甚至可以通过舆论影响政策，直至形成对目标企业发展的相对限制和约束。而具有特殊目的的品牌评价权争夺能够演变成为世界之争，成为被利用的工具，这是品牌评价理论和国际经济竞争长期演变的结果。

（二）评价权之争的实质

品牌评价权之争，其表面看是话语权之争，其核心是标准制定权之争，包括选用理论先进性的主流之争和公众认可广泛程度的舆论之争。但被用作战略工具后，其商业利益已经无法掩盖其有目的的导向性质。从本质上看，品牌评价权之争的实质是导向权之争。这个导向权要比标准制定权多一种广泛舆论的推动力量，令企业更难以抗拒，对企业的影响也更大、更直接。

获得品牌评价权的机构在制定和解释标准权时可以有选择地设计评价标准，制定者若有特定的意图，则会在标准制定阶段完成。最终看似公平的评价，实则是包含机构目的的制度安排而已。有可能出现这样一种局面：某国利用权威机构的评价权安排，引导竞争对手朝着其所希望的方向发展。若在整个国际市场竞争战略层面使对手的策略差之毫厘，促使世界经济的天平在不经意间微微向己倾斜，无形中就获得了对世界经济的控制力。

（三）获得品牌评价权的意义

世界品牌评价权演变成一种经济发展导向权是国际经济政治发展的结果。

坚持奉行独立发展不仅仅是在资源、产业链及其他有形竞争的范围，看不见的标准制定权、评价权也普遍适用。我们可以向国外的先进理论学习，但不能被其约束和控制。适时突破原有理论框架的限制，创建符合我国自己的理论体系才是正途。而对于某些西方国家来说，在世界范围内进行的品牌评价也不在于品牌本身，而在于品牌评价以外的战略目标。

二、检验企业品牌工作绩效的一般思路

企业在实施品牌战略过程中，最难以解决的管理问题就是如何检验品牌工作绩效的问题。这涉及部门或个人的业绩考核，也涉及工作效率效果的检验，直接影响企业的决策，因

此是一个不容忽视也难以回避的关键问题。

品牌工作绩效是一个典型的多指标评价问题，难度非常大，决策理论中称其为多属性决策问题，即对一个多属性（或指标）对象如何进行客观评价的问题。品牌工作包含多个指标，常用的指标包括知名度、认知度、美誉度、忠诚度等。对品牌工作的绩效进行考核，就是对这些指标的增减进行比较评价的过程。但多属性目标的评价很难达到客观、准确，因为综合评价多指标的方法非常有限，即使是最常用的权重方法也是不严谨的，因为可以通过调整权重得出不同的结论，而不能克服人为因素的干扰就是方法不严谨的标志，即使是提前使其标准化后的结论，恐怕也很难达到完全排除人为因素的干扰。

品牌评价至今都是一个没有完全解决的问题。企业在评价和建议自己品牌工作绩效时，也无法找到一种可行又具有完全客观性的标准或方法予以执行。这使得很多企业的品牌发展工作难以考核，管理也就无从谈起。下面简要地对该问题提出一种解决思路。

检验企业品牌工作绩效的标准一般来自企业总体战略。企业战略的作用是最后可以形成一个可供考核的标准，检验战略实施的效果，同时也可以用于对照工作成效、判断工作业绩的依据。但企业总体战略和品牌一样，都是由多个目标组成的，这使得品牌作为战略目标考核项是一个多指标考核对象，如前所述，这样的考核指标很难实施。

实践中，多目标或多指标用于较长时期的考核，一般都在一年以上的运行周期。品牌工作作为一个动态管理的考核对象，可以将其评价周期大幅缩短，甚至短到一个计划就可以进行评价。在较短周期内，首先，可以暂时忽略目标之间的平衡问题，以单个指标作为考核目标进行；对于品牌管理工作，可以以一个具体项目的活动周期为考核期，目标设置为知名度提高、认知度增加等，这样可以大幅简化考核。其次，设置单一考核指标的次序应以品牌发展过程为逻辑。企业可以根据自己的发展战略，安排阶段目标，一段时期内以某个指标的发展为主，即以该指标的考核优先的逻辑进行。最后，缩短考核周期会增加很多不确定性，阶段性的调整和纠偏安排是必要的，同时也需要安排某个阶段的指标快速增加出现的发展失衡问题。相应的指标匹配方案也是需要提前进行准备的。

这种安排方式的核心是将战略性长期多目标考核方式简化为战术性短期单一指标考核方式，从管理上规避了品牌多属性评价的难题。结合后两个步骤的综合使用可以确保企业总体目标的实现以及各个指标之间的平衡，为企业的品牌管理工作打下良好的制度基础。

补充阅读材料 20-1

基于品牌价值发展理论的品牌资产价值测算方法研究
——以旅游目的地品牌资产测算为例

品牌价值发展理论的核心是品牌五要素评价理论，分别从有形资产、无形资产、质量、服务以及创新五个要素出发，对品牌进行系统评价，解决了品牌强度的评价问题。这一评价的结果是对品牌资产进行货币化评估的基础。

在品牌价值发展理论当中，品牌资产价值是指以货币为单位表示的品牌经济价值。对品牌价值进行测算，就要把品牌强度换算成可量化的经济价值。

一、引言

目前国际品牌评价领域主要有六大体系，包括 Interbrand（国际品牌咨询公司）、Brand Finance（英国品牌金融咨询公司）的特许费率法、Kantar Mill ward Brown（明略行市场咨询公司）的 BrandZ 等，主要关注文化、形象、产品、财务和行业标准等方面，涉及消费者、供应商、竞争者和股东等利益相关者。评价细节都不一样，除了 BrandZ 之外，其他评价体系的思路基本一致，其他机构都是以"应该以未来收益为基础评价品牌资产"的评价思想为主流。评价体系的思路为一般视品牌为资产，通过年金将品牌未来收入折现为现值。这一思路将品牌资产价值的测算分成了两部分：一部分是品牌未来的收益问题；另一部分是年金，即品牌折算的系数如何确定。

品牌价值发展理论的思想与主流评价思想基本一致，其核心理论创新是建立了五要素框架作为评价品牌强度的基本框架，从而解决了品牌折算系数使用依据问题。五要素框架相比国际品牌评价机构的评价要素要丰富得多，对品牌强度的计算无疑为品牌资产的评估提供了品牌折现系数的主要依据。

关于怎样精确计算品牌未来的收益问题，相关研究很多，这里简化处理，不作为研究重点。本例从资产角度，将品牌视为有风险资产，通过无风险资产再对应利率进行折算的过程，来阐释品牌价值发展理论的品牌资产测算方法及其应用。

二、品牌资产价值测算的逻辑和基本公式推导

品牌是企业经营的重要资产。假如品牌也是无风险的、一般意义上的资产，对品牌资产的测算可以按照一般资产的测算逻辑进行。大概思路如下：

令 V_B 代表品牌价值；$\overline{F}_{BC}$ 代表品牌未来年收入的平均值；β 代表品牌折现系数，预期品牌未来的收入全部折现回现值的系数。品牌价值的大小由 $\overline{F}_{BC}$ 和 β 共同决定。一般资产在没有确定折现周期的情况下，依据公式（20-1）进行测算：

$$V_B = \sum_{t=1}^{T} \overline{F}_{BC}\left[\frac{1}{(1+\beta)} + \frac{1}{(1+\beta)^2} + \frac{1}{(1+\beta)^3} + \cdots + \frac{1}{(1+\beta)^t} + \cdots + \frac{1}{(1+\beta)^T}\right]$$

$$(20\text{-}1)$$

若有明确的折现周期，则沿用多周期超额收益法：

$$V_B = \sum_{t=1}^{T} \frac{F_{BC,t}}{(1+R)^t} + \frac{F_{BC,T+1}}{(R-g)} \times \frac{1}{(1+R)^T} \qquad (20\text{-}2)$$

在没有明确折现周期或无限期时，则进行如下推导：

令 $\quad S = \frac{1}{(1+\beta)} + \frac{1}{(1+\beta)^2} + \frac{1}{(1+\beta)^3} + \cdots + \frac{1}{(1+\beta)^t} + \cdots + \frac{1}{(1+\beta)^T}$

两边同时乘以 $1+\beta$，得

$$S(1+\beta) = 1 + \frac{1}{(1+\beta)} + \frac{1}{(1+\beta)^2} + \frac{1}{(1+\beta)^3} + \cdots + \frac{1}{(1+\beta)^{t-1}} + \cdots + \frac{1}{(1+\beta)^{T-1}}$$

错位相消后整理得

$$S = \frac{1 - \frac{1}{(1+\beta)^T}}{\beta}$$

代回公式得

$$V_B = \sum_{t=1}^{T} \overline{F}_{BC} \times \left[\frac{1 - \frac{1}{(1+\beta)^T}}{\beta} \right]$$

品牌的生命周期不确定，视为永续经营，则 T 趋于无穷大，则

$$V_B = \lim_{T \to \infty} \overline{F}_{BC} \times \left[\frac{1 - \frac{1}{(1+\beta)^T}}{\beta} \right] = \frac{\overline{F}_{BC}}{\beta}$$

即得到品牌资产价值的评估基本公式为

$$V_B = \frac{\overline{F}_{BC}}{\beta} \tag{20-3}$$

三、品牌资产价值评估的参变量

（一）关于品牌未来的收益变量 $\overline{F}_{BC}$

$\overline{F}_{BC}$ 是品牌未来的收益，它由两部分因素决定：①从总收益中剥离出品牌的收益；②对未来的品牌收益进行准确的预测。

从总收益中剥离出品牌收益的方法与品牌所在行业有关。以旅游目的地品牌收益的计算为例，只需要用该旅游目的地的当年总收入减去与品牌无关的收入即可。

$$F_{BC} = I_O - I_D \tag{20-4}$$

式中　F_{BC}——品牌未来年收入的平均值；

　　　I_O——旅游目的地当年总收入；

　　　I_D——旅游目的地当年与品牌无关的收入。

计算未来品牌收益是对前若干年品牌收益平均值的计算，是指对品牌未来的收益受到评价当期之前连续若干年旅游目的地全部收入的平均值 $\overline{I}_O$ 和旅游目的地产生的与旅游目的地品牌无关收入的平均值的影响。

实操中，应先确定当期之前连续若干年的平均值。如旅游目的地的收入结构相当稳定，一般取三年的平均值即可，二者的差值为连续三年旅游目的地品牌收入的平均值，即

$$\overline{F}_{BC} = \overline{I}_O - \overline{I}_D \tag{20-5}$$

当期旅游目的地品牌收入的计算采用排除法，即先根据旅游目的地当地的统计年鉴获得"当期旅游目的地的全部旅游收入"，再辨析其中与旅游目的地品牌无关的收入，作为"当期旅游目的地产生的与旅游目的地品牌无关的收入"。二者的差值即为当期旅游目的地品牌收入，这与商誉计算的方法一致，符合品牌价值评价的基本原理，具有可操作性。

（二）关于品牌折现系数 β

1. 品牌折现系数的构成

品牌折现系数 β 受到平均年利率 $\overline{i}$、品牌强度系数 α、旅游目的地品牌五要素 k 的共同作用。总的来看，它是利率与品牌强度系数的比率，即

$$\beta = \frac{\overline{i}}{\alpha} \tag{20-6}$$

2. 关于利率

式（20-6）中，i 代表评价前连续若干年的平均年利率，利率代表的是资本无风险的价格，以贷款利率为准，可以从各年度中国人民银行公布的贷款利率表中获得。

按照旅游目的地品牌资产可以选取近三年的收益，利率取 1~3 年期的年贷款利率。

3. 关于品牌强度系数

α 为品牌强度系数，取值 [0, 1]，由特定品牌的 k 值与品牌强度最高 1000 分的比值计算而来，是综合了品牌在质量、创新等五个方面的表现后，对品牌影响力的一项测试综合值。它是将品牌强度转换为修正系数的过程。即

$$\alpha = \frac{k}{1000} \tag{20-7}$$

式中，k 来自品牌五要素理论框架计算的品牌强度，k 值充分体现了品牌所在行业的行业特点。

品牌强度系数对利率的修正结果，就是品牌的折现系数。从修正结果可以分析出品牌强度系数与利率的关系。品牌强度系数越大，品牌折现系数越小，品牌就越接近无风险；而品牌强度系数越小，则意味品牌影响力越小，折现系数就越大，品牌资产价值就越小。因此，品牌强度系数与品牌折现系数是反比关系。利率与品牌资产价值的关系成反比，品牌折现系数与品牌资产价值也成反比。因此，品牌折现系数与利率之间是正比关系。

4. 关于品牌综合指标总分

品牌综合指标总分 k 用来定量表示品牌的强度水平，它来自品牌五要素，是对与品牌有关的五个要素进行评价的综合计算结果，以 [0, 1000] 的数值表示。其计算公式为

$$k = \sum_{i=1}^{5} k_i \tag{20-8}$$

式中　k_i——第 i 个一级指标评分值。

品牌评价指标体系由一级指标、二级指标和三级指标构成。

一级指标来自品牌五要素，包括有形资产、无形资产、质量、服务以及创新，五个要素从不同的角度对品牌进行框架性分析。

二级指标是对一级指标的展开，体现了品牌所在行业的特殊性，如旅游目的地品牌的有形资产表现为自然资源或人文资源，而手机品牌的有形资产则表现为设备。

三级指标则是依据品牌所在行业的特殊属性对其进行的详细描述与分解，并根据特殊属性进行权重赋值。

最终在逐层评价的基础上，每个品牌都能够计算出一个确切的值，来表示其强度的大小（或称品牌影响力）。

四、品牌资产价值评估公式参变量的逻辑关系

式（20-3）即为品牌价值发展理论进行品牌资产测算的基本公式。其逻辑和一般资产评估一致，关键就在于如何将基于五要素框架品牌强度测评与品牌资产价值的测算联系在一起。在无风险条件下，品牌折现系数等于银行利率。利率是资产的价格，且反映的是无风险资产的价格。品牌资产是有风险的资产，因此，品牌折现率就是品牌强度对利率的修正。

为此，对式（20-3）的内涵设计思路是按照品牌强度与资产之间的正相关关系来确定各个参变量的位置，整体思路如图20-2所示。

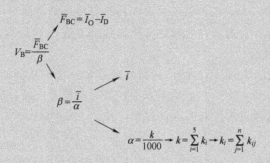

图20-2　品牌资产价值测算逻辑

品牌资产价值的测算思路是以收益法思想为基础的。对一个特定品牌资产价值的计算需要四个步骤来完成：①依据品牌价值发展理论，对特定品牌的五个要素进行系统评价，形成综合值；②将综合值系数化，求得品牌强度系数；③由利率和品牌强度系数的比值求得品牌折现系数；④由品牌未来收益与品牌折现系数求得品牌资产价值。在整体思路中，包括近若干年品牌平均收益、近若干年平均年利率、特定品牌强度综合值三个基础计算部分。其解释为以下五点内容：

（1）$V_{\mathrm{B}} = \dfrac{\overline{F}_{\mathrm{BC}}}{\beta}$是品牌资产价值计算的基本公式，由品牌未来的收益与收益折现系数决定。

（2）品牌未来的收益是由当期之前若干年的平均收益替代的，要从总收益中剥离出来。

（3）品牌折现系数与品牌资产价值成反比，品牌折现系数越大，品牌资产价值越低。

（4）品牌折现系数由近若干年的平均贷款利率和品牌强度系数决定。利率越高，品牌折现系数越大，品牌资产价值越小；品牌强度系数越大，品牌折现系数越小，品牌资产价值越大。

（5）品牌强度系数由品牌五个要素的表现决定。五个要素的综合评价形成的品牌强度值除以最高值1000后，就成为品牌强度系数。

当品牌没有任何影响力，k值为0，α为0时，β为无穷大，则品牌资产价值的总收益额为0，相当于无品牌价值；当品牌处于k值为1000的理想状态时，则α为1，此时$\beta = \overline{i}$，品牌资产价值达到最优状态，意味着无风险条件下品牌完全资本化。

根据各个参变量直接的相关关系，可得到关于品牌强度、利率与折现系数的关系示意图，如图20-3所示。

其他取值在（0，1）之间，品牌强度与品牌价值正相关，二者的关系也因品牌所处行业、发展阶段等因素的不同而不同，这里简化为正线性相关。

五、案例试算

依据上述品牌价值测算思路，对旅游目的地品牌黄山进行测算。查阅公开资料可得：黄山旅游三年连续平均收入为404.8亿元；2015—2017年加权平均年利率$\overline{i}$为4.996%；再

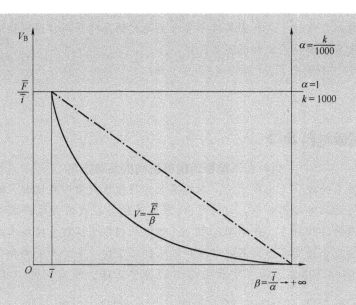

图 20-3　关于品牌强度、利率与折现系数的关系示意图

经过样本测评，可得品牌强度 k 值为 946 分。

整理计算：

$$\alpha = 0.94600$$

$$\beta = \frac{\bar{i}}{\alpha} = \frac{0.04996}{0.94600} = 0.0528$$

$$V_{\mathrm{B}} = \frac{\bar{F}_{\mathrm{BC}}}{\beta} = \frac{404.8\ \text{亿元}}{0.0528} = 7666.67\ \text{亿元}$$

可得旅游目的地黄山品牌的资产价值应该是 7666.67 亿元。同理可计算五台山、兵马俑、华山、衡山的品牌价值，并汇总如表 20-3 所示。

表 20-3　汇总表

排序	旅游目的地	三年连续平均收入（亿元）	平均利率	品牌折现系数	品牌强度平均值	品牌资产价值（亿元）
1	华山	426	4.996%	0.05502	908	7742.63
2	黄山	404.8	4.996%	0.05280	946	7666.67
3	兵马俑	131	4.996%	0.05259	950	2490.97
4	五台山	59.3	4.996%	0.05477	912	1081.93
5	衡山	79.6	4.996%	0.05776	865	1377.25

六、结语

品牌价值发展理论的脉络，是以收益法思想建立的品牌五要素、品牌强度、品牌资产测算方法之间的理论逻辑，充分解释了品牌价值在发展过程中的管理和测算框架。

应用品牌价值发展理论对品牌资产价值进行测算，相比其他方法具有易于操作、逻辑清楚等优点。其结论基本确定，可以广泛运用于品牌标准建设、行业品牌排序等研究领域，具有很强的推广价值，是我国品牌学者自主研究的品牌资产评价理论成果，对丰富品牌学理论具有重要的理论意义和现实意义。

（资料来源：《品牌研究》，2019（3）。）

补充阅读材料 20-2

为什么不能相信国际机构的品牌排名

国际品牌排名的现状是丛林式的，在网络上进行简单搜索即可获知，数以百计的机构从事着各行各业的品牌排名业务，大约有 30 家国外机构在我国开展排名业务，每年度会进行全球范围内的品牌排名，并定期发布。这些机构的排名操作方法基本是不公开或半公开的，没有机构完全将其品牌排名的方法和算法公之于众。半公开的部分也仅限制在评估思路和评估指标的选择上，而对于最为核心的排序方法，经常以核心机密为由而一笔带过。

经过对这些排名的结果进行比较分析可以看出，由于它们对品牌的理解不同，所表现出来的对品牌评价的侧重也有所不同。但它们的评估思路和步骤基本一致，都有三个标准步骤：①选择一些看起来与品牌活动有关的因素，作为评价的基本指标；②设计一套权重，将这些基本指标合并在一起，形成一个综合值；③按照各个品牌的综合值排序，对这个排序进行评估，如果没有意外情况，就可以将结果作为最后的排行榜予以公布。

这一系列的步骤中，至少存在两个环节是备受质疑的。第一个环节是选择与品牌活动有关的因素，作为评价指标来使用。与品牌有关的因素很复杂，比如在经营中，往往不是一个工具就能形成一个结果，而是多重原因造成多重结果，很难理清品牌和某个因素之间的确切关系。一般会尽可能全面地找到所有与品牌有关的因素，但这些因素之间相互重叠，往往因素越多，彼此之间重叠得就越严重，统计中称其为多重共线性。这样的变量与品牌表现的结果之间是无法建立起有效的模型的。如果尽可能撇清变量之间的关系，剩下的指标又非常少，使得这些因素根本就不足以描述一个品牌的表现，这就形成了一个在选择因素时增减因素都会降低评价有效性的悖论。第二个环节更是难以克服，即使按照既定的想法选取了有效的因素作为指标对品牌进行多角度的描述，但如何将这些指标合并成为一个客观的综合值也是非常困难的。现在的排名都进行了权重的设计，且不说权重本身是否科学的问题，只要权重稍加改变，排名即可能发生变化。而权重的设计本身就成为一个最受争议的问题，无奈许多排名方法将其权威性归结为专家法，或是干脆不公开其中的加权值算法的细节，这是所有排名都无法逾越的问题，也是这些排名机构最不愿意提及的部分。

由此可以看出排序的奥秘：国外机构表面上作为第三方，不公开收取企业的费用，貌似在独立地进行排名，这给社会带来很大的迷惑性。机构可以通过调整指标的参考因素或权重来随意调整排名的次序。这些机构的商业运作模式不必深究，最该警惕的是这些机构给我国企业排名的动机。

　　一个排名在前的企业往往会成为一个行业中其他企业模仿和学习的榜样，人们可以非常清楚地看到这一排名为上榜品牌带来的实实在在的好处。因此，企业开始购买排名、赞助排名等，商业贿赂充斥着几乎所有的排名。但这只是看得到的一面，看不到的是这个排名的其他影响。这些机构想通过排名引导我国企业朝着一个既定的方向发展，尤其是对一些采取对标管理的企业，排名的导向性非常明显。通过品牌排名可以清楚地告知其他企业，什么样的企业能够成为榜上有名的优秀企业，什么样的品牌算是数一数二的品牌。其次，这对政府制定促进品牌发展的政策有影响。我国政府对企业品牌建设是非常重视的，相关部门制定了许多政策支持企业创建品牌。在制定这些扶持政策的参考依据中，自然会包括国际排名和排名机构对品牌的评价方法。一个行业的评价标准对该行业的发展起着至关重要的作用。但如果排行方法是有目的的，它的目的就会渗透在标准当中，使得该行业的发展按照它们既定的目的进行。

　　各种机构进行的商业排行总有目的，企业需要借鉴，也需要鉴别。

　　（资料来源：《品质》，2015（2）。）

本 章 小 结

　　品牌资产评估方法有四种分类：①侧重于财务要素角度，认为品牌是企业无形资产的一部分。代表方法有历史成本法、重置成本法、市价法和收益法。②侧重于市场要素角度。比较典型的方法是 Interbrand 法。③侧重于消费者要素角度，这种方法主要通过识别某品牌产品相对于同类无品牌产品或竞争品牌产品而言，消费者愿意为其支付的额外费用。代表方法有溢价法、品牌价格抵补模型、联合分析法。④市场要素和消费者要素的结合。代表方法有品牌财产评估电通模型、品牌资产十要素模型、品牌资产趋势模型、品牌资产引擎模型。本章还着重讲解了品牌评价的内容，并阐述了品牌价值评价的全过程。

思 考 题

　　请简要评价品牌资产四类评估方法的优缺点。

参 考 文 献

[1] 年小山. 品牌学 [M]. 北京：清华大学出版社，2003.

[2] 潘肖珏. "第一品牌"的品名研究 [J]. 公共世界，2003 (11)：44-46.

[3] 凯勒. 战略品牌管理 [M]. 李乃和，李凌，沈维，等译. 北京：中国人民大学出版社，2003.

[4] 希斯. 危机管理 [M]. 王成，等译. 北京：中信出版社，2001.

[5] 龚维斌. 公共危机管理 [M]. 北京：新华出版社，2004.

[6] 李经中. 政府危机管理 [M]. 北京：中国城市出版社，2003.

[7] 刘文新. 品牌战略驱动 [M]. 北京：企业管理出版社，2007.

[8] 房振宏，万莉莉. 品牌及其文化内涵研究 [J]. 商场现代化，2006 (62)：115-116.

[9] 刘邦根. 品牌文化的研究 [M]. 北京：北京交通大学出版社，2006.

[10] 马春光. 国际企业管理 [M]. 北京：对外经济贸易大学出版社，2002.

[11] 黄佶. 关于跨文化广告创意的思考 [J]. 中国广告，2006 (6)：84-85.

[12] 孙曰瑶，刘华军. 品牌经济学原理 [M]. 北京：经济科学出版社，2007.

[13] 余明阳，杨芳平. 品牌学教程 [M]. 上海：复旦大学出版社，2005.

[14] 余明阳，朱纪达，肖俊崧. 品牌传播学 [M]. 上海：上海交通大学出版社，2005.

[15] 余明阳，姜炜. 品牌管理学 [M]. 上海：复旦大学出版社，2006.

[16] 王维平. 企业形象塑造论 [M]. 北京：北京大学出版社，1998.

[17] 波特. 竞争优势 [M]. 陈小悦，译. 北京：华夏出版社，1997.

[18] 科特勒. 营销管理 [M]. 梅汝和，等译. 北京：中国人民大学出版社，2001.

[19] 白光. 品牌资本运营通鉴 [M]. 北京：中国统计出版社，1999.

[20] 陈放. 品牌学 [M]. 北京：时事出版社，2002.

[21] 魏国. 100个成功的品牌策划 [M]. 北京：机械工业出版社，2002.

[22] 晓钟. 品牌竞争制胜之谋 [M]. 北京：经济管理出版社，1999.

[23] 黑格. 品牌失败经典100例 [M]. 战凤梅，译. 北京：机械工业出版社，2004.

[24] 孙德禄. 名牌策划ABC [M]. 北京：华文出版社，2000.

[25] 吴海明. 品牌特攻 [M]. 广州：广州出版社，2001.

[26] 斯迪兰克. 战略管理 [M]. 段盛华，王智慧，译. 北京：北京大学出版社，2001.

[27] 肖峰. 企业文化 [M]. 北京：中国纺织出版社，2002.

[28] 克莱纳，迪尔洛夫. 如何打造品牌的学问 [M]. 项东，译. 西安：陕西师范大学出版社，2003.

[29] 吉尔摩，杜孟. 中国品牌大赢家 [M]. 李晓鹏，等译. 北京：中信出版社，2003.

[30] 屈云波. 品牌营销 [M]. 北京：企业管理出版社，1996.

[31] 邓肯，莫里亚蒂. 品牌至尊：利用整合营销创造终极价值 [M]. 廖宜怡，译. 北京：华夏出版社，1999.

[32] 李，约翰逊. 广告原理 [M]. 林恩全，李竹，李文国，译. 延吉：延边人民出版社，2003.

[33] 张仁德，霍洪喜. 企业文化概论 [M]. 天津：南开大学出版社，2001.

[34] 俞剑平，夏冰. 企业战略谋划 [M]. 北京：中国广播电视出版社，2003.

[35] 肖延方，王锋. 名牌战略与企业振兴 [M]. 北京：经济科学出版社，2001.

[36] 刘光明. 企业文化 [M]. 3版. 北京：经济管理出版社，2002.

[37] 里斯，特劳特. 定位 [M]. 王恩冕，等译. 北京：中国财政经济出版社，2002.

[38] 中岛正之，铃木司，吉松彻郎. 口碑营销 [M]. 陈刚，张倩，译. 北京：科学出版社，2006.

［39］布莱思. 消费者行为学精要［M］. 丁亚斌，等译. 北京：中信出版社，2003.

［40］李苗，王春泉. 新广告学［M］. 广州：暨南大学出版社，2002.

［41］冯丽云. 品牌营销［M］. 北京：经济管理出版社，2006.

［42］苏勇，陈小平. 品牌通鉴［M］. 上海：上海人民出版社，2003.

［43］贝德伯里，芬尼契尔. 品牌新世界［M］. 苑爱玲，译. 北京：中信出版社，2004.

［44］李光斗. 品牌竞争力［M］. 北京：中国人民大学出版社，2004.

［45］陈云岗. 品牌观察［M］. 北京：中信出版社，2002.

［46］秋水. 品牌胜典［M］. 北京：中央编译出版社，2003.

［47］王新玲. 品牌经营策略［M］. 北京：经济管理出版社，2002.

［48］科耐普. 品牌智慧：品牌战略实施的五个步骤［M］. 赵中秋，罗臣，译. 2 版. 北京：企业管理出版社，2006.

［49］希尔，莱德勒. 品牌资产［M］. 白长虹，等译. 北京：机械工业出版社，2004.

［50］史密斯，惠勒. 顾客体验品牌化［M］. 韩顺平，吴爱胤，等译. 北京：机械工业出版社，2004.

［51］曾朝晖. 品牌金字塔［M］. 广州：广东经济出版社，2004.

［52］阿克. 创建强势品牌［M］. 吕一林，译. 北京：中国劳动社会保障出版社，2004.

［53］阿克. 品牌组合战略［M］. 雷丽华，译. 北京：中国劳动社会保障出版社，2005.

［54］刘威. 品牌战略管理实战手册［M］. 广州：广东经济出版社，2004.

［55］张春兴. 现代心理学［M］. 上海：上海人民出版社，1994.

［56］陈军. 策划最佳定位［M］. 长春：时代文艺出版社，2004.

［57］祝合良. 品牌创建与管理［M］. 北京：首都经济贸易大学出版社，2007.

［58］周云，何忠伟. 品牌的经营要素替代原理［J］. 经济师，2007（9）：187-188.

［59］周云，李兴稼. 品牌学的理论框架和研究思路［J］. 经济师，2007（10）：30-31.

［60］周云，刘瑞涵. 品牌延伸的产生条件及评估框架研究［J］. 商业研究，2006（22）：118-120.

［61］周云. 品牌诊断学［M］. 北京：机械工业出版社，2016.

［62］杨为民，周云. 基于信息熵和经营耗散理论下的品牌自传播计量框架［J］. 商业研究，2006（18）：21-23.

［63］何建明. 论上市公司整体资产评估中的收益现值法［J］. 求索，2005（7）：18-20.

［64］杨以雄，万艳敏，宋翠萍. 服装品牌资产评估方法的应用与研究［J］. 东华大学学报（自然科学版），2002（3）：51-54.

［65］卢泰宏. 品牌资产评估的模型与方法［J］. 中山大学学报（社会科学版），2002（3）：88-96.

［66］周晓东，张胜前. 品牌资产评估方法的分析与比较［J］. 经济师，2004（4）：252.

［67］卢泰宏，黄胜兵，罗纪宁. 论品牌资产的定义［J］. 中山大学学报（社会科学版），2000（4）：17-22.

［68］徐哲一，武一川. 策划管理 10 堂课［M］. 广州：广东经济出版社，2004.

［69］范秀成. 品牌权益及其测评体系分析［J］. 南开管理评论，2000（1）：9-15.

［70］付林. 我国品牌价值量化评估模型探析［J］. 管理世界，2004（7）：144-145.

［71］国家信息中心. CEI 中国行业发展报告：乳制品业［M］. 北京：中国经济出版社，2004.

［72］周懿瑾，卢泰宏. 品牌延伸反馈效应研究述评［J］. 外国经济与管理，2008（10）：45-51.

［73］卫海英，王贵明. 品牌资产与经营策略因子关系的回归分析［J］. 学术研究，2003（7）：63-65.

［74］于春玲，赵平. 品牌资产及其测量中的概念解析［J］. 南开管理评论，2003（1）：10-13，25.

［75］张传忠. 品牌资产价值评估中的边界［J］. 商业经济与管理，2002（12）：10-13.

［76］周云. 品牌哲学. 那是个遥不可及的海市蜃楼吗［J］. 商业文化，2013（11）：40.

［77］戴维斯. 品牌资产管理：赢得客户忠诚度与利润的有效途径［M］. 刘莹，李哲，译. 北京：中国财

政经济出版社，2006.

［78］张继焦. "老字号"的长寿秘诀和发展模式 ［J］. 中国品牌，2017 (5)：12-15.

［79］王城. "老字号"品牌创新模式探究 ［J］. 商业时代，2013 (6)：46-47.

［80］刘明亮. 简议传承与发扬老字号文化遗产 ［J］. 商业文化，2017 (2)：62-68.

［81］BLACKSTONE. Building brand equity by managing the brand's relationship ［J］. Journal of Advertising Research，1992，32 (3)：79-83.

［82］FOURNIER. Consumers and their brands：Developing relationship theory in consumer research ［J］. Journal of Consumer Research，1998，24 (4)：343-373.

［83］周云，朱明侠. 基于信息本论的品牌度量思想与框架研究 ［J］. 经济问题，2013 (9)：11-17.

［84］刘平均. 品牌价值发展理论 ［M］. 北京：中国质检出版社，2016.

［85］汪同三. 中国自主品牌评价报告（2018）［R］. 北京：社会科学文献出版社，2018.

［86］祝合良. 战略品牌管理 ［M］. 北京：首都经济贸易大学出版社，2013.